羅光全書 冊廿二

哲學概論

哲學與生活

臺灣學生書局印行

冊廿二　總目錄

廿二之一　哲學概論

第二章　哲學方法

廿二之二 哲學與生活

哲學與文化

哲學與社會

哲學與教育

哲學與修養

羅光全書 冊二二之一

哲學概論

臺灣學生書局印行

前言

輔仁大學在各系的共同科目裡，列入了哲學概論，使成爲各系的必修科。各系系主任對於這一點都表現不願接納的心理，因爲系內本科的課程很多，又覺得哲學和各系的學術沒有關係。

十幾年前，中華民國各大學都設有哲學概論一科。一次，教育部召開大學課程討論會時，各大學的系主任都主張廢除哲學概論，因爲老師講授方法不好，學生都不願聽，教育部接納了這種建議。十幾年來中華民國哲學會多次向教育部建議恢復大學的哲學概論一科，教育部答說不是該部取消了這一科，乃是大學負責者建議取消的，若是有些大學願意恢復哲學概論，教育部不反對。正當科技的教育成爲教育的趨勢時，沒有大學願意恢復，哲學概論從此「壽終正寢」。

前兩年，教育部又召開大學課程討論會，討論公共課程和共識課程，在供大學選擇的公共課程中，我建議加入了哲學概論。因此輔仁大學在公共課程的選擇課程中，選擇了哲學概論爲公共必修科，爲訓練學生的思考力，又爲使對科學有一共識。

各系主任當然有許多難題，我乃說明哲學概論應該和聽課學生的學系課程相連，講解該系課程和哲學的關係。這種講授法，卻難倒了許多哲學概論的老師。

我爲取得實際的經驗，在上年下學期，自己在國貿系開哲學概論一科，寫了這冊講義印成書，供哲學概論的老師們作參考，也希望消除系主任們的成見。

羅光　序於天母牧廬

哲學概論

目錄

緒論

現在有許多的學人和大學生，認爲哲學爲虛空，爲玄想，真正的學術祇有自然科學，即一般所謂科學。但是在各種學術裡，卻添出來各類的哲學：化學哲學、物理哲學、數學哲學、歷史哲學、政治哲學、經濟哲學……等。這些人所反對的，說是形上學，以形上學爲玄虛之學。

在中國古代沒有哲學的名詞，然而有哲學的內容，稱爲「道學」、「理學」，講物體之性和人生之道。這些思想中，有許多部份屬於形上學。希臘古代的學術追求宇宙萬物之理，乃稱爲哲學，中間討論本體的部份，稱爲超於物理之理，即是形上學。

每門學術，研究屬於學術的事物，事物除具體現象以外，一定有事物的理和基本原則，自然科學研究具體現象，事物之理和基本原則由哲學去研究，造成了各種學術的哲學。

現在不是排擠哲學的時代，也不是否認形上學的時代。自然科學越發達，越要有基本原則；越往具體現象的深處，越發現裡面蓄藏著超於物質的理。當代西洋哲學經過十八和十九世紀的「科學萬能」和「打倒玄學」的趨勢，形上學又恢復了權威。

哲學究竟是怎樣的一門學術呢？是不是玄妙難懂呢？另外一般不研究哲學，也不想研究哲學的人，要知道一點哲學的內容，有什麼辦法可以給他們講述哲學呢？

給他們一冊《哲學概論》。

哲學概論，系統地、簡單地陳述哲學的內容。哲學的內容在大學的課程裡，早已成爲定型。先講理則學，次講形上學；形上學分爲認識論、本體論、宗教哲學。在形上學以後講自然科學，自然科學包括宇宙論、心理學，最後講實踐哲學。實踐哲學有倫理學、藝術哲學。此外，有中西哲學史，有中國易經、理學、佛學的研究。在哲學系的學生，必定要讀這些哲學科目；這些科目乃是必修課。

向哲學系的學生講哲學概論，簡單的陳述哲學的內容，叫學生們了解整個哲學的範圍，各門哲學課在哲學內容裡的意義、地位，和基本觀念。但是不能講的太多，免得和哲學分科講義相重覆。這一點就是哲學概論的困難。講少了，則成爲幾根禿禿的枯樹，聽起來索然無味；講多了，則授課的時間嫌不夠，內容成爲整部哲學，搶奪了其他哲學科目的涵義。因此哲學概論要對於題材，愼加選擇，對於哲學各科所將講的從略，所不講的從詳。例如哲學的性質，在目前自然科學興盛的學術界，應詳加研究，加以說明；這一點便是哲學概論的專有題材，使研究哲學的人，認識哲學的意義和價值。

在自然科學興盛的學術界，一般人都認爲祇有自然科學的研究法，稱爲科學法，爲研究學術的唯一途徑，從而否認哲學的學術價值。哲學概論就要詳細說明哲學的研究法，爲一切學術的基本研究法；因爲哲學教導人們運用理智。一切學術的研究，最基本點在於運用理智，不是運用感情或記憶力。

哲學概論還有一項專有的題材，即是說明哲學的各科教材或內容，是整體哲學的一部份，彼此互相連繫，在理論上應是一貫相通的。關於這一點，近代和當代許多講哲學的人，常強調自己所注意的一部份，創建一種新主張，作爲一種學說，把哲學中別的部份拋棄不顧。這一點應由哲學概論去解釋。

這冊《哲學概論》並不是向哲學系的學生介紹哲學，是向哲學系以外的學生，或是向社會學術界介紹哲學，目標不同，方法也就不同。前面兩章就哲學的固有內容和方法，簡要地予以陳述，另外就中國哲學的內容，特予說明。後面兩章就哲學和其他學術的關係，從基本原則上略加陳說，使大家瞭解哲學對各種學術都有自己的地位，尤其對於各種學術的連繫，更爲重要。無論那種學術，運用如何新的方法，然而總是用理智去運用方法，用理智去歸納，在這一點上無論那種科學都離不了哲學。

在這一方面，哲學概論的範圍擴寬了，使哲學和別的科學連結起來，給大學生供給一種寶貴的實例；學術不是分門別類，各自孤立；分門別類，乃是研究學術的方法，爲合人們的有限理智力；但是學術的本身則是一個，是對於一個宇宙的解釋。

第一章　哲學的意義和內容

一、追求宇宙眞理——宇宙論

希臘是西方哲學的發祥地，哲學在希臘文的意義即是追求真理，愛慕智慧。

當一個小孩子剛能懂事的時候，看見周圍的東西，就問母親或父親：「這是什麼？」，「那是什麼？」知道了家裡的東西，到了外面看到新的東西，馬上又問「那是什麼？」人有理性，理性開始活動時，就追求自己的目標，理性的目標就是事物的本性。眼睛看事物外面的形象，理性則要知道事物本來是什麼，而且還要追問事物的理由。當一個小孩長成了青年，他所要知道的，不是「這是什麼？」卻是「這是爲什麼？」，「爲什麼是這樣？」

當人類的理性，經過初民的草昧時期，開始活動，對著宇宙，對著萬物，就要追問「宇宙爲什麼是這樣？」「宇宙是怎麼來的？」「天地間的萬物是怎麼成的？」。問這些問題就是哲學的開始，答覆這些問題的就是哲學家。

哲學開始時的第一個問題，即是宇宙問題，宇宙萬物是怎麼樣來的？是怎麼樣構成的？

1. 希臘宇宙哲學

希臘泰勒士（Thales Ca. 624-546 B.C.）主張宇宙由水而來，宇宙最初的形態如同水，飄忽不定。亞諾芝曼德（Anaximandros Ca. 610-546 B.C. ）則以宇宙萬物複雜而又多變化，宇宙的起源來自一「無限」。亞諾西姆內斯（Anaximenes Ca. 585-528 B.C.）以「無限」太抽象，主張「氣」是宇宙的起源，氣變化而成萬物。畢達哥拉斯（Pythagoras Ca. 570-469 B.C.）不像以前的哲學家由「質」去講宇宙萬物的起源，而以「數」作爲宇宙的太初，由數構成形式。赫拉克利圖斯（Herakleitos Ca. 544-484 B.C.）則以宇宙變化迅速，乃主張「火」爲宇宙的太初。

我們現在看這些哲學家的主張，似乎很幼稚，似乎有些像兒戲。但是我們若進一步研究他們主張的理由，就不會輕視譏笑他們。宇宙萬物裡有幾種現象是很普遍的：一種普遍的現象是「變」，宇宙萬物常在變動，有生有滅；另一種普遍的現象是「一與多」，人同是一種，人又是很多的人。追問宇宙是什麼？或追問宇宙的來源？便也追問這兩種現象的理由。上面所舉出來的希臘哲學家的答覆，「水」、「火」、「氣」、「無限」、「數」，都和這兩個現象有關係。稍後的伊利亞學派（Elea School）更進一步，予以答覆。色諾芬尼說明宇宙有唯一的神，由唯一的神而生萬物的多。帕米尼德斯（Parmenides Ca. 540-470 B.C.）則以「一」爲真實，「多」爲虛無。真實即是「存有」。同時又出現一種機械論的思想，恩培多列斯（Empedokles Ca. 492-432 B.C.）綜合前期人的主張，以水、火、氣、土四種元素，爲宇宙的原質。德謨克利圖斯（Demokritos Ca. 460- 370. B.C.）主張「原子」爲宇宙的原素，由原子而有宇宙萬物的變，由變而有多。亞那薩哥拉（Anaxagoras Ca. 500-428 B.C.）不滿於機械論的思想，乃提出精神爲萬物的起因。精神有思想，有目的，才能作爲宇宙萬物變化的推動力。後來柏拉圖和亞里斯多德繼承了這些人的思想，予以綜合，加以發揮，構成了希臘哲學。

柏拉圖主張有一理想的觀念世界，每一種類的事物所有本性爲一觀念，觀念實際存在，構成一理想世界。每一觀念，爲這種事物的理想本性，具有這種事物的一切特性。自然界宇宙萬物，每一種類即分有這種事物的理想觀念之特性，或多或少。因此每一種類的事物有許多，一和多的問題，就此解決。

亞里斯多德不接受柏拉圖的主張認爲宇宙萬物的變，應該有一個最高的原因，這個最高的原因，應爲一絕對實有體，爲自有的。宇宙間的萬物都不是自有的，都是相對的。宇宙萬物不能自己具有變動的力，變動的力乃來自絕對自有的實體。絕對自有的實體，爲至高的原因，爲最後的原因，也可以說是第一原因，乃是至高的神靈，宇宙萬物由祂而來。

2. 中國宇宙哲學

中國最早的哲學書《易經》和《道德經》也講宇宙問題，《易經》講宇宙的變易。整個宇宙和萬物常在變易，沒有停止的一刻，例如白天黑夜，一年春夏秋冬四季，時時在變，宇宙間的萬物，從石頭到人，也是常常變化。「變易」乃是宇宙的普遍現象。

宇宙的變易怎麼成呢？

《易經》說宇宙的起點爲「太極」，宇宙萬物的成素爲氣，宇宙變化的因由是氣的陰陽，宇宙變化的程序，是「易有太極，是生兩儀，兩儀生四象，四象生八卦。」（繫辭上

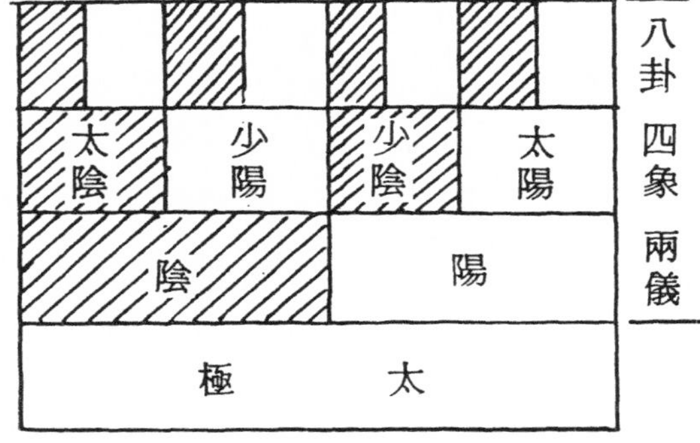

第十一章）《易經》爲代表這種變化的程序，用圖形作代表。圖形稱爲「卦」，卦的圖形稱爲「象」，卦的構成素稱爲「爻」，卦的解釋爲「辭」。

《易經》畫卦，以一橫「⚊」代表陽，以一斷「⚋」代表陰，以三畫「☰」代表天、人、地，三畫的排列，按照上面的圖，便成八卦：☰乾，☱兌，☲離，☳震，☴巽，☵坎，☶艮，☷坤。

八卦象徵宇宙的變易，變易的程序按照數學程序，當然，宇宙萬物不能只用八卦代表，因而乃有複卦，即用兩卦連爲一卦，複卦爲六畫，按照數學的程序，便變成六十四卦，例如「䷀」乾卦，「䷁」坤卦。

漢朝學者接受了戰國末期的「五行說」，以金木水火土，五種元素，合成宇宙萬物，後來宋朝理學家繼續這種思想，以五行代替了四象。宋朝理學家周敦頤作「太極圖」，象徵宇宙的變化：

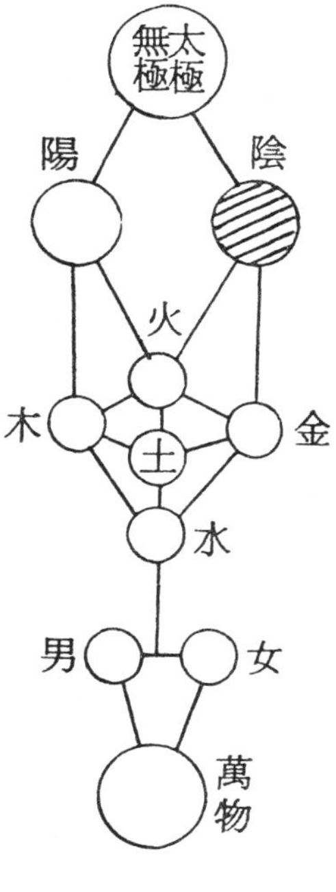

太極而無極，太極生陰陽，陰陽生五行，五行生男女，男女生萬物。五行的意義，乃是陰陽的五種變化。

春天，陰漸衰，陽漸盛，象徵木。夏天，陰衰，陽盛，象徵火。秋天，陽漸衰，陰漸盛，象徵金。冬天，陽衰，陰盛，象徵水。中央，陰陽相並，象徵土。漢朝學者如董仲舒、班固，又倡五行相生相剋的次序，相生的次序是金生水，水生木，木生火，火生土，土生金；相剋的次序是金剋木，木剋土，土剋水，水剋火，火剋金。這兩種次序，本是自然界的兩種次序，沒有哲學的意義；但是漢朝講易經的人，把宇宙間的一切事物，都由五行而成，五行的次序便推廣到一切事物上。例如中國古代的醫學就是應用五行的次序，又如看地建屋，或是結婚看男女雙方的出生年月日，也是應用五行的次序。這一切已經超出哲學的範圍，沒有理論的根據，墮入了迷信的淵藪。然而這種迷信，也假定了一項哲學的理論，即是宇宙萬物互相連貫，互相溝通，合成一種活動的宇宙。中國哲學不從靜的方面看宇宙，而從動的方面看宇宙。

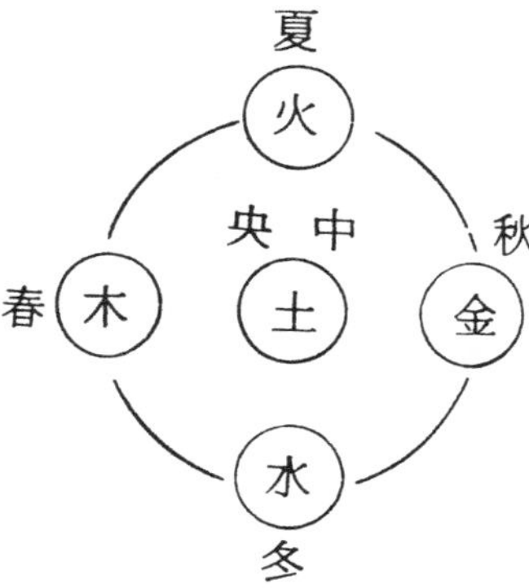

3. 宇宙論與科學

宇宙論在自然科學發達以後，已屬於自然科學的範圍，地質學、天文學、物理學、以及生物學都在研究宇宙的起源和宇宙的物質因素，也建立了多種的科學結論和假設，哲學不再討論這些問題，例如天文學的星雲說，物理學的原子論和電子論。

但是有些問題，不是自然科學可以解決的，而且又是一些基本問題，一些普遍的問題，在人們的日常生活裡，在人們一般的知識裡卻非常重要，因而在今天，哲學仍舊有宇宙論，討論這些問題。

在這些問題中，第一個問題是「變」的問題。

甲、變化

宇宙間的一切都在變，變有很多種，各種科學各自研究有關本科的各種變。但是人們也問在宇宙間各種「變」裡，有沒有共同點？

亞里斯多德說，凡是變必定要有原因，原因可分四種：動力因，材料因，理型因，目的因。每種變必因一種動力而發動；這種動力是變的成因。宇宙間的物體常互爲「動力因」，然既都不是自有的，最後的或最先的動力必來自自有絕對實體。物質體的變，必在物質上變，須有材料，因此便有「材料因」，作爲變的構成素。有了材料，還要有變之理，該怎樣變，「理型因」就是變之理，使變依理型而成。變爲一種動，必定有目的，爲什麼這樣變呢？自然界的變似乎沒有目的，然而自然之變都具有自然的目的，必然地爲著目的而變，這就是「目的因」。

「變」在性質上說有兩類：一類是本體的變，一類是附加屬性的變。這兩類的變又各分爲兩種，第一類的兩種爲生和滅；第二類的兩種爲量變和質變。「生」是本體原來沒有，因著生而有；「滅」是本體原來有，因著滅而沒有。這兩種變是本體的變化。量變是物質的量有變化，或多或少，或分或合，或是物體的形狀有變化，或左或右，或美或醜，物質體的變化都屬於這一種的變化。質變是物質的性質有變化，性質或是本性，或是屬性，一個人的知識加多或減少，是質變而不是量變，因爲知識不是物質的，知識是人的屬性，是人的一種質變。又如人學會了一種科技，這也是人的質變。本性變則是物質的本性變了，成爲了另一種物質，例如兩種或多種化學元素，融合成一種新的物質，這是一種質變。但是這種質變還是在物質以內，還是和量有關係，至於生物的本性的質變，由一種物而另成一種物，從哲學的觀點來看乃是不可能。因爲生物的種類不是由多種物質原素而成，而是由於生命而成，除非有這種生命的因素，生命不能因物質因素而構成。達爾文的物種進化論，在這方面有大難題。目前生物學把種類的解釋或種類的分類，減少本性的不同或差別。馬克思的辯證唯物論則主張由量變可以躍進到質變，因爲宇宙一切都是物質，質變也就是量變的一種。

宇宙的變化在中國哲學裡，素來爲一重大的問題。佛教以「萬法無常」，祇有生滅的變，變來自因緣，佛教把一切都歸之於因緣。老子《道德經》講宇宙變化，「道生一，一生二，二生三，三生萬物。」（第四十二章）萬物乃「道」的變形，形變不已，「道」則常存。儒家的《易經》專講宇宙的變易，變易在宇宙內，在萬物內，繼續不停。「一陰一陽之謂道，繼之者善也，成之者性也。」（繫辭上　第五章）中國儒釋道三家都講宇宙之變，因而都以人生無常，各自主張不同的人生觀。儒家主張自強不息，積極前進；道家主張逃避人間事物，隱居以安渡一生；儒家主張空觀一切，以進入寂靜涅槃。

乙、宇宙的根源

自然科學研究宇宙的起源，只能作成各種假設，說明宇宙起源時的狀況，說明宇宙變化的程序。科學不能回到億億萬萬年以前，拿出證據，講述宇宙起源，祇能按科學的原則，推想當時的情況，作成假設。但是雖然有合理的假設，而且即使有實際的證明，證明宇宙如何起源，也不能說明宇宙的根源，至多說宇宙由物質而有，再假設物質是自有。在中西的思想家中，有不少的人主張宇宙自有，主張宇宙無始無終；然而這種主張在哲學上講不通。宇宙是一切萬物的總合，一切萬物都有生滅，生滅的物體怎麼能夠是自有的呢？每件萬物都不能自有，合起來也不能夠是自有的，宇宙便不是自有的。科學家可能要說，萬物的生滅是每個物體的生滅，物體都由物質而成，物質則沒有生滅，物質乃是自有的，這是唯物論的主張。大家也都知道，若說物質自有，無始無終，物質便變成最高的神靈了。許多中國學者說這是可能的，因爲老子的「道」，無限無定，自本自根，變化不已，化生萬物，萬物常變，道則常存，「道」就相當於最高的神靈。老子卻不說「道」是神靈，祇說萬物由「道」而生。

但是按理說，這樣的「道」，不能自有，自身根本不定，和物質沒有分別。

宇宙的根源，哲學和自然科學都沒有確實的證明，都要按理去推論。《易經》雖以太極爲宇宙變化的起點，但沒有說太極是自然的；《書經》和《詩經》則講上天，以上天造成宇宙萬物；莊子也講造物者，歷代的詩人和文人，對著自然的美景，莫不稱讚造物者的化工。

西洋哲學乃有宗教哲學，講論宇宙須有創造者，創造者爲絕對的實體、純粹精神，爲最高神靈。

丙、物體的構成素

宇宙間萬物陳列，形形色色，大大小小，各種各類，究竟由什麼成素構成？物理學在這方面已經進步很多，已經進到物體的中心，發現原子、電子、因子，各項成素，將來繼續前進，發明一定還更高更深。但是從一般人的知識和觀察去看，凡是物體應該有更簡單的成素。例如一座學校，由磚、瓦、鋼筋、水泥、木料，建築而成，這是大家都知道的：但是普通一般人，把這些材料，合併起來，稱作「建築材料」。為建築學校，用這些材料按照建築圖形去建造，學校的構成素便是建築材料和建築圖形。同樣一張桌子，也是由材料和圖形而構成。

希臘亞里斯多德創立物體兩元論，中世紀聖多瑪斯發揮這種理想，主張物體由「元形」（Forma）和元質（Materia）兩種元素而成，「元形」是物體構成之理，「元質」是物體構成之料。理和料構成「物性」，「物性」和「存在」相合，物體乃存在而成一實體。

中國哲學從漢朝開始以「氣」為構成的元素，「氣」中有「理」。宋朝朱熹主張「理氣二元」，理為性為形，氣為質為料。氣有清濁的程度，因此物體乃各不相同。

中西的哲學在這方面有相同之點，也有不同之點；然而都主張物體是由「形」和「料」二元相合而成。這種思想在現在自然科學的物理學發達的時代，仍舊可以，而且應該存在。因為物體和人生相接觸的是每一件或每一種物體，而不是物體的各種物質元素，（當然這些元素和人生也有關係）。「形（理）和料（質）」二元說，可以把宇宙間的萬物看成相同的實體，即是「物」，一切「物」都由形、料二元而成，在理論方面這是合理的。把宇宙間的一切萬物都看爲「物」，使萬物能有一共同點，使自然科學也有相連的基礎，爲學術界也是有益的。

不過，宇宙間不僅有物質物，還有精神，精神的神靈歸於宗教學，精神的心靈則屬於哲學。但因人的知識，都來自感覺，精神體無形無色，無聲無臭，不能感覺，因此哲學也不能直接以精神體爲研究對象，祇能間接去推論。

丁、空間、時間

物體常在變，變則有時間；物體常有量，量須要空間；時間和空間常成爲哲學宇宙論的問題。康德曾主張空間和時間爲人所有的先天範疇，用以結合感覺的知識。

人生來有時間空間的知識，小孩學話，甭解釋就懂「了」，「會來」，「這」，「那」。這些話雖屬於語言文規，然而也是事實，「我去了」，「他會來」，「這裡」，「那裡」，這都是時間和空間的事實，小孩天生就懂得，因爲人本身有物質，物質的變必定要有時間空間，人生來就在時間空間以內。一說宇宙，就是時空，別的人間或物間關係，小孩不能懂，須要人告訴他們，教給他們。

時間和空間雖是人天生的知識，然而時間和空間究竟有什麼意義？大家或者說不出來，或者各有各的意見。

簡單說來，時間有兩種意義：一種內在的時間，就是存在的延續，這是一種超越的時間，沒有先後，祇代表存在；一種外在的時間，是按一外在的標準，計算的先後，這是相對的時間。空間也有兩種意義：一種內在空間，是物體的每一分子在一分子以外，造成「量」的延伸，這種空間是「量」的特性，一種外在的空間，是兩線間的距離。在哲學上，時間引出「永恆」的問題，空間引出「無限」的問題。哲學上又有時空是想像的東西呢？或是實有的東西？若是實有的，是獨立體呢？或是依附體呢？專門哲學的人，便要去求這些問題的答案。對普通一般人來說，祇要知道時空是對宇宙的兩個最普通的觀念，每一個物體本身就帶有時間和空間。

二、追求形上眞理——形上學

1. 形上學

宇宙間的一切，形形色色，都是可以感覺的事物，便都是屬於形而下的。但是宇宙間的事物卻也含有形而上的成份，我們不能以「形而下」概括宇宙間的一切。

「形上」和「形下」的名詞來自《易經》，《易經》說：「形而上者謂之道，形而下者謂之器。」（繫辭上 第十二章）「道」是抽象的，是普遍的，是超越單體的；「器」是具體的，是單獨個別的。

在上面一段，我們談到「元形」、「元質」，或「理和料」，或「形和質」，這兩個觀念都是抽象的，都是普遍的，因爲用之於一切的物，便應該說是形上的。「元質」本是物質，應是形而下的，但是「元質」的觀念乃是抽象的觀念，並不著形跡。中國哲學對於形上和形下，有不同的解釋，有的學者解釋爲形跡以上和形跡以下，有的學者解釋爲有形或無形，有的學者解釋爲顯形或隱形。大家所爭論的則在於氣是形而上或形而下？朱熹以氣屬於形而下，因爲他主張「氣成形，理成性」。張載主張「太虛之氣屬於形而上，陰陽之氣屬於形而下」。西洋哲學的形而上，原意爲物理學以後或物理學以上，即是講論物的本體之學。在西洋傳統哲學裡，形上學爲最高的哲學。

近代西洋學術思想則反對形上學，在自然科學發達以後，西洋的學術界以實驗知識爲確實的知識，形上學的知識卻渺茫不定，無從捉摸，空虛不實，不足稱爲學術知識。這種思想也進入了中國思想界，許多學人連胡適之都以形上學爲玄學，空談性理，不著實際。但是當代的歐美哲學界又有學者恢復形上學，建立新的系統。

形上學不僅討論萬物的本體，而且也建立普遍的原則。凡是一項理論或一個觀念，成爲普遍公共的原則或觀念，已經就是形上學的知識。反對形上學的人認爲沒有不變的真理，沒有普遍的原則，形上知識便不能成立。可是他們所主張「沒有不變的真理」，在他們眼裡乃是一項普遍不變的原則，也就是承認有形上的知識了。例如有人說：「世界上只有一條金科玉律，這條律說：世界上沒有金科玉律。」既然主張沒有金科玉律，自己卻又建立一條金科玉律。世界上的學術若是沒有普遍的名詞和普遍的定律，便就不能有學術。

2. 有

普通一般人說「萬物」和「萬有」，意義相同，沒有分別。但是在哲學上，尤其在歐美哲學上，「物」和「有」則是意義不一樣，物是物質之物，有是一切之有。

形上學的研究對象爲「有」，「有」是最單純的觀念，又是最普遍的觀念。從抽象方面說，將世界上的萬物，除去一切特性，最後所剩下的祇是「有」。例如人是理性動物，動物是生物，生物是物，物是有。從認識方面說，人所最先認識是「有」，然後再分析是怎樣的有。例如在黑夜裡，很朦朧地看見一個影子，或是聽見聲音，知道有個東西，不知道究竟是什麼？等到有燈光，才可以看出來是什麼東西。

對每一個物體，最基本的觀念是「有」；若是沒有，則什麼都不必說了，也不能說了。

哲學追求宇宙萬物最後的理由，追求所得到的，就是「有」。「有」是萬物最後的理由，也是最基本的理由。宇宙的一切都稱之爲「有」；既「有」，才可以談是什麼。宇宙萬物的共同點，就在於「有」，所以稱爲「萬有」。

「有」是最普遍的觀念，包括宇宙的一切，它的外延最廣，它的內涵便是最單純。

「有」爲什麼有呢？是因爲「在」，「在」，才是「有」；不在，便不有（沒有）。「在」是實際，稱爲「存在」；但是也可以不實際存在，祇在理想上存在；還有實際存在者是實體；又有實際存在者附在實體上。因此，「有」的意義因著「在」，便不能完全一致，有實際之有、理想之有、實體之有、附體之有。一切都是「有」，對於存在，情形則不完全相同。

「有」雖是最單純的觀念，然而在知識上和在學術上卻是一個基本點，一切知識要以「有」爲基礎，知識才不落空；一切學術的研究，最後推論到「有」，就能有確實的基礎。因此知識論和學術的研究的幾項基本定律都是以「有」爲基礎。

「同一律」，是這個有就是這個有：我就是我，你就是你。

「矛盾律」，有，便不能沒有：我存在就不能不存在。在同一個觀點下，不能是又不是，互相矛盾。互相矛盾者，祇能一個是有，不能兩個都是有。

「因果律」，沒有者爲能有，必要有「因」。因果律的解釋和運用，非常廣泛而複雜，從「有」的意義上言，卻很簡單。

凡是「有」，從「有」的意義說，必定該是「真」的，若自己不是真的而是假的，就不能有。我應是真正的我，若是假我，在本體上，乃是不存在，便不是「有」。

凡是「有」，從「有」的意義說，必定該是「善」的，善是完全，「有」若自己不完全，就不能存在。在實際上，不完全的東西很多，那是因爲所缺的不是本性。若本性不完全，就沒有本體，就不存在。我是人，人本性所該有的，我完全都要有，我才是「有」。若人本性所該有的，我缺了一些，我就不是人，我怎麼能「有」呢？

凡是「有」，從「有」的意義說，必定該是「美」的。美是一切都有次序而和諧，「有」的本性若亂，本性就不定，本性不定則不能存在，就不能「有」。

真美善乃是「有」的特性，以「有」爲基礎，真美善才能具有意義；不然，真美善便飄搖不定，終而失去自己的意義。

3. 生

中國的《易經》爲一冊卜卦的書，卜卦的理由以宇宙的變化作基礎，講宇宙的變化便進入了哲學的範圍，《易經》的〈繫辭〉和〈象辭〉以及〈文言〉含有許多哲學的思想，而且不僅是倫理的思想，還有形上本體論的思想。

西洋形上學以「有」爲研究對象，由「有」而到單體。研究的方法是分析，分析的方向是從靜的方面去研究。《易經》專講宇宙萬物的變易，從變的方面去看宇宙萬物，看到整個宇宙和每一個物體都是活動的。西洋形上學以每一個物爲「有」，《易經》以每一個物爲「變易」，變易爲生生，「生生之謂易」（繫辭上 第五章）。從本體上說，每一個物爲「有」，這個「有」是「生」。

中國哲學最後的且最普遍的觀念是「生」，「生」就是「有」；「有」是靜止一面，「生」是變易一面。中國形上學的本體論以「生」爲基礎。

宇宙和萬物常在變易，變易之所以成是由於陰陽兩元素，陰陽變易相結合而成物性，變易不停，「一陰一陽之謂道，繼之者善也，成之者性也。」（繫辭上 第五章）因著變化不停，萬物繼續發生，中國哲學以宇宙萬物的變易，目的在於化生萬物。例如一年四季的變易，使五穀草木年年生成，「春生夏長秋收冬藏」，繼續不停，整個宇宙充溢著生命。

每個物體是個「有」，是個「存在」；這個「有」和「存在」，在自己本體內繼續變易，有生物常在生長衰滅，無生物也在變化；因爲物體都由陰陽而成，陰陽在物體內繼續變化。宇宙間沒有一個僵硬不變的東西。因此，中國哲學就認爲每個物體都有生命，生命就是自體的變易，每個物體無論礦物，植物，動物，都有生命，即是都有自體的變。朱熹講「理一而殊」，就是說：整個萬物都有同一的生命之理，但因所有之氣清濁不同，生命之理在物體內的表現乃不同，氣濁則生命之理不顯，即本體變易不顯明，氣清則生命之理顯出，即本體之變化顯出。人的氣最清，人得生命之全，生命最高。

本體之變，豈不是一物變成他物嗎？但因爲物性不變，即理不變，因此，一個物的本體便不變。明末清初的王船山說「性日生而命日降」，性由天命而來，每個物的本體由陰陽而成，陰陽常在變化，物的本體也在變化，本體的變化按著性而變，而性常是同一的性，雖常在生，卻因天命而不改變。

生命的思想貫徹了中國儒家的整部哲學，孔子也曾說：「天不說話卻使萬物化生」（陽貨）。本體論的「生」，進到倫理哲學便是「仁」，仁爲生，在天地說生，在人說仁。仁乃成爲儒家的全德。宇宙間的一切變化，目的都爲使萬物化生；人的一切活動，目的都是爲仁。儒家精神生活的最高境界，便是「與天地合其德」的「天人合一」境界。

4. 性

「有」爲最簡單的觀念，「有」能夠是「有」，是靠著「在」，「在」在理論上也是最簡單的觀念，但是「在」是實際的觀念，實際上的「在」，已經有了限定，不是抽象的觀念，限定「在」的，是「性」；「性」是一「有」之所以爲這「有」之理。

在柏拉圖的觀念世界裡，所求觀念就是「性」，「觀念」實際單獨存在。在宇宙具體的世界裡，「觀念」和形體相合而成一具體物。亞里斯多德則不接受這種主張，而以「元形」和「元質」構成「物性」，「物性」和「在」相結合乃成具體的物體。這種「性」爲一抽象的觀念，但是在具體的物體或「有」中，實際存在。例如人性在每個人裡都存在，若是一個人沒有人性，便不是人。同樣狗有狗性，玫瑰花有玫瑰花性，梨有梨性。

「性」是種類性，一個種類有自己的「性」，和別的種類之「性」不相同，具體的單體物，除了種類之性以外，還有個性，因此一個種類的物體有很多，例如人都是一類，單體的人則非常之多；這就是哲學上所研究的「一與多」的問題。一是「性」，單體之多，由「元形」所含的能，因著「元質」的量，而成多數的單體。例如機器所造的同一形杯子，是因著所用材料而有許多同一形的杯子。同一形狀的桌子，因著所用的材料而成許多的桌子。杯子和桌子的形狀各自爲「一」，實際上有許多同形的杯子和許多同形的桌子，是由於材料的量而增多，祇有一個杯子的材料，祇能作一個杯子，有兩個杯子的材料便作兩個杯子，有若干杯子的材料便作若干個杯子。同樣桌子也是一樣。

人祇有一個人性，人性和人身相結合時，身體因著「元質」而有量，身體的量限定人性所有的「能」，如理智力、天才、記憶、情感、容貌，這些被限定的「能」便構成一個人的個性，每個人的個性都不相同。

中國宋朝理學家朱熹主張物由「理」，「氣」二元而成，「理」成性，「氣」成形，「理」常是一，並且天下祇有一「理」，「氣」則有無數的清濁程度，這種程度限定了理，天下便有無數之物。他主張「理一而殊」。他的主張和亞里斯多德以及聖多瑪斯的主張，雖有些相同，但不同之點也很深。

「性」不能變，古今中外都常是一樣。古今中外的人，都有一樣的人性，若說每個人都不相同，則是個性不相同。朱熹說個性是「氣質之性」，是理和氣相連合而受限定之性。

「性」和「在」意義不相同，但是實際上有「在」必定有「性」，有「性」則不一定有「在」，因爲在理想方面的「有」，都沒有「在」。而且宇宙間的物，都是有時候「有」，有時候不有，所以有生滅，若是「有」和「在」不能分離，則宇宙的物應當常在，若是常在，則是自有，自有則是絕對之有，絕對之有祇有一個，因此「性」和「在」應有分別，而且互相分離。這種主張是聖多瑪斯的主張；但也有人不贊成，因爲理想之有不算真正之有，「有」是實際之「有」，實際之「有」必定和「在」相連，「有」就是「在」。對於宇宙之有不能是絕對之有，那是因爲「在」爲限定之「在」。

5. 單體

「性」爲普遍觀念，「在」也是普遍觀念，實際的具體存有則常是單體。單體爲形而下，不屬於形而上學，而且不屬於哲學，屬於自然科學。但是單體所以成爲單體之理由，則爲形上本體所應該討論的。

每一個單體有自己的本體，又有許多附加在本體上的附體。例如一個人有心靈和身體，心靈和身體爲人的本體，同時，這個人有身體的形狀、重量、顏色，又有心靈的才能、情感、脾氣，這一切都是附在人的本體上，每個人都不相同，哲學上所討論的是普遍的本體，不能討論紛紛不同的個性。

「本體」按西洋哲學思想，由「性」和「在」而成，按中國哲學的思想由「理」和「氣」而成。但是它的特點在於是「自立」（Substance），不依附他體而存在，卻能支持別的附體。在語言的法規上，有主詞，主詞在一句話裡是主人，這句話裡所有別的詞，都歸屬於主詞。本體就是這個單體的主人，所有附體都屬於它。它當然看不見，看得見的爲外面附加的形色。許多近代哲學家便以爲它不存在，祇是一個空虛的名詞。實際上我們看見一張桌子，叫它桌子，不叫是木頭或石頭或鋼鐵，也不叫他圓的或方的。桌子就是本體。我們看見一個人，叫他的名字，不叫他高或低，也不叫他聰明或愚蠢，他的名字就代表他的本體。雖然我們通常也按職務叫人，稱呼部長爲部長，校長爲校長，或以天才叫人，稱呼某人爲詩人，爲畫家，但是職務和天才也是代表他整個本人，代表他的本體。中國哲學雖然從南北朝佛教開始主張「體用不分」，體是本體，用是附體，兩者在實際上常相合爲一體，但在理論上都不相同，而且要相分離。

由本體加上附體所成之個性，乃有單體，個性由「元形」之「能」因「元質」之量，在「存在」時而受限定而成。人的本性有心靈和身體，心靈和身體有許多「能」，身體能有許多器官，能有高低大小，能有顏色容貌，心靈能有理智各項才能，能有情感等等「能」。當本性和在而成實際存在的人，一切的能都有限定的「量」；多少聰明，多少天才，多少感情，多少記憶力，多少重，多少高，五官大小，顏色深淺；這一切構成一個人的個性，而成一具體的單體。

單體在種類的分別，因本性分別；人是理性的動物，中國儒家則以人爲倫理動物。同種單體的分別則因個性而分別，我是我，你是你。人的個性也稱爲人格，我的個性由我的人格而表現，由我的人格作代表。人格可以從心理方面去講，即是「自我意識」；可以從法律方面去講，即是我的權利義務；可以從道德方面去講，即是我的品格或品德；在本體論上，則是我的個性。

三、追求人生眞理——人生之道

中國哲學雖也是追求眞理，但和西洋哲學不走同樣的路徑，西洋哲學追求宇宙和萬物的理由，中國哲學則追求人生的理由，講論人生之道。人的知識爲人心靈的活動，人的一切活動都是生命的活動，生命的活動在於求生命的發揚，人生的目的就在於發揚生命，因此哲學所追求的，乃是人生的理由，人是什麼？人應該怎樣生活？宇宙的萬物都是爲人的生命而有。

人爲宇宙萬物的份子，和宇宙萬物合而爲一，人的生活是在宇宙萬物以內生活，生活之道和宇宙變化之道相同，即是宇宙變化之道運用到人的生活以內。因此，《易經》先講宇宙變化之道，然後講到人生之道。宇宙變化之道爲「天道」「地道」，人生活之道則是「人道」。

1. 天地之道

宇宙變化有自然的原則，這些原則在《易經》的卦變裡顯明出來。

第一條原則是「中正」。在卦圖裡，一個重卦有上下兩個單卦，一共六爻，第二爻爲下卦中爻，第五爻爲上卦中爻，這兩個中爻的下卦中爻應是陰爻，上卦中爻應爲陽爻。六十四卦中若有這樣的卦，這卦就得到中正，爲一好卦。在哲學上的意義是恰得其時，恰得其位。陰陽在變化時，恰到好處；這就是所謂「中道」，不過也不及。

第二條原則是「和諧」，宇宙的變化既得中道，便能和諧。爲能和諧，必須每個份子都在自己的位置，不侵犯另一份子的時間和空間。俗語說：「風調雨順」，就是四季裡該下雨的時候下雨，不該下雨的時候不下雨，什麼時候吹什麼風就有什麼風，這樣氣候便是和諧的。宇宙的變化是爲化生萬物，若是變化不能和諧，生物怎麼可以發生呢？爲使五穀生長，田土，肥料，雨水，氣候，陽光，都該互相協調，各得其當，五穀才能生長。

第三條原則是「互相連繫」。宇宙是一個整體，萬物互相連繫，互相協助。土壤、石頭、小草、樹木、蟲類、鳥類、獸類、人類、空氣，都是互相連繫的，彼此在生命上互有關係。害了萬物中那一種，其他的物都要受害。萬物的生存，不是弱肉強食，互相鬥爭，而是互助。今天，大家都怕公害，都怕環境污染。然而公害不僅是污染，亂開山，亂伐樹，亂殺生物使滅種，都是公害。宇宙萬物的互相連繫，不單是哲學的原則，也是自然科學的原則。

第四條原則是「循環」。宇宙變化的路線是循環式，白天黑夜爲小循環，一年四季爲大循環，世紀的繼續爲大大循環。宇宙變化不走直線，而是循環不已。

2. 人道

人類生活之道，以天地之道爲模範，儒家按照天地之道，訂立了人生的原則。這些原則既是以天地之道爲基礎，天地之道稱爲天理，人生原則也就是天理的一部份。人生原則天生而有，也稱爲「性律」，簡單稱爲理。宋朝理學家便把天、理、性、命、心，這幾字的內容，認爲相同。

人道在儒家的經典裡也就是「道」，《大學》第一章說：「大學之道，在明明德，在親民，在止於至善」。《中庸》第一章說：「天命之謂性，率性之謂道，修道之謂教」。《中庸》第十三章說：「道不遠人，人之爲道而遠人，不可以爲道」。

人生之道，第一是「中庸」。孔子最看重「中庸」，「中庸」在宇宙的變化中爲「中正」，在僞《書經》的〈大禹謨〉裡爲「允執厥中」，爲道心的寶訣。《中庸》第二章說：「仲尼曰：君子中庸，小人反中庸。君子之中庸也，君子而時中，小人之中庸也，小人而無忌憚也。」時中即是「中庸」，無忌憚即是反「中庸」。時中，在這時這地恰得其當，不過也無不及。中是中道，庸是庸常的生活，在庸常的生活裡，每事要恰得其當。中道不是呆板一樣，而是隨時隨地適合這事的中道。例如孝道，孝敬父母爲不變的原則，怎樣孝敬父母則要適合時候、地方、以及父母的身份和兒女的身份。適合時地，則是「中庸」，即是「時中」。「子曰：中庸其至矣乎！民鮮能久矣！」（中庸　第三章）孔子覺得非常可惜。

人生之道，第二是「相愛」。儒家以天地變化之目標，在於化生萬物，化生萬物不僅祇是一種自然現象，而是天地對萬物的愛心，天地對於萬物具有好生之德。（易經　繫辭下第一章）人生之道奉天地之道爲模範，天地既有好生之德，人對人和物便也應有好生之心，彼此相愛。孟子講這種好生之德爲推己及人之愛。「老吾老以及人之老，幼吾幼以及人之幼。……故推恩足以保四海，不推恩無以保妻子。古之人所以大過人者無他焉，善推其所爲而已矣。」（梁惠王上）

人生之道，第三是「大同」。天地好生之德，遍及宇宙萬物，儒家乃主張「大同」。「

大同」的意義有三級層次。第一級是人類的大同。儒家以全世界的人類都是同胞，俗語說「四海之內皆兄弟也。」人和人乃是同類，同一根源，彼此要有相愛之心。儒家對於人類的大同，不像墨子一樣主張「兼愛」不分等級，儒家的愛是「推己及人」，由近及遠，有親疏的分別。儒家又「嚴夏夷之分」最看重漢民族，但是對於夷人也主張愛，予以文化的教育。第二級是愛生物，佛教因著輪迴的信仰，反對殺生，儒家不反對殺生，但反對濫殺。生物供人養育生命，按照這種需要可殺生，超乎需要以外，則是濫殺。孟子曾說：「不違農時，穀不可勝食也；數罟不入洿池，魚鱉不可勝食也；釜斤以時入山林，杉木不可勝用也。」（梁惠王上）。第三級，以宇宙萬物同在生命上相連，這個生命即是「存在」。人和萬物在存在上彼此相連，合而爲一。人以天地好生之心愛宇宙萬物。王陽明以宇宙在生命上合爲一體，稱爲「一體之仁」（大學問），張載以「民吾同胞，物吾與也。」（西銘），孟子說「萬物皆備於我。」（盡心上），「仁民而愛物」。（盡心上）

這三點人生之道，和天主教福音的思想很相合。基督教訓人行中道，單是愛心沒有中道，愛須徹底犧牲，以至於愛仇。造物主天主造生萬物支持萬物，太陽光照一切，人類以造物主之愛心爲心。聖若望說：「天主是愛」。（若望福音第一書）

3. 仁

孔子在《論語》裡很多次數講到仁，每次的意義都不一樣。仁在孔子的思想裡，代表「天地好生之德」。《易經》說：「天地之大德曰生，聖人之大寶曰位。何以守位？曰仁」。（繫辭下　第一章），「在天地曰生，在人曰仁」。因此孟子說：「仁，人心也」（告子上）。

人心生來有仁義禮智之端，即是種子，人能收心養性，就能發揚仁義禮智四德。但在四德中，仁爲最高，包涵義禮智。四端既是人生來就有，屬於人性，也屬於人的生命，儒家以人爲倫理人或倫理動物，孟子曾說沒有仁義禮智四端，就不是人。發揮仁義禮智四端也就是發揮人的生命。《易經》以元亨利貞代表四季，象徵生命的發揚，元，則是生命，亨利貞祇是生命的發揚，包涵在元裡。

人心爲仁，因爲心是生命的中心，即是性的表現。人心爲仁，即是明德，即是良知，發揮人心之仁，乃是「明明德」，乃是「致良知」。

發揚人心之仁，更是《中庸》所說的「誠」，「誠」爲「率性之爲道」。仁本是「愛之理」，爲什麼愛？愛自己的生命；愛自己的生命，也就該愛別的人物的生命，生命即是存在。孔子乃說：「夫仁者，己欲立而立人；己欲達而達人，能近取譬，可謂仁之方也已。」

（雍也）。

因此，儒家乃有「仁民而愛物」的大同思想。儒家的最高人格為聖人，聖人乃是能贊天地化育之人。《中庸》說：「唯天下至誠，為能盡其性；能盡其性，則盡人之性，能盡人之性，則能盡物之性；能盡物之性，則可以贊天地之化育，可以贊天地之化育，則可以與天地參矣。」（中庸 第二十二章）。

儒家的聖人，是「大哉聖人之道，洋洋乎發育萬物，峻極于天，優優大哉！」（中庸 第二十七章）。

4. 實踐—精神生活

追求人生之真理，不能祇在追求學問而不實行。人生真理即人生之道，應作為生活的規則，人要勉力去實行。中國的哲學家一定要是實踐倫理的聖賢或君子。「誠者，天之道也，誠之者，人之道也。誠者，不勉而中，不思而得，從容中道，聖人也。誠之者，擇善而固執之，博學之，審問之，愼思之，明辨之，篤行之。……人一能之，己百之，人十能之，己千之，果能此道矣，雖愚必明，雖柔必強。」（中庸 第二十章）

儒家哲學的傳統，就在於修身。《大學》以修身在正心，誠意，致知，格物，朱熹和陸象山對於格物致知，發生爭執，王陽明追隨陸象山主張致良知。然而這祇是理論方面的爭執，在實踐上都同意在「克慾」。人性是善，人心則兼有性和情，情慾卻能引人向物質的享受，相反倫理規條。《中庸》曾說：「喜怒哀樂之未發謂之中，發而中節謂之和」。（第一章）「和」爲天下之達道。可是情慾發時卻多次不中節，造成惡，孟子乃說：「養心莫善於寡慾。其爲人也寡慾，雖有不存焉者寡矣；其爲人多慾，雖有存焉者寡矣。」（盡心下）孟子主張人心生來有仁義禮智四端，每個人須要培養自心的善端，使能保存而又發揚；但若讓情慾作主，則善端必被踐踏，不再存在。因此人皆寡慾，寡慾是克制情慾，人心作主，而不是佛教的絕慾。

爲能寡慾，宋明理學家都主張實踐「主敬」。「敬」有內外：內敬在於「主一」，使心不亂，專心做眼前該做的事，又專心以天理爲規範；外敬在於身體的端莊，即是言語行動都能莊重；避免輕浮。

實踐的方法是「擇善固執」，先立定志向，每天省察，曾子曾說：「吾日三省吾身」（學而）自己承認過錯，決心改正。這樣天天實行，必能成就自己的品德。

中國哲學的傳統，對於修身非常注意。西洋哲學追求事物之真理，不多講人生之道，更不講修身之道。因此，中國人看西洋的思想和文明，認爲是物質文明。實際上，西洋人的人生之道和修身之道，都由宗教去講，去實踐。西洋人都信天主教或基督教，另外是天主教的信仰，支配了歐洲社會一千多年，把整個人生都包括在信仰以內，人生一切都奉信仰爲原則。因此，西洋哲學不講修身之道。但是天主教傳統的士林哲學則必定講人生之道的倫理學，就是非天主教徒的康德也講實踐理智。中國人歷代以宗教信仰爲人和神靈的關係，祇在求福免禍，人生之道和修身之道都由儒家哲學去講，儒家哲學不講宗教，有人便說中華民族沒有宗教信仰，實際上中國人從《書經》、《詩經》時代就相信皇天上帝，信天的信仰一直保留到今天。

四、追求認識眞理——認識論

1. 知識問題

近代的西洋哲學專集中討論哲學上的一個基本問題，即是認識問題。哲學爲追求真理的學術，常常追問事物的基本理論，哲學自身便有一基本問題，人是不是可以知道真理？爲研究事物的理由，須用理智去推論，理智的知識是不是客觀的知識，或者僅是主觀的知識，沒有知識的價值？在古代西洋哲學雖也有過討論認識價值的學人，但在當時不受大家的重視，直到近代，從笛卡爾開始，正式以認識論爲哲學的中心問題。

在第十三世紀時，歐洲哲學界出了「唯名論」，對於人的智識正式提出了懷疑，「唯名論」由歐坎（William Ockham A.C. 1285-1349）發起。他追探名和實的關係，「單名」所指是個體的事物，具體地存在，名和實相符。「共名」所指則在客觀上並不具體地存在，祇是人主觀地所製造的概念，因而祇有名，沒有實，名實便不相符。哲學的形上學所有的名都是「共名」，由抽象的作用而成，共名既沒有實，抽象作用沒有價值，形上學根本不能成立。

一三四〇年十二月二十九日巴黎大學頒布禁令，禁止在哲學上教授唯名論，但這派的思想並沒有消滅，繼續在學界蔓延。文藝復興後，歐洲新派思想漸漸興起，笛卡爾首倡懷疑方法論，對每種肯定或結論，俱抱懷疑態度，予以推敲，直到找到正確的證明，才承認它是真的，一種證明是真的，必定要是明顯的和確定的，使人無所置疑。笛卡爾舉出一種事實乃是真的，即「我思則我存」，這種肯定是最明顯的，是最確定的。笛卡爾沒有否定理智認識對象的能力，祇是對於真理規定了一些條件，他主張懷疑也祇是方法，並不是懷疑人的理智能力。

英國經驗主義，由洛克和休謨作成了一派哲學的主張，正式開始了認識論的爭論。經驗主義祇承認感官的感覺功能，感官的經驗有客觀的價值，理論是否能夠認識超於感覺的對象，則成問題，經驗主義不直接否定理智的認識功能，但這種功能無法證明；因而所有形上學的對象，便存而不論，因爲不可知，可知的祇有感官的對象。

康德認爲經驗論過於走極端，不能把理智的功能一筆勾消，他便主張理智生有先天的範疇，按著範疇整理感覺經驗，便成系統，乃有哲學思想，對於超物質的對象，康德也不主張理智可以認識，故對於絕對的實有上帝或天主，祇能憑人心靈先天的要求，而接受上帝或天主的存在，以及倫理的原則。

黑格爾則是唯心論者，主張唯有絕對精神爲真實的存在，宇宙祇是絕對精神的非我表現，理智所認識的是精神的自我，感官所有的經驗沒有價值。

現代的西洋哲學，除士林哲學外，大概都主張真理是相對的，倫理原則也是相對的，沒有不變的真理，也沒有不變的原則，這就是否認理智能夠認識物的本體。

中國的哲學，從儒家的認識論說，人能認識天理，天理爲不變的真理。人的認識若正常不錯，當然有客觀的價值，名必有實，共名也具有客觀的價值，道家莊子主張有三種知識：感官的知識，理智的知識，氣的知識。理智由推論而得知，爲小知；氣的知識爲直見，爲大知，莊子又主張齊物論，萬物相等，無分大小；因萬物都由道而成，道爲一，物乃相齊。佛教主張萬有皆空，對萬有的知識，由人所造，人因行惡而在心內留下惡種子，種子遇到機會而造成外物形色，人認識外物的形色而有錯覺的假知，人的知識都沒有實際的價值。

認識論乃是哲學的大門，大門不正或不開，全部哲學都不能走入正道，因爲哲學用理智推理，理智本性的問題，當然是哲學入門的問題。

2. 感覺知識

人的知識由感覺開始，感覺器官在身體外部，和外面的物質對象，可以互相接觸，孟子曾說：「耳目之官，不思而蔽於物，物交物，則引之而已矣。」（告子上）現代的實驗心理學對於感覺的知覺，都可以作實驗。因此，哲學家和普遍一般人一樣，都承認感覺可以感覺到自己的對象，感覺的知覺是客觀的。

通常我們以感覺的器官爲眼、耳、鼻、舌、身。可是在我們身體以內我們還有感官：痛的感覺，快樂的感覺，美的感覺，厭惡的感覺，在實驗心理學上都要討論這些問題，美國經驗派或實證論的學者，區分感覺爲若干等。我想這些內部的感覺不是一種單純的感覺，而且還加上心思。例如：美感，絕對不是單純的感覺，一定要有理智和情感的參與。

哲學家無論中西都承認感覺的真實性；但是佛教哲學則否認，卻以爲感覺祇是虛幻。佛教的唯識論以萬物都是空，祇是「識」所造成，而「識」也是虛。唯識論講八識，前五識爲感覺，眼耳鼻舌身，第六識爲意識，即是心，第七識爲末那識，即是判斷，第八識爲阿賴耶識，即是藏識，藏有種子。一切的關鍵都在於種子，種子爲認識能力，由前生的行爲所造，每件行爲留下種子。到了現生，遇到與前生相同的境遇，種子就現出前生的客體，客體稱爲「境」，成爲今生感覺的客體對象，感官遇到了境，便產生感覺，意識的心就分別這種感覺是什麼感覺，末那識就相信這種感覺爲真實，造成「執」，「執」就是心中執著這種感覺不放，佛教稱爲「物執」、「我執」，相信有萬物，相信有我。

3. 理智知識

西洋哲學對於理智知識的問題，關鍵在於主體和客體之間，設下一道鴻溝，兩者間是否能夠溝通？

傳統的士林哲學由聖多瑪斯建立了理智知識的系統。聖多瑪斯根據亞里斯多德的思想，以理智知識來自感覺，當感覺對於外面的客體有個知覺時，感覺便有一個印象，印象進入理智，理智接受了印象，立刻自動了解印象的意義，作成一個觀念，這個觀念代表外面的客體，理智便有了客體的知識。觀念是客體的代表進入了主體的理智，主體和客體互相結合，知識乃能成立。觀念所代表的客體，不是客體的形相，形相由感覺印象作代表，觀念代表客體的意義，這種意義在客體以內實際存在，實際有，不由理智所捏造。因此，聖多瑪斯的知識論稱爲「實際知識論」。

近代的西洋哲學對這種「實際知識論」發生攻擊。英國的實證論認爲理智不能透視外面物體的內部，不能知道或認識物的本體，外物也沒有辦法可以進入主體以內；因此，祇有感覺的經驗才有客觀的價值。這種思想在當代的唯物辯證論，或近於唯物論的語言邏輯論，都很盛行。他們一概否認形上學的價值，也否認「共名」，尤其哲學術語的意義。

德國方面則反對英國的實證論，主張物質體沒有實際的價值，祇是一些偶然的存在體，真正存在的乃是精神。精神有創造力，宇宙間的人類建業都是精神所造的。人的心靈是精神，心靈所有的知識由主體精神所創造，因此稱爲唯心論。

許多別的認識論的主張，多多少少都可以歸併到唯物論或唯心論裡。

我們要問這些派別的人，理智是人天生的認識官能，怎麼就本體上說就不能認識自己的對象呢？假使是這樣，理智便不能稱爲認識官能。

宇宙內的事物都有本體和形相的兩層，我們認識一物須要認識本體和形相。形相由感覺去認識，本體則由理智去認識。若說，本體本來沒有，由於人的理智造的。這種說法和普通人的常情不相合。人的常情是這樣，看見一張桌子，眼睛看到桌子的顏色、式樣、材料，同時人就知道它是一張桌子；又如看見一個人，眼睛看見他的高低、大小、顏色、相貌，同時也就知道他是人，而且是這個人。因此，桌子代表桌子的本體，人代表人的本體，我代表我的本體　說是人時，不是說他多高多大或面貌怎樣，而是說是人，人是這個人的意義。理智所認識的，不是面貌，而是人的意義。

若說，人的意義是在外面的客體裡，怎麼能進入主體的理智裡？感覺的客體既能進入感官，抽象的理論也就按它的本性可以進入理智裡。主體客體的距離，不能築成兩道高岸，絕不相通。

4. 名實

名實問題？也是認識論的問題。一般人的常情都以名代表事物，名必有實。在中西的哲學中，一貫地都主張單名有實。單位是代表一個單體的名，張三李四是個單名，這張桌子是個單名，這棵松樹是個單名。但是對於共名，則意見不同。歐坎的唯名論，就是主張共名沒有實，近代和現代的感覺經驗論也是同一樣的主張，他們都因爲否認理智可以認識物的本體，也否認抽象的觀念有實際對象，然而倘若否認共名的實，我們便無法研究學術。一切學術上所用的名都是抽象的類名。例如松樹，是個類名，不能因爲有一棵可以感覺的松樹，就說松樹是單名，可以有實。那麼爲什麼人，這個名詞不能因爲有這個人而爲單名，不能有實？松樹是共名，人是共名，都是有實。又如本體，這個名詞被看作形上學所造的虛名，不能有實，但是在通常說話時，和研究學術時，都常假定有「本體」，我說我，我是本體。爲什麼本體這個名詞不能有實呢？理由還不是因爲否認理智可以認識自己的對象。

在中國哲學裡，儒家、墨家、道家都承認名有實。名家的詭辯，不是主張名沒有實，而是把名和實分開，名便隨便可用。

佛家則常主張名無實，因爲萬物是空，又因爲人的知識都由阿賴耶識種子所構成。沒有實體的物，當然名也不能。

5. 眞理

認識的目標，爲追求眞理，眞理的問題，歷代不斷，延續幾千年。歷代的學者都費盡了心血，尋找真理的標準。

真理的問題，在人類求知的歲月裡常是一個最困難的問題。歷代的學者都費盡心血，尋找真理的標準。

中國古代墨子曾標出「三表」，作爲真理的標準，三表是「有本之者，有原之者，有用之者。於何本之？上本之於古者聖王之事。於何原之？下原察百姓耳目之實。於何用之？發以爲刑政，觀其中國家人民之利。此所謂言有三表也。」（非命）。墨子對於一種理論是不是真的，要從三方面去看，看是不是和古代聖王所說的相同，看合不合符一般人的心，看可不可以實行使百姓受益。若三方面都對，就算是真理。墨子是一個實用主義者，他注重一個「用」字。

孔子和孟子則注意「天理」，稱之爲道。道在實際上表現出來成爲禮，禮爲古代聖王按照天道所製。道又在人心以內，便是人性。《中庸》說：「天命之謂性，率性之謂道。」宋明理學家乃講「天理良心」。

西洋的哲學從古羅瑪帝國一直到近代，爲天主教的傳統哲學。天主教的傳統哲學，主張宇宙萬物爲天主所造。天主造萬物按照自己的觀念而造，天主的觀念便是事物的模型，就是真理的標準。萬物既是天主所造，決定是和天主的觀念相符合，各種物體的本性必定是真的，物的本性便成爲眞理的標準。每種物體依據自己的本性而存在，也依據自己的本性而動。

但是問題則在乎怎樣認識物體的本性。認識的途徑是由用而到體，從物體的外面表現，進而推論到物的本性。推論的工作，便非常重要。推論是否達到目的，有幾個重要的條件，即是推論所得的結論該當是確定的，假使結論不確定，便不能是眞理，祇能是可能的假定。再有一個條件，就是結論要明瞭，不能是籠統模糊，否則也不能就認爲是眞理。

西洋近代哲學可以說是由笛卡爾開始。笛卡爾提出一種懷疑方法論，對於一切理論，先都予以懷疑，等到有了證明，才接受爲眞。他有句名言「我思則我在」，以爲連自己的存在也要有證明。實際上笛卡爾並不是懷疑自己的存在，而是主張懷疑的方法。而且我的存在不能用「我思」去證明，否則「我思」還要再有證明。「我在」乃是一件自然直接體會到的「存在」，用不著證明。

懷疑方法論在近代西洋哲學裡，不僅成爲普通的方法，而且成爲哲學的學說。英國實證主義的哲學家祇承認感覺可以有眞，因爲能夠以經驗作證，理智知識則沒有證據，眞假不可辨。

康德主張純理智的先天經驗，以先天的範疇和實踐理智的先天要求，作爲眞理的標準。當代哲學盛行相對的眞理論，天下無一成不變之理，理之爲眞，在適於時宜。到過中國講學的杜威，曾主張實用主義，胡適乃他的門生，常說少談理論，多提出問題，可以解決問題的理論才是真的。

另外一位到中國講過學的羅素，羅素的哲學主張爲數學邏輯，作爲求真理的途徑。羅素探尋真理的方法，是一種分析哲學的方法，這種方法，就是要盡力避免建立一種網羅一切的哲學體系，而把注意力集中於孤立個別的問題上，然後想辦法將這些個別的問題，按步就班地一件件加以解決。羅素的分析法又可分爲同層次（same-level）的分析法和新層次（new-level）的分析法。同層次的分析法是屬於邏輯上的分析，因爲它只涉及語言邏輯的層面。而新層次的分析法又叫做還原的（reductive）分析法，主要的目標是要消除命題中的邏輯結構，以便用我們能夠直接認識的對象的名稱來代替命題中的不完全符號。因此這種分析法就是要找尋基本事實。因爲羅素認爲，在邏輯上完美的語言系統裡，命題中的語詞和事實的組成元素具有一對一的對應關係。在這種語言系統中，一個單一語詞必須指涉一個單一的對象，而命題和事實的關係，必須具有形式上或結構上的等同性（identity）。由於有了這種關係，我們就可以把某些述句當作事實的圖像。

關於羅素探尋真理的方法，艾倫·伍德（Alan Wood）有一段極精彩的比喻，他說，如果我們想研究人類的眼睛，那麼我們可以用兩種迥然不同的方法來下手。第一種是布萊德雷

（Bradley）和黑格爾所採用的方法，他們一開始便會說，眼睛是身體的一部份，除非把眼睛當作身體的一部份，否則我們就無法知道眼睛是否出了毛病。所以一個醫生要檢查一個視力不佳的病人，也應該詢問他全身健康情形如何，然而全身的健康（包括眼睛在內）情況也要依賴我們攝取食物營養的狀況，而食物的品質又要根據目前農業技術和土壤，運輸等各種條件。依此類推，最後可能要以整個太陽系或整個宇宙來決定了。這種觀點說明了宇宙是一個整體，並不是許多孤立事物的組合，而是一個完整的統一體，我們把這個派的哲學叫做一元論或觀念的一元論。

然而羅素採用了另一種方法來研究眼睛，首先我們要把眼睛當作孤立的個體，這時我們必須知道的事情是光線如何進入眼睛，然後由神經傳到腦子裡，將眼睛所看到的結果報告給腦子，後來眼睛才接受由腦子反射回來的運動神經的刺激，告訴眼睛該朝那個方向去看，因此在整個宇宙中如果有任何的東西影響了眼睛，可以說一定是透過這三種東西。只要明白這三種東西，就可以算是知道了所有和眼睛有關的事情，這就是分析哲學的方法。

把分析哲學的方法，用數學方式演變出來，羅素和懷德海創立了數學邏輯論。

羅素的一個門生維根斯坦（Ludwig J.J. Wittgenstein 1889-1951）繼續用哲學分析法，建立語言邏輯論。他用哲學分析法，研究語言。第一、分析語言的意義，使語言的意義清楚明瞭；第二、將哲學問題以符號邏輯排列，按照運算方式，以求問題明瞭精確。維氏的邏輯分析法是以語言本身爲對象，他認爲哲學的問題就是語言問題，因爲在語言裡一個名詞常能有多種「意指」（所指的意義），用這些名詞作命題，意義就不清楚了。因此，哲學是一種確定語言意指的工作，把語言的意指明瞭地予以確定。語言的意指爲事實，事實爲單獨的實體。每一事實用一命題來陳述，但基本事實，稱爲原子事實，原子事實互相關應，成爲一一對應的關係。

當代西洋的這些哲學主張，企圖把哲學變成一種實際的科學，以一種研究法包括一切的學術，他們或者透過語言的統一，以達到一切學術的總合，即所謂語言邏輯。或者以自然科學的語言爲基礎，將一切學術都還原到科學語言內。再或者對於一切學術的研究，都由因果方式去說明。因此，這些方法論統稱爲「統合科學論」，以哲學上的問題都可排入科學的方程式內，而能夠以還原律去證明，他們以方法去決定本體，不是由本體去決定方法。

懷德海（Alfred North Whitehead 1861-1941）以科學家而研究哲學，肯定哲學所研究的爲「實際體」。宇宙的要素爲終極而真實的事物，終極的實體稱爲實際體，或「實際緣現」（Actual occasion），這種實際體不是本質，不是心靈，乃是非心非物，亦心亦物的複體，變動不居，互相關連，互相攝受。因此，有人將懷氏的實際體比擬佛教天台宗和華嚴宗的圓融觀的「一一」，一入一切，一切入一。

當代西洋哲學的各種研究法，在於以實證科學法作爲一元的學術研究法，將人文科學、自然科學、哲學，甚至神學都涵蓋在同一方法內。使一切學術的命題或結論，都非常確定。但是學術的性質，由所研究的對象而定，不由研究的方法而定。對象性質決定方法，而不是方法決定性質。自然科學的研究法，可以幫助哲學的研究工作，但不是哲學的正式研究法，否則哲學已不是哲學而變成了科學。

中國古代哲學對於求知真理，曾經分成兩大派，互相爭辯，即哲學史上所謂朱陸之爭。朱熹主張研究外物以知物理；陸象山則主張反觀自心，得知物理。陸子以理在人心，心外無理，人祇要反觀自心，就能認識「理」。朱子則認爲天下同一理，但「理一而殊」；因此對於事物，要細加研究，然後才能達到對於「同一理」的認識。朱陸兩人的主張雖不相同，在實際上卻有相同之點。第一，兩人都以「理」爲人生之道，即生命之理。每一事物都有應接之道（理），使事物合理；這種理就是人生活的規矩。第二，兩人都肯定人心能夠知道這種生活之道，而且應該知道。兩人所不同的，則在於方法不同。朱子主張研究，陸子主張體會。後來王陽明繼承陸象山的主張，提出「致良知」，心爲理，心爲知，心自然知道生活之道，這種知就是良知。

由朱陸方法不同，古來一句名言「尊德性而道問學」也成了兩條研究哲學的途徑。「尊德性」是以實踐道德爲主，「道問學」是以研究學問爲重。陸王的主張，偏於「尊德性」，朱子的主張，偏於「道問學」。不過，這也祇是方法的偏向，目的則都相同，即是在修身。尊德性是爲修身，道問學也是爲修身。中國哲學的意義，所以常是在於求知人生之道，以完成人性的發揚而成完人。

從本體論的「有」我們可以知道「真」的意義，在於「有」是它自己，即是「同一律」。「有」的本體一定是它自己，不能有差。真理的基礎應建立在本體上，若否認本體，當然沒有真理，也沒有不變的真理了。

第二章 哲學方法

一、通則

我們人所有的特點，在於知識。人的生命爲心物合一的生命，物爲感官，心爲心靈，感官的知識爲感覺，心靈的知識則是理論。我們的感官一有了感覺，我們的心靈就要追求感覺的理論。眼睛看見一件東西，心靈就要問這是什麼？理論是看不見的，須用理智去推論，由推論而後取得，所以我們普遍說「推理」。既然是推理，便要研究，研究有研究的方法，研究的方法，有工具，有原則。

1. 工具

人們先天的研究工具是感覺，對於外面的對象都靠感覺。一切靠眼，靠耳，靠手及鼻、舌、身等。資料由感官所得，再憑感官去查證。研究歷史，靠眼睛看書，考察古物。研究藥材，親自口嘗。人們天生求知的工具祇有感官，人們生活所須智識，都靠感官。因此人們求知的工具就是感覺，感覺就該天生具有求知的「能」。這種「能」爲天生，也是不學而能。祇要有應當具備的條件，例如光，小孩自然就知道看東西。這種天生的能，是不須證明，也不能另用證明。

到了後代，人們運用理智年代已久，智識的遺產增多，天才家乃發明新的工具，使感覺的「能」增強，對於外面的對象認識更清楚，例如望遠鏡、顯微鏡、物理學、化學、考古學各方面的儀器，都使人對於對象的觀察「能」，增加了千萬倍。這些方法稱爲自然科學方法。

自然科學的方法所觀察的對象，它們是爲增加感官力量而創設的。它們所觀察的是外面物體從物質方面所有的成份。這些成份構成物體的物質本性或特點。但爲構成物體的物質本性或特性，必須經過理智的思考和推理，才可以有結論，這些結論就是自然科學的知識，但是人們在日常生活裡，所用的知識，並不常是這種知識，在沒有自然科學的種種發明以前，人們已活了千千萬年；在今天科學昌明的時代，人們日常生活所用的知識當然不能反對科學知識，然而並不能一切都用科學知識。例如一個人來看我，我知道他是「人」，「人」是我們普通稱說的人，並不是按生理學所說的人。我在病床要喝水，小姐遞給我一杯水，我衹知道水是解渴的，我並不想水在化學裡是怎麼成的。我們在日常生活裡，感覺看見了外面的東西，心裡就知道是一件東西，這件東西由它在我感覺中所呈現的，我的理智就給一個觀念，觀念就代表它。

科學的工具增加觀察對象的「能」，收集無窮的資料，使理智可以更清楚地認識自己的對象。但是這些方法都是感官性的，只爲幫助理智做觀察，卻不能代替理智，更不能排擠理智。

理智的日常生活智識，由感官積成的，現在由自然科學工具加以擴充，不受科學的限制，也不受科學的妨礙。理智追求事物的理論，理智不能深入事物的本體，而是事物藉著感官進入我們的心靈，事物進入我們的心靈，是物體在外面所表現的形色，即物質的成份，就是物體的「用」，理智認識外面的物體，常藉著它的「用」。因此，中國哲學乃常以「體用合一」，「體用不分」，甚至於就以「用」爲「體」。在理論方面，「體」是「體」，「用」是「用」，不宜混而爲一。在「用」和「體」的中間，一定存有天然的關係。自然科學可以用儀器去測驗一些物質中間的關係；理智則根據物體的天然理論，推出一些超於形的關係。這些關係當然是物體本身的關係。然而這些關係是我們從人方面去看，都是看這些物體直接或間接和我們的關係，我們人和事物的關係，都是我們生活的關係。一件事物若是從不進入我們的生活裡，這些事物就對我們等於不存在。我們每個人所有的知識很少，就是我們在生活的範圍裡，所接觸的事物不多。可是整個人類從原始時代到現在，在自己的生活範圍裡所接觸的事物就無限量了，現今人類的知識真可以算是很豐富了。

理智對於事物不僅只求認識，而是追求事物中間之理，事物本身的關係，又追求事物和事物中間的關係。這些關係爲人所追求。因爲都和人的生命連繫在一起，或者天生地連繫在一起，或者是人們自己造成的。人們的生命和宇宙事物既然有這樣深遠又這樣重要的關係，人們更不能不去追求，這就是哲學的任務。

人們和事物的關係，有些很簡單，有些很複雜，人們都是由理智去推論。理智求知的工具，天生的有感官，天生的也有心靈。感官通常總括爲眼鼻耳舌身五官，心靈通常包括理性、意志、情感、回憶。人們既又是心物合一的本體，求知的工具：感官和心靈正常地結合一起運用。

2. 原則

哲學的知識，爲感官和理智的知識，究竟有什麼價值？感官的知識爲形色可以測驗的價值，沒有人懷疑。理智不是可測驗的，理智的知識也不可測驗，對於理智的價值，許多學者不單是懷疑，而且予以排擠，根本加以否認。在上一章已經講到這一點，現在我要說明我的立場，肯定理智知識的價值，否則人的生活，就成爲純粹的物質生活，人的生命也絕對不能發揚。

我肯定理智知識所持的理由，由兩方面出發：一由心靈，一由外物。

我相信宇宙萬物由造物主所造，造物主爲最高神明，聰明智慧，絕對真美善。所造萬物，必具有各自存在和變易的理由。宇宙萬物沒有一件是自有的，都是自無而有，原始爲絕對之無，以造物主之全能而「有」，既有，常在變易，變易一定要有規律。事物本身各份子間，事物與事物之間，宇宙萬物和人們生命之間，都有一定的關係，一切關係都必定有天生的規律。這一切都由造物主上智的安排。

不信有造物主神靈的學者，及自然科學者，都也承認自然界全體和各個事件及事件的份子，都具有先天的關係，一切關係都有規律。自然科學都是根據已經知道或已經假設的規律進行。否則太空梭怎麼可以進入太空而受科技的控制呢？

人們的理智既是天生的心靈求知「能」，它必定具有天生爲人求知的能力，可以達到天生的目的。不然，它便是天生廢物。理智求知能，由「能」而到「實現」，必定有天生的規律，理智自然按著規律而行，一切正常的人都必定常在求知中遵守天然的共同規律：「觀念規律」、「語言規律」、「邏輯規律」，這樣人們的知識才有共同的知識，才能互相溝通，人們才能發展生命。

理智天生求知的能力，我們不能去證明，假使要證明就得用理智去證明，而且也不須證明，一個普遍的事實，大家必須承認。若不承認，人就變成不正常的人，變成了白痴。

有些學者卻認爲人的知識必須要證明，「知識要能檢證」（Verification），檢證的方法就是指出自己的對象，所謂「指出」，則是以感覺或科學測驗。然而理智知識是超於感覺的，不可能用感官或科學測驗去檢證，他們便否認理智知識的價值。這輩學者根本上不承認有超乎感覺的知識，又根本否定有超於物質的精神體。

我祇很簡單地問一句話：「我是誰？」生物學者，社會學者，心理學者，物理學者……都可以給我一個答案，但是他們的科學答案，都不是我所要的。普通我問「我是誰」，我是說「我是我，不是你。」「我是我自己的主人，我愛，我想，我做事」，這一切答案絕對用不著科學家替我去研究。

這輩學者又將說：我是可以檢證的。感官不是明明指出有個我在眼前嗎？我說：理智中的我，不是眼前的我。我已七十五歲，七十五年前剛生的我，仍舊是今天的我，但是七十五年前剛生的我，不是現在眼前的我；就是十年前的我，也不同於今天眼前的我。理智中的我，是我心靈中天生的一個知識，開始時感官所覺，後來由理智直接體會，常不脫離。小孩哭著叫「我要這個，我要那個」，他不懂，然而知道有「我」。

學者們又說：人的思維活動，可以用儀器測量，將來原子資訊科技發展，或者光學發揚，可以測驗人在想什麼，或者還可以把人腦神經所積的知識，以科技擺在人的神經系統，幫助理智活動。這一切，我想將來都可能做到，但是這祇能對於神經去工作，「我願意不願意想，爲什麼我這樣做」，仍舊是「我」作主人。

我心靈中的我，是理智對於眼前的「我」的知識，是一個觀念，是一個主體。它是實在的，不是幻想，在眼前的我之中。這個知識非常有價值，乃一切知識的根本。

理智對外物的知識，由人們對於外物在生命的關係上去看，那麼是不是完全爲主觀的心理作用呢？宇宙萬物每件常在變易，彼此連繫相關，根本的連繫關係，必定是先天的，是自然而有的，物質的關係是這樣，理智的關係也是這樣。例如母子的關係是愛，有感覺作證。但是這個愛的感覺有什麼理由？孟子便說人生來有母子相愛之理。即使沒有感覺，也有這種理。所以，人們對於外物在生命關係中所有的知識，在基本方面是不會錯的。至於複雜的關係，則仍推理研究，那就能有錯誤了。

宇宙事物在本身方面，有份子間的關係，又有事物彼此間的關係，這些關係在基本上也是天生的，而且是必然的。理智按照天生關係去推理，該當不會錯。

我因此肯定理智的知識，具有價值。

3. 語言

人是群居的人，生來就有旁人在身邊，便要互相溝通，溝通最有效的，最通常的方法就是語言。

人的理智，大家一樣，對於外面的物體，所得的觀念也是一樣，例如「人」的觀念，大家都同樣。可是在把觀念表現出來時，那就不一樣了。在感官方面，人生來有發聲的能力，用發聲的能力人造成了語言。

語言爲人的創造物，爲一些天才的人所發明，天才發明語言按照自己實際的環境和遺傳的民族性，以應實用。

甲、名詞與觀念

語言和人的知識互相關連，語言代表觀念，觀念代表知識。在語言裡，有兩層重要的關係：第一是名和實，第二是文法。名和實的關係，即是語言的本身價值，一個名詞所指的事物，是不是有的？假使沒有，名詞便是虛的，沒有一點價值。凡是人的感官所感覺的事物，人們知道是「有」，給它一個名詞，這個名詞便有價值，若是一種理由，或是一個超乎感覺的「有」，感官不能感到，它是不是「有」呢？普通一般人都說是「有」，因爲日常生活裡常用這些名詞。例如「原因」，「效果」，「仁愛」……等等名詞，普通誰也不懷疑這些名詞的意義，但是有些學者卻製造了許多語言問題，他們認爲這些名詞都是空洞的，或者根本是空虛的。這一點，是他們對於理智的知識不願承認有價值。當然，我並不是說我們所用的名詞都有所指的事物，有些哲學的專門名詞，由一些學者自己按照自己的思想製造出來，大家都不懂，這些名詞的意義，就大有問題了。

我們人爲心物合一體，我們所有的觀念，由感覺的印象而提出，本身常含有感官形色，我們沒有一個純粹的精神觀念；純粹的精神觀念在我們心靈上祇出現一片空白。我們的語言更是帶有形色，語言有聲音，聲音代表觀念，因此，我們的語言不完全適合理智的知識。我們聽到理智知識的名詞，常要用理智去想。若是日常生活裡常用的名詞，大家都懂得所指的事物，便不必費心。若是科學的名詞，則應學習。科學名詞所指，科學予以證實。哲學所用的名詞，不能用感覺或儀器去證實所指，學者中乃認爲空虛無所指。我則認爲問題不是這樣簡單，不能一筆抹殺哲學名詞。哲學上有些基本的名詞，爲人類的共識，爲人類知識的基礎，對於這些名詞絕對不能認爲空虛。基本名詞就是人們理智基本知識的名詞。

什麼是人們基本的知識？我不相信人們有天生的觀念，觀念都是後天的。但是人爲自己的生命存在，不僅在感官方面，要有基本的知識，例如吃飯、穿衣、走路。但稍爲大一點，到了兩歲，普通就要學習講話，一學講話就要開始用理智：我要，我不要，那是什麼？這是什麼？所得的答案，當然是感覺性的東西。但是小孩已開始有我你他的觀念，還有爲什麼打他，爲什麼選這個玩具不選那個玩具，這裡面已經具有理智的粗淺活動，現在有學者提倡兒童哲學，便是由這一點出發。

兩三歲小孩不加思索，取得一些理智知識，這些知識應是人們的基本理智知識。它們不是天生的，是由天生的求生存之能和天生的求知之能所構成的。孟子所說的良知良能，雖然指的「良心」的天生善惡之知；然而對於人生最基本的事理之知，也能靠助一點解釋。例如愛父母是好事，爲天生的良知，那麼「好事」的知識也應該包含在良知以內。不愛父母爲惡事，爲天生的良知，那麼「惡事」的知識，也該包含在良知以內。小孩不懂得「好事」「惡事」的整個意義，不過心靈上總有一點直接的體認，他們說不出來。還有陸象山所說理都在人心，當然是指的倫理善惡的理，然而在善與惡的天理中，也包含基本的理智知識。哲學所講的本來就是這些基本知識，所以說哲學追求事物最後的「理」，中國哲學追求人生命最基本的理。後來哲學家從基本知識，添上自己的許多知識，系統地連繫起來，作成學說主張，那就是另外一回事，而且問題也層出不窮了。

表現理智基本知識的名詞，應是具有所指的價值。

乙、命題

名詞結合在一起，結成句，也稱爲命題，名詞在句中各有自己的地位，互相發生關係，這就是語言的文法。每種語言有各自的文法，有的相同，有的不相同。中國文字的文法和歐美文字的文法相差很遠。拉丁文和德文在歐美語言裡，可以說是最複雜的了。而中國文法比起歐美語言的文法則簡單多了，並且從來在學校就不講中文文法。在各國語言的文法裡，存有一些基本的文法，各國的語言都有。主詞（S），賓詞及連接的動詞，一句話表示一個關係，關係常由一點出發，達到另一點，兩點要互相連繫。出發點爲主詞，到達點爲賓詞，連繫關係的爲連結詞。例如「我是人」，「我」是主詞，「人」是賓詞，「是」爲連結詞。人生關係最複雜，事件關係也繁複，語言的文法便複雜了。普通有「位稱」，「單數多數」，「時間先後」，「空間位置」，「主動被動」，「內涵或形式」。這些關係都有先天的自然性，爲人們表現思想的基本法則，在各國的語言裡都有，就是表現的形式不同。

通常命題有四種形式(1)全稱肯定命題，(2)特稱肯定命題，(3)全稱否定命題，(4)特稱否定命題。我們以「A」，「I」，「E」，「O」四個大寫字母來代表。「A」的基本形式爲一切S是P；「I」爲有的S是P；「E」爲一切S不是P；「O」爲有的S不是P。中國語言爲單音名詞，爲表現關係，名詞在句中的地位最重要，而且要按自然的程序。爲表現種種關係祇好加用相關的名詞。歐美拼音的語言，爲表現句中的關係則用變音的方式，大都變尾音，有的也變頭音，名詞在句中的地位倒不重要。中國話的主詞常居句首，拉丁話的主詞可以在句中任何一個位置。

文法當然非常重要，沒有文法就不成語言。然而當前有的哲學家都把語言文法作爲哲學；一意要使每句話一點都不含糊，每個名詞的量分得清清楚楚，使普通語言成爲哲學語言，至少使哲學語言不是普通語言，好比化學所用的話是化學術語，原子能學所用的話是原子能學的術語。這都是現在一種把哲學作成自然科學化的趨勢。哲學本來是各種學術的根源，在開始時包括各種科學知識，使宇宙萬物連合在一種統合的知識裡，以求人生命的發揚。後來，自然科學發達，人文社會科學也發達了，分門別類，都和哲學分野，而且對抗。目前，在學術界在思想界，分課分類，各自封閉，造就許多專家，專於一門或一項，對於科學的互相關連不知道，關於思想的溝通不知道，關於人生的共同問題不知道，連在實際環境裡怎樣去運用他們的專長都不知道了，都還有人要把哲學逼進這樣的一門專門自然科學裡，使人心靈的眼睛祇看到一些儀器，使人心靈的享受僅是衣食住行的方便，那還能有優遊自然之中，超於物質的心情，更不能懷有孟子浩然之氣的胸襟，那還談得到超於宇宙萬物以上，與造物主相合；仁民而愛物，參天地的化育。

二、理則

1. 先天的理則

人們求知以理智爲先天工具，理智的功能在於推理，推理必定要有規則。理智推理的規則，在基本方面有天生的規則，又有人爲的規則，這些規則，普通稱爲「理則」，西文稱爲「邏輯」。

理智既是推理天生的工具，本身不僅具有推理的「能」，也必具有推理的「則」。理智天生推理的則，第一應該是合於自己的天性，自然而然而現。理智爲一非物質的求知工具，它的活動也必定是非物質的，理智的行爲非物質之行。第二，理智天生的推理原則，應該是求知觀念間的關係。

按照這兩點，我們可以提出理智的八項先天原則。

第一，理智屬於心靈，心靈和身體結成一體，心靈對於外物的認識必定帶有感覺的性質。感覺的性質爲「量」的性質，量的變易，常在空間和時間裡。理智所有的觀念，便都在時間和空間以內，理智推理的天生原則在空間和時間進行。然不能因此說理智推理是「量」的變易，而是因爲理智推理是用身體的神經。

康德曾以理智的活動在於整理感覺的印象，以天生的範疇作爲分類的標準，天生的範疇就是「量」的各種特性，理智是天生具有，然而僅僅靠天生範疇，不能推出事物的道理。理智還要由本體方面具有一些天生的原則，這些原則本是形上本體的原則，然而理智活動是按本體而行，本體的原則也就成了推理的原則。

第二，同一律，有就是有，我就是我，這項原則，爲一切理則的基本，爲推理的起點。

第三，矛盾律與排中律：矛盾律爲，我是我，不能在同一本位上或同一關係上又是你，或是他。這一項原則由第一項原理的直接結論，不能分離。不在同一本位上或不在同一關係上，我可以是有，也可以是無。排中律則是我只能是我或不是我，不可能有其他的情形發生。

第四，類比律，理智對於外來的事物，由感覺抽出觀念，兩個觀念若包括相同點，理智自然知道爲相似。相似不是同一，也不是相反，是可以互相連繫，同者相連，不同的相拒。類比律也是理智的先天理則，在推理上用得很多。

第五，因果律，宇宙萬物都非自有，我也知道我不是自有的；而且我知道自己常在變易，在動，這一切都要有一個發動的原因。理智當然不能先天知道原因的內容，然而自然知道事物存在要有原因。學者中有人說因果律祇是由人的習慣而養成，人看到前後兩事互相銜接，便認爲前事物爲因，後事物爲果，實際上兩者中並沒有內涵的關係。這種說法，並不能排除因果律，若是理智先天沒有因果的理則，它怎麼會世世代代相信因果律？

第六，分析和體會。理智推理爲求知道事物之理，理智的「能」，有先天生來的兩種活動：一種是理智自己直接體會，好似眼睛直接看見；一種是理智依據感覺的資料，把事物分成多少部份，一部份一部份去推論。中國哲學習慣用直接體會，西洋哲學則習慣用分析研究。

直接體會的範圍，祇能用爲生命的體會，和生命直接有關的事理，理智必定可以直接體會。例如母子的關係，理智直接知道是孝愛。由直接體會而得的知識，是活動的，是全面的，是和我們心靈生命相關的。直接理會之理，使追求真美善的心靈，得到快樂。孔子所以講「樂道」。但是這種直接體會法，不可能用到外面事物的理。事物之理若不直接和我的生命相接觸，理智不能夠直接體會到。雖然莊子很看重直接體會法，佛教的天台宗、華嚴宗和禪宗，祇承認直接體會法的價值，而否認分析法的功用。

哲學的方法，用爲推論；推論必定要把所研究的對象加以分析。西方哲學傳統地運用分析法，對於每個術語，指定確實的意義；對於每種關係，必要分析清楚。邏輯學乃成爲哲學入門之道。

第七，分析方法傳統地分爲歸納法和演繹法，歸納法由部份到普遍的結論；演繹法由已知的原則應用到部份以得結論。當代有的哲學派，攻擊這兩種方法，因爲用歸納法必須要全部地研究一切可能性；例如：化學或物理學做實驗，須要把同樣的實驗在各種不同的境遇中去做，才可以得到結論。例如說：某某人死了，就作一種結論：凡是人都要死。他們認爲這種結論太潦草，必須看到一切的人都死了，結論才有價值。人人都死，這由歷史可以證明，但世上的事物，絕對沒有辦法都被分析，然後才能有結論。在運用歸納法時，便要用上面所說同一律、類比律和矛盾律等。

演繹法從已知到未知，所用的已知的知識，必定要包括未知的知識，否則不能推論。但既然已包括在已知的知識內，所推出來的理，並不是新的知識。例如人人都要死，老李是人，所以老李要死。這個結論算不了知識，只是一個戲言的方式。但是在推理時，結論並不像「老李要死」那樣簡單。研究自然科學的人，就可以知道演繹法的重要。

第八，運用法則爲善於運用演繹法，應遵守幾個原則。第一，從眞的事理，結論應該是眞的；從假的事理，結論可以是假，也可以是眞。第二，從「必然」「常然」的事理，結論也爲必然的事理，和這前提的結論也相合，和結論不相合的事理，和前提也不相合。第三，凡從一事理能推取前提的事理，結論的事理也可由此推出，凡從結論可以推出的事理，從前提也可以推出。第四，前提的外延不能小於結論的範圍。

對於歸納法的運用，也該遵守幾項原則：第一，所舉的事例，應該是「足夠」證明所願意證明的事理。第二，所舉的事例，應該和所歸納證明的事理有關係。

2. 理則

在哲學裡有一門學術，稱爲理則學或邏輯學，由亞里斯多德創立，中古士林哲學予以發展，成爲研究各種學術的入門途徑。凡是學術，都講理論，講理便要有講理的方法。人的理智是一種有限的「求知能」，祇能看到對象的一部份，不能一下看到對象的全體。由對象的一部份，進到另一部份，由已知的理推到未知的理。推理便是理智的正常工作，理智本身也就具有天生的推理原則。然而天生的推理原則，祇是基本的原則，對於基本原則的運用，使理智在複雜的推理工作中，不致錯誤百出，哲學乃制定一些實際的原則和方式，作爲推理的方法，這就是理則學。（參考羅光 士林哲學 理論篇 理則部份。以下方式和法則，都錄自該書）

理則學的推論方式，稱爲三段推理式，即是把推理的程序，排成三句，第一句爲「前提」，第二句爲「媒介」，第三句爲「結論」。前提和媒介兩句也稱爲大前提和小前提。大前提句中含有大共通名和媒介詞，小前提句中含有小共通名或單名和媒介詞。媒介詞在前提中凡兩見，也是推理的樞紐。例如：

人是理性動物
理性動物能夠思索
人便能思索
「人」為小共名，「能夠思索」為大共名，「理性動物」為媒介詞。

通常推理時，理論不會這樣簡單，常是複雜曲折，推理方式也就是複雜式。例如孟子見梁惠王說：

上下交征利，其國危矣。這一句是結論，怎麼證明？

征利者必相爭，

爭必相奪而亂，

國家爭奪而亂，國家就危險了。

所以上下交征利，其國危矣。

但是無論推理方式是簡單或是複雜，必定要遵守推理的原則，推理原則可以歸併為八項。

第一則，名詞有三：大共名、小共名（單名）、媒介詞。

第二則，結論的名詞，在內涵和外延上，不能廣於前提的同一名詞。例如：人為動物，馬不是人，馬便不是動物。結論的「動物」較比前提中的「動物」廣，結論便錯了。

第三則，結論中不能有媒介詞。結論有媒介詞，並不是錯，在作文時也可以說，但按推理方式說，則為多餘，例如：君子好義，顏淵是君子，顏淵君子便好義。「君子」為媒介詞，應該見於前提句中，不該見於結論。

第四則，媒介詞最少一次應是週延的。例如：學生中有中國人，學生中有愚人，中國人便是愚人。這種推論錯了，因為「學生」媒介詞，兩次都指著一部份學生，兩部份學生不相同，結論便錯了。

第五則，大小前提都是否定句，則不能有結論。中國人不怕死，日本人不怕死，不能有結論。

第六則，大小前提都是肯定句時，結論不能是否定句。例如：君子好義，好義者人常愛之，結論不能是人常不愛君子，而是人常愛君子。

第七則，大小前提都是特稱句時，不能有結論。因爲兩個特稱句拉不上關係。例如：老李有勞工保險，老李是礦工，礦工有勞工保險。這項結論似乎很對，實際上則不是結論，而是偶然相合的事實。

第八則，結論常是相當於前提中較低者。否定低於肯定，特稱句低於共通句。因此，大小前提中有否定句，結論該當是否定句；大小前提中有特稱句，結論應該是特稱句。

西洋傳統理則學有多種方式，我曾在《士林哲學》一書的理則學篇列舉出來，現在把方式抄錄下來，以便於學習。現在又有一種新理則學，以教學的方程式作爲邏輯公式，但因爲過於專門化，還不能普遍被採用。

三段論式的方式

三段論式的方式，是大小前提按照數量和質量的合理配置法，使能推出結論。

前提的數量，指著大小前提或爲全稱句或爲特稱句。在每一種「體格」裡，可以有四式：或是大小前提都是全稱句，或是大小前提都是特稱句，或是大前提爲全稱句，小前提爲特稱句，或是大前提爲特稱句，小前提爲全稱句。

前提的質量，指著大小前提或爲肯定句，或爲否定句。在每一種體格裡，也可以有四式：或是大小前提都是肯定句，正是大小前提都是否定句，或是大前提爲肯定句，小前提爲否定句，或是大前提爲否定句，小前提爲肯定句。

但是，不是數量和質量的一切方式，都合於推論的規則。推照數量和質量去列方式，每一種「體格」可以有十六式。因爲每一種「體格」照數量可列四種方式，再照質量去列，則爲四四得十六式。若是把三種體格的方式合起來，便可得四十八式。再加上第一體格的另一變格的十六式，則爲六十四式。可是，在這六十四式中，有好幾種是相反推論規則的，不能應用。

合於推論規則，適於推出結論的方式，纔稱爲三段論式的方式，因爲方式，該當是大小前提按照數量和質量的合理配置法，三段論式的合理方式，共十九式。

第一體格：①AAA②EAE③AII④EIO

第一體格變格（第四體格）：⑤AAI⑥AEE⑦IAI⑧EAO⑨EIO

第二體格：⑩EAE⑪AEE⑫EIO⑬AOO

第三體格：⑭AAI⑮EAO⑯IAI⑰AII⑱OAO⑲EIO

(1) 第一體格的AAA式　亦名Barbara式

大小前提和結論，都是全稱肯定句，例如：

A·凡甲皆爲乙　亞洲人皆是黃種人。
A·凡丙皆爲甲　中國人皆是亞洲人。
A·凡丙便該爲乙　中國人便皆是黃種人。

(2) 第一體格的EAE式　亦名Celarent式

大前提爲全稱否定句，小前提爲全稱肯定句，結論爲全稱否定句。

E·凡甲該不爲乙　歐洲人皆不是黃種人。
A·凡丙該爲甲　義大利人皆是歐洲人。
E·凡丙便該不是乙　義大利人便皆不是黃種人。

(3) 第一體格的AII式　亦名Darii式

大前提全稱肯定句，小前提和結論爲特稱肯定句。

A．凡甲皆爲乙　中國人都是亞洲人。

I．某丙爲甲　李四是中國人。

I．故某丙爲乙　故李四是亞洲人。

(4) 第一體格的EIO式　亦名Ferio式

大前提爲全稱否定句，小前提爲特稱肯定句。結論爲特稱肯定句。

E．凡甲皆不爲乙　中國人皆不是白種人。

I．某丙爲甲　張三是中國人。

O．故某丙不爲乙　故張三不是白種人。

上面的四式，爲第一體格的四式。在這四式裡，理則學的兩項推論原理：「肯定一切」或「否定一切」，直接與以運用。在推論方式，理由很明顯。在其餘的各種方式裡，理則學原則的運用，不是直接而明顯的，乃是間接的。即是說其餘的方式，都要暗中配合第一體格四式中的一式。因此西洋理則學都講其他各式配合第一體格四式的方法，而且西洋理則學爲代表方式的拉丁詩，也暗示這種配合的步驟。

(5) 第二體格的ＥＡＥ式　亦名Cesare式

大前提爲全稱否定句，小前提爲全稱肯定句，結論爲全稱否定句

Ｅ·凡甲非乙　　人皆不是獸。

Ａ·凡丙爲乙　　猴子皆是獸。

Ｅ·故凡丙非甲　故猴子不是人。

這項方式，可以換爲第一體格的第二方式Celarent把大前提的主詞、賓詞互換即是：凡獸皆不是人，猴子皆是獸，故猴子不是人。

(6) 第二體格的ＡＥＥ式　亦名Camestres式

大前提爲全稱肯定句，小前提和結論皆爲全稱否定句。

Ａ·凡甲皆爲乙　　鐵是金屬。

Ｅ·凡丙皆非乙　　樹不是金屬。

Ｅ·故凡丙皆非甲　故樹皆不是鐵。

這項方式，可以換爲第一體格的第二方式Celarent把小前提換爲大前提，再把它的主詞、賓詞互換結論的主詞、賓詞互換。即爲凡金屬不是樹，鐵是金屬，故鐵不是樹。

(7) 第二體格的EIO式　亦名Festion式

大前提爲全稱否定句，小前提爲特稱肯定句，結論爲特稱否定句。

E・凡甲皆非乙　　學者皆非愚人。
I・某丙爲乙　　張三爲愚人。
O・故某丙不爲甲　　故張三不是學者。

此式可改爲第一體格的第四式Ferio把大前提的主詞、賓詞互換，即是愚人皆非學者，張三爲愚人，故張三不是學者。

(8) 第二體格的AOO式　亦名Baroco式

大前提爲全稱肯定句，小前提和結論爲特稱否定句。

A・凡甲皆爲乙　　學者皆爲好學的人。
O・某丙不爲乙　　張三不是好學的人。
O・故某丙不爲甲　　故張三不是學者。

此式在第一體格中，沒有相對的方式，所以不能直接改換，乃用間接變換法，即是說用反面證明法。反面證明法，在於把小前提換用它的矛盾句，變成第一體格的第一式AAA。

A・凡甲爲乙　A・凡乙爲甲，
O・某丙非乙　A・凡丙爲乙，
O・故某丙非甲　A・故A丙爲甲。

此兩式中必有一式爲誤，一式爲真。如AAA爲真，則原命題爲誤。如AAA爲誤，則原命題爲真。但是若願直接改成第一體格中的一種方式，則勉強可改爲第四式Ferio

A・凡甲爲乙　E・凡非甲不爲乙，
O・某丙非乙　I・某丙爲非乙，
O・故某丙非甲　O・故某丙不爲甲。

(9) 第三體格的AII式　亦名Darapti式

大前提和小前提均爲全稱肯定句，結論爲特稱肯定句。

A・凡甲爲乙　學者都是聰明的，
I・凡甲爲丙　學者是人，
I・故某丙爲乙　故有些人是聰明的。

此式可改爲第一體格的第三式Darii把小前提的主詞和賓詞互換，成爲

學者都是聰明的，　有些人是學者，　故有些人是聰明的。

(10) 第三體格的ＥＡＯ式　亦名Felapton式

大前提爲全稱否定句，小前提爲全稱肯定句，結論爲特稱否定句。

Ｅ·凡甲非乙　學者不是愚蠢的，
Ａ·凡甲爲丙　學者是人，
Ｏ·故某丙非乙　故有些人不是愚蠢的。

此式可改爲第一體格的第四式將Ferio小前提的主詞、賓詞互換，成爲

學者不是愚蠢的，　有些人是學者，　有些人不是愚蠢的。

(11) 第三體格的ＩＡＩ式亦名Disamis式

大前提爲特稱肯定句，小前提爲全稱肯定句，結論爲特稱肯定句。

Ｉ·某甲爲乙　有些學者是年輕的，
Ａ·某甲爲丙　學者都是好學的人，
Ｉ·故某丙爲乙　故有些好學的人是年輕的。

此式可換爲第一體格的第三式Darii把大前提和小前提互換，再把原有大前提的主詞、賓詞互換，成爲

學者都是好學的人，　有些年輕人是學者，　故有些好學的人是年輕的。

(12) 第三體格的AII式亦名Datisi式

大前提爲全稱肯定句，小前提和結論爲特稱肯定句。

A・凡甲爲乙　中國人都是黃種人

I・某甲爲丙　許多中國人爲聰明人，

I・故某丙爲乙　故許多聰明人爲黃種人。

此式可改爲第一體格的第三式Darii把小前提的主詞和賓詞互換，成爲

中國人都是黃種人，　許多聰明人爲中國人，　故許多聰明人爲黃種人。

(13) 第三體格的OAO式亦名Bocardo式

大前提爲特稱否定句，小前提爲全稱肯定句，結論爲特稱否定句。

O・某甲非乙　有些中國人不是聰明人，

A・凡甲爲丙　中國人都是黃種人，

O・故某丙非乙　故有些聰明人不是黃種人。

此式和第二體格的第四式Baroco一樣，不能直接換爲第一體格的一方式。如要換，勉強

可換爲Darii式。把大小前提互換，再把原有大前提的主詞和賓詞互換。或者用大前提的矛盾句，改成Barbara。

⒁ 第三體格的EIO式　亦名Ferison式

大前提爲全稱否定句，小前提爲特稱肯定句，結論爲特稱否定句。

E．凡甲都非乙　中國人都不是白種人，

I．某甲是丙　有些中國人是佛教徒，

O．故某丙非乙　故有些佛教徒不是白種人。

此式可改爲第一體格的第四式Ferio把小前提的主詞和賓詞對換，成爲

中國人都不是白種人，　有些佛教徒是中國人，　故有些佛教徒不是白種人。

⒂ 第一體格變格（第四體格）的AAI式　亦名Bramantip式

小前提都是全稱肯定句，結論爲特稱肯定句。

A．凡甲該爲乙　中國人該爲亞洲人，

A．凡乙該爲丙　亞洲人該爲黃種人，

I．故某丙爲甲　故有些黃種人爲中國人。

此式可改爲第一體格的第一式Bardara，把大小前提對換，又把結論的主詞賓詞對換，成爲

亞洲人爲黃種人， 中國人該爲亞洲人， 故中國人該爲黃種人。

⒃ 第四體格的AEE式 亦名Camenes式

大前提爲全稱肯定句，小前提和結論爲全稱否定句

A．凡甲該爲乙 中國人該爲亞洲人，

E．凡乙該非丙 亞洲人該非白種人，

E．故凡丙該非甲 故白種人該非中國人。

此式可改爲第一體格的第二式Celarent，把大小前提對換，又把結論的主詞對換，成爲

亞洲人該非白種人， 中國人該爲亞洲人， 故中國人該非白種人。

⒄ 第四體格的IAI式 亦名Dimaris式

大前提爲特稱肯定句，小前提爲全稱肯定句，結論爲特稱肯定句。

I．某甲爲乙 有些亞洲人爲中國人，

A．凡乙該爲丙 中國人該爲黃種人，

I．故某丙爲甲　故有些黃種人爲亞洲人。

此式可改爲第一體格的第三式Darii換法如前，即

中國人該爲黃種人，　有些亞洲人爲中國人，　故有些亞洲人爲黃種人。

⒅ 第四體格的EAO式　亦名Fesapo式

大前提爲全稱否定句，小前提爲全稱肯定句，結論爲特稱否定句。

E．凡甲該非乙　中國人該非歐洲人，

A．凡乙該爲丙　歐洲人該爲白種人，

O．故某丙非甲　故有些白種人非中國人。

此式可改爲第一體格的第四式Ferio把大前提的主詞、賓詞對換，再把小前提的主詞、賓詞對換，成爲：

歐洲人該非中國人，有些白種人爲歐洲人，故有些白種人非中國人。

⒆ 第四體格的EIO式　亦名Fresison式

大前提爲全稱否定句，小前提爲特稱肯定句，結論爲特稱否定句。

E．凡甲皆非乙　中國人該非歐洲人，

I・某乙爲丙　有些歐洲人爲白種人，
O・故某丙非甲　故有些白種人非中國人。
此式可改爲第體格的第四式Ferio式，把大小前提的主詞、賓詞各自對換位置，成爲歐洲人該非中國人，有些白種人爲歐洲人，故有些白種人非中國人。

三、辯論

在人和人的接觸時，用語言表達思想，表達既是交談，兩人中間的思想便有相合不相合的時候，相合時，兩人同意彼此所說；不相合時，兩人便互相辯論，辯論在我們的日常生活裡，常不可免。若把解釋或說明都包在辯論裡，我們和別人的交談，幾乎常是辯論了。年輕人，尤其大學生對於辯論便應該受有訓練。

1. 認識「詞」的意義

每個名詞都有自己的意義，而且還能有兩種以上不同的意義，跟別人家講話，尤其跟人家辯論，一定要認清所用的名詞能有的意義，否則便會失敗。

孟子問梁惠王：

「殺人以梃與刃，有以異乎？曰無以異也。以刃與政，有以異乎？曰無以異也。曰庖有肥肉，廄有肥馬，民有飢色，野有餓莩，此率獸而食人也。獸相食，且人惡之。為民父母行政，不免於率獸而食人，惡在其為民父母也？」（梁惠王上）

殺字的意義可以有多種，孟子用廣義的殺字，指的殺人的方式把爲政而使民受飢寒也包括在「殺」字裡，梁惠王沒有懂清這一點。

孟子問梁惠王：

「王嘗語莊子（莊恭）以好樂，有諸？王變乎色，曰寡人非能好先王之樂也，直好世俗之樂耳。曰王之樂甚，則齊其庶幾乎！今之樂由古之樂也。曰可得聞與？曰獨樂樂，與人樂樂，孰樂？曰不若與人。曰與少樂樂，與眾樂樂，孰樂？曰不若與眾。臣請為王言樂。……今王與百姓同樂，則王矣。」（梁惠王下）

孟子用樂字，不在樂的性質，而在樂執行的態度。梁惠王開始懂得樂字，是樂的意義，沒有堅持這一點，被孟子引到另一意義上。

孟子一次被景丑氏責備不敬齊王，答說：

「惡！是何言也！齊人無以仁義與王言者，豈以仁義為不美也，其心曰，是何足以言仁義也云爾，則不敬莫大乎是！我非堯舜之道，不敢以陳於王前，故齊人莫如我之敬王也！景子曰否，非此之謂也。禮曰，父名無諾，君命名不俟駕。固將朝也，聞王命而遂不果，宜與夫禮若不相似然！曰，豈謂是與！……天下有達尊三：爵一，齒一，德一，朝廷莫如爵，鄉黨莫

如齒，輔世長民莫如德，惡得有其一，以慢其二哉！」（公孫丑下）

景丑氏責備孟子不敬齊王，因爲他不遵禮規，按照古禮，君王招召，一定要從命。孟子答辯以爲自己最尊敬齊王，他的敬是按照「道」，按照「道」，他勸齊王行堯舜之道，按照道，齊王不能招召他，而是親自來看他。倆人的爭辯在於「敬」字的意義。

「莊子衣大布而補之，正潔係履，而過魏王。魏王曰：『何先生之憊邪？』莊子曰：貧也，非憊也。士有道德不能行，憊也；衣敝履穿，貧也，非憊也。此所謂非遭時也。」（莊子　山木）

辯論的爭點在一「憊」字。「憊」字的意義是疲倦，沒有精神，魏王以莊子爲憊，他說是貧。

現在我們若同共產黨的人辯論，說他們沒有信仰，責他們不許自由。他們答說自己有信仰，而且非常誠心，因爲他們信仰共產主義。他們又說大陸有自由，而且人人平等享受一樣的自由。這種辯論的焦點在於「信仰」和「自由」兩個名詞的意義，普通以信仰爲相信理論不能了解的事理，若理智可以了解，則不是信仰而是明瞭，信仰便祇用於宗教。共產黨以信仰爲誠心服從一種主義，他們服從馬克思主義，當然是有信仰。對於自由，普通是認爲沒有外來的壓力，一個人自己作主。共產黨以爲自由，是知道唯物辯證法中，必然該走的途徑，安心接受這種途徑便是自由。

因此，在辯證時，一定要先將爭論的名詞所有意義解釋清楚，予以確定。

2. 命題的正確

理則學教導人用三段推理式去講理，通常卻很難把思想列爲三段式，然而講理時一定有個命題，即是自己的主張。向人發表意義，先要知道自己的主張正確不正確；和人辯論時，就要看別人的意見正確不正確。

爲看意見的正確，先把意見作成一個命題，看命題在理則方面正確不正確。然後則看爲支持意見的理由正確不正確。

「鳥獸不可與同群」（論語 微子）

「萬事莫貴於義」（墨子 貴義）

上面兩個命題在理則上是正確的，可以站得住；在於理論證明，則也是正確的。

「商品的剩餘價值，都是工人勞力的效果。」

這個命題不論所有的理論怎樣，就祇看理則的原則便不正確。不能成立。所用「商品」是個全稱詞，即謂所有商品，但是商品中只有大部份是工廠的產品，有些部份是農產品，有些是藝術品，因此不能說凡是商品都是工人勞力的效果。這個命題在理則上就不能成立。

辯論時，須要專心分析對方的話，把命題選擇出來，然後看他所說的理由，和命題相不相連，雖不能列成簡單的理則三段式，大前提和小前提，然而對方所說的理由必不能和命題不相關，就其中的關係，加以分析，便可以看出理由確切不確切。

「孟子曰：天時不如地利，地利不如人和。三里之城，七里之郭，環而攻之不勝。夫環而攻之必有得天時者矣，然而不勝者，是天時不如地利也。城非不高也，池非不深也，兵革非不堅利也，米粟非不多也，委而去之，是地利不如和也。故曰：城民不以封疆之界，固國不以山谿之險，威天下不以兵革之利。得道者多助，失道者寡助，寡助之至，親戚畔之，多助之至，天下順之。以天下之所順，攻親戚之所畔，故君子有不戰，戰必勝矣。」（公孫丑下）

孟子的命題：「天時不如地利，地利不如人和」，爲證明他舉出了各種理由。用理則學的分析第一段理由，攻城不勝，因不得地利，理由便不完全正確；因爲攻城不勝可以有別的許多原因，不僅是因爲不得地利。

分析第二段地利不如人和的理由，也不完全正確，因爲「委而去之」，不僅因爲人不和，也能因別的原因，例如敵人兵力太強。

分析第三段理由：「寡助者，親戚畔之；多助者，天下順之」，這種現象在因果關係中也不完全正確。

但是，孟子所講的是「人事」，「人事」不能按理則學的科學方法，祇能按人事的「可能」原則去推論。孟子所說在人事方面很可能實現，他又有文學家的筆法，說來很動聽。

「告子曰：生之謂性。孟子曰：生之謂性也，猶白之謂白與？曰：然。白羽之白也，猶白雪之白；白雪之白，猶白玉之白與？曰：然。然則犬之性，猶牛之性，牛之性，猶人之性與？」（孟子　告子上）

告子的命題是「生之謂性」。孟子反駁，用反面的理由，假使「生之謂性」正確，則犬之性，牛之性都相同了，這一點一定是假的，所以「生之謂性」不能成立。

孟子怎麼反駁？他藉告子的口，反駁告子。他問告子「生之謂性，猶白之謂白與？」這兩點本來不相同：「生之謂性」講性的來源，「白之謂白」講白的本性。告子沒有看到這種差別，就答說是一樣。孟子於是說既是這樣，生來的性都相同，犬性牛性人性便都相同了。

告子所講「生之謂性」和孟子所說「生之謂性」意義不相同，告子不加分析，便被孟子駁倒了。

3. 推論的方程式

上面講理則學，列舉了推論的理則方式，那些方式都是按名詞的內涵和外延列成的。但是還有許多推論的方程式，按照內容而分類。在下面舉出普通常見的幾種：

甲、雙刀式

兩面夾攻，一定掉在一面裡而錯誤。例如：

「陳臻問曰：前日於齊，王餽兼金一百而不受，於宋，餽七十鎰而受，於薛，餽五十鎰而受；前日之不受是，則今之受非也；佝之受是，則前日之不受非也，夫子必居一於此矣。孟子曰：皆是也。當在宋也，予將有遠行，行者必以贐，辭曰餽贐，予何為不受？當在薛也，予有戒心；辭曰聞戒，故為兵餽之，予何為不受？若於齊，則未有處也，無處而餽之，是貨之也，焉有君子而可以貨取乎！」（公孫丑下）

陳臻設下雙刀式攻勢，或者是受餽爲是，或者是不受餽爲是，受餽和不受餽爲矛盾命題，不能同時成立。孟子既然受了餽，又不受餽，必定有一樁事不對。

雙力式的命題，一定要包括一切理由，不能有第三條路。孟子答說他受餽和不受餽都對，兩者合於古禮。陳臻的命題不正確。

耶穌基督曾被反對他的人設下了雙刀式命題，逼他答覆：

「是否可以給凱撒納稅？」

猶太國被羅馬人所滅，猶太人反對給羅馬皇納稅，認爲是賣國。但是同時有偏於羅馬皇的一黨人，他們查獲誰不納稅，就控告背叛羅馬。來問耶穌的人是這兩種人一齊來的，他們相信耶穌一定要答可以納稅或不可以納稅總有一方可以控制他。但是耶穌卻答說：

「『把錢拿來給我看。這錢上的像是誰的？』他們答說是凱撒的。耶穌說：『把凱撒的歸於凱撒，把天主的歸於天主。』」（瑪竇福音　第二十二章第十五——二十一節）

耶穌的敵人，驚訝耶穌的答覆，逃出了他們的陷阱。

乙、選擇式

由兩句建立一命題，後面的一句爲正式命題之所在，爲說者的主張，應是真的；然而理由之真否，要看第一句所說的理由是對否。

「子曰：道之以政，齊之以刑，民免而無恥；道之以德，齊之以禮，有恥且格。」（論語 爲政）

後面一段所說爲孔子的主張，也是命題意義的所在。但是要看第一段所說確實不確實，普通大家知道第一段所說是確實的，第二段便是真的。

「子貢曰：有美玉於斯，韞櫝而藏諸？求善沽而沽諸？子曰：沽之哉！沽之哉！我待賈者也。」（論語 子罕）

「滕文公問曰：滕小國也，間於齊楚，事齊乎？事楚乎？孟子對曰：是謀非吾所能及也。無已，則有一焉，鑿斯池也，築斯城也，與民守之，效死而民弗去，則是可為也。」（梁惠王下）

屈原曰：

「吾寧悃悃款款朴效忠乎？將送往勞來斯無窮乎？
寧誅鋤草茅以力耕乎？將游大人以成名乎？
寧正言不諱以危身乎？將從俗富貴以媮生乎？
寧超然高舉以保貞乎？將促訾慄斯，喔伊嚅兒以事婦人乎？
寧廉潔正身以自清乎？將突梯滑稽，如脂如韋，以絜楹乎？
寧昂昂若千里之駒乎？將氾氾若水之鳧，與波上下，偷以全吾軀乎？
寧與騏驥亢軛乎？將隨駑馬之跡乎？
寧與黃鵠比翼乎？將與雞鶩爭食乎？
此孰吉孰凶？何去何從？」（屈原　卜居）

上面的選擇式，並不表白說者的主張，兩者中可以任意選擇，為選擇必定有選擇的理由，不是為辯論，但是為表達自己的意見。

丙、連環式

多數命題互相連接，組成一種連環式命題，每個命題成為整個命題的一環，一環站不穩，整個命題也不成立。最普通的，我們都知道大學的一套主張。

「古之欲明明德於天下，先治其國，欲治其國者，先齊其家；欲齊其家者，先修其身；欲修其身者，先正其心；欲正其心者，先誠其意；欲誠其意者，先致其知，致知在格物。」（大學章句）

四、研究法

哲學在學術思想史裡，為首先建立的第一門學術，包括一切學術的最初觀念，例如物理，天文，生物，醫術，社會，政治，以及其他的學術。後來學術發達了。各種學術獨立自成門戶，各有研究的方法。哲學既是最先的學術，而又包括其他學術最初觀念，哲學的研究法，必定該是學術的基本研究法，應該能用之於各種學術。

哲學爲研究事物的理論，用理智去研究，哲學的方法便是運用理智的方法，教導我們怎樣運用理智，怎樣去推理，怎樣使用各種學術的研究法。歐美教育界現在有兒童哲學，教導兒童開始運用理智，不再死背書。中學有哲學，繼續訓練使用理智。大學再有哲學，以建立思考的系統，分辨思想的正確與否。

1. 基本的研究法

甲、明辨

《中庸》在第二十章，講求學的方法，有明辨一法。

明辨是懂得明白，辨別清楚。

第一，對於所用的名詞要明辨。一個名詞，可以有幾種意義，研究一個問題，先要明辨所有名詞的意義，初學者，不妨用卡片記錄出來。

第二，對於事物的意義，要予以明辨。哲學教導研究學術的人，對於所研究的事物，要能給以一種定義。定義的方法，以類性再加種別性。例如人是理性動物，動物是類性，理性是種別性。關於這一點，中國古代哲學從來不注意，也從來不做。孟子卻做過一次：

「可欲之謂善，有諸己之謂信，充實之謂美，充實而有光輝之謂大，大而化之之謂聖，聖而不可知之之謂神。」（盡心下）

第三，明辨問題之所在。「無的放矢」是錯誤，「不著邊際」也是錯誤，「文不對題」更是錯誤。

乙、審問

審問也是《中庸》所列求學方法之一，爲研究學術，審問則是把問題用理解方法列爲命題，把問題確定。

再進行收集研究的資料，先審問該收集什麼資料，又審問從那裡去找資料。

收集了資料，對於資料予以審問，那種重要，那種可用，不宜漫無限制，也不能沒有系統。

丙、分析

分析爲研究學術主要的方法，士林哲學有一句俗語：Distinquo Frequenter「我屢次分析」。中國古代哲學不重分析，而重體驗，那是因爲中國哲學講人生之道，講精神生活，生活是生命，生命是活的，不能分割，只能體驗。研究學術則求知真理，必須以分析爲方法。分析的對象，首先用於研究的對象，把研究的對象按理則和內容列成一表，然後對於事物的性質，對於名詞的意義，對於材料的價值，細心加以分析。

中國古人不注重寫書的方法，因爲沒有人寫一本專書研究一問題，但卻注意作文的方法，文章裡有起承轉合，須把題目分析後，才能夠運用這種方法去作文。

現在各種學術，有各自的研究方法，但是最基本的方法，還是上面所講的幾點，尤其要知道理則學的推理法，然後才能善用各科的研究法。

2. 哲學研究法

每種學術有各自的研究法，但在基本上都要遵循理則學的基本原則。在基本原則上，學術按照自己的性質再建立各自的研究途徑。

學術的種類非常多，若是按所研究的對象的性質，可以分成：自然科學、數學、人文科學、哲學。數學以量爲對象，量是物質，然祇代表量的基本意義，就是「多少」，不指著具體的物體。因此數學的數量，可以運用於一切自然科學。數學的理論爲「量」的關係，量的關係用數字代表，這其中便有哲學的理論。電腦的方程式，含有邏輯的關係，爲使電腦各種方式清清楚楚不含糊、不亂，便要採用邏輯學，數學和哲學便不互相排擠。

人文科學本來是自然界的客觀事件，例如歷史、政治、社會等等科目，都屬於人文科學。但是人文科學的事件雖然是客觀事件，然而是人所爲，人具有自由意志，不常受自然界規律的統制。因此不能用自然科學的研究法，而是要用理智去推論，人文科學便離不了哲學，因爲不僅僅要推理，而且還要根據事件的性質去研究，這更是哲學範圍內的事了。

自然科學的研究法，爲實驗法，以儀器去追求自然界物體的關係，以建立關係的法則。自然界的法則爲必然性的，出自物體的本性。就物性而言，自然法則屬於哲學的範圍。雖然這些法則爲物質性，物質性的法則成爲必然的，乃哲學的推論。現代許多學者便主張哲學和自然科學結合爲一，哲學的研究法也就是自然科學的研究法，須要實驗去證明，除了自然科學的知識外，不能另有哲學的知識。所以他們主張經驗邏輯法。

但是，這種主張根本是否認哲學，而且根本也破壞了自然科學。哲學和自然科學的研究法各有不同，分途發展。兩者可以互相協助，但兩者並不能合併爲一。

哲學的對象爲「理」，研究事物之理，再進而研究物之理和人生命的關係。事物之理由物之用而顯，物之用可以爲物質性，也可以爲超於物質性。自然科學能夠以實驗而證明物質性之用，相助哲學更能明瞭物體的本性。但對於超乎物質性之用，自然科學無能爲力，全憑理智去領悟。領悟的程度可高可低，領悟的途徑可以是直接體會，可以是分析研究。中國哲學家偏於第一途，西洋哲學家偏於第二途，但是兩者都能得有成績。

第一，研究哲學的人，心地要清白，沒有成見。若是心有成見，成見便先入爲主，左右理智的一切推理活動。情感的波動也很可能影響理智的作用，普通的成語說「旁觀者清，當局者迷。」是指情感的影響力。

第二，培養觀察和分析的習慣，對於觀念的意義要分析清楚，對於事物之「用」—要善於觀察。例如《易經・繫辭》說，伏羲畫卦，先是觀察天象，然後觀察人事。就是對於自己的直接體會也要細心觀察，細心分析。古話所謂「審問之，明辨之」。

第三，思想系統化。哲學不僅是一項學術，各項思想要互相連貫，而且哲學本身就是理論，理論不能是凌亂無章。孔子曾經說「吾道一以貫之」。哲學家的思想，有中心點，有系統。研究哲學家的思想，要從他的中心點出發，然後旁通到思想的各方面。

第四，研究事物之理。哲學深入事物之理，不能僅留在事物的形色層面上。由形色層面，追求所以然的理由，漸漸把形色剝開，一層一層地深入。例如人是理性動物，動物是生物，生物是物，物是有。人的最深理由是「有」。

第五，哲學的理，在實際上須有依據，不能是幻想虛構。攻擊哲學的人，常以哲學的形上觀念爲虛構冥想。但是哲學的形上觀念，都是由實際的感覺印象中抽出，所以在實際上有客觀的依據。假使沒有依據，那就是幻想，不是哲學。例如「本體」觀念，在實際上人人都用。

第六，哲學所研究的物理，不是物體在物質方面構成之理，追求這種物理乃是自然科學的目的。哲學研究物理，是物體對人生命的關係。外面有一件事物，我要知道它對我的存在，對我的生命有什麼關係。例如老子講「道」，是從我們人一方面去看，「道」是不可名不可言。若是一個哲學者講哲理，完全和人的生存沒有關係，那就是變相在講自然科學，不是講哲學。歐美近世有些哲學思想，實際乃是自然科學的思想。

根據上面所列的六點，我們知道哲學和自然科學各有各的研究法，不能勉強混而爲一。

因此，中國傳統的哲學方法，爲直接體會法。中國哲學講人生之道，人生爲活的生命，生命之道應由人心靈直接去體會，不用理智去分析和推論。道家和佛教主張直接體會，儒家也不排擠直接體會法。朱熹講格物致知，主張研究事物之理，陸象山和王陽明則主張直觀本心。在西洋哲學家中也有主張直接體會法的如柏格森對於生命活力，主張直接體會，不能用理智分析或推論。胡賽爾的現象論，也主張心靈直照事物的本質，事物的本質在人心靈的意識中直接呈現出來，所呈現的意義，稱爲現象，也就是物的本質，也就是存在，也就是意識，三者完全相合。

自然科學的研究法，以儀器爲工具，以實驗爲途徑。哲學的研究法，以理智爲工具，以推論爲途徑。推論所得之「理」，超乎物質，連貫宇宙萬物，因而稱爲「智慧」。宇宙萬物在生存中，各有意義，互相連貫。萬物不是僵硬孤立，而是活動並進，成爲一個生命的宇宙。

人的知識有三個層面，第一個層面爲感覺，感覺認識物質形色，超乎形色的對象，感覺不能認識。第二個層面爲理智，理智認識超乎形色之理。但是理智之知所用的資料爲感覺所供給，純粹超乎形色的對象即純粹精神體，理智也無法認識。第三個層面爲信仰，宗教信仰相信超乎理智之理，不能求解釋，祇知道不是不合理。例如感覺看到許多人，所看到的是人的容貌。理智知道人有心靈，都能思想推理。但是爲什麼人是有心靈，別的物體沒有心靈？爲什麼我生來是這個人，不是和那個人一樣？理智也不能答覆，哲學的知識到了這裡就止步了，宗教信仰乃說這是造物主按照自己的意旨所造的。自然科學的知識，停在感覺形色的層面，哲學的知識，停在理智的層面，宗教的信仰停在「神智」的層面。三個層面的知識，順序而進，不相衝突，可以互相解釋。

第三章　哲學與科學

一、通則

1. 歷程

人們追求知識的歷程，在開始時，對於宇宙萬物發生疑問，想出各種答案。這些答案成爲人們的智慧，稱爲哲學。人們的生活由穴居野處逐漸進入舒適安定的境界，人們對於人生發生各種問題，想出各種答案。這些答案也成爲人們的智慧，這也是哲學。人們追求知識的開端，由哲學開端，當初，哲學就是人們的全部智慧、全部學術。

中國古代的學術，包括在經書裡，同時也有史書，後來有了子書。經史子三類的書，在中國學術史上都視爲哲學的書。「六經皆史」是一種事實，經書所記載的都是當時的事實或制度，當然可以視爲歷史。「六經皆出於王官」也是一樁事實，古代的經書是政府所藏，以後流於民間，經過孔子予以刪節，作爲教導弟子的教科書，但是六經所載雖爲史事，史事的意義則是人生之道。中國歷代尊重六經，正因爲經書講述人生之道。戰國時期的子書，則各家爭鳴，各述對人生各問題的意見，組成中國古代哲學的基本遺產。經史子三類書，包括了中國古代的學術，都被視爲哲學。到了今天，講論《易經》的人，把《易經》還是拉到醫學、音樂、天文、地理、相命各種名目上，認爲《易經》無所不包，無所不有。漢朝經學家註釋經書，將天文、地理、政治、倫理都牽連在一起。古希臘人的智慧也都藏在古希臘哲人著作中，到了羅馬，羅馬人的智慧則表現在一部羅馬法，在羅馬法中蘊藏著爲人之道。天主教傳入羅馬，以聖經新舊兩篇，指導人生的途徑，兩篇聖經啓示神靈的智慧。聖奧斯定以理智解釋聖經，創建歐洲的神學和哲學，這兩類學術一直到近代，代表了歐洲人當時的學術和智慧。文藝復興時期，歐洲科學逐漸發達，天文地理數學分頭並起，物理更露頭角。蒸氣發動機器，創設工廠，然後進入電氣時期，現在又進入原子時代，再向光學邁進。專門研究一門學術的人，一心專注自己的鑽研範圍內，看不到別的學術的門徑。人們的知識祇有專，而沒有共識，對於宇宙和人生，幾乎不知道還有什麼意義。在這種境遇之下，哲學已經沒有自己的立足地，原先哲學所研究的問題，都由科學去研究。科學的結論確實可靠，可以實驗而還原。人們再不願接受籠統迷糊的形上觀念，哲學祇有採用自然科學的方法，形成科學的附庸。但是物極必反，科學過於統制一切，人們成了物質的奴役。科學過於專門化，彼此中間缺乏連繫，再者，一切自然科學都用數學去發展，數學方程式的推算常要借助於哲學的推論；因此，學者們又體會到哲學的重要。而且，不僅是哲學從專門學術方面去看非常重要，就是從普通常識方面去看，哲學知識也成爲科學時代的重要知識，現今歐美從中學開始就講授哲學，使青年人對於宇宙和人生能夠有所認識，又能夠實習推理的方法。就因爲這種理由，輔仁大學選定哲學概論作爲全校的一門必修科目。

2. 學術基本理論

自然科學研究自然界的各種現象，用儀器用數字深入分析，把自然界各種現象構成的成份，構成的規律，構成的效率，一一予以揭露。宇宙間的各種秘密，逐漸爲人們所認識。各種科學知識日新月異，迅速前進，人文科學方面，藉著自然科學的進步，使用自然科學的方法，也都有長足的發展。社會學、法律學、歷史學、大衆傳播學，都已經蔚然成爲獨立的科學。在這些分門別類的學術中。是不是有些共同的關係？人文科學以人爲主體，研究人的生命在生活環境中的發展。主體既然相同，它們的基本點一定相同；因爲都是講人的生活，社會學講人在社會方面的生活，法律學講人在法律方面的活動，政治學講人在政治方面的工作，人文科學的主體同是人，人文科學的基本知識便應該相同，講論「人」的本性，講論人的特點，乃是哲學，人文科學就要以哲學作爲基本知識。因此，現在就有社會哲學、法律哲學、歷史哲學、政治哲學等等哲學科目。這各方面的哲學，都在講論這些人文科學的基本原則，以作這些科學的基礎。這些基本原則，都由人的本體出發，都是基本的理論，缺乏這些理論，人文科學便要像空中樓閣，站不住腳。當然，現在有些學者不願承認這種事實，他們根本否定有形上的理論，一切都歸之於現實界的事實。但是就普通的常識來說，大家都知道人文科學不能講理，理支配事實，而不是事實變成理。中國古代雖有器和道的問題，有器才有道，有父子才有父子之道，有夫婦才有夫婦之道；但是這所謂有，不是器建立了道，而是道已先有，祇是有了器才有實行，父子之道早已有了，祇是「理」，才有父子，這種理乃得實行。

哲學對於人文科學，便是供給基本的理論。

自然科學以自然界的物質爲主體，研究物質皆關係。自然科學者便不承認有超於物質的理論，一切都以物質爲主。但是在自然科學的研究工作，雖以實驗爲主；然而這些實驗常要有幾點基本的假定，所假定的都是超乎形色的理論。尤其數學上的理論，有不少是屬於這一類的。

最重要的一點，是人們的生活，不能祇建築在外面的物質上，卻要在於自己的內心，在於自己的精神。我們雖不能實行老莊的無爲哲學，然而也不能不注意人們內心的生活。目前歐美物質生活日益增高，人們內心的生活卻日益空虛，乃產生對物質享受的厭惡。因此，哲學的宇宙觀和人生觀，應能使科學的知識協助人內心生活的發揚，而不閉塞人的心靈，一切成爲物質。人們的知識，越對宇宙萬物認識清楚，對於人的生活越該有益處，哲學則聚齊這些知識，無論是科學方面的，或常識方面的，按照人生之道，以提升人的生活。科學的知識越專門化，越需要哲學加以匯齊，加以整理，使能有益於人生，現在大學提倡「通識」或「共識」的科目，也就是大家體驗到科學的專門化將人們的知識分裂成許多方塊，各不相連，甚至於互相衝突。哲學以人性爲起點，講論人和宇宙萬物的生命關係，各種科學既是研究宇宙物體的性質和關係，便可以由哲學予以連繫，和人的生命相連，以協助生命的發揚。

3. 互相連繫

宇宙是一個，且是一個整體。在物質方面，宇宙的物體彼此相連，在理論方面也是彼此相連，自然科學研究各類物體的性質，物理學、化學、生物學，以至於考古學，所得出來的理論，都顯示出來物體間的關係。

中國理學家曾主張天下祇有一「理」、「理一而殊」，有如月亮互映在百川中，反映出來的月亮不同，所反映的月亮則祇是一個，西洋哲學則說天下的「真理」祇有一個，就是造物主天主創造宇宙萬物的觀念，天主創造萬物的觀念乃是真理的模型或標準，一切學術的知識祇是這種真理的一部份。

中西有許多學者不接受這種主張，他們根本上就不承認有不變的真理，但是上面的兩種主張，並不是沒有道理。目前，生態環境保護不也是從自然科學方面說明：自然界的物體無論生物和無生物，彼此互相連繫，構成相關的系統，一方面受到傷害，他方面也就受到傷害嗎？為保護人的生命，須要保護自然界的山水樹木和空氣嗎？這一點就證明宇宙是一個，且是一個整體，講論宇宙整體的學術乃是哲學。

真理祇有一個，乃是理所當然，若是有兩個同時都是真，則或者兩者是一個真理的兩部份，則或者一真一假，或者兩個都假，我們人的理智有限，不能看到世界唯一的共同真理。但是真理去推論，真理當然祇有一個，就如哲學的形上學，總括宇宙萬物為「有」，「有」便是共同的真理，宇宙萬物的一切都建築在「有」上，「有」是宇宙萬物的基本，「有」在理論上便是一切理論的根基。

在自然科學昌盛的時代，學者要說這是已經過了時代的玄學思想，真理祇有在實驗中呈現。因此，所謂真理祇是科學的知識，科學既分門別類，真理便不能總匯於一。但是當自然科學分科過精細時，學者也體會到人的知識破碎凌亂，不僅人和人不相溝通，就連一個人的思想自己也不能溝通，學術知識本身不該孤立破碎的，而是互相連繫，連繫的重點必定是在最基本的理論上，負有這種連繫的責任的，乃是哲學。

人的理智都相同，理智活動的基本原則也相同，自然科學雖用實驗，然而仍舊須用歸納法去作結論，又用演繹法去運用。數學的還原法，不是歸納也不是演繹，然而仍舊要用分析法，仍舊是運用理智，自然科學運用理智，人文科學更須運用理智，理智的運用，本是哲學的工作，因此在這一點上，哲學也可以使科學互相連繫、互相有關連。

二、歷史哲學

在人文科學裡，歷史算是最早的學術，無論中外，每一個民族都有自己的歷史。中華民國更有一部連貫的史書，由古到今，廿四史代表中華民族的生活。

在自然科學沒有發達以前，歷史作家都有歷史的作法，他們知道收集史料，知道分析史料，予以選擇。司馬遷作《史記》，開創了中國歷史的體制。但是那時歷史家都靠自己的見識，完全靠古書的記載，沒有科學的儀器可以幫助他們。現在考古學有許多化學的實驗，可以辨別古物的真僞，地下有許多發掘，可以佐證歷史的史蹟，另外歷史研究法，也有了系統的方法，已成爲一科專門的學術，到了最近，出現了歷史哲學，討論歷史的基本問題，中國古代有孔子的一本《春秋》，說是歷史書，但是它記事的內容，卻不常與事實相符，它所注意的是策法，是所謂「口誅筆伐」使亂臣賊子懼。《春秋》便不是一册的普通歷史書，而是按照一種理想所寫的歷史書，用現在的學術名詞說，應該稱爲歷史哲學書。

在中國古人的心目中，歷史算是文學，司馬遷爲中國一位大文學家，他所著《史記》的文章，篇篇都是文學作品，中國歷代編修史書的人，也都是文人，歐陽修就是唐宋八大家之一。到了現在，歷史成爲一門專門學術，歷史所注重的在考訂史事的真僞，因此考據學幾乎代替了歷史，歷史幾乎成了檔案。歐美方面乃興起了歷史哲學，研究歷史的意義。

1. 歷史的意義

歷史從學術方面說，是記載以往的事實。人們的生活是一種連續的生活，人們的知識是繼續增添，以往的知識乃是以後知識的泉源，在學術方面，歷史便是學術的資產。但是歷史從本身去看，是不是單單是一門學術，或者它更有一種超於學術的意義？歷史哲學就要研究這個問題。

歷史是什麼？歷史是記述人們生活的歷程，就是記述人們生活的經過。人的生活究竟有什麼意義？人生哲學可以討論人們生活的意義，但是歷史則在實際上表現了人的生活。人生哲學是從理論方面去討論人的生活，歷史則在實際上表現出來人的生活，因此歷史的意義應該是表現出人生的意義。

歷史的本身是事實，在學術方面，事實所重的是真實，研究歷史便注意研究歷史的事實，所有的歷史研究法，都在考訂事實的真實性。但是歷史的事實是人的生活，是人生命的發展。人的生命對於人自己應該具有自己的意義，研究歷史便也應該從歷史的事實裡研究人生命的意義。一個人的傳記代表這個人，從他的傳記所記述的事，可以知道他的人格和性情。從一部歷史書，例如司馬遷的《史記》，可以知道中國古代人的生活。這種生活究竟有什麼意義？爲研究這些問題，乃是歷史哲學。假使歷史的意義祇是在記述真實的事實，那便可以用電腦把檔案資料收集起來，用不著去寫書。但是因爲歷史的事實是人的事實，我們爲知道人生命的意義，便不能不從歷史去研究。

從歷史去看，人的生命是變動的，動物植物的生命每一類常是一樣，所謂進化乃是長久時期中的偶然現象，人的生命則時時在動，時時在變，這就表示人的生命和動植物的生命不同，人有心靈，有自由，歷史是人自由所選的。

從歷史去看，人的生命常有目的，人既有自由，自由就有選擇，爲選擇便應有目的，人是按著自己的目的而動。因此，歷史的事實不是盲目的，也不是自然而然，也不是必然的，而是人爲著目的而做的。

從歷史去看，人生命的目的，都求自己的幸福。但在事實上歷史的事實並不常是幸福，而且多半是災禍，還是人自己造的禍。但是在當事人的心目中，他是以自己所做的事爲自己的幸福。桀王紂王行惡，他是以爲求自己的幸福；希特勒發動第二次世界大戰，他是以爲求德國人的幸福。日本軍閥侵略中國，他們認爲是求日本人的幸福。但是不能因爲做事的當事人求幸福，歷史的事實都變成了好事，歷史的事既是人的事，事實的批判也要按人事的倫理道德去批判。

從歷史去看，人的生活是向前進的。歷史是向前，不會後退；人類的生活沿著歷史的路線，漸漸前進。人的知識增高，生活的方式改良。

但是歷史也顯示出來人的生活有不變的部份，人總是人，人性相同。古來的人和現代的人常是人，人在生活上，感情的動機常能相同；因此，歷史乃能給人以教訓。歷史的事實決不會重現，類似的事則可以發生，發生的原因可能相同，就原因和效果的關係，可以由歷史的事實去推論。中國歷代的政治家都注意這一點，司馬光編了一部《資治通鑑》，供皇帝閱讀，以採取歷史的教訓。歷史的價值和意義，在這一點上特別表現出來，假使把歷史祇作為考證，歷史便不是歷史了。

2. 歷史的原則

現在歷史哲學最關心的問題，是歷史是不是有普遍的原則？自然科學研究自然現象，所得結論成為自然科學的定律，或至少成為假設。這些定律和假設都有普遍性和必然性，歷史研究人事，人事由人自由作成，人事之中有沒有普遍的原則？一部份歷史哲學者主張歷史有普遍的原則，人事和自然界的現象一樣，前因後果，關係明顯。但是就歷史的本身說，人事不能和自然界現象相等，研究歷史的方法和自然科學的方法彼此不同。自然科學所研究的對象都具有必然性，必然性的原則當然是普遍的，歷史的人事祇具有可能性，可能性的預測，則不能是普遍的。因此，歷史不能有必然的普遍原則。

然而，從另一方面，歷史既是一門學術，學術的研究應該有普遍的原則，這些原則雖不是必然的，然可能性很高，例如中國歷史有一原則，「賢人在朝，國家必興，小人在朝，國家必衰」，這項原則，出自人的常情。賢人用心爲國家作事，小人則一心謀求自己的私利。又例如中國歷史又有一項原則：「盛衰循環，分合相續」，盛極則衰，衰極將後興；分必合，合將分。這一項原則，來自《易經》的天象循環說，《易經》講宇宙的變化，循環不斷，白天黑夜春夏秋冬，互相繼續；因而在人事方面，中國古人也主張盛衰循環。這項原則在人事上有普遍的可能性，常作爲研究歷史的途徑。

歷史的最重要原則，乃是因果律。雖然當代西洋哲學盡力排擠因果關係，一方面說因果的關係爲本體關係，不能爲人所知；一方面說因果關係只是兩種現象常連接在一起，人們習慣以前者爲因，後者爲果，另一方面說從自然科學的實驗，所謂因果關係，祇是適合的條件，在這種條件之下，原子相結合或相分離，新的物體並不是由舊物體產生的。但是天下的事物很多，並不能說一切都沒有因果關係，母親生兒子，總不能說母親只是適合的條件，兒子不是母親生的。另外，一切的人事，由於人願意做，事情才產生，也因此才有責任。假使從歷史上把因果關係去掉，歷史的事件都沒有人負責，歷史就不成爲歷史，而是一種生物史了。

歷史的因果關係，是從人心理方面去說。一個人主張發動一件事情，他就是這事的原因，他對這事要負責。因果關係在本體論是必然的關係，在自然界也是必然的關係，一有了因，必定有果。但是在人事方面，因爲人事由人的意志而定，意志是自由的，因此，人事的因果關係，祇能是可能性的，而不是必然性的。在人事上，不能說有了一種原因，必定會產生所有的果。但又不能把歷史的事件都看作偶然的事件。偶然的事件沒有原則，突然發生，歷史的事件都有前因後果的關係，研究歷史的人，就在於研究這種關係。歷史的因果關係，是「爲什麼？」這椿事件發生了，爲什麼原故？原故一定很複雜，天然的，人爲的都有；但是最後的原故，是發動這事的人的意志，他願意這樣做，歷史的因果關係爲一普遍的原則，即凡是一件歷史的事實必定有它的原因，歷史事實的原因，是人的意志。

3. 天命論

中國古代的歷史有一種「天命史觀」，歷史的事蹟有上天的意旨。中國古代的歷史以朝代爲綱領，朝代的皇帝則由上天所命。《書經》對於這種思想說得很清楚，湯王伐桀，武王伐紂都明說是奉有天命，後代的帝王登基也都說是「承天啓運」，「承天」即是說奉上天之命。皇帝代天行道，當然由上天選派，選派的方式則由人定。

「啓運」的思想又是另外一種天命思想，戰國時鄒衍倡「五德終始說」。五德終始來自五行，五行爲金木水火土，五行彼此中間的關係，有相剋相生。相剋是相勝，水勝火，火勝金，金勝木，木勝土，土勝水。相生是相繼，木生火，火生土，土生金，金生水，水生木。這兩種現象本來是自然界的普通現象，鄒衍以及漢朝的學者把自然現象引到物的本體和宇宙各種事物。宇宙的一切都由五行所成，宇宙事物中便都有相生相剋的關係。在帝王的朝代裡，這種關係也存在。鄒衍把五行稱爲五德，每一德代表一行，朝代相繼續就按照五行相生相剋的次序，《史記·封禪書》說黃帝土德、夏木德、殷金德、周火德、秦水德；這是五行相剋，王莽纂漢，自己編造五德終始：堯爲火，舜爲土，禹爲金，商爲水，周爲木，漢爲火，新莽爲土；這是五行相生。後代學者雖然反對這種思想，然而古代的皇帝卻總認爲自己是「承天啓運」。

中國古代還有一種天人感應說，人事的善惡，必有上天的賞罰，上天的在賞罰以前，用自然界的現象預先告訴人。歷史上便記載許多祥瑞的事，祥瑞的事預告上天將賜福；歷史上也記載許多災異的事，災異的事預告上天將降禍。自然現象和人事相應，因爲自然現象和人事都由氣而成，善事爲善氣，和自然界的善氣相感，乃有祥瑞出現；惡事爲惡氣，與自然界的惡氣相感，乃有災異出現。這就是天人感應說。

在西洋的歷史哲學裡，有第四世紀聖奧斯定的「天主亭毒說」，他寫了一部《天主之城》，說明人類的歷史都在造物主天主的亭毒之下，人類歷史事蹟不是偶然發生，而是按照天主的計劃而行。聖奧斯定並不否認人有自由，也不否認歷史事實由人自由而定，但是主張人使用自由時冥冥中順著天主的計劃。這也不是說歷史有一定的命運，事情在發生以前已經由上天決定，而是說歷史的途徑有線索可循，歷史有自己的目的。歷史的目的爲全人類的生活目的，不能由人去決定，祇能由造物主決定。

沒有宗教信仰的人，不會接受這種天命史觀，馬克思的唯物辯證史觀，以正反合的辯證法作爲歷史的途徑，人類的歷史按照正反合的方式向前走，而是一種必然的趨勢，這樣人類變成了物質宇宙的一部份。

以歷史的事蹟完全爲偶然的，在理論上講不通；以歷史的事蹟爲辯證的必然事蹟，在理論上更講不通；有宗教信仰的人便有「天命史觀」。

4. 歷史的客觀性

歷史應該是客觀的，乃是大家不可爭論的原則，但是歷史的客觀性究竟該是怎樣呢？學者的意見就不相同了。現代的歷史學者非常注意歷史的客觀性，所用的歷史研究法，都在於保障歷史的客觀真實，祇要能夠達到這個目的，就算作好了研究歷史或寫歷史的工作。但是假使歷史的特性祇是在求客觀真實，則一部檔案，或一部皇帝的實錄不就是一冊很好的歷史嗎？研究歷史或寫歷史以史事的資料，史事應該是客觀真實的，可是資料祇是資料，不是歷史，史事考證祇是預備資料，也不是歷史，歷史是要說明史事中間的關係，更要說明史事在民族生活或人類生活的意義。因此，歷史作者寫歷史，對於史事應有「說明」，應有「解釋」。

歷史作者爲寫歷史，先有一個目標，按著目標擬定大綱，按著大綱選擇資料。歷史應是客觀的，第一歷史作者的目標不應該完全是主觀的，應該有客觀歷史的根據。假使如同中國共產黨寫抗日戰爭史爲假造中共的抗戰史，這就是完全爲主觀的目的而寫史，根據客觀的史實，標出寫史的目的，擬就大綱，選擇史事。爲選擇史事，作者的心理和學識，都有很大的影響，然而最重要的標準，應該是客觀的因果關係，按照史事的前因後果的而選擇史事，可以避免主觀的成見。

對於史事的說明，是作者的工作，也是歷史所需要。史事的原委，史事本身可以說明，然而有許多時候，史事本身的關係不明顯，歷史作者便加以說明。這種說明是根據史事去說明，而不是作者自己說教；否則，歷史成爲一種說教的宣傳品，失去了歷史的意義。

史事的「解釋」，在中國古代的歷史裡，常有「太史公曰」「臣司馬光曰」，或「論曰」，乃是對史事的一種評價，或者就是發揮史事的意義。這種解釋都係歷史作者自己的意見。

歷史作者在寫歷史時，有目的，有選擇，有說明，有解釋，歷史的客觀性受不受影響呢？當然受影響。然而這些影響的程度應能限在適當的程度以內，歷史則仍能保持應有的客觀性。中國古代修史，由後一朝代，修前一朝代的歷史，用意就在於能多有幾分歷史的客觀性。

歷史的客觀性，爲人事的客觀性，不是自然界現象的客觀性。人事的客觀性，常滲有人的意志，即使一塊古代的碑，碑爲自然物，碑文則爲人所作，歷史的資料裡就滲有人意，歷史的作者又滲入自己的意見，因此孟子曾說：「盡信書，不如無書」。

三、法律哲學

法學爲人文科學裡最重要的一門，在歐洲中世紀大學剛開始時，法學就在大學裡和神學哲學三足鼎立；何況歐洲拉丁民族習用羅馬法，羅馬法的研究從古羅馬帝國時代就開始了。在中國戰國時有法家，後代雖沒有傳人，但是歷代都修訂律書，《唐律》成了後代律書的模型，因此，法律的觀念，在中國思想界也很古老了。

現在大學法律系所研究的，常按法律的性質分科或分組，有民法，有刑法，有商法，有憲法。中國普通稱爲六法，有六法全書，對於法律的研究，研究法律的性質和條文，熟習條文的解釋。有的法律系或法律研究所，設有法理學或法律哲學，研究法律的基本理由。因此，法學的基本在於法律哲學。

1. 自然法

法學上的一種最基本的問題，是法律是不是有一個先天的基礎，一切的法律都以這個基礎爲根據；這個問題就是自然法問題。

中國古代儒家的哲學，以禮爲重，法爲補禮之不足。禮是人生的規律。禮是什麼呢？禮是古代聖王按照天理而制定的，天理爲禮的基礎，也就是法的基礎。孔子沒有做過皇帝，不能制禮，但是孔子所講的話，例如《論語》的教訓，後代的皇帝也不能反對，也不能制定相反孔子教訓的法律。乃有人稱孔子爲「素王」。天理爲法的基礎。天理是什麼？天理是宇宙變異的原則，《易經》稱爲天道地道，宋明理學家稱爲天理。天理是先天的，是不變的，也是普遍的原則。從人的一方面說，天理就是人性，宋朝理學家，認爲「天」、「理」、「性」，意義是一樣的。《中庸》說：「天命之謂性」，宋明理學家以爲「天命」就是天理。人性爲人一切活動的先天規律。但是中國法家卻沒有討論這個問題。

西洋法學家則從古到今，就討論這個問題，不僅是法學家，而且哲學家也研究自然法，稱爲「性律」，即人性的規律，聖多瑪斯在中古時代詳細討論了「性律」，他的主張成爲後代法律哲學的重要主張。

聖多瑪斯的重要著作爲《神學大全》（Summa Theologica）書中討論神學問題，也討論哲學問題。在《神學大全》的第一部下篇第九十三問題，討論「神律」，第九十四問題，討論「自然律」（性律），第九十五問題，討論「人爲法」。從第三章的分章，可看到聖多瑪斯把法律分成三類，神律、性律、人爲法。神律爲造物主天主創造萬物，或後來對於人類所規定的規律。「神律」爲神所定，乃一切法律的根源。「自然律」，或稱自然法，或稱性律，爲人性生來的規律，爲造物主所定，生在人性上，表現於人內心生來的傾向。人內心的先天傾向，在於追求成全自己，這一點表示人的天性，天性不是指著人在本體方面人之所以成爲人之理，而是指著人在生活上人之所以是人之理，即是人天生的生活之理，這「理」稱爲人性，人性上有人天生的活動規律，例如「行善避惡」，這種天生規律，稱爲性律。

性律對於一切人，應該是普遍的，凡是人都是人，因爲人性相同，既有同一的人性，人性所有的天生規律，便都是同一的。再者性律不僅是對於同時的人相同，對於不同時代的人也是相同的，因此，性律便是不變的。性律乃有普遍性和恆久性；但是性律在執行性有時能多加一些解釋，也有時能因環境的要求而暫時停止，性律因而也能有變，變是臨時外在之變，不是本質之變。

人爲法則是人的社會主管者，因著社會的需要，所規定的法律，就是普通所說的法律。這種法律應以自然法爲根據，以公共利益爲目標。歐洲中古時代，在法學方面，聖多瑪斯的主張，常被大學所接受。

近世紀歐洲的法學，卻發生了反「性律」的思想。例如克洛基烏（Hugo Grotius 1583－1645）主張人爲法爲皇帝或國王所創造，不以自然法爲根據，祇有「民族公法」可以視爲

「自然法」，因爲不是一個民族所定，而是各民族所共有，應來自先天。布芬鐸爾夫（Samnel Von Pufendorf 1623-1694）主張所謂自然法以人的理智爲依歸，人以爲合理的，就算爲自然的。歐洲在十八世紀和十九世紀盛行相對主義或唯史論，一切都是變的，人類的倫理和法律，都隨著地域和時代而變。在哲學上英國洛克和休謨的實證主義祇承認感覺經驗的價值，不承認形上知識的可能，人性便陷於不可知論，當然就無所謂性律了。但是到二十世紀，歐美的形上學又重新抬頭，性律的存在又被法學所接受，中國法學家吳經熊（1899-1986），曾留學美國和德國，他接受聖多瑪斯的性律論，主張性律可以有進步，就是有新的解釋。

國家所有的法律，都是後天的人爲法，即是國家所頒布的法律，普通法律系所研究的，是這種法律。

對於這種法律，在法理方面有幾個問題都是哲學上的問題！什麼是法律？立法權是什麼權力？法律和倫理有什麼關係？

什麼是法律？

中國古書說：

「灋，刑也，平之如水，從水，廌所以觸不直者去之，從廌去。」

這廌字是古法學，用爲判案，廌爲一種獸，傳說知道以角觸犯法或不守法的一方，判案的人也除去犯法或不守法的事，使法得平，就像水之平。《說文》又說：

「法，刑也。模者，法也。範者，法也。型者，鑄器之法也。」

型字和法字同義，型是模型，模型由膠土所製，型字下都有土字，模型由刀削木作井字形，用以製土磚，型字上部有井有刂。法是人活動的模型，也是人活動的模範，人要按照法去動。中國古代法家便是主張法爲模型。

「法者，所以齊天下之動，至公大家之制也。」（慎到 見馬驌 繹史 百十九卷）

「明主者，一度量，立表儀，而堅守之，故令下而民從法者，天下之程式也，萬事之儀表也。」（管子 明法解）

法爲國家元首所頒佈的法律，作爲全國人民的程式，大家都要依照這種程式去做。法律便要由國家元首頒佈，若是不頒布便不能成爲法律；因爲國民不能知道，便不能適從。

「法者，編著之圖籍，設於官府，而布之於百姓者也」。（韓非子）

國家有律書或法典，或者是一次公布的，或者是繼續公布的。公布了便成爲法律，並不必等待編在律書內；但編在律書和法典裡，便於國民知道。現代的國家政府，有種行政命令，這種行政命令通常不稱爲法律，不必經過議會或立法院。但是行政命令也有約束力，國民也要遵守；祇是它的效力，祇是臨時的，也有一定的範圍，若是這種規律有長久存在的必要，則須改成法律，由議會或立法院通過，由國家元首公布。

立法權是什麼權力？

立法權爲國家本有權力，國家集國民而成，國家便有治理人民之權，爲治理人民應該有立法權。

在法理學和政治學上，立法權的來源和本體則發生問題，學者的意見也不一致。歐洲傳統的法學思想，由聖多瑪斯的學派作代表，以立法權源自造物主天主，因爲人類乃造物主天主所造，天主造人是造具有合群共居的本性之人。爲合群共居應有法律，人類一結成本性該有的團體，這個團體便天然地具有立法權。立法權的本體是國家，全體國民有權可以採用實行立法的各種方式，或以君主制，或以代議制，制度決定後，立法權即天然歸之於君主或代議團體。近代歐洲有的學者則主張立法權爲國民天生的權力，無所謂源自造物主，因爲國家並不是人性所要求的團體，祇是人類歷史的產物。有的主張民約論，國家爲國民大家同意所組成的，有契約或沒有契約，都等之於有契約，立法權來自國民的契約。不過這些學說的學者，都同意立法權的本體是國民，由國民轉給與國家元首，聖多瑪斯的主張，以國民爲決定行使立法權的制度，而不是立法權的主體。國家元首或代議團體的議會或立法院，不由國民而得立法權，而是由國家而得。歐洲近世的國家主義者，也採取這種主張。

立法權即是國家所有或國民所有，立法的目標必定在於爲國家人民的利益。但是國家的利益有時和人民的利益，兩者並不相合。按理說，國家就是爲國民，國家的利益有時要求國民犧牲，例如爲國防或教育，增加國民的稅，其實國防和教育也都是爲國民的利益，兩者不互相衝突。然而國家主義者所標舉的國家利益，其實有害於民，例如希特勒侵波蘭捷克，發動世界大戰，日本軍閥侵華，發動中日之戰，都是標舉國家利益，究其實則有害於德國和日本的國民。國家主義所標舉的國家利益便不合理，不足作立法的理由。

2. 法律與倫理

法律應該是合理的，所謂理，第一是天理，即是自然法或性律；第二是倫理，應合於道德。中國歷代都以法不能違背「禮」，「禮」即倫理規律。歐洲傳統思想也常以倫理高於人爲法，國家制法，不能違反倫理道德。因爲倫理乃人生的規律，法律爲人造的規律，便不能不合於倫理。但是歐洲近代和歐美當代的思想，則認爲國家政府的活動爲大家的公共活動，超出和人生活的倫理規律，而以社會利益爲準則。邊沁（Bentham）和奧斯丁（Austin）在第十八世紀和第十九世紀初期，代表這種思想。我們中華民國的政府也接受這種主張，最明顯的例子如墮胎的合法化。墮胎爲不道德的行爲，國家竟訂立法律，准許墮胎，認爲合法。又如人工節育，祇准一家有兩個子女，多，便不津貼，而且罰款，這又是不合倫理的法律。這都是以社會利益作爲立法的理由，利和義不能常相合。我講法律哲學，就反對這種法律，私人生活應守倫理，政府的行動也應遵守倫理，中國古代常有這種思想：

「天之生人也，使人生義與利；利以養其體，義以養其心，心不得不能樂，體不得利不能安。義者，心之養也；利者，體之養也。體莫貴於心，故養

莫重於義。」（董仲舒 春秋繁露 卷九 身之養重於義）

《唐律》〈疏議〉卷第一名例，疏說：

「律者，訓詮訓法也。易曰：理材正辭。禁人為非曰義。故詮量輕重，依義制律。」

「依義制律」，《唐律》說的很清楚，義爲倫理的義，律爲法律，皇帝依照倫理的義，制定法律。這是中國歷代的傳統，在現在仿效歐美思想和制度的今天，傳統的「依義制律」還應該是法學的原則。

3. 刑法的意義

中國古代的法律，常帶有刑罰的規定，以致於法律就是刑法。現在中華民國的法律，仿效西洋法學的分類法，把法律分爲民法、訴訟法、刑法。此外還有專管一門事件的法律，例如商法。普通民法和刑法對立，對立並不是衝突。

刑法的意義，在於懲罰罪惡，先有罪，而後有罰，罪和罰互相關連。罪是什麼呢？罪在基本上，是一項思言行爲，違反造物主天主的意旨，因此在天主教的生活裡常講罪的意識。其次，在倫理哲學上，罪是違背倫理規律的思言行爲，普通稱爲「過」，在中國哲學裡，「過」是常見的，重點則在於改過。再後，在法學上，罪是犯了法的行爲，爲能有罪，第一，要有法律的規定，無法不能成罪，刑法的解釋，應向狹義去講；第二，要有外面的行爲，思不成爲罪，言和行爲在外面可見，可以違反法律，便能成罪。法律定罰，目的在於維護正義，罰爲求得平衡。犯罪即是違反正義，傷害私人的權利或者傷害了公共的權利，罰便是使所傷害的權利能得恢復。刑罰尚有另一項意義，即在警告人們不要犯法，犯了就將受罰，使人因怕受罰而不犯罪。孔子曾說「民免而無恥」（論語　為政）。

誰有施行刑罰的權？現在社會上常出現一種事，一個人不討回自己的債，自己夥同親友或雇用歹徒，挾持欠債的人，迫令還債。還又發生另一種事件，一個人自己或自己的親友，遭人欺侮或強暴，便夥同親友或雇用歹徒，找到欺侮者，予以報復。看來，這兩種事都是合理的，目的在維護自己的權利，以求平衡，但是在法律上，則認爲是犯法，應受懲罰，因爲私人沒有行刑之權。

誰有行刑之權呢？國家政府具有行刑之權。刑罰是爲維護正義，國家政府就是爲維護國民間的正義，使國民安居樂業。既有維護正義之責，便有執行維護正義之權，國家政府乃能行刑。

刑罰和罪，應該相等。「相等」的意義，不是量的相等，而是質的相等。罪的輕重，量固然有份，質更有份；例如同樣一樁行爲，—罵人—罵別人和罵父母，罪的輕重就不相同，罵普通人和罵國家元首，罪也不相等。刑罰也就不相等，刑罰要符合於罪，在事實上，有的罪，沒有刑罰可以相等，例如毀壞名譽的罪，例如強暴童身女，毀壞她的貞操，很難找到相等的罰，那便應從重量刑。

至於死罪，在法學上頗有爭執。有的法學家認爲國家政府不能定死罪，因爲人的生命，不是操在國家政府手中，就連本人自己也不是生命的主人，因爲對於自己的生命不能作主。人的生命操在造物主的手裡。再者，生命祇能和生命相比，但一人被殺死，死了不能復生，將殺人的人處以死刑，並不能使正義平衡，死人不能復生，何況因別的罪而定死刑，更不平衡。有的學者主張死刑，則由國家政府有責任和權利保衛社會的安定，若有人危害社會的安定，國家政府就有責任權利除去危害安定的原因，所以國家政府有權發動戰爭，也就有權處罰犯重罪的人以死刑。刑法訂有死刑，不是越權，也不是野蠻，文明時代和文明國家也可以有死刑。

以上四個觀念：自然法、法律（人為法），法律和倫理，刑法的意義，爲法學上的基本觀念，牽涉到全部法學，這幾個觀念乃是哲學方面的觀念，是理論方面的知識。

四、政治哲學

中國古人讀書爲治國天下平，《大學》講修身，修身後則齊家，齊家後治國，治國後平天下。古代讀書人爲士，士人的志向就在於從政，孟子曾說：「窮則獨善其身，達則兼善天下。」從政乃是古代讀書人的目標。

現在我們稱從政的人爲公務員，因爲「政治」即是公事，即是大家的事，做大家的事，當然是公務員了。但是政治既是大家的公事，也就是每個國民的事，雖然不是每個國民都去做公事而從政，但是每個人卻應該知道公事究竟是什麼事？又雖然政治非常複雜，包括社會各方面的學識，但是對於政治的基本知識，每個國民都應該有，尤其是大學生更應該有。關於政治的基本知識，就是政治哲學。

1. 國家

孫中山先生在〈民族主義第一講〉曾經分析民族和國家：「一個團體，由於王道自然力而成的是民族，由於霸道人爲力而成的便是國家」。民族由血統而構成，再加上民族的文化，民族的構成便是自然的，彼此間有著同一血統的感情合於王道的愛。國家是一種人爲的組織，常由武力以組成，所以成爲霸道。但是國家雖是一種人爲的組織，國家的組織則是人性的要求。因爲人爲生存，生來就有兩種要求：第一要求生命和生命的權利能有適當的保障，第二要求生命能夠具有自身發揚的適當資料。這兩種要求，都不是每個私人，也不是私人相結合所能做到的，必須有一個由許多人相結合的團體，這個團體又具有高度的權利和方法，才能夠滿足人性的這種要求。國家就是這種高度權利的團體，所以雖然是人所組織的團體，卻是合於人性要求的團體。

法國盧梭曾倡「民約論」，認爲國家由於人民願意相結合，訂立盟約，乃得產生。又有社會學者主張國家爲歷史的產物，人民先有家族，後有部落，最後乃有國家。但是民約論或歷史演變說並不是每個國家的演變史，而且就是假定這種主張是國家起源的事實，這種事實也就證明國家是人民的共同需要，大家最後都要組成國家；因爲這樁事既爲全球各種人民的共同需要，便應該承認是人性的要求，不是人隨意造成的組織。這一點對於國家的權利義務，關係很大，若是國家爲一個出於人性要求的組織，國家的基本權利義務以人性爲基礎，不能由人去改變；若是國家祇是一個人爲的組織，不是出於人性的要求，國家的一切權利和義務都由人的意願而來，人就可以隨意予以改換。

國家的目的，在於保障人民的權利，又在發揚人民的生命，對於這兩方面，國家便具有權利和義務。

國家既是一個由人民組織的團體，這個團體又是出於人性的要求，國家本身便應該具有治理這個組織的權利。國家的權利出自本身，不是授自另一更高的團體，國家的權利便是至高的權利。但是對於這一點，法學界和政治學界以及社會學界都有派別不同的主張。中國古代的傳統思想自《書經》開始，主張國家的權利，操在君主手中，君主的權利授自上天。中國古人常以皇帝由上天所選，代天行道。西洋的傳統思想，爲天主教和基督新教的信仰思想，相信國家的權利來自國家的本身，由天主或上帝所授。國家行使權利的方式，由人民決定，但是自法國革命以來，民主思想盛行，法學界和政治學界盛行國家權利來自國民的主張，國民乃是國家的主人；因爲國家是由人民組成的，人民乃是國家的基礎。反對這種思想的學者反駁說：人民中沒有一個人對另一人具有生殺予奪之權，把這一切人聚集起來，也不能有生殺予奪之權，例如民間的各種組織。因此，國家的權利便應來自另一源泉，這另一泉源乃是創造人性的天主或上帝。這一種主張又分爲兩派；一派主張直接來自天主或上帝，人民既組成了國家，國家的本身就具有天主或上帝賦予的權利；另一派主張天主或上帝賦予國家權利，是經過國民，國民本身沒有這種權利，但組成國家後，國家需要這種權利，天主或上帝經過人民而將權利授予國家。

國家爲執行這種權利，由政府去執行。國家爲權利的主人，政府爲權利的執行者。政府所以有權來統治人民；這種權稱爲政權。

孫中山先生說：

「政就是眾人的事，治就是管理，管理眾人的事便是政治，有管理眾人之事的力量，便是政權，今以人民管理政事，便叫做民權。」（民權主義 第一講）

「所以推求民權的來源，我們可以用時代來分析。再概括的說一說：第一個時期是人同獸爭，不是用權，是用氣力；第二個時期，是人同天爭，是用神權；第三個時期，是人同人爭，國同國爭，這個民族同那個民族爭，是用君權；到了現代的第四個時期，國內相爭，人民同君王相爭，在這個時

期可以說是善人同惡人爭，公理同強權爭；到這個時代，民權漸漸發達，所以叫做民權時代。」（民族主義 第一講）

「政是眾人之事，集合眾人之事的大力量，便叫做政權，政權就可以說是民權。治是管理眾人之事，集合管理眾人之事的大力量，便叫做治權，治權就可以說是政府權。所以政治之中，包含有兩種力量；一個是政權，一個是治權。這兩個力量，一個是管理政府的力量，一個是政府自身的力量。」（民權主義 第六講）

所謂政權和治權，在哲理方面，政權這是國家治理人民的權利，治權就是執行治理人民的權利。中山先生以人民爲國家權利的主人，即是採用西洋的政治思想，所謂主人，也可以說是國家的代表人，因爲人民代表國家。政府則是代表國家執行治理人民之權。君權時代，政府由君主作代表，君主就是政府，握有一切治民之權。民權時代，政府由人民所選的代表來代表，政府代表人民，政府的權利由人民所授予，受人民的監督。

2. 政治

中山先生以政治爲管理眾人之事，包括有政權和治權，在法理上，政治就是執行國家對於人民的權利和義務。國家對於人民有什麼權利和義務？就是保民養民。保民是保障人民爲生存所有的權利，不受騷擾，不受侵害；養民是使人民可以發展自己的生命，在物質方面，對於衣食住行能夠有所需要的物質，在精神方面，能夠享受教育、藝術、宗教的協助。國家爲施行政治，便應該有政府，政府應有治國之權。

爲治國家第一件最重要的事，是制定法律，一個國家沒有法律決不能治，立法權便是政府的第一種權利。立了法律便要按照法律去行事，凡是違法的人，必須加以合法的制裁，這就是政府的司法權。國家爲保民爲養民教民，須有適當的計劃，適當的行動，這就是政府的行政權。在一般的政治學和政治制度裡，都是立法司法行政三種權利，分由三種機關執行，各不相混，各不相侵。稱爲三權分立。在古代，則由皇帝或國王獨自掌有這三種權利。現代歐美民主政治都採行三權分立制。中華民國追隨中山先生的民權主義，分政府的權利爲五種：立法、司法、行政、考試、監察，設立五院，各自分立，不相從屬。但是法律須由國家元首頒布，立法院制定法律條文。考試和監察兩權，係採納中國古代傳統的制度。中國古代的官員，都經過國家的考試，例外祇有捐官、保薦、徵召、因功等項。中國歷代在朝廷裡，設有諫官御史，監察朝廷的行政。中華民國的憲法，乃定爲五權憲法。

中山先生又以國家權利的主人在於人民，人民應該監督政府，於是創設選舉、罷免、創制、複決四種民權，這四種民權在現在歐美民主國家，大多也都設立。

「至於這九個權的材料，並不是我今日才發明的。譬如就政權說，在瑞士已經實行過了三種權，不過是沒有罷免權。在美國的西北幾省，現在除採用瑞士的三個政權以外，並加入一個罷免權。至於選舉權，更是世界上各國最通行的民權。……至於說到政府權從前都由皇帝一個人壟斷，革命之後才分開成三個權，像美國獨立之後便實行三權分立。……其餘兩個權是從甚麼地方來的呢？這兩個權是中國固有的東西。中國古時舉行考試和監察的獨立制度，也有很好的成績。」（民權主義 第六講）

中山先生採取中國和歐美的優良政治傳統，設立四種民權（政治），五種治權。就法理上說：選舉權是人民自然必須有的，即是在君權的專制時代，皇帝由上天所命，天命由民意而顯；在民主時代，選舉便代表民意。立法權和行政權則是政府自然必須有的，司法可以包括在行政權內。這三種權在政治上，乃是天生的必然權利，有了國家，必定應有這三種權。其他治權，則爲保障三種基本權的執行不偏，更能收到完美的效果。

爲使政府善用職權，中國歷代有「德治」和「法治」兩種思想：德治爲孔子孟子的主張，號稱仁政；法治爲法家的主張，商鞅、韓非子強調嚴刑峻法。

「季康子問政於孔子，孔子對曰：政者，正也，子帥以正，孰敢不正？」（論語 顏淵）

「子曰：苟正其身矣，於從政乎何有？不能正其身，如正人何？」（論語 子路）

孔孟主張政治在於教民爲善，因爲人就是「倫理人」，沒有倫理道德便不是人。國家有責任去保障並發揚人民的生命，因此便應該教民爲善。一國之君還應視人民爲自己的子女，宜以仁心愛民。國君的政治便應是德治。

「明主之所導制其臣者，二柄而已矣。二柄者：刑德也。何謂刑德？殺戮之

謂刑，慶賞之謂德。為人臣者，畏誅罰而利慶賞。故人主自用其刑德，則群臣畏其威而歸其利矣。」（韓非子　二柄篇）

法家以國家的職責在於保民，使社會安定，法律便是最重要的工具。人民的天性傾於惡，這是荀子的主張，法家追隨荀子，爲能防備人民作惡擾亂社會，便主嚴刑峻法。但是法家仍舊主張法律不能脫離倫理，人不應守禮。

歐美的近代政治學者，由義大利馬基亞握理（Nicolo Machiavelii 1469-1527）開端，主張政治獨立，不受倫理的約束。倫理爲私人生活的規律，政治則以國家利益爲目標，但是大家仍舊承認政治有公共的倫理規律，如條約應須遵守，國界不許侵犯。列寧的共產主義，則絕對以目前利益爲政治目標，不受其他任何倫理規律的約束。

這種唯利主義，不顧倫理，既不合人性，終必導致政治混亂，國家遭受損害。

3. 人民

國家由人民、土地、政權三種要素組織而成，人民爲要素中最重要的，孟子曾經也說過：「民爲貴，社稷次之，君爲輕。」（孟子 盡心下）然而人民並不是國家，國家也不等於人民，國家是在人民以上。古代君權時代所強調的是人民對於國家的義務，不注意人民對於國家所有的權利。中國古代講人民的義務以一個「忠」字作代表。忠字，在普通一般人民說，是守法，對於官吏說，在平時是守職、清廉、愛民，在國難時，是「父兄之臣，誠死宗廟；法度之臣，誠死社稷；輔翼之臣，誠死君上；守衛捍敵之臣，誠死城廓封疆。」（賈誼 階級論）

人君對臣下的義務，則是守禮。

在民主的時代，人民對於國家有權利、有義務。人民的權利在於要求國家保障他們的基本人權，在現在各國的憲法上都把基本人權列入。國民享有生命權、教育權、婚姻權、言論自由權、信仰自由權、職業自由權、居住自由權、行動自由權。國家對於人民的這些權利，有義務予以保障。這些權利爲每個人天生的權利，否則人就不能生存，更不能發揚自己的生命。但是私人沒有適當的方法予以保障，因此，天然地結成國家，國家有方法可以做到。不能保障人權的國家則顯示無能；侵奪人權的國家則爲專制暴政的政府。

在另一方面，人民對於國家有自己應盡的義務。第一種義務是守法，法律係爲保障國民的權利，又爲維護國家的安定，人民有義務遵守。對於不合理的法律，人民有複決權予以否決。第二種義務則是納稅，稅金供給國家各種開支費，有人事費、有建設費。國家替人民服務，人民有義務承當國家的各項費用。第三種義務是服兵役，軍隊乃國家爲保障人民權利的工具，防制國內的叛亂又防禦國外的侵略。現代有人主張「良心問題」不願以武力殺人，便拒絕入營服役。然而，個人固然沒有權利殺人，但是國家爲公益則有殺人權。第四種義務在於參加國家的自衛和自強的工作，國家的公益在個人的私益以上，因著國家合理的要求，政府可以要求人民放棄一部份權利；例如爲國家公益，徵收私人土地；爲國家公益派遣青年赴危險的戰場。中國歷代常以忠孝不能兩全時，則犧牲孝而盡忠。

在現代各國的憲法上，明白列舉人民的權利和義務。祇有在國家處境特殊時，政府可以爲公益而停止人民的一部份權利，例如頒布戒嚴法。

以上三點：國家、政治、人民，爲政治學的基本，歸屬政治哲學。

五、自然科學的哲學

在古代的學術史裡，只有哲學，哲學包括一切的學術，自然科學也在內。當然自然科學還沒有發達，祇有剛萌芽的天文學、物理學和生物學。希臘大哲學家亞里斯多德便講自然科學。中國的《易經》，在漢朝時發展爲象數易、氣數易，包括了天文地理醫術相命等思想。

西洋在文藝復興以後，自然科學逐漸發達，到了十八世紀和十九世紀，自然科學佔據歐洲的學術講壇，科學成了萬能，哲學被迫加入科學的範圍。然而到了二十世紀，自然科學和哲學逐漸分野。哲學的形上學接納一些科學的觀念，採取新的趨勢；自然科學卻興起哲學思想，造成各種自然科學的哲學，而且自然科學的哲學，已經成爲大家所接納的學術。

1. 數學哲學

在希臘的古代哲學中，畢達哥拉斯已經主張宇宙的元素爲「數」。物體中間的關係，可以用數字去表現；多少，長短，大小都可以用數字代表。尤其音樂的調練常以拍數計算，聲音的長短，停頓的久暫，都用拍數計算。拍數使音樂的高低疾徐得到和諧，成爲一曲順聽的音樂。因此，宇宙間的和諧也應由數字組成，數字爲宇宙的最始元素。宇宙一切物體都是數目：一爲點，二爲線，三爲平面，四爲體積。一切物體由點，線，平面，體積合成。數目有兩項特性：有限，無限。宇宙內部爲有限，外部則爲無限。地球和太陽繞著一個中心，中心爲火。

中國《易經》也講「數」。《易經》以卦作象徵，卦由爻而成，爻成卦乃有象有數，漢朝便有「象數易」。數有單有雙，單爲奇，雙爲偶，奇爲天，偶爲地；《易經》乃有天地之數。卦爻成爻；四儀，八卦，六十四卦，按算學原則變。漢朝易學講象數，以卦配四時配五行，四時的卦象徵陰陽的消長，陰陽的消長可以用數目去代表，結果五行便可以按陰陽的消長變成數字。漢朝易學以六十四卦的爻代表一年的日數，宋朝邵雍更以六十四卦的爻代表宇宙成毀的年數。因此，「數」在中國古代哲學裡也佔重要的位置。

但是古代的數和哲學的關係，是數爲哲學的一部份，爲解釋宇宙萬物。現代西洋的數學哲學，則是哲學成爲數學的一部份，以解釋數學的基本問題。這種哲學的代表，可以是羅素的「算理哲學」。㈠

「算學是一門演繹的科學：根據一些前提，用嚴密演繹方法，而得許多定理以造成算學。……凡想正確的推論一命題的眞實，必須知道另一命題的眞實，並且二命題間有一種關係叫做『包含』，即前提包含斷案。或者兩命題中間有一種關係，叫做『選立』（Disjunction），由這個的假可以推斷那個的眞。又或有時我們的目的不在推論某命題的眞而在求其假；那末假使他與另一命題之間有『不兩立』（Incompatibility）之關係，就可以由彼命題之眞去推斷此命題之假，也有時候此命題之假，須從彼命題之假推知，正如彼命題之眞推此命題之眞似的。」(二)

因此有四種推論式：否定式，選立式，聯立式，不兩立式。

「否定式『不p』，這是p的從元，當p眞他就假，p假他就眞。」

「選立式『p或q』，這是p及q之從元，當p或q有一眞時其眞假價為眞，當p與q皆假時其眞假價始為假。」

「聯立式『p且q』，這也是p及q之從元，當p與q皆眞時其眞假價為眞，當p或q有一假時其眞假價即假。」

「不兩立式，『p及q不皆眞』，這個從元是聯立式之否定式即『"不"p且q』，又是否定式之選立式，即『不p或不q』，當p或q有一假時其眞假價為眞，當p及q皆眞時其眞假價為假。」

「又次為包含式（Implication），『p包含q』，即『若p，則q』。這裡所謂包含是廣義的，若p為眞即可藉以推測q之眞。所以更解釋一下，可以說『p若不假，則q眞』，或『p假，q眞』，二者必居其一。」㈢

「算學與邏輯，就歷史說，向來是兩門全不相同的學問，算學與科學有關，邏輯與希臘文有關。但兩門學問到了近世發達了，邏輯變得近於算學，算學變得近於邏輯，結果要想在兩者之間畫出界線遂全然不可能。」㈣

數學常用演繹法，用演繹法又用歸納法。「加法所論是構成不互相搭雜之類，此不相搭雜之類各與一個不知其是否不相搭雜之類相似。乘法歸入『選班』之理論，『選班』乃是一類多的關係之一種。『有窮』歸入先宗關係之一般的研究，全部算術歸納法之理論就由這種研究而生。」㈤

羅素創立了數學邏輯，以數學的方式作爲推論方程式，成爲亞里斯多德邏輯學以外的一種邏輯學。而且數學現在進入了各種的自然科學，各種自然科學的公理可以數學的方程式寫出。數學和邏輯的關係進入了各種自然科學中。

「近代科學家只指示途徑，而不指示目的，全以數目測算為根基。科學之進步，依賴引用算學，乍視似與算學無干之事，亦用算學，同時亦依賴擴充算學之法術與算學之用意。英文與德文有確切與實在（或積極）兩字，即此術之體用，此種立有界限之科學方法，原可受多少更改。途徑雖極其明顯，而能引入無限之歧途。凡非科學界中人，難免不以為科學學者遵守此種方法，即是拋去所謂由博之約，合散為一之高貴見解。在吾人觀之，既然拋棄，又焉能統理知識。若從古老見解而論，此事原所不免。所謂合一，秩序，和諧，完全，勻稱，眞實，美好，種種美德，科學家對之無直接之用。……然吾人不能不承認詩意哲學宗教之見解，與此科學之見解，背道分馳，愈離愈遠，既不能為科學之嚮導，又不能為科學主助。」㈥

2. 物理學哲學

物理學在古代包含在哲學裡，在那時哲學雖然沒有對於物理的內容，用精密的儀器，分析研究，但在理論方面，對於宇宙萬物，對於每一物體的理由，都深入討論，造成了許多概念，又造成了一些原則，作爲後世研究物理的科學須遵循的途徑。但是當代的物理學，根據一切的實驗，對於這些傳統的概念和原則，都加以推翻，或至今予以不同的意義。

在傳統的哲學裡，亞里斯多德及聖多瑪斯都以物體由物質和模型（Materia, Forma）而合成，中國理學家朱熹以物體由理和氣而成，理類似於模型，氣類似於物質。

當代的物理學已拋棄了這種思想，最多可以勉強相比，「如果我們將這種狀況與亞里斯多德關於物質和形式的概念相比較，我們可以說，亞里斯多德的物質既然僅僅是「潛能」，就應當可以和我們的能量概念相比較，當基本粒子產生時，它通過形式轉化爲「現實」」㈦實際上相差很遠，模型（形式）和質料，或者理和氣，普遍地陳述物體的構成理論，基本粒子的產生則是具體的實驗，「在能量足夠大時，所有基本粒子都能嬗變爲其他粒子，它們能夠僅僅從動能產生，並能湮滅轉化爲能量，譬如說轉化爲鐳射。」㈧

在傳統哲學上物體有本質，本體（實體），附體，生滅，轉變等等基本觀念，當代物理學都改變了這些觀念的意義，或者根本就消毀了這些觀念。

「本質」（essence），在現代物理學裡沒有意義，如果要有意義，則就只是「能量」，「力」，「質量」，因爲物理學講論物的本質都由力或能去講。「在十九世紀的自然科學中，另一個二重性（第一個二重性為精神與物質）起了某種作用，就是物質和力之間的二重性。物質是能夠承受力的東西；或者說，物質能產生力。」㈨

因此，物的本體或實體，就是以力或能量爲代表，某種物體，以它的能量或力的數字方程式寫出，這種方程式就是它的本體。

整個宇宙不見物體，只見「力」，一切都是「力」的關係，每個原子，粒子，基本粒子都發射「力」，「力」有熱力，電力，光力，磁力等等，宇宙間複雜地交織著「力」的關係。

在傳統哲學中，力爲附體，附加在物體上，當代物理學以「力」爲物體。當光力和磁力通過真空的空間時，什麼是物體呢？「從哲學觀點看來，這似乎不能令人滿意，從哲學觀點看來，人們寧願將物理性質附加在物體或場這種物理實驗上，而不附加在空虛的空間上。但就有關電磁過程理論或機械理論而論，這種空虛空間的物理性質的存在不過是對一些不容爭辯的事實的一種描述。」㈩

這樣空間和時間的觀念，在相對論創立的，已經沒有單獨的空間或單獨的時間，時間和空間常聯結在一起。如「同時」或「不同時」，都和空間有關係。

物體是不是有基本的元素？傳統哲學以模型和物質，或理和氣爲物體的元素，祇是在抽象理論方面講，沒有在實際上去講，現代物理學就實際上說，物體的基本元素問題沒有解答，因爲「組成」或「分割」已經失去了意義。若是提出「質子是什麼東西組成的？」「電子可不可以分割？」「光量子是單純的或是複合的？」這些問題都是錯誤的。

同樣，在傳統哲學上一些原則，現在也失去了意義，例如因果律，在研究科學的方法上常有這項定律，「這在原子物理學中也是正確的嗎？讓我們考察一個能夠放射一個α粒子的鐳原子，發射的時間不能預測。……對於這個問題可以作出兩個可能的答案。一個是：根據經驗，我們確信量子論的定律是正確，這樣作爲發射在一個給定時間發生的原因的居先事件是無法找到的。另一個答案是：我們知道居先事件，但並不十分正確。」(十)

當代物理學發明雖多，然乃精密儀器的成效。精密儀器固然是客觀的研究工具，然而是人所造成。假使另一些人用另一些儀器，實驗所得，可能是另一些結論。而且將來儀器更好時，將來實驗所得知識必定高於現在的物理學知識，以當代物理學知識作成哲學，則當物理知識改變時，哲學便也該改了。這種哲學仍舊是英國洛克等人的經驗論，並不是推翻形上學。

3. 語言哲學

語言和人類的生活常相連繫，有人類，便有人類的生活，有人類的生活，必有語言；否則，人類沒有辦法可以生活。

語言代表人的思想，思想的問題本身不是語言的問題，因此語言本身不是哲學的研究對象。但是語言爲發表思想的工具，工具的問題在於適合不適合，語言適合發表思想嗎？若是適合，要怎樣纔是適合呢？在傳統的哲學裡，有名實論的問題，有詭辯的問題，然後有理則學的邏輯方法，由語言發表思想，進而研究思想問題，理智的功能若何？真理何在？傳統的哲學都常研究這些問題。

然而在最近，歐洲興起的一種語言哲學，則就語言的本身加以分析，加以研究，乃有所謂「語意邏輯」，「語言哲學」或「語意學」。

「近年來語意學的發達，可以說是從三個方向，得到它主要的動力。而最初的動力，就是來自英國的哲學方面。韋爾貝夫人（Lady Viola Welby）在一九〇三年發表了一部書，叫做『意義是什麼？』……接著在一九一〇年，懷德海和羅素共同發表了他們的『數學原理』，這是一部討論數學基礎的巨著，而同時牽涉到許多邏輯和語言的問題。……後來號稱『維也納學派』的這一群學人，就是從他這裡得到他們主要的動力。羅素的一位德國學生維根什坦，對於語言在哲學中的作用，評論得最為淋漓盡致。」㈤

維也納學派的代表人物卡納普（Rudolf Carnap）主張科學的邏輯就是哲學，他認為哲學的形而上學所有命題都是非命題，只是一些空虛字詞的處置，沒有理論的內容，無法證實是真是假。科學哲學則是邏輯和經驗的緊密相互運作。(十三)

卡納普把意義的語句分為解析語句，矛盾語句，經驗語句。解析語句從分析詞句的意義，就可斷定它是真的。矛盾語句必然為假，從分析語句的意義就可斷定。經驗語句依據經驗事實以判斷真假。一種語句若不是解析語句，又不是矛盾語句，必定該是經驗語句，否則就沒有意義。形上學的語句及倫理學的命題都是這種沒有意義語句。(十四)

語言邏輯學者常以語言須能被檢證，但是人們所用語言，無論是日常的或科學上卻常不能被檢證，因此卡納普學派主張語言的印證。「假使檢證就是意指真理的限定而最後的建立，則我們將發現，沒有一個（綜合）語句是可以永恆檢證的，我們只能盡量不斷地印證一語句而已。因此我們寧願說及印證的問題而不談檢證的問題。」(十五)

在科學發達了以後，人類的日常生活都要科學化，做事有條理，有方式，對於說話當然也應該科學化，大家注意文法，注意邏輯，注意科學知識，使所說的話都確實有意義，將來電腦進入了人類生活的各部份，人的許多話可以用電腦代替。那時人的語言一定很合於科學。但是人是有自由的，人不能成為機械，人的事沒有必然性，只有可能性；人的語言也就不能完全科學化。「堅持完全的邏輯明確性，這一假設會使得科學完全不可能。在這裡現代物理學使我們想起一句古老的格言：一個人堅持要不說一句錯話，那就得永遠默不作聲。」

㈥　同樣若一個人堅持形上學的語句完全沒有意義，那也就不能說話了；因爲「人」「獸」「物」這些名詞都不能用。「人有理性」一句話成爲沒有意義，同樣的話也是一樣，這一切歸根還是要到英國的經驗論，所以稱爲經驗邏輯。在這種應當有中國的中庸之道，不必走極端。

4. 科學倫理學

當自然科學的方法進入哲學時，科學方法進入了倫理學。實驗心理學，社會心理學，歷史學都加入研究倫理的工作，善惡的心理，民族的道德，遺傳的心理，使倫理成了社會的產物。性律、天理、良知的觀念失去了意義。倫理道德都是相對的，沒有普遍不變的道德律。這一些都在倫理學裡討論。

科學倫理學則是關於科學的倫理價值。原先，大家主張「科學萬能」，「科學高於一切」，目前，這種思想已經不盛行了，反而興起了一些問題：「科學對於人生是有益或是有害？」「科學的分類對於人類的知識是有益或是有害？」大家都感覺到科學的發展應該有合理的途徑，否則科學可以摧毀人類，甚至摧毀宇宙。

環境的污染，生態環境的破壞，已是一種顯而易見，人人都親身接觸到的切身問題。

核子發電廠的功能，爲經濟學所承認，但是核子發電廠爆炸的危機，令人寒心。

每天日用的食物，因著化學的發達，都常經過人工的加工，加工以後就有化學的成份滲入，對於人的身體可能有傷害。

原子武器，星戰武器，化學武器，對於人類是最大的威脅。

對於這一些，現在許多學者開始討論這些問題，以減少且避免這些危機。

從學術方面看，科學定律和倫理規律性質完全不相同。科學定律是關於客體的事物，對於人的情感，一點沒有關係；倫理規律是關於人本身的行爲，感情和意願常加入這些行動中。這兩種定律直接不發生關係。㈦

但是，科學的研究是人的行爲，科學的效果常影響人的生命。對於科學研究的工作，不是以倫理規律討論善或惡，而是討論這些工作對於人的生命，是否在生理和物理方面直接或間接有傷害。在社會的一切價值中，人的生命應列爲第一。在有些機會上國家的利害可能要列在最上，但那時的情形必是衆多人的生命放在少數人的生命以上，就如國家的合理戰爭，終究還是爲國民生命的福利。

越往前走，科學的研究越多越精密，更和人的生命發生關係，更感覺到需要發展科學的倫理學。

還有一些科學的工作，直接進入了倫理的範圍，例如人工受孕，安樂死，肢體移植等等醫藥方面的研究和運用，直接和倫理規律發生關係，就產生倫理善惡問題。再者，將來一切使用電腦，對於法律方面的隱私權，行爲代表權，必定產生新的法律和倫理問題。

可見科學倫理學將是一門重要的學問，而且也是必須有的學問。以往常有藝術倫理問題，在現在和將來，仍舊要繼續予以討論，但藝術對於人身體的生命，不會加以傷害，藝術家可以高唱「爲藝術而藝術」的高調，不顧倫理學者的意見，但是科學對於人生能有直接的傷害不能視爲「中性」，科學家便也不能同藝術家一樣高唱「爲科學而科學」，假使科學毀滅了人，毀滅了自然，那還有什麼科學！

在近兩個世紀裡，自然科學和哲學的關係，非常緊張，也非常混亂。學術界和社會上造成了一種趨勢，以爲傳統的哲學已經不能存在，祇有科學的哲學才能保全哲學的學術地位。

哲學是人用自己的理智研究宇宙萬物，乃一種主觀的知識；現在的科學則用精密的儀器分析宇宙萬物，乃一種客觀的知識。主觀的知識可以說是小孩的想像，客觀的知識才是事物的真相。因此，既然有了事物的真相，小孩的想像當然要揚棄。

但是，今天的科學家，都知道今天的科學實驗是科學家用自己所造的儀器，用自己的思考去做，所得的科學知識是今天科學儀器和科學思考所得的知識；假使另外一些科學家在將來用另外的儀器和另外的思考法，將來所得的科學知識很可能和今天的科學知識不相同，科學知識的客觀程度並不是百分之百的程度。

一位義大利的哲學教授說「客觀的」這個觀念，今天所含意義已經不清楚，各方面都用，所有意義則不相同，所能有的共同點，則是和「主觀相對立」，所謂客觀的，即是和接受它或認定它的主體有分別。今天科學若說自己的知識是不能爭論的，是客觀的，科學家都不能接受這種定論，因爲「客觀的」和「實在的」兩詞已經不常成爲一致了，科學的知識說是客觀的，但不常是「實在的」，而是儀器所顯示的。㈥

哲學的形上學知識，是人類日常生活所需要和所用的知識。人類理智爲天生的認識功能，必有天生的工作基礎和效力，使人類能夠有適合於人類的生活，今天說一切普遍觀念都沒有意義，一切全稱句都是空虛不能檢驗的，人們便要啞口無言，沒話可說。何況科學的定律所做的實驗也是有限的，絕對不能要求像「人是有死的」必須檢證古往今來的每一個人都有死才能是真的。

自然哲學必要採納自然科學的知識，但不能以自然科學就是哲學。

自然科學和哲學兩者性質不同，方法各異，彼此互不相摧殘，而是互相完成。

註：

(一) 算理哲學 羅素著 傅種孫、張邦銘譯 台灣商務書局 人文文庫 民五九年。

(二) 同上，頁二四〇。

(三) 同上，頁二四一—二四二。

(四) 同上，頁三二三。

(五) 同上，頁三二六。

(六) 十九世紀歐洲思想史 木爾茲著 伍光建譯 第一冊 頁三〇 台灣商務書局 民五四年。

(七) 物理學與哲學 海森伯著 頁一一一 仰哲出版社 民七二年。

(八) 同上，頁一一一。

(九) 同上，頁一〇二。

(十) 同上，頁七九。

(十一) 同上，頁五二。

(十二) 語意學概要 徐道鄰著 頁七 友聯出版社 民四五年。

(十三) 卡納普邏輯經驗論 馮耀明譯述 頁一二五 環宇出版社 民六〇。

(十四) 同上，頁二二九。

(十五) 同上，頁一六三。

(十六) 物理學與哲學，海森伯著，頁四九。

(十七) Albert Einstein. The Laws of Science and the Laws of Ethics，見於 Readings in the Philosophy of Science. p. 779. 雙葉書局，民六〇年。

(十八) Evandro Agazzi. Temie Problemi di Filosofia della Fisica, p. 339. Edizioni Abete, Roma 1974.

第四章 哲學與人生

一、通則

1. 中國哲學爲人生之道

中國古人最看重「學」、「學」爲學習人生之道。《中庸》說：「天命之謂性，率性之謂道，修道之謂教」（第一章）教是教育，是教學；教育所教的是什麼？在於修養率性之道，教訓人按照人性去生活。「天命之謂性」爲哲學上的問題，而且是中國古代哲學的中心問題。中國古代哲學研究人生之道，人生之道來自天地之道，《易經》乃講天地變化之道，由天地變化之道引出人生之道。孟子講人心生來有仁義禮智之端，人爲一個「倫理人」；這是哲學問題。人心既然生有仁義禮智之端，人生之道便在於保存這四端，再加以發揚，孟子因此講「存心養性」，《中庸》講「誠」，講「盡性」。漢朝哲學思想集中在陰陽五行，不僅以為宇宙萬物的構成原素，而且也以為是一切人事的原素，董仲舒以人身體配天地日月，漢易以人事和天地變化合而為一，不分宇宙哲學和人生哲學，混合而為一。南北朝玄學獨盛，學者傾向清談，品論人物。唐朝則佛學發揚，天台華嚴兩宗接納道家思想，以圓融觀法總合一切，明心見性，在「真如」有萬物，在萬物中有「真如」。禪宗乃直觀「真如」，空虛一切，化有限之我成為無限之我。

宋朝理學家接承《易經》的思想，加入道教和佛教的思想，建立理學。朱熹集思想的大成，以理氣作萬物的原素，理成人性，氣成人身，人性因氣的清濁分成善惡，然人以修身之道，能改變氣質。

明朝王陽明宗承宋朝陸象山的思想，認為人生之理都在人心，人心以良知顯明人生之理，指示行事的善惡。人們按照良知而行，則致良知而知行合一。

清初王船山反對王陽明學派的空疏，主張實行，以歷史講人生之道。清朝學者都主張實學。

中國歷代的哲學思想，一直不斷地在講論人生之道，私人生活、社會生活、政治生活，都以儒家人生之道作為標準。大學教人修身、齊家、治國、平天下，都在於正心誠意。因此，歷代學者常講「內聖外王」，一切都在於孔子所說「安命」「樂道」。

西洋哲學從古希臘開始，追求宇宙真理，少談人生之道。雖有蘇格拉底（Socrates）講倫理道德，然沒有講述發育精神生活之途。天主教傳入羅馬後，成了歐洲人的共同宗教，聖經的精神生活作了歐洲人精神生活的規範。大神哲學家聖奧斯定繼承柏拉圖的思想，熔哲學與神學於一爐，發展哲學的形上本體論，以解釋教義，又注釋聖經，以培育精神生活。蠻族入主羅馬帝國以後，希臘和羅馬文明，都遭破壞，幸有聖本篤創立本篤會，製定克慾潔身的生活規律，培育會士從事抄書和耕地的工作，教導蠻族人民讀書耕地，歐洲古希臘和羅馬文明乃得保存。到了第九世紀和第十世紀，阿拉伯民族強盛，發展數學和希臘哲學，刺激了歐洲初起的大學，興起了研究希臘哲學的風氣，聖多瑪斯乃集古代哲學之大成，奠定了「士林哲學」的基礎。士林哲學在形上學和自然哲學以後，有倫理哲學，講述倫理的原則，解釋道德的意義；但對於精神生活法則遵守歐洲的傳統，由天主教神學的神修學講論。

天主教神學的神修學，以教義信仰爲基礎，以哲學思想爲研究的方法和途徑，系統地教授培育精神生活之道。因此，歐洲的哲學祇講倫理道德論，精神生活之道則歸之於神學的神修學。我們研究西方哲學的人，便認爲西方人不講精神生活之道，祇求知識，發展科學；殊不知西方的神修學對於培育精神生活之道較比我們儒道所講精神生活之道更有系統，更有實踐。

歐洲的精神生活之道雖在神學的神修學裡，然也不與哲學脫離，而且常引用哲學的術語和哲學的思想；有如中國佛教的禪宗和天台宗華嚴宗所講的精神生活，屬於宗教信仰生活，但也和佛教的哲學思想相連繫。

2. 人生觀

民國初期曾發生所謂科學人生觀和玄學人生觀的筆戰，後來收集成冊，有胡適的長篇序文。胡適坦白承認當時參加筆戰的人，兩方面都沒有懂得所爭論的題目，既沒有懂得哲學的意義，也沒有明白科學的意義，更沒有看得懂人生觀的意義。他說祇有吳稚暉說清楚了科學的人生觀，就是全盤物質化的人生觀，胡適說：「這種新人生觀是建築在二、三百年的科學常識之上的一個大假說。我們也許可以給他加上『科學的人生觀』的尊號。但爲避免無謂的爭論起見，我主張叫他做『自然主義的人生觀。』……總而言之，這個自然主義的人生觀裡，未曾沒有美，沒有詩意，未嘗沒有道德的責任，未嘗沒有充份運用『創造的智慧』的機會。」㈠按照天文學、生物學、心理學的知識，宇宙是無限的，一切都是物質，一切都是自然變遷，人祇是動物的一種，循著生存競爭律而生活；在這樣的假設下，人的生活還有什麼意義？勉強承認人有大腦，可以想，可以有智慧，也祇能說在這樣的人生觀裡，未嘗沒有美和道德，實則已將人貶成了禽獸。從另一方面，因著科學的發達；人則自認爲宇宙的主人，既不承認有造物的上帝，也不承認有不變的自然律，一切由人支配，一切由人決定。結果造成自私心、佔有慾、獨霸權，人與人爭，國與國鬥。這都是所謂科學的人生觀。

實際上，人生觀不屬於科學，科學祇能供給人生觀的資料；人生觀是思想，是原則，就如胡適所說是一個「大假設」。因此，人生觀屬於哲學，由哲學來推論，來決定。哲學在推論以決定人生原則時，應該在違背科學的結論。

爲決定人生觀，先該研究人是什麼？生物學、心理學供給許多關於人的知識，哲學收集這些知識，推論而得一個結論，西方哲學說：「人是有理智的動物」。理智是什麼？理智是心靈的能力，心靈是精神，人便是精神和物質（動物）的合一體，稱爲心物合一。中國傳統的儒學以人爲「倫理人」，人生來具有倫理的原則和能力；生來的倫理原則是「天理」和「良知」，天理是人性，良知是人心；生來的倫理能力，爲孟子所說的仁義禮智四端。按照這種哲學思想，決定人生的目的和意義，便有人生觀。《中庸》稱人生觀爲「君子之道」；孔子簡單地稱爲「道」，孔子所說「君子憂道不憂貧」（衛靈公），「君子謀道不謀食」（同上），「朝聞道，夕死可也」（里仁）《中庸》說：「道也者，不可須臾離也，可離非道也」。（第一章），「君子之道費而隱，夫婦之愚，可以與知焉；及其至也，雖聖人亦有所不知焉。」（第十二章）這種人生觀，當然要合於科學，不可拒絕科學的發明，不能像老子所說「棄聖絕智」。然而也不能以科學的範圍，作爲人生的範圍，科學的範圍以物質和感官爲界限，人則有心靈，心靈可以超乎空間和時間。人的人生觀應是心物合一的人生觀。

具有宗教信仰的人，根據宗教信仰建立人生觀，以人生的歸向在於身後的來生，來生作爲生活的目的。科學不能證明來生的有或無，不能說在科學時代就不能有宗教信仰。宗教的人生觀並不反對科學。

3. 人生價值觀

現代人常講價值觀，以爲是一種新的學識，但是凡是人，對於自己所接觸的事物，常有自己的評價，免不了輕重高低。人在動作時，必有所選擇，爲作選擇便有評價。評價的標準，以人生觀爲根據。但是普通一般人，不想所謂人生觀，或憑自己的喜好，或憑社會一般的傾向，作爲評價的根據。現在社會由農業改入工商業，以求經濟的發達，經濟發達爲取金錢，金錢在現在社會裡最受看重。金錢用爲取得享受，享受常偏於身體的物質享受，物質享受便爲目前的價值中最高的價值。

但是若是研究哲學的人，應該有心物合一的人生觀，心物合一的人生觀對於事物的價值，應該以心物爲主，不能以物去害心，也不以心去害物。物質享受祇是物質，常可窒死心靈，喪失道德，心物合一的人生觀，便要提高精神享受的價值。現在政府提倡增高生活的品質，推廣藝術的欣賞，祇是精神享受的一部份。智識生活的加強，道德生活的加深，宗教信仰的加誠，都是增進精神的享受。這一方面的事物，在人們的意識中，應佔有重要的地位，它們的價值應在物質以上。

人生的價值觀，不能單憑一己的嗜好，也不能隨社會的趨向，並也不能按科學的知識，應按哲學的原則去建立。哲學研究整個的人生，推論人生的目的，旁觀社會的實際環境，乃能評論事物對於人生的價值。

輔大的同學都有人生哲學一課，哲學對於人生各方面的指示，都可以知道很清楚，我便不再詳細去講了，下面祇就哲學和人生的幾個專門問題，簡單地加以討論。

二、經濟生活

1. 財產

人的生活爲心物合一的生活，物的生活靠著物質，物質則靠金錢，金錢的活動，爲經濟的活動。因此經濟生活，爲人生的重要部份。經濟已經成爲一種專門學術，經濟人才也是專才。但是就是因爲經濟是專門學術，經濟人才是專門人才。我講哲學與人生就要講一點經濟哲學，從經濟的基本點研究幾項普遍的原則，使經濟和人生各方面相連繫。

經濟的基礎爲財產，財產的含義很廣，包括天然的資源，農工業的產品，人民所有的房地土地，金錢和寶物。在經濟的觀念裡，一切財產都用金錢計算，不能換取金錢的物件就不算爲財產。

財產在初民的意識裡，乃是求生的工具。人爲生活需要有工具，最初用打獵以謀生，一切取之於自然界，自然界供給初民生活所需，成爲自然的資源。到了後代工業發達，工業需要原料，原料的大部份來自自然界，自然界對於工業又成爲天然的資源。

天然的資源不是人所造的，是造物主所造的，或者說天然而有的。造物主創造自然界的資源，供給人類生活所需；因此，對於自然界的天然資源有一條原則：「天然資源供給一切人對生活的需要」。凡是人都有權利取得和使用天然資源，供給生活所需。這一點在初民時代，事實也是這樣。後來人類繁殖了，組織了家庭，組織了國家，既有組織便有秩序，爲維持秩序，乃有法律。人類繁殖使人口增多，自然界的資源並不增長，人多，資源有限，便免不了起爭端，國家法律乃規定自然界天然資源的所有權，或屬於國家，或屬於個人。於是不是每個人，甚至於不是每個國家，可以自由隨便取得天然資源了。祇有具有所有權的人才能取用。不過，上面所有的原則還是有效，即是天然資源的所有權人或國家，不能在運用所有權時，完全壟斷天然資源，使別的人或別的國家無法使用。例如生產石油的國家，不能排除別的國家或提高油價，使他們無法取得石油。

其他的財產爲人爲的財產，人造財產是供自己生活的需要。他所造的當然歸於他，或他拿自己所造的財產而換取的財產，也歸於他，人對於自造的財產便有所有權，這就是私產制。私產的來源，來自人性的天理，即是自然法或性律，爲人性的自然要求。這又是財產的一項原則。因爲人生來就需要對於自己生活所需要的工具，能夠自己保存，自己處理。

私產制的私有權，目的在於保障每個人的生活可以有所需要的工具。而且私人的工作和工作所得，在國家沒有組織以前已經實行，國家不能自己定法律取消私人一切所得，祇能予以合理的限制。國家處理私產權，合理的條件，是需符合私產制的另一項原則：財產為供給生活的需要，私人的財產在滿足私人生活的（包括事業）一切合理需要外，應當以所餘的，協助他人的生活，或直接贈予，或間接協助國家為國民生活的事業。財產自身含有兩方面的意義：一方面為供給所有權者的私人生活所需，一方面為協助他人生活所需。從古到今，大家都知道不能濫用自己的財產，不能揮霍無度，滿足了自己所需，財產的公共意義就應表現出來。以財產完全為公共的，沒有私有性，當然反對人的本性；完全以財產為私有物，沒有公共性，則反對財產的本性。

2. 經濟制度

經濟制度為國家對於財產的政策，這種政策包括的事件非常多：生產制度、貨幣制度、賦稅制度、消費制度、商場制度。每種制度裡面又包括許多下面的制度，例如生產制度就包括工廠、勞資、原料……等等制度。對於這些複雜的制度，不是研究經濟學的人，或者不是從事經濟事業的人，都不能夠懂；因為這些制度的研究已經成為專門學術。但是從哲學方面去看，有幾項基本的原則，作為一切經濟制度的基礎和標準。

甲、每一個人都有就業的權利

凡是人，就有生存權，在現代的經濟制度裡，爲能生存，就該有職業，有職業才可以靠工作而有薪金，薪金便是生活費。因此每一個人爲保障自己的生存權，就應有就業之權。在以前的社會裡，有些人可以靠祖傳的家產，安閒地生活。在現代的社會裡，祖傳不動產或動產的收入，都很難維持一家的適當生活。即使祖傳產業可以使人不勞而活，然而這個人仍然有就業的權利，可以就業而勞動，決不能因爲有祖產就被阻止就業。

有些國家的政治，藉著種類、宗教、政黨的緣故，限制一些人不能就業。例如大陸共黨不許原先的地主階級從事正當的職業，這是不合正義，侵害人權。

乙、機會均等

人類生活在具體的環境內，具體環境常能左右甚或限制人類求生活的行動。自然環境爲天生的境遇，住在同一地區的人，所受自然環境的影響都相同，人爲的環境則爲人所造成，如權利義務，如生產工具，如工作條件等等。這些人造環境造出工作的機會，機會很可能對於同一社會的人不相等。例如有些亞洲的國家禁止華僑經營須有大資本的事業，又如有些亞洲國家禁止不信所在地國教的人可以任公務員。但很多時候，機會的不均等不來自政府的法律，而是來自社會的壓力，例如資金集中在少數人手中，或者工業原料集中在少數人手中，這些人操縱社會的經濟。

從理論上說，工作的機會，發展天才的機會，創業的機會應該均等。國家的經營政策就該以這項原則爲標準，力求可以實現。每一個人都有求生權，都有工作權，這乃是基本人權。政府爲保障國民的權利，又爲求國民生活的發展，更應保持機會的均等。如實際上缺乏機會均等，政府就應該努力製造機會均等。

機會均等爲工作的起點，每人對於求業創業的權利相等，每人對於資源的取得和工具取得機會相等。至於實際上機會的運用和後來工作的成就，則人人相殊，各有不同。

丙、貧富均衡

各人在事業上的成就不相同，成就所得的財富當然不相同；這種不相同，雖是人所造成的，卻也是一種天然的現象。各人的天才不相同，各人的資源不相等，各人所有的遭遇不一樣，工作的成就必定不會相同；不相同而勉強它相同，那就違背事件的天性。例如中共曾經規定凡是人都要工作，凡是工作的人都領同樣的生活費，所有產品歸公。工作的人便養成不工作的心理，出力不出力，反正所得是一樣，那又何必出力？

但是在另一方面，資本主義的國家造成相反的現象，財富集中在少數人手裡，其他的人都貧窮，貧富懸殊，距離很大，這種現象也違反財富的天性。在農業時代，有大地主的現象，耕地的人都是由佃農或農奴。在工業時代，有托拉斯現象，大工廠都是少數廠家的產業，小工廠不能競爭。在商業時代，有大商行的現象，小商家不能獨自經營。共產政權主張以暴力打倒資產階級，打倒地主階級，沒收私人工廠和商店，結果，資產財富集中在政府和黨的手中，成立唯一的大資本家，國民都一體成爲貧民。這不是解決貧富懸殊之道，而且違反基本人權。國家的政策應限制資本集中於少數人，使就業和創業的機會均等，再以所得稅減少大資本家的剩餘，發展公共事業，使國民所得提高，貧富能保持均衡。若說貧富完全平等則勢所不能，也違反社會生活的天然趨勢。

3. 勞工問題

從農業社會進入工業社會，工業社會以工廠爲主，以機器爲工具，機器須由人工運轉，工廠的工人乃日增月盛，鄉間的農村少年，多進入工廠爲工人。工廠的主人，以增加生產作爲謀利，對工人的待遇屢欠公平。工人積怨越久越深，於是發起反動，造成勞工問題。

馬克思當時發表主張，因工廠產品的剩餘價值爲工人所創造，應歸之於工人。所謂剩餘價值，指著工業產品售出所得價錢，除產品所費本錢外，多餘價錢即爲剩餘價值，一種物品在未經過工廠製造以前乃爲原料，原料的價值當然較比經過工廠製造出來的產品要低，這種價值差變的原因，在於工廠的製造，製造的工作全爲工人的勞力，價值的升高全由工人的工作而來。這份升高的價值爲剩餘價值，應歸之於工人。

馬克思的思想結成了社會主義，又變爲共產主義，主張工人革命，以暴力造成階級鬥爭。工人和資本家對立，勞工問題乃成爲當代的嚴重社會問題。

「歷久以來，資方取給自己的太多了。凡所有的財產，所有的成果，資方都給自己爭取過來，留給工人的，僅是維持和恢復他們的氣力。因為憑那不能理喻的經濟定律，人們宣稱，資本的整個累積都該給資本家。……有些自命為知識份子者，站在被壓迫的工人一邊，以錯誤的倫理法，來對抗錯誤的經濟原則，他們說：不論什麼生產或收益，除抽取一部份，足夠抵償及重整資本以外，其餘應全歸工人。……因此，每人都應分得自己應得的一份利益，任何有思慮的人都能發覺，因分配上患著重大的不調和，才能使少數巨富和多數窮人之間，有著天淵的差別。所以生產利益的分配，必須歸向符合公共福利和社會正義的準則。」(二)

從經濟方面說，工廠的生產，工人的勞力固然佔很重大的部份，然而資金和機器也佔有重要的部份，所有的生產由勞資兩方的合作。

「因為在自己的資本上，實施自己的勞力者除外，其他凡用別人的勞力，或用別人的資本者，應該互相聯合；因為二者缺一，就什麼也不能完成。」㈢

勞資利潤的合理分配，目前有兩種方式：一種是合理的工資，一種是讓工人按利潤另給股份，成為公司的股東。

合理的工資，常稱為家庭薪金，一個工人每月所得可以供養自己的家庭。孟子在當時就主張農民所得，應上可以供養父母，下可以畜養妻兒。孟子當時的標準是五口或七口之家，現在的家庭，已婚兒女和父母分居，所謂家庭薪金，指著一家四口或五口的生活費。同時，還有保險金和退休金。目前，婦女也多外出工作，她們的收入，貼補家庭的費用，男人的薪資，仍舊應該保持家庭薪金的原則。

但在科技的進步中，工廠的自動化和電腦化加入生產的行列，勞力的工人，將逐漸減少。勞心的人加多，工廠的生產者，將多是科技人員，到了那時，勞工問題也將降低尖銳性，變成為資本和科技的問題。

目前工廠在社會上造成另一種問題，即是公害問題，隨著科技的進步，工廠的工作常使用化學或物理學的成素，造成空氣污染和水土污染的事實，直接或間接傷害人的生命。將來核子能應用愈廣，危險性將愈大；雷射光將繼核子能被人所用，危險性也將不小。因此，工業方面的問題將成人生與科技問題；而且消滅人類的武器，將由太空墮入地球，一瞬間可以毀壞一半地球，甚至整個地球。也是人生和科技問題。

4. 貿易

有工業，就應有商業。商業在古代已經就有，農業和手工業的出產品，靠商人轉給消費者。人生所需，不能由一個人，或由一種職業來供給，須要大家合作，合作所產，各通有無，中間的溝通人就是商人。工業發達以後，工廠所出產品，須要銷售，以所得價錢作週轉金，否則產品停滯，資金缺乏，工廠必然倒閉，產品的推銷，乃成為工業界的切身問題。推銷的方法，也成了一門專門學術，就是商學。商學研究的部門雖然多，最重要的則在於市場學和廣告學，對於消費者予以研究，因爲推銷產品的對象，在把產品銷售到購買者的手裡。購買產品者，很少是直接消費者，他們大都是批發商、零售商，或是機關；但是這些購買者，最後必定將所購的物品，再銷售給直接消費者。因此，消費者，在商業貿易上，佔首要的位置。

在當代的市場營銷觀念裡，工業剛發達時，創設工廠的人注意工廠的原料和工作，所有目標在製造最佳產品，以產品去導引市場。當時工廠的產品都是僅有的新產品，社會人士必定樂意購買，以改善自己的生活。工廠漸漸多了，各種各色的產品充斥市場，消費者便要選擇了，市場營銷的觀念乃改以消費者的需要心理，作爲出產的導引，選擇消費者所需或所喜的物品，作爲工廠生產的標準，然後用廣告，吸引消費者的心理，再把產品銷售至消費者的手中，造成市場營銷制度。在這種制度下，資本雄厚的工廠，可以隨著消費者的嗜好，製造各種最佳物品，將其他資本弱小的廠商打倒，霸佔市場，因而危害公共福利。

最新的市場營銷哲學，爲人道的企業哲學。

「人道觀念作為企業哲學的意義可以扼要歸納如下：企業管理哲學的核心乃是企業動員，利用和控制全部公司的力量，繼續不斷地尋求機會，俾期做到一、為社會的目的，在本企業組織內發揮員工的所有工作潛力。二、藉儘量解決消費者問題的方式，在鄰近環境內生產必須有利潤的產品。三、在最後，環境內企業要特別貢獻，以滿足當前人類眞正的需要。在本世紀餘下的時期中，企業所肩負的社會責任和倫理觀念，在企業經營上將越來越被重視。但我們也知道，企業並非社會救濟機構，經濟學家的利潤理論還是企業經營所不能忽視的。」(四)

利潤，乃是商家貿易的本身要求，貿易當然求利，孔子把利和義相對立，重義輕利，使中國社會歷代都以「士農工商」作社會制度而輕視商人。今天，政府爲發展經濟，一方面提倡科技教育以加高出產量，一方面提倡國際貿易以增多國民和國家的收入，商業和工業躍居社會的上層，使金錢在人生的價值觀佔第一位。金錢由貿易而來，人們追求利潤的金錢，不擇手段，拋棄倫理，造成社會的各種經濟犯罪。經濟犯罪的各種罪行雖多不同，但基本相同的就是「欺詐」。

中國歷代的商業道德，乃是一個「誠」字，商家店內常掛著「貨真價實，童叟無欺」，大家都遵守「誠」作貿易的規律。目前經濟犯罪的「仿冒」、「倒會」、「空頭支票」、「捲款潛逃」，都是欺詐不誠。貿易哲學的原則：

第一，尊重消費者的權利，消費者有權利購買自己所需要的物品，乃是基本人權「生命權」的直接運用。消費者又有權利購買「貨眞價實」的物品，否則就是受騙，受騙即是權利受了傷害。

第二，尊重出產者的權利。工業家的產品，常自己設有推銷的機構，不易受商人的傷害。農家和小工廠的產品則常由批發者和零售者轉賣給消費者，農人和小工廠主人所得的售價，往往低於市場的售價好幾倍，農人和小工廠所得利潤甚微，貿易商反而從中獲得厚利。這是一種不正義的現象。

第三，尊種社會大眾福利。在經濟沒有開發的古代，已經有這句俗話，「物以稀爲貴」，在經濟發達以後，這句話變成了貿易的通式；因此，若沒有法律的制裁和道德的指導，容易傷害社會大眾的福利，因著天然的災害，或因著環境的遭遇，一些物品驟然缺乏。貿易商事前盡量屯積，事後收盤不賣，以抬高市價，甚至造成通貨膨脹，危害社會；這就違反商業道德。

但是貿易最重要的原則，還是堅守商業道德的「誠」，無論在國內或在國際的貿易，都要以「誠」爲本，不誠必傷害別人的權利，不誠必破壞國家經濟制度，不誠最後也必招致自身的毀滅。

三、藝術生活

人的生活爲心物合一的生活，在心靈生活方面，和哲學最密切的，要推藝術生活。自古以來中國和歐洲都已有美學，美學即是藝術哲學，其中可以分爲文學和藝術，文學又分爲詩歌、散文、戲劇、小說；藝術又分爲繪畫、雕刻、音樂。在每個人的生活中，常和「美」相接觸，美的創造者—藝術家乃是天才，藝術的欣賞則是凡人。在目前經濟開發的社會裡，金錢壓住了每個人的心，控制了精神的活動，要緊擴大藝術的層面，使人人都能欣賞美術品，因著美術品的超物質特性，幫助人解放自己的心，也能超乎物質。藝術生活在目前已是一種社會的需要，要變成每個人生活的一部份。

1. 美

什麼是美？

似乎每個人都有一個答案，又似乎沒有人可以答覆。古今中外對這個問題的答案很多，卻都不相同；一個最普通的東西，反讓人沒法解釋。

我在這裡不是講美學或藝術哲學，不便標舉這些中外的學說；我祇是講藝術生活和哲學的關係，僅就美學的原則方面，討論幾個基本問題。

我們人是心物合一體，對於美的意義也常從心和物兩方面去看。從物方面去看則是形式美，要由感覺去看，形式是物的外形，外形之美在於和諧，在於次序，在於光輝，物體的外形，爲物質的特性，和量相關。量爲物體的一分子在一分子之外的延伸；量的重點在於物質分子的結合。形式美便是由物體各分子的結合而成。各分子在結合時有合適的次序，構成分子的和諧。這種和諧明白表現出來而有光輝，使人看到產生一種愉快的感覺，一張面孔是美的，在於耳目口鼻各在合適的位置，大小各得其當，顏色也表現的光明。怎麼說是恰得其當呢？標準是在那裡？標準是一種理想的類型。一類東西的外形，大家都知道是這樣，然而沒有辦法可以明白說出來。孟子曾說：

「口之於味也，有同嗜焉；耳之於聲也，有同聽焉；目之於色也，有同美焉；至於心，獨無所同然乎！心之所同然者何也？謂理也。」（孟子告子上）。

人對於形式美，有天生的同一標準；這種標準，當然不是絕對的或必然的，祇是像人事間的標準，祇是可能的。

形式美的客體，是在自然界。自然界的山水花草鳥獸，具有賞心悅目的色澤；人們對著自然界的美，心曠神怡。人身的美也來自天生，所謂「天生麗質」，人雖可以增加身體的美麗，但若沒有「天生的麗質」，也不能造出「西施」。

黑格爾曾經說：

「在日常生活中我們固然常說美的顏色，美的天空，美的河流，以及美的花卉，美的動物，尤其常說是美的人。我們在這裡姑且不去爭辯在什麼程度上可以把美的性質加在這些對象上去，以及自然美是否可以和藝術美相提並論，不過我們可以肯定地說，藝術美高於自然美，因為藝術美是由心靈產生和再生的美，心靈和它的產品比自然和它的現象高多少，藝術美也就比自然美高多少。……如果我們只是廣泛地說：心靈和它的藝術美高於自然美，這就等於沒有說出什麼，因為所謂『高於』還是完全不確定的說法。……心靈和它的藝術美『高於』自然，這裡的『高於』卻不僅是一種相對的或量的分別。只有心靈才是眞實的，只有心靈才涵蓋一切，所以一切美只有在涉及這較高境界而且由這較高境界產生出來的，才眞正是美。就這個意義來說，自然美只是屬於心靈的那種美的反映，它所反映的只是一種不完全不完善的形態，而按照它的實體，這種形態原已包涵在心靈裡。」(五)

黑格爾的主張是他哲學系統的結論。他主張唯有精神爲眞實存在，宇宙自然界只是絕對精神的反映，爲絕對精神的「非我」，是正之「反」，由心靈認識自然美而作藝術之美便有「合」。因此，自然美沒有價值，只有藝術美才有價值。實際上，自然美是實在的，乃造物主所造，經過造物主的心靈而仿照造物主的美之觀念而造的。藝術美的傳統原則，以模仿自然美爲原則。希臘的雕刻，是模仿人體美，文藝復興的油畫也是模仿人體美，中國的山水畫和花草蟲魚，是模仿自然界的美。因此不能說自然美是心靈美的反映，要反過來說藝術是自然美的反映。藝術美是在反映自然美時，加上了心靈的思索，在自然形式美上加了精神美。

自然界客觀的美，就「美」上說，必須經過心靈的認識，引起人的美感。就事物的存在說，事物客觀的存在，在本身上是存在，就人世界來說，事物若沒有被人所認識，就等之於「無」。許多大星辰，還沒有被天文家所發現，對人來說就是「無」。美的事物，不僅要被人認識才存在，還要引起人的美感，才稱爲美。人的心靈在欣賞自然美時，必定會加上心靈的感受。所以自然美在被稱爲美時，已經有心靈的成份。

形式美有了心靈的成份，便不僅是外形的美了，已經加入美的內容。美的內容有三種成份：一種是本體的成份，一種是倫理的成份，一種是觀念的成份。

從本體方面說：「存有」常是美，即常是「充實」，常是「次序和諧」，每一個「存有」爲能存在，必定要有完全充實的本體，缺少一點，就不能存在。每一個人，都要有人的本體。這是就理論上說，就形而上的本體上說，一個人必定有完全人性；在實際上，每一個「存有」，就常不能具有完全充實的本體，沒有一個人，具有人所該有和可以有的一切特性，跟理想的人常有距離。從本體方面說，所謂美，就是能具有更多的本體特性，在實際上表現充實。所謂美人，便不能單單是容貌美，還該在性情、知識、品格上表現充實。形式和內容互相結合，成爲完美的人。在藝術作品上，也不能僅是模仿自然，必是應該具有藝術的內容，中國傳統的藝術常以「生氣」和「神韻」作爲內容。西洋的藝術常以作者對於生活的反應作爲內容。

藝術品爲人所造的作品，作品能稱爲美，外形能表現形式之美，內容又能充實。但是在這一方面，講藝術哲學的人並不是主張相同。西洋傳統的藝術哲學，以藝術模仿自然，藝術的外形之美同於自然美之外形，內容則由作家以自己的人生觀予以充實。但是近代歐洲的藝術哲學主張藝術表現作者的心靈，或者以作者的情感爲主，或者以作者的思想爲主。在文字的藝術，藝術作品是反映作者的感情，詩詞可以作爲代表；就是戲劇和小說，也以情感爲重。在繪畫和雕刻的作品裡，作者的情感通常也構成美的特色，例如歐洲十八世紀印象派的繪畫作品，和浪漫的小說，就代表這種特色。歐美當代的藝術哲學，則以藝術代表作者的思想爲主，所謂未來派、抽象派的藝術便是這種思想的代表。因著這種思想，藝術哲學對於「美」的涵義，就起了爭辯。當代歐美的詩歌和繪畫，一眼看不懂，就如台灣現在的新派之詩和畫，既然不能懂，怎麼能稱爲美呢？在藝術的哲學裡，也加入了唯心和唯物的派別。

朱光潛曾舉出歐洲對於「美」各派的主張：1、古典主義：美在物體形式；2、新柏拉圖主義和理性主義：美在完善；3、英國經驗主義：美感即快感，美即愉快；4、德國古典美學：美在理性內容表現於感性形式；5、俄國現實主義：美是生活。㈥

理性主義的「美」，爲唯心論的「美」，以「美」表現觀念，未來派和抽象派都應歸在唯心論的一派。其他各派則是現實主義的「美」，現實主義多少都含有唯物的思想，以物體的外形爲重。

我曾經說過：美不是完全屬於理性的，因此不僅是真理的光輝，不僅是觀念的形色化，也不僅是觀念的儀表；美不是完全屬於感覺的；因此不完全是愉快，不完全是悅目之物。美的意義：「美是實體的特性，實體充實而有光輝，能激起欣賞時，便稱爲美。」㈦

美，乃一種特性，不是實體，而是要附於實體；美爲實體的一種特性。美的意義，在於實體自身充實；實體的充實，可以從本體上看，可以從附體上看。本體上的充實，即是物體的本體，在成素上是充實的，圓滿無缺，而且均有適當的次序，物體的本體原來常是圓滿無缺，常有均勻的次序，常按照物的本性，應該有的成素，一定都有，否則，物體便不能存在。但是物體若是人造的，則物體本體的充實，便不能常常實現，要看作者的能力高下和所用材料的品質，附件的充實，在於這件附體的理都能實現。例如臉面，臉面是充實的，在於臉面所以爲臉面的理在實際上都有，臉面構造的成素都有均勻的次序，這幅臉面便是充實的。

光輝，就是明顯，物體自己很明顯地表現自己，便是有光輝。光輝不僅在形式上爲重要條件，使人能欣賞美，在理性觀念美上也是一樣，學者對於一種理想能夠感到很美，那就是這種理想充實而又明顯。孟子曾說：

「可欲之謂善，有諸己之謂信，充實之謂美，充實而有光輝之謂大，大而化之之謂聖，聖而不可知之之謂神。」（盡心下）

在古代哲學家中很少能有孟子這樣明確的主義，孟子的主義明白而又確實。美既是充實，充實之美必定明顯，就像大學所說人性之完美稱爲德，人性之德本來明顯，稱爲「明德」，然而可能遭慾情所蒙蔽，不能明顯，因而須要克制私欲以明明德，這等人便是大人，充實在顯明的程度上許多的程度，美乃有不同的層次。

在我們人的生活中，既是心物合一體的生活，美則常是形式之美，理性觀念之美雖也有，能夠理會的人不多。

2. 美感

每個人都會欣賞美，欣賞美乃是一種天性。看見美，自然心裡就喜歡，聞到臭味，心裡馬上就厭惡，也說不出理由，祇是天然就有這種現象。在學術界研究這種現象，解說多有不同。因爲在這種現象裡，有幾點應當注意：美醜的分辨，通常是在感覺界，眼耳鼻舌觸五種感覺，接觸美醜的對象；美醜的分辨是直覺的，不必用思索，不必說理由；但是中間是有理由的，美術的評論家就知道美醜的直接，同時引起一種愉快或厭惡的心情。分析一件事物美或醜的理由。因此，對美的欣賞，雖然是天然直覺現象，內容卻是複雜。

學者中有的將理智和美感相對立，理智辨認真理，美感辨別美醜。有的又將美感認為是感情，感情的美感，是一種移情作用，為慾情的昇華。有的則以美感為一種潛意識，遇到美時，自然地湧現，淹沒了意識。有的主張美感為一種特別的官能，介於感覺和理智之間，常和感情相連。

我的主張，認為美感不是一種特別官能，而是認識官能的一種特別工作。感覺官能為感覺，理性官能為認識和思考。感情和感覺又和理性都常有連繫。美感則由三者聯合而成。美感必須有感覺，因為美常表現在形相上，就是精神美也常藉形相而顯，為認識形相美，必須藉用感覺。在五種感官裡，引起美感的是眼睛和耳朵。眼睛看見美色，耳朵聽見美聲，心裡就引起愉快，愉快是在心裡，不是在眼睛和耳朵裡。鼻子嗅著香氣，舌頭嚐到美味，觸覺觸到溫柔，引起快感，快感雖也達到心頭，但是這三種愉快的感覺，是在三種感覺以內，是生理方面的反應，禽獸也能有。眼睛和耳朵的愉快美覺，則是心裡方面的反應。

美感不僅是感官的感覺，一定要有心；所謂「心不在焉，視而不見，聽而不聞，食而不知其味」。（大學 第七章）還是心的理智要認識美。美的本質，不能用感覺去認識，否則禽獸也能有美感；美的本質所謂充實和光輝，是靠理智去認識。理智對美的認識是直覺的，不是思索，或反省的。譬如講笑話，聽了就馬上哈哈大笑，那才是笑話；若是聽了，反省思索，然後才懂得該笑的地方，才開口笑，那已經不是笑話了。美感是看到或聽到，心中就喜歡，那才是美感；若要加了研究或多方思索，才知道所謂美，那就不是美感了。所要研究或思索的對象，也不能稱爲美。

但是現代許多藝術家和藝術批評家，不同意我這種主張，有的把美和愉快合而爲一，令人起愉快的事物就是美，愉快是感情，感情不經過理智，普通說「感情是盲目的。」但是所謂盲目，並不是完全脫離理智，也不是完全和理智不相干，只是不用理智去思索。嗅到香氣，自然喜歡，嗅到臭氣自然厭惡；看到美色，自然愛，看到醜色，自然惡；這些感情都是直接的，不經過思索。香氣和臭氣的分辨，是鼻覺的功能，鼻覺的功能具有天生的「效能」，或喜或惡。眼睛的功能在於看，看沒有天生的「效能」，不分辨美醜，美醜的分辨在於心，心有天生的效能，遇美則喜，遇醜則惡。心兼有理智和感情，認識美屬於理智，喜惡屬於感情；理智對於美的認識，有天生的分辨功能，好像理智對於是非，有天生的分辨功能，即是良知。理智對於美醜也天生地直接予以分辨，直接引起感情。然而又像良知一樣，遇著很複雜的行爲，良知就生猶豫，不能直接分辨善惡，又加思索以後，才能分辨，有時還不能確定；同樣，遇著複雜的形相，理智也不能馬上分辨是美是醜，須要思索，這時便沒有美感了。

因此，現在所謂抽象的美，或觀念之美，以形相代表一種思想，形相自身不是美或醜，只是思想的代表。對著這種抽象的形相，理智不能直接分辨美醜。這種抽象藝術，已經不是美術，而只是一種表現思想的技巧。對於技巧，沒有美感，祇能有驚奇或讚揚。

3. 創作

聖經上說天主按照自己的肖像造了人，天主爲精神體沒有肖像，但是有本性，天主造人是按自己的本性造人。沒有宗教信仰的人也常說，人在創作時，人相似上帝。人的理智相似上帝，有無限的進取能力。思想家創作思想，科學家發明科學定律，藝術家創作藝術品，都是理智去創作。但是不同的，是思想家和科學家都苦心研究，用力思索，藝術家則靠靈感，自然而成，藝術家的創作，又相似上帝造物主，所以通常祇稱藝術家的作品爲創作。

藝術家突然創作，須有兩種條件：第一是天才，第二是靈感。既然藝術家的創作是突然的，不是苦心研究，則須有藝術的天才。當然，藝術家在技術方面，多作多練習，創作的能力一定加高。但是若沒有藝術天才，無論下若何的苦功，也不會有創造出的作品。藝術天才乃天生的。藝術的種類也多，每種藝術要有相應的天才，音樂有音樂天才，繪畫有繪畫天才，詩歌和小說有各自的天才。每種天才長於一種藝術，能長於兩種藝術也可以有，但是全才而長於各種藝術則沒有。

靈感，是藝術家在理智中突然看到一件美術的形相，或是一首詩，或是一曲音樂，或是一幅畫。突然在理智內看到，馬上就用相應的工具表現出來，便產生一件創作藝術品。

靈感是什麼？有的學者說是潛意識的突然表現，又有學者說是心理的變態；但是這些主張都把藝術品的價值貶低，失去精神性的高貴價值。靈感爲藝術天才者所有，沒有藝術天才者不會有靈感；因此靈感應該是天才的激動，天才突然受到一種激動，激動的原因卻很神妙，無從捉摸；但是靈感必定是理智的光明，而不是潛意識或心理變態。不過，並不是一切藝術作品都是由靈感創作，藝術天才也可以像別種天才，具有的人隨時可用，祇是沒有靈感的作品，美的價值較低，有時低到不足稱爲創作的程度，祇是一種工匠的作品。

4. 藝術與倫理

中國傳統的藝術論常主張「文以載道」，理由在於文章，表現人的感情，文章又爲教育，這兩者都離不了倫理道德。中國的小說和戲劇，若走出倫理以外就被認爲「誨淫誨盜」，《詩經》的〈鄭風〉，就被責爲淫聲。西洋的傳統藝術論從亞里斯多德到聖多瑪斯，以及後代士林哲學也主張藝術應在倫理道德以內。但是現代的藝術論，則多主張藝術脫離倫理。藝術爲美的表現，美感爲一種自然的直接感受，不受理智和意志的統制，本身無所謂善惡，「如好好色，如惡惡臭」，沒有善惡可言，但是藝術所引發的爲感情，感情在自然發生時，不受理智的指導和意志的控制，但是人一有了美感的意識，良知就會判斷這種感情的善惡，因爲美感也是人心的活動，凡是人心的活動、良知都要指出美感。況且美術具有高度的教育意義，更不能和倫理脫節。倫理對藝術雖有限制，但並不破壞美，而且互相可以完成，因爲美和善在本體上是相合的。

四、教育生活

教育爲一門學問，而且爲一門專門的學問，但更爲人生的一部份，教書的教師，以教育爲生活，受教育的學生，更以讀書爲生活；因此，教育進入人生，對個人和家庭、國家的權利義務，都有密切的關係。我們現在要討論的，不是教育的學理和方法，祇是教育在人生方面和個人、家庭、國家，在基本點上，有什麼關係。

1. 教育與個人

每一個人所有的是自己的生命，其他一切事件都是因著生命而有。有的事件關係著生命的存在和基本發展，每一個人，對這些事物便有基本的人權，誰也不能剝奪，受教育權就是基本人權的一項。

每一個人都有受教育的權利。

教育爲人發展生命的基本方法，雖然在古代不受教育的人很多，然而當時的教育不是都在學校以內，職業教育有學徒制，農業教育在家庭以內，那時讀書的人不多，就業則人人都有。現在的社會，教育都在學校以內了，進學校受教育，乃是國民的權利，不受教育，則不能就業，不能就業，便不能謀生，謀生是每個人的基本人權，受教育也便是人的基本人權。

因此，政府不能因著經濟、種族、宗教，或其他任何原因，限制一部份國民不許受教育，在民主的民權社會裡，這種事件不易發生；但是在極權的社會裡，這種事件就可能發生。

政府在另一方面，還要使全國國民都有受教育的機會，設立足夠的學校，籌備足夠的經費，邊遠和偏僻的地方，特別顧全兒童的教育。

每一個人的教育權利，限於基本的教育，即是現在所謂的國民教育，也就是所謂義務教育。因爲基本教育爲做人做事的基本知識，在現時代若還不識字，就難以有求生的技能。對於高等教育，則每人有每人的能力，有人有受高等教育的智力，有受高等教育的才力，有受高等教育的環境，有的人卻沒有，或只有一項或兩項；因此受高等教育則不是每個人的人權，只能按每人的能力去求。不過，在日漸進入開化的經濟社會裡，受高等教育，也將成爲每個人的需要，國家便要有適當的設施，使有受高等教育智力的人能夠受高等教育。

每個人不僅有受教育的權利，還有選擇教育的權利。在現代的社會裡，學校的種類很多，同類的學校又有良莠不齊，每個人對於學校的種類，對於學校的良莠，鮮有選擇的自由。選擇的行使，實際上受許多的限制。

每個人的受教育權，要求受到良好的教育，教育的目的，在於培育一個成全的人，成全的人應有求生活的能力，又有作人的人格。良好的教育，便應滿足這兩種要求。但是目前的教育趨向，注重科技知識的教育，忽略倫理教育；這種教育已經是有所偏了，應予以矯正。

2. 家庭

天生負有教育職責的，爲父母。父母生了子女，有教養的責任，人不是禽獸，爲生活，不僅靠本能，也靠學習；父母生養了子女，有責任使他們可以生存，便有教育子女的天職。而且父母教育子女的天職，是先於其他一切的人或其他的機構，別的人和其它的機構乃是爲協助父母和補父母之所不及。從另一方面說，父母有教育子女的天職，就有教育子女之天生的權利，有職責而沒有權利，職責將不能滿足。

因此，父母有教育子女的權利；父母的這種權利，爲最先的權利，在國家的教育權以先，國家不能剝削父母的教育權。

父母有教育子女的天生職責和天生權利，父母便應當盡心盡力去滿足這種責任。對於這種責任，父母有兩層義務：第一，在家庭教育子女。教小孩走路學話，爲第一步的初步教育，小孩稍大，可以懂事，便教育他們基本是非的知識，做人的基本禮貌。中國古代有些學者留下了一些寶貴的家訓，例如〈司馬溫公家訓〉，〈朱子家訓〉，〈曾文正公家書〉，還有〈朱子家禮〉。這些古代賢人的家訓，雖多不合現代的環境，然而在基本教訓和精神上仍舊能夠作家庭教育的參考。目前，因父母出外工作，常常疏忽對子女的教育，又因時代的變遷，父母不用心研究了解青年心理，以致造成「代溝」，家庭教育進入低潮，且有失落的危險。

第二，父母因自己無力教育子女，又因學術知識爲專門學術，父母無法都能知道，因此，便有責任送子女入學，進學校受教育。子女受基本國民教育，爲子女的職責，也是父母的職責，父母必須設法使子女受到這種教育。

父母既然有責任送子女入學，便同時有權利送子女入學，政府不能剝削，也不能加以無理的限制，同時國民有權利要求政府設立足夠國民需要的學校。

父母而且還有選擇學校的權利；父母對於自己的子女，可以選擇適當的學校，爲使更適合子女所需要的教育。每個人有選擇學校的自由，子女尚未成年，這種自由選擇由父母執行。

父母還有權監督子女受教育的學校，要求學校的設施能符合良好教育的程度，但是這種監督權要在合情、合理、合法的範圍內行使，父母不能干預學校的行政。

3. 國家

國家爲人性天然要求的組織，以保障國民的權利，以幫助國民發展自己的生命。父母雖有天生的教育子女權，然而父母沒有可能教育子女一切所需要的知識。因此，政府便有責任，也有權利辦理教育事業。從政治學方面，政府另有理由，主辦國民的教育。政府爲行政常有自己的理想，在行政理想中當然以愛國、民族精神、國政大綱爲最重要，政府便想設法教育全國的國民，都有這些理想，國民的生活也符合這些理想的原則，因此，政府便主張自己擁有教育的全權，對於父母的教育權或私人辦學的教育權乃是政府所給，一切都由政府處理，現在我們的政府就是採取這樣的政策。但是從理論上說，這種政策並不完全是對的。政府有責任，也有權利設立各種學校，政府又有權利訂立各類教育法規，然而不能完全剝削父母選擇學校的自由和監督學校的權利，因爲父母的這些權利乃是先天的，先於國家的權利。祇是在具體上爲著配合環境的需要，政府對於父母的這些權利，可以予以相當的合理限制。

私人設校，是爲增強教育的實效。一方面，政府的財力很難設立全國國民所需要的學校，私人能設校可以協助政府辦理教育。另一面，教育事業能有各種的特點和各種專長，私人設校可以兼顧教育在專長的特點發展。至於教會設校，因宗教信仰在國家政權以先、以上，教會有責有權教育信徒的信仰生活，天主教和基督教辦理普通教育，乃爲國際上歷代所承認，而且歐洲的大學教育，是由天主教所創立。

國家按照具體的環境和國民公共福利的要求，對於父母的教育權，對於教會的教育權，可以加以適當而合理的限制；但是總不能剝削父母和教會的全部教育權。共產黨的政府，實行獨裁專政，總攬一切學校，剝削父母選擇和監督學校的權利。

教育事業也應和別的社會事業，可以自由競爭，優良的學校繼續發展，窳莠的學校自行淘汰，教育事業才能夠發展。若是學校都是政府辦的，沒有私立學校可以互相比較，好的存在，壞的一樣存在，那就像中國共產黨的農場、工廠、學校，怎樣可以辦好？自由的教育，爲教育事業的正軌。

4. 教育

教育本身的意義，在於教育的對象和目標。教育的對象是人，人是心物合一體，是有理智的動物，是天生有倫理的人。畜牧業、養漁業、養鳥業，它們的對象是動物，農業、林業、果業、花業，它們的對象是植物。教育事業便和這一切職業都不同，教育爲培育有心靈的人；因此教育不是職業，而是使命。

人，爲心物合一體；人的生活，爲身體和心靈兩方面的生活，教育便要教育人在這兩方面具有能力去發揮一種健全的生活。教育的目標便應該是「一個成全人的教育。」

孔子曾指出「成人」的標準。

「子路問成人，子曰：若臧武仲之知，公綽之不欲，卞莊子之勇，冉求之藝，文之以禮樂，亦可以為成人矣。」（論語 憲問）朱熹註說：「能兼此四子之長，則知足以窮理，廉足以養心，勇足以力行，藝足以泛應，而又節之以禮，和之以樂。」

孔子所說的「成人」，要有知、有德、有勇、有藝，爲培育一個「成人」，便該有知育、德育、體育、美育。這和現在我們教育界所提倡的四育可以說很相同。但是問題則在於實踐，目前教育界所注意的則在於知育，而且知育還是一種科技的教育。孔子又曾經說過：「志於道，據於德，依於仁，游於藝」（述而）這是說德育的步驟和方法。

在現代科學發達的時代，教育的目標和方法都有顯著的改變。教育的目標，集中到爲國家儲備人才。在這種目標下，國家的教育政策有幾個特別點：第一，教育注重國家目前所需要的人才，以這種需要作爲當前教育的重點；例如目前我們國家需要科技人才，以發展工業，全國的高等教育便都集中趨向科技。對於國家不需要的人文科學就予以疏忽。第二，教育以就業爲目標、爲範圍，不能就業的科系，乃就冷落。第三，全國教育事業都由政府規劃、管理、控制。就原則上說，這種政策祇能說爲求國民的福利，在適當的時期和範圍內，可以實施；然而不可以作爲民主國家的長久政策。國民受教育爲就業，固爲效勞國家；但是國民個人的人格修養，個人的嗜好，個人求知的興趣，以及家庭的需要，可以選擇學校受教育。這種自由教育在開發之自由國家中有實現之可能。

現代教育之方法，則注重心理學方法，也注重輔導。輔導教授使用心理實驗法，輔導學生。然而最重要者，乃是愛心教育，教師以愛心和耐心教導學生，以期培養學生之人格。

中國古代的教育，在教「做人之道」。《大學》說：「大學之道，在明明德，在親民，在止於至善。」（第一章）《中庸》說：「天命之謂性，率性之謂道，修道之謂教。」（第一章）因此荀子和朱熹都說學是學做君子、做聖人。目前，雖不能完全注重在德育，智育已成爲教育的中心，然而德育必定該有重要的地位，而且應該運用心理輔導法去培植品德。另外在經濟成長迅速，社會倫理道德失調，青年犯罪增多的時代，更應注重倫理教育。

在這裡所談的，祇是些原則性的問題，涵蓋在哲學範圍以內，對於教育學理和方法則不予以討論。

5. 教師

我們中華民族的傳統，素來尊重教師，在家庭中堂所供的牌位上，題有「天地君親師」。天爲生命的最初根源，地爲生命的滋養者，君爲生命的保護者，父爲生命的來源者，師爲生命的教育者；五者都是人的生命之根由。

古來，教育爲教人做人之道，儒家最重這種做人之道：

「君子謀道不謀食，……君子憂道不憂貧。」（衛靈公）

「子曰：朝聞道，夕死可矣！」（里仁）

「君子之道，費而隱；夫婦之愚可以與知焉，及其至也，雖聖人亦有所不知焉；夫婦之不肖，可以能行焉，及其至也，雖聖人亦有所不能焉。」（中

庸 第十二章）

「子曰：道不遠人，人之為道而遠人，不可以為道」（同上 第十三章）

「君子之道，辟如行遠，必自邇，辟如登高，必自卑。」（同上 第十五章）

現在的青年讀了這些話，不明瞭有什麼意義！實則就是說人爲做人有做人之道，每個人都該知道，也去實行。爲能知道和實行做人之道，要緊有老師教導。所以作老師的人，就是教人做人之道。這椿事非常重要，非常崇高，非常可貴；歷代中國人都「尊師重道」。

所謂「做人之道」，包括的範圍很廣：第一，人是倫理人，生來有知道是非之良知，不按良知做人就不是人。教師教學生首先要教學生分別善惡，又教學生行善避惡，而且本人就身體力行以身教教學生。學生爲做人應有好的品格，教師應以現代心理方法輔導學生發揚好的天性，變化良好氣質。這就是「循循善誘」，「誨人不倦」。

人又是理智之人，人爲生活須運用理智，要有從事職業的技能和做研究學術的學識，這種理智方面的技能和學識隨著時代而變，時代越新，技能和學識就越高。現代老師的教育工作，乃成爲專業的工作。

「教育工作固然也是一種『職業』，足以糊口謀生，但是教育工作更是一種『專業』非人人可得而為之，必須具備專業知識，且須兼備專業精神，這正是何以國家需要辦理師範教育的理由。但是更重要的，教育工作倘能視為基於理想而奉獻的一種事業或志業，那麼在工作中必能獲得精神上的滿足，享受一種意義感，充實感與成就感。……教育工作者不僅是知識份子，而且是『己欲立而立人，己欲達而達人』的傳道者，只有把握教育專業這一特性，才能體認教育愛的本質。」(八)

教育工作爲一種使命，教育工作者要有盡使命的精神，有身教足以立人的品德，有傳授知識的能力和學識。孔子曾說：「志於道，據於德，依於仁，游於藝」(述而)乃是教師的理想品格。

五、宗教生活

宗教生活似乎出乎哲學的範圍以外，因爲宗教的主因是信仰，信仰則超乎理智，甚至於像一些學者所說，信仰反對理智，科學乃反對宗教。實際上宗教哲學在歐洲已經有一千多年的歷史，不是一種僞裝的學術，也不是最近新起的學術。

宗教哲學不是以哲學去解釋清楚宗教的教義，而是由哲學從理智方面去研究宗教的幾個基本觀念。第一，哲學要問宇宙有沒有起源，宇宙若不能是自有的，應否有一創造者；第二，人世應該有沒有正義，善必賞，惡必罰，乃人世歷代的共同信仰。第三，真正的賞罰在現代不能實現，是否應有來生以實現正義；第四，善惡的現象，從人出現在地球上就開始，隨著人世文明的長進，善惡的問題更顯明，這個問題究竟如何解決。

這些問題是人生的問題，是人理智所追究的問題，因此哲學便研究這些問題，從理智方面去看，可不可以有答案。在東西的哲學裡，早已有這些問題，歐洲的哲學正面地加以討論，所以有宗教哲學。在中國的哲學裡，沒有正面地討論這些問題，但是個別的哲學家則談到一個或兩個問題。

1. 尊神

西洋哲學從柏拉圖和亞里斯多德以後，由因果律推論宇宙的來源，應有一位造物主尊神，新柏拉圖派則以次於尊神的Logos「明智神」爲造物者，中世紀聖多瑪斯承接亞氏的思想，以「五路」五種理由，證明應有尊神造物主。

宇宙一切都在動，宇宙內萬物的動常彼此相連，由一種力發動另一種力；但是追到最後，必定應該有一原動力，即最後又最高的原因。否則，動力沒有根源，一切都停頓。

中國列子也說過「生者不能生，化者不能化」（天瑞篇）宇宙間一切都是由生而有，就是在有以前沒有，有了才存在，不是常有，便不能是「自有」，列子又說：「不生者能生生，不化者能化化」。（同上）「自有」者不是由別物而有，而是自有常有。亞里斯多德和聖多瑪斯則說宇宙一切萬有都是相對的有，不能自有，必定要從絕對之有而來。

宇宙間有真善美，但是都有層次，有高有下，有多有少，沒有一個真代表一切真理，沒有一個美代表整個的理想美，沒有一個善代表完全的善。宇宙間的真善美便是分享一個絕對完滿的真善美。這個完滿的真善美就是造物主尊神。

宇宙內一切都有次序，有規律，從最小的物體到宇宙整體都按規律而動。科學家稱這些規律爲物理律、化學律、生物律；哲學家稱爲自然法，法律不能是偶然湊合的，應該有制定者，乃是造物主尊神。

但是，西洋哲學家和思想家中有許多人不信有尊神。他們不承認因果律的意義，又認爲宇宙是自有的，是無始無終的。有的以宇宙自身是自有之神，成爲泛神論者；有的主張宇宙唯有物質，物質自有自變，成爲唯物論者；還有各式各樣的無神論，理由就像胡適所說：「拿證據來」，證據應該是自然科學方面的實證，而不是理論的推理。可是無神論也拿不出自然科學方面的實證，證明沒有造物主尊神。亞里斯多德和聖多瑪斯所講的理由還有相當的價值。

中國的《書經》和《詩經》，常講「天」、「帝」、「上天」、「上帝」、「皇天上帝」，乃是一位尊神，尊神創造神物。中國人歷代都信「天」。

這位尊神，爲純粹的精神體，爲絕對的實有，無形無像，不可言說。人們沒有觀念可以代表祂，因爲觀念是有限的；人們不可懂得祂，因爲人的理智是有限的。人祇能知道祂是在，永遠在，祇能接觸祂的神力，因爲宇宙都由祂所造，由祂所支持。

尊神爲造物主，造物主用祂的神力創造宇宙萬物，而不是由祂的本體變化而生，或變化而出。否則尊神和宇宙萬物同體同性，不能超越宇宙，便和宇宙相等而不是神了。尊神創造萬物應由無中造有，若先已有資料，資料由何而來，資料不能自有，還是要由造物主所造。因此尊神造物主，以祂的神力，由無中生有。

尊神既創造宇宙萬物，萬物仍舊靠造物主支持，才能繼續存在，否則又歸於虛有。創造和支持兩種行動，在造物主方面是同一行動，支持就是創造的延續。

尊神創造並支持萬物的存在，也就掌管宇宙萬物。萬物依照自然法而動而變，仍然需要造物主的照顧。

人類的生活也應該有規律，符合規律則爲善，不合規律便是惡。善惡應該有賞罰的制裁，否則人生規律不發生效果，掌握人類善惡賞罰的，爲造物主尊神。

關於以上的幾點，歐洲和中國的傳統哲學都有這樣的主張，無神論的學者既然否認有造物主尊神，當然也不接受上面的思想。

2. 善惡賞罰

人人天生都有正義感，乃是良知的表現，作惡者應該補償所作的惡，所傷害別人的權利，行善的人對所行善事，有益於人群，應該有賞。而且賞罰和善惡本來是相連的，在自然界依照自然法而變化，若相反自然法必定發生災禍，若符合自然法，生命就能發揚。在人的世界，人是自由的，對自己的行爲負責；每人也有良知即知，直接的指示行爲的善惡。孟子曾說：「仰不愧於天，俯不怍於人」（盡心上），爲人生三種快樂的一種；若是人作惡，就會失去這種快樂；這就是善惡的天然報應。然而這種報應，不能控制人作惡之心；就是善惡在社會人心所引起的倫理制裁，即對善惡的評斷，也不能阻止惡人作惡；而且就在國家執行刑法以制裁作惡的人，惡人仍舊作惡。因此，大家都理會到在人世，正義不能徹底實現，甚而常得其反，狡猾作惡的人反得福，樸實行善的人反得害，宗教乃相信人有來生，在來生正義必能伸張，善惡的賞罰絲毫不減。佛教相信輪迴，前生、現生、來生相連爲一，報應分明，儒家不講來生，則以家族的生命爲一，家族實現善惡報應，所以說「積善之家，必有餘慶」，子孫的生命承繼祖先、父母的生命，先人的善惡，本人沒有得到報應，兒孫將受到。

天主教相信人的生命在心靈方面，永遠常存，因此，來生爲一永生，永生按照現在的善惡，將爲永遠幸福的生活，或是永遠受苦的生活，以實現善惡的賞罰。

中國古代從《書經》和《詩經》開始，就相信上天掌有賞善罰惡之權。上天的賞罰決不看情面，完全按正義。

「惟上帝不常，作善，降之百祥；作不善，降之百殃。」（書經　伊訓）

「皇天無親，惟德是輔。」（書經　蔡仲之命）

「上天孚佑下民，罪人黜伏。」（書經　湯誥）

人世的賞罰，無論怎樣公道，決不能完全實現正義，因爲人的知識有限，人的能力有限；政府不能知道國民的一切善事惡事，政府也沒有力量，能夠盡量報善罰惡，必沒有至高的神明，有全知全能的，對於全人類，執行正義，這就是天主教的信仰。

有些學者主張善惡沒有賞罰，因爲善惡是人生必要的分別，人天生知道該行善避惡，並不是因爲賞罰才這樣做。真正有精神生活的人，行善爲自己心靈的要求，不是爲求賞報。小孩生來愛父母，決不知道求賞。孟子也說無論誰若看見小孩將掉入井中，必自然地跑去把他拉住，一點也沒有想到賞報，因此，行善不爲賞報。行惡應該罰，則爲大家所公認。但是惡該受罰，是因爲社會的福利，並不是惡事本身的要求。

這種主張，沒有將善惡的根本意義弄清楚。善惡的分別，必定要有一種標準。《中庸》說：「喜怒哀樂之未發，謂之中，發而皆中節，謂之和」（第一章）。《中庸》的標準謂之性，性來自天命，「天命之謂性」（同上）有些學者以「天命」爲天然，爲自然，爲天生；然而這祇解釋事實之當然，卻沒有解釋事實的所以然。天然、自然、天生，由何而來？應該說來自造物主—上天之命。上天規定了規律，必定規定規律應有的制裁，否則規律不能有成效。主張善惡不必有賞罰的學者，當然也不信有造物主上天。但是人心生來有行善避惡的良知，僅僅說是天然的，天生的，沒有解決問題，須要有上天上帝的信仰，才可解決。

3. 永生

孔子不談來生，然而他很看重宗廟的祭祀，而且說「祭如在，祭神如神在。」（八佾）朱熹註說：「愚謂此門人記孔子祭祀之誠意。」中國從古開始就祭祖，《詩經》有祭文王的歌詞，後代儒家學者，雖有像王充不信有鬼神，然沒有一個人不祭祖，大家都相信祖先死後仍舊在天或在九泉仍舊有靈。祇是中國傳統的哲學沒有研究來生的問題，然而卻也討論過。

中國哲學歷代都以萬物由氣而成，氣分陰陽。人也由陰陽之氣而成，陽氣爲魂，陰氣爲魄。陰陽相合便有人，陰陽相分人便死。人死，魄隨屍體埋在土裡，和屍體一齊化爲泥土。魂上升，合於天氣。是不是常存，中國哲學從來沒有說明。至於鬼，是人死後，陰陽之氣沒

有馬上分散，乃成鬼。陰陽之氣不散，有幾種原因：一、猝死；二、冤死；三、祖宗積德積功，使子孫氣盛。(九)

戰國時代，齊魯間漸傳仙人不死，秦始皇時傳說海上有三神山：蓬萊、方丈、瀛洲，山上有神仙，有仙藥。漢朝時，這種傳說更盛，魏晉南北朝道教接納了這種傳說，以金丹和呼吸追求長生。

佛教傳入中國，大講身後輪迴之說，儒家既不講來生，大家又都祭祖，佛教便以輪迴之說講明身後事，取得了中國人的信仰。

歐洲人從公元第四世紀，都相信天主教，近代雖另有各派的基督教，但對於來生的信仰則相同。歐洲的傳統哲學便研究這個問題。

人爲心物合一體，物是身體，爲物質，心爲靈魂，爲精神。靈魂精神體，爲人生命的根源。人死時，因身體不適於生存，成爲屍體，化爲泥土。靈魂精神體不朽不滅，雖脫離肉體，仍能生存。因此，人死，不是毀滅，而是開始完全精神性的生命，這就是人的來生。

按理說，精神體不能來自物質。人的心靈爲精神體，由何而來，從達爾文提倡進化論以後，大家都以爲人是由猿猴進化而來。不管生物學還沒有生物進化過程的化石，以證明進化的理論，在哲學上遇著兩個原則性的難題：一是由量的變化怎麼可以進爲質的變化呢？二是由物質怎麼能進爲精神呢？馬克思的唯物辯證論，否定精神體的存在，肯定一切都是物質，又肯定由量的變化可以躍進質的變化，突破物種的界限。但這只是唯物辯證論的主張，並不爲哲學界所接受。哲學界的學者便尋找各自的理由去解釋。孫中山先生主張物體內有一「生元」，由「生元」而發起生命，然能進化到人類。我則認爲宇宙最初物體中，由造物者得有「創生力」，也可以說是「生元」，「創生元」繼續變易，遂有各種的生物。造物主創造萬物的「行」，以我們在時空以內的人看來，是有時間性的，一次創造了宇宙，創造之「行」就結束了，但是在造物主一面，超越時空，沒有時間，創造之「行」是延續的，延續的創造之行，我們認之爲支持萬物存在之行，因爲萬物本爲虛無，由造物主所創造而「存有」，這種「存有」須要造物主繼續支持，否則立刻歸於虛無，這種「支持」實即等於「創造」也等於說造物主繼續在創造，天主教的信仰，相信人的靈魂由天主所造，靈魂的歸宿，是要歸到造物主。歸到造物主便能永遠欣賞造物主的無限真善美，而有幸福的永生；不能歸到造物主，便永遠有失望和失落生命目標的痛苦。

4. 惡的問題

人的世界裡，常存在著惡的問題，在自然界，沒有所謂惡，就是普遍所謂天災，從自然界說，並不是非常的偶然現象，而是按自然法所成。所謂災，乃是對於人的生活能造成傷害而言，在人世界裡，則有惡的問題。

惡是什麼？惡是缺乏善。善又是什麼？善是合於人生規律的事，惡便是不合於人生規律的事。人生規律是人生命活動的規律，活動的規律幫助人生命的發展。在身體方面，有身體生活的規律，一種活動若不合於規律，身體的生命就要受傷而生病。同樣，心靈的生活也有規律，一種活動若不合乎規律，心靈生命就要受到傷害而造成罪惡。人在世界活著時，是有心物合一的生活，即是心靈和身體結合爲一的生活，由人的心靈作主，對於自己的行動負責。所謂惡，即是心靈作主而不合乎規律的行動。

一切的物體，都依照本性的規律而存在而行動，這些自然規律規定每種物體和周圍相接觸物體的關係，關係的成效必然依照自然法的規定。有時，一種物體的現象似乎失常，實際上是物體的關係中有了變動，變動的成效，仍舊依照自然法。

人具有自由，人自己作主。人的生命當然要依照人性規律去發展，《中庸》說：「率性之謂道」（第一章）率性便是誠。《中庸》說：「誠者，天之道也；誠之者，人之道也」（第二十章）一切萬物，自然地「率性」，所以說誠是自然之道。人既有自由，爲依照性律而行，要自己願意，所以說「誠之者」是人之道。善惡，便在於願不願意「率性」而誠。

孟子曾說：「可欲之謂善」（盡心上）善對人的生命有益，人便想得到；惡對人生有害，便該不爲人所想要；可是實際上荀子認爲人作惡較比行善還更容易也更多，普通俗語也說「行惡如崩，行善如登」山崩水崩，一下就下去了，登山則很難，要費氣力，這到底是什麼緣故？緣故在於看事不明，沒有人會想作惡事，是把惡事看作善事，所以就要做。爲什麼人把惡看作善呢？可以作佛教十二因緣中的首要原因，就是「無明」，即是愚昧。但是爲什麼大家都「無明」，而且有多少聰明人也「無明」呢？那是因爲私慾蒙蔽了心靈的理智。私慾是天生的，不應該是惡的，普通卻都以惡歸之慾情。朱熹講性善情惡，以「理」爲性，以「情」爲氣；氣有清濁，得氣很清的人情慾清，不蔽塞理智，人便是善人；得氣較濁的人，情慾重，便蒙蔽理智，人乃有惡性。然而這種解釋並不能解釋情慾之惡，若是情慾常是惡，情慾重的人便常作惡，情慾清的人便常行善，事實上又不是這樣，沒有一個人不做些善事，也沒有一個人不作一些惡事。因此有些學者說作惡是由於習慣，因著環境的壞人乃學壞；事實上有這樣的事，但不完全是這樣。有些人說作惡是由於遺傳，事實上有這種事，但也不盡然。

古代波斯哲學主張有善惡兩神，善來自善神，惡來自惡神，兩神常相反相爭，人世乃常有善惡。

天主教相信人爲天主所造，天主爲絕對之善，爲什麼來了惡呢？惡是來自人。泰初的人，在簡樸的知識中，受外物的誘惑而作惡，留下情慾向惡的傾向，向惡的傾向使後代人因作惡再加重，人乃不能自拔。

天主乃降生成人，報導人行善之路，給人行善之力，救拔人脫離罪惡。但爲脫離罪惡，必定要人自加努力。天主助人，人必自助，因此，人須要修身。在歐洲文化裡，修身之道，歸於宗教，宗教教人修德成聖。

中國的文化則以修身屬於儒家的哲學，從古到今，儒家的教育，在教人作君子成聖人。這是因爲中國文化中的宗教，祇講人和神靈的關係，宗教生活在於求福免禍，倫理則歸於孔孟的教育。歐洲文化中的宗教，包括人的全部生活，每個人的全部生活都要依照宗教信仰而行，倫理道德便由宗教而教育。

六、文化哲學

在結束這部哲學概論時，我提出文化哲學。文化是人的生活，人生活在具體環境裡，生活必定有具體的方式，生活的方式就是文化。方式不能脫離生活，不然便消影無蹤；生活也不能沒有方式，否則生活便不是實際的生活。

人的生活當然是每個人的，但是每個人都生活在具體的空間和時間裡，在同一時空環境裡生活的人，生活的方式便會相同。人又不是突然由天空或土中生的，是由父母所生，有血統的關係，血統使人的傾向嗜好、思想、情感，許多相似；這種相似，在具體的生活裡常常表現出來。因此，同一血統的人在相同的時空環境裡生活，生活的方式就大約一致了，於是就產生了文化；文化便是同一血統的民族之生活方式，文化離不了民族。

文化哲學呢？文化哲學是研究文化的基本理論的哲學，是現代新起的學術。研究的範圍有文化的起因、發展、性質。目前許多人談文化的危機，危機爲文化發展中的一種現象。

1. 文化的起因

湯恩比的歷史哲學可以說是文化哲學，他以歷史就是文化史。文化的起源，在於一個民族在自然的環境裡，設法克服自然環境，以謀生活，如荀子所說：「畜天而用之」（天論）征服自然環境的成績便是文化。一個民族克服環境的努力越高，文化就越高；一旦停止克服環境的努力，民族文化就會崩潰，甚至消滅。

但是民族生活的環境不完全相同，中華民族所得的自然環境相當良好，中華民族對於自然環境乃求善於利用，利用得當，乃產生高度的生活方式，在堯舜時代中華民族的文化程度已相當高。

文化的起因，第一是人有理智可以想，可以有新創作。第二是人有追求生活舒適的慾望，第三是人群中常有幾個理智力高意志力強的人，發明人的生活方式和工具，便造成文化的開端，大家接受了所發明的生活方式和工具，就結成文化。

文化所包括的成份很多，因爲人生活的層面很複雜，衣食住行爲日常的生活，還有思想，宗教信仰，藝術創作，社會結構等方面，都是民族生活所不能缺的；這些方面的成就都是文化的成素。

2. 文化的發展

人的生活常是動的，從少到老追求發展，身體的發展到了老年則衰弱，心靈的發展則一生不停。一個民族的生活也常在動，也都在追求發展；但是發展的途徑則不像一個單人的生活那樣有規律。中國歷代的儒家思想都以為循環為歷史進展的途徑，也就是文化發展的途徑，孟子曾說五百年後必有王者興，必有名人出世。歐美的社會學者以文化的發展隨著社會的發展，社會的發展以經濟為動因，現代所謂開發的國家，開發中的國家，未開發的國家，都按經濟的發展程度而定。馬克思的唯物辯證論，以社會的發展由生產工具而發動，發展途徑是辯證法的正反合。偏重政治的歷史家以歷史和文化的發展，隨著政治勢力而定，中國歷史上所說的盛衰，就是一朝的政治勢力之盛衰。

實際上，文化的發展，所有因素很多，途徑也很複雜，不能由一種或兩種因素而定，經濟和政治當然為重要的因素，但是若沒有思想、倫理、藝術、宗教各方面的配合，文化仍舊不能上升。從歷史上去看，文化發展的途徑，不是直線的前進，也不是循環地前進又後退，而是迂迴地漸漸向前。

文化和歷史相合，乃是一項原則，歷史造文化，文化造歷史。但是歷史隨著時間走，沒有一刻的停留；文化則隨歷史的階段而走，歷史階段可以包括一段長或一段短的時間，因爲民族的生活，雖是常常動，然不常常變。民族生活變了，民族文化隨著起變動。

民族文化雖變，卻又有不變或少有變動的部份，這不變或少有變動的部份，即是一個民族特性在文化中表現的部份。中華民族從古保持中道，中道乃中華民族的特性，特性表現在中華民族文化裡，情理並重，情法兼守。

民族文化可以停滯不進，停滯的原因，必定是民族生活環境沒有重大改變，民族安於環境，失去進取的努力。中華民族的文化就有過這種現象，從漢朝到清朝，祇有佛教傳入中國，造成了新的文化因素和成績。

文化的危機，則是傳統文化不足以適應新的生活環境。中華民族文化的危機，由於歐洲列強政治的侵略，歐洲科學思想及科技的輸入，以往的傳統生活方式已經不能適應這種新的生活環境。歐洲西方文化的危機，在於工業商業發達，引起了社會思想的重大改變，傳統的宗教信仰和哲學很難適應；而且亞洲和非洲的民族，在思想和政治上，都推翻了昔日歐洲獨霸的局面，歐洲人的生活方式也要隨著改變。

文化可以消滅，人類歷史有了這類的事蹟。文化的消滅，或是整個的消滅，或是溶化在新的文化裡。消滅的原因必定是因爲另一種更高文化的進攻，民族自然接受更高的文化。例如臺灣的高山族，漸漸已經放棄固有的低級文化而接受漢族文化。或者是因爲一種強大武力的進攻，消滅了國家，被戰勝的民族所奴役，古代的歷史多有這類事蹟。文化本身不會消滅自己，就像一個民族不會消滅自己。

3. 文化的性質

文化不是機械，不是化石，而是活的；因爲民族是活的。然而也不是一個純粹的有機體，有生、長、衰、老；因爲內容很複雜，成因和成份很多。

在原則上說，文化是變的，在中華民族的五千年文化中，不容易看出變的部份，然而在衣食住行方面雖很少有變，在社會組織方面變更也很少，但是在思想上，在文學藝術上，在宗教信仰上都有顯著的變動，中華民族文化乃有文化史，否則若沒有變更，便沒有文化史了，祇有文化的說明。

在原則上，文化是累積的，前代的文化遺產，爲後代的文化的基礎。學術思想常是累積的，藝術創作也有累積。文化的發展，不能從無中生有，不能常摧毀前代文化，重起爐灶，應該在前代的文化遺產上繼續向上。民國初年的全盤西化和現在大陸的徹底赤化，都是違背文化發展的原則，無法成功。祇有道德倫理生活，不能累積，修身須要每人自己從頭做起，父母的道德，不能是兒女道德的資產。但是倫理的知識，道德的修養法，仍舊可以是累積的。

在原則上說，文化是延續的，文化既然是累積的，便應該是延續的。這並不是說文化不能有革新，文化是變，變該有新的，文化應是日新又新。日新不可能，年新也不可能，但到了相當的時期，社會變了，文化就該革新。然而革新不是說整個是新的，像建房子，把舊屋全拆了，另建一座新的。文化的革新，是在以往的基礎上加建，民族特性和民族文化的基本，必定保全不拆。

在原則上說，文化是向前進的。人的生活慾迫使人追求更舒適的生活，生活的工具和方式常在改進。每次所改進的不一定常合理，常合乎人性；但久而久之，這些不合理和不合人性的事物，會被淘汰，生活乃向前進。文化所以是向前，路途則常迂迴不直。

以上所講皆屬原則方面，討論細節目的，則是各項的專門學術。由原則方面去看，哲學進到各門專業學術內，說明基本的理論，然後在人生方面，將專門學術連繫起來，真理唯一，生命也是相連。孟子曾說：「萬物皆備於我。」

註：

㈠ 胡適序　科學與人生觀　科學與人生觀上冊　問學出版社　民六十六年。

㈡ 庇護第十一世「四十年」通諭　第五四節—五六節。

㈢ 同上，第五三節。

㈣ 郭垣　經濟論文選集　頁三四三　經濟研究社　民七十五年。

㈤ 黑格爾　美學　朱孟實譯　上冊　頁五—六　里仁書局　民七十年。

㈥ 朱光潛　西方美學史　下卷　頁三〇五—三二五　漢京文化公司　民七十一年。

㈦ 羅光　實踐哲學　頁四〇二—四〇八　學生書局　民七十年。

㈧ 郭為藩　教育發展與精神建設　頁三四七　文景出版社　民七十一年。

㈨ 參考左傳卷三十六　子產的解釋　朱子語類卷三。

羅光全書

冊二二之二

哲學與生活

臺灣學生書局印行

自序

現在的社會變得非常快，變得非常亂。雖說一般的趨勢趨向追求科技的升級，謀生活的享受；然而科技缺乏指導人生的能力，享受不能滿足人心的慾望，漸漸會使人變成機械、沈淪類似禽獸。因爲科技剝削人的思想，享受喪失人的道德，沒有思想和道德，人豈不淪爲機械和禽獸嗎？

古來的社會，讀書的人少，祇有士人讀過書，有思想。但是一般沒有讀過書的人，在家庭裏聽過父母講說祖先流傳的規條，做事都知道辨別是非。讀過書的士人所讀的是孔孟的書，大家都遵從孔孟的訓言。今天的社會大家都讀書了，家家和人人還可以看和聽空中傳來的節目。一個小學的學生，對於事物的知識可以超過以前的狀元。大學的學生知道天下的大事和學術，可以做以往朝廷上的宰相。可是今天的社會和國家，並不見到較比兩百年前的社會和國家，更安定更幸福。這不是說人民沒有智識纔是好，也不說國家沒有科技纔安定。

研究哲學的人，就要追究這其中的道理。若說現在的人沒有思想，爲什麼報攤上的雜誌就有好幾十種呢？若說現在的人沒有道德，爲什麼政府和社團每年頒送五花八門的獎狀呢？

可是，反過來看，在當前民族所處的時空環境裏，大家連國家的基本政策都不明瞭，那裏還能談基本的的思想！青年人犯罪的數目和技術，一年一年上升，大家便都裝鐵門鐵窗，都勸婦女不要黑夜單身出門，都說商業一落千丈。這其中的原因何在？原因當然很多。研究哲學的人，要細心分析，追求主要的原因。

講話和寫文章的人，當然要想，但不是所想的就是思想，思想要有正確的基礎、明白的系統、合理的證據。這種思想的訓練乃是哲學的訓練，哲學爲追求真理的學問。

凡是活著的人，生活總有一種目的，近視（不是近視眼）的人所有目的是今天和明天的目的，遠見的人所有目的是十年二十年或一生的目的。人生的目的越遠越有理由，越近越於盲目。建立人生目的的學問，乃是人生哲學。

大家都研究科技，科技的科學愈分愈細，愈細愈精，愈精愈費腦力。現在的青年所有腦力就都運用在精密的一門科技學問裏，至於科技學問間的連繫卻看不到，怎能有觀察整體人生的智力。觀察整體人生的智力，要由哲學去訓練。

現在許多有見識的人也都看到了這種危機，乃講各門學問的哲學：政治哲學、歷史哲學、法律哲學、藝術哲學、化學哲學、物理哲學、數學哲學、語言哲學、文化哲學等等，都是高深的學問。可是，若沒有學過普通的哲學，即基本的哲學智識，怎麼能夠進入高深哲學的門堂呢！就如目前科學家在喊加強基本科學的教育，以能進入高深的科技教育。不過，教育界卻又都輕視哲學，青年人以哲學爲冷門。基本哲學不教了，高深的分門哲學沒有人教，造成了沒有思想的社會，沒有人生觀的社會。這就是今天社會所以成爲今天社會的主要原因。

我講了一大段論哲學的話，滿口嘮叨，豈不是一篇空話嗎？爲證明我所說的不是空話，我便和大家來用哲學討論人生。這部書收集了五十九篇文章，討論人生各方面的問題，討論的方法和原則，是我所信從的哲學。當然，在這部書裏，我沒有講我所信從的哲學，但是從各篇文章裏都可以看出哲學的主張和方法。或許有人要嘲笑說不是哲學主張而是宗教信仰。我信仰天主教，我何必否認書中有以宗教信仰解決問題的文章？但是我常常將宗教和哲學分得清楚，跟一般不信宗教的人我不輕易談宗教，而祇談哲學。

以哲學談人生，是一種快樂，原則很少，應用則很廣。在複雜的人生問題裏，主張可以一貫；在棘手的人生難題上，可以透視難題的根基，從基本上講話；談到人生的修養，我還舉出了實例。因此我敢希望，大家讀了這部書，將來不會批評哲學是空話了！

羅光序於天母牧廬

民國七十一年十月廿五日

哲學與生活

目錄

哲學與文化

哲學與社會

哲學與教育

哲學與修養

哲學與生活

哲學與人生

一、人生需要有人生觀

當今的大學生，到了三年級或四年級，還有不少的人不知道自己爲什麼進大學，也不知道自己前途的方向。關心教育的專家們認爲這種現象的原因，在於中學的教育以聯考爲目標，集中學生的精力。中學生讀書是爲考取大學，初中和高中的六年時間都因爲預備考試，沒有留下時間給學生們講人生問題，也沒有教導學生去反省，所以大學生心中空虛，沒有思想。

然而，究其實，在社會上的成年人和老年人，又有多少有思想，知道生活的意義呢？在一個世紀以前，中國的社會有一統思想，有一貫的文化，青年人無論讀書不讀書，在家庭裏就學會了生活的習慣，也知道生活的倫理。《大學》書上所說修身、齊家、治國、平天下爲讀書人的目標，正心、誠意、致知、格物，爲讀書進修的方法。不讀書的人知道孝悌，女人知道作賢妻良母。這是儒家一統的思想、一貫的文化。大家在一統的思想和一貫的文化下，心裏覺得安全，生活感到安定。

在歐洲，古代希臘曾有過一統哲學的思想、合一的文化，在中古也有過士林哲學的一統思想和天主教一貫的信仰，歐洲中古的文化爲合一的文化。文藝復興以後，天主教的信仰被路德所分裂了，神聖羅馬帝國被新興的國家所瓜分了，士林哲學的一統思想被新起的各種哲學派別所分散了。近代的社會走進了多元的社會。到了今日歐洲和美洲同屬在一種不安的社會中，科學的專門化，使學術沒有共同的根基；哲學的研究走入了認知的狹路，只在邏輯的術語裏迴轉，喪失了追求最高真理的目標。

目前的自由中國的社會，已經步上了歐美社會的後塵，一切都要機械化，一切都要科技化。時間的計算，已經不是永恒的繼續，而是金錢的代價，每小時多少薪金。在各種工作中，人的想望都集中在每小時值多少錢，而不是注意在時間裏所有的成就。更不著重永恒時間的價值，機械的工作雖要求技術的智識和才能；但是一套上機械以後，一切動作照樣輪迴，削除了思想、消滅了創造的心智。而最重要的，社會思想已失去了重心，已經沒有統一的聯繫，人得到非常的自由，可以自由選擇生活的目標。卻就因爲非常的自由，人失去了選擇的目標，不知道該選什麼。多元社會使人喪失了安全感，使人不知道思索的途徑。中國專家可以說中國大學生不知道人生的意義，是因爲考試的教育剝奪了青年人的思想；但是歐美的大學生在非常自由的教育制度下，也心中空虛，不知道人生的目的，原因又在那裏呢？歐美的專家說，是社會的多元化，迷惑了青年人的腦子。

人生若沒有人生觀，生活就飄搖不定，就沒有目標，就沒有意義。

二、人生觀來自哲學

自由中國的社會，已經是一個富庶的社會，又是很安祥。但是我們社會的處境，則在暴風雨中奮鬥，我們的政府，有國際外交風暴的打擊，有國際商場競爭的壓力，有共匪統戰和武力攻臺的風暴，有臺獨運動分化的陰雨，又有經濟繁榮引起的奢侈的風氣，青年人在這種暴風雨的奮鬥中，一定須要堅定的意志、健強的努力。假使若是青年人心中空虛，沒有明朗的人生觀，沒有正確的價值觀，常常迷惘，心靈不安，便會逃避責任。

人生觀和價值觀是人生哲學的課題。在中國以往的傳統裏，有儒家道家和佛教的人生哲學。這三家人生哲學思想，造成了中國傳統的三種人生觀和價值觀。儒家的人生觀是成聖賢以治國平天下，儒家的價值觀是以倫理道德爲重，「殺身成仁，捨生取義。」道家的人生觀，在於清靜無爲，接近自然；道家的價值觀，以功名爲輕，養生爲重。佛教的人生觀，在於絕慾以入涅槃；佛教的價值觀，以世物爲空。

在歐美的傳統社會裏，不是哲學造成了人生觀和價值觀，而是宗教信仰。歐美的傳統社會或是信仰天主教，或是信仰基督教；兩教在教義方面有所不同，但是在對於人生方面，則主張相同。歐美人的傳統人生觀，在於由現生以求永生的幸福，歐美人的傳統價值觀，是以倫理道德居第一，功名財富居第二。但從一百多年來，歐美社會逐漸脫離了宗教信仰的影響力，轉而受哲學的影響。功利主義、科技主義、自由主義、唯利主義、唯物辯證主義，以至於弗洛依德的慾情昇華論、羅素的反原子戰和反婚姻論、沙爾特的悲觀存在論、卡繆的荒謬人生論都影響了當代歐美人的人生觀，使歐美的社會呈現多元的色彩，造成了政治和民生的不安現象。

從此可見哲學不是一種玄想，不是一種脫離人生的抽象學說，而是人生的引導者。民國初期曾發生了一種爭論，即是科學和玄學之戰，爭辯的中心，在於人生觀是屬於科學，或是屬於玄學。玄學是指著形上哲學。當時參加爭戰的人頗多，爭論相當熱烈。然而根本上都沒有抓到問題的中心。辯護科學的人，以人生觀應當科學化；辯護玄學的人，以人生觀爲玄學的理想。科學若是看爲自然科學，科學本身不能給人一種人生觀。自然科學研究自然界的對象，化學也好，物理學也好，生物學也好，都是使人更能認識自然界，這種認識當然可以增強人對於生活的見識，可以提供更好的生活方式；但是生活的目標、生活的意義，不能從化學或物理學去取得；假使取得一種生活的意義，那是化學和物理學的智識，已經變成了哲學的結論。一個人以進化論的生物學所有的學識，認定人的生命只是動植物生命的演化，沒有另外的更高意義，而造成他的唯物人生觀。這種學識變成了一種唯物生命觀的哲學思想。因爲生命是唯物的，不是生物學的緒論；造化的生命觀也可以不構成唯物的生命觀，如　國父孫中山先生主張心物合一論。人生觀是來自哲學，或來自宗教信仰。哲學和宗教信仰不是懸空的玄想，也不是違反理性的迷信。若是哲學和宗教信仰既然合於理性便不反對科學，則所構成的人生觀，必定是科學化，也就是一般人所稱的科學人生觀。

三、中國現在應有的哲學人生觀

存在主義的哲學注意「我」，我爲一現實的存在。我的現實存在，在向一個理想的我，焦慮地奮鬥。這種哲學給我們一個追求理想的人生觀；祁克果且說理想的我，是和上帝結合的我。但是，存在主義的哲學家思想太傾向悲觀，過於偏重虛無。

功利主義的哲學和墨子的思想相似，以合於人的利益爲原則。這種哲學思想在工商業的社會裏，可以給人一個創造事業的人生觀。追求個人的福利，追求社會人群的福利，以創造事業為目標，生活可以有方向，可以不空虛。但是，謀利而不謀義，沒有義利之分，就造成目前社會的種種競爭和罪惡。結果，青年人不滿於現實，物質享受不足以滿全他們的嚮往。

大陸馬克思主義，認定一切為物質，人的生活遵照物質的辯證史觀，人的生活，乃是被鬥爭的辯證律拋來拋去的泥丸子，大陸同胞遭這種思想的箝制，沒有做人的人生觀。

孫文學說的民生史觀，以人的生活為共存互助的仁愛生活，人生的目的在求人生的進化。先總統 蔣公標出生活的意義在增進全人類的生活，生命的價值在創造宇宙繼起的生命。這種思想是儒家傳統的思想。儒家的傳統思想以宇宙為一道生命的洪流，繼續不絕，人的生命和宇宙萬物的生命，結成一體。人生的目標，在於贊天地的化育。孔子乃說成全的人，是立己立人、達己達人。

我認為我們的哲學人生觀，是一個發育整個人的人格的哲學，《中庸》稱這種人為「至誠之人」，孔子稱這種人為「仁者」，我們稱他為「全人」。「全人」的人生觀有一合於人性的目標。人性生來追求幸福，人性則是心物合成一個全人的人性，人性所追求的幸福乃是心物合一的幸福。人的心靈是無限的，所追求的幸福為無限的真美善。無限的真美善在現世不能求得，人的心靈便趨向永恒而不以現世為滿足。肉體的幸福為感官的享受，感官的享受可以用現世的物質去滿足，感官的滿足不可以違反心靈所追求的真美善。否則社會產生當前人心的不平衡現象，物質享受而使心靈空虛苦悶。士林哲學主張現世的事物實際存在，且有真美善的價值；然而有一絕對的真美善，超越現世而存在。人以追求而又可得到和絕對真美善相結合爲人生目的。這就是天人合一的人生觀。

天人合一的人生觀，有博愛的仁；因爲中國古人說天地有好生之德，人得天地之心而爲心，人心爲仁。　國父孫中山先生主張人類生存之道爲互助互愛。

天人合一的人生觀，有「殺身成仁，捨生取義」的正義感。上天在自然界所表現的變動，常有次序，常有規律。假若次序和規律一亂，就影響無數生靈的生命。人在社會和人群同處，同處應有次序，有規律。同處的次序和規律，人人都有遵守的責任。這種責任感就是正義感。

天人合一的人生觀，有自強不息的精神，有創業的志氣，有樂觀的胸襟。《易經》已曾說了：「天行健，君子以自強不息。」（乾卦　文言）基督在福音上曾經說過：「天父常常工作，我也就常常工作。」（若望福音　第五章第十七節）地球自己運動，又繞著太陽轉，有過停留的一刻嗎？若是停留，世界就毀了。先總統　蔣公講力行哲學，「行」就是「善」。《易經・繫辭》說：「一陰一陽之謂道，繼之者善也。」（繫辭上　第五章）上天創造天地人物，按照自己的本性，造了人。人有什麼相似上天呢？即是心靈。心靈乃是神妙莫測，可以思想，可以有無窮的願望。人就憑自己的心靈，使自己的生活可以進化，人的本性就是向前的，就是相似上天去創業的。

天人合一的人生觀，有極高的理想，卻又能隨遇而安。《易經》說：「夫大人者，與天地合其德，與日月合其明，與四時合其序。」（乾卦文言）日月和四時，運行不已，雖有億萬年的經歷，還將有億萬年的來日；然而每一天每一刻的運行現象都件件有次序，一根小草都不被忽略。一個全人必定有高遠的理想；自己人格的理想，自己事業的理想。然而理想雖高，做事則腳踏實地，而能隨遇而安。

天人合一的人生觀，來自一新的儒家哲學。新的儒家哲學是繼承傳統的儒家，而以西洋相合的哲學思想予以補充。上天造物者有好生之德，使宇宙萬物生生不息，萬物的生命，互相聯繫而爲一體。人心具有上天造物者的好生之德，而稱爲仁。

上天造物者爲形上的絕對精神體，本體完全成全而確定，不能變，以自己的創造力而造物。物則返本窮源，歸向造物者，因造物者爲絕對的真美善。人就以追求絕對真美善爲人生目標。

現世的事物，件件都爲實有的物體，具有本體的價值，都和人的生命相連繫。人的生命在宇宙人物相連繫之中，追求真美善。人心本來具有造物者的真美善的蹤跡，反映造物者的真美善，發揚人心的真美善，以趨向絕對的真美善，養成仁義禮智信的美德，培育人心浩然之氣。

人的「存有」爲活的生命，不宜於分析的研究，而宜於深刻的體驗。體驗到生命的無限，上連絕對精神體的造物者，下連宇宙人物。又體驗到生命的活力，不停地「行」、不停地創造。

然而生命在形而上雖是完全的本體，在活動的進行中則多缺憾。生命的活動本來應遵循造物者所定天道，天道有時有位而合中正，人道有禮而合於中庸。人的生命在活動的過程中，不誠於人性天道而造成罪孽。從罪孽中能脫出來，乃是人生的焦慮痛苦。因而人的生命，在焦慮的痛苦中輾轉，形成善與惡的鬥爭。爲善而得勝了惡，則心靈純淨而合於絕對的真美善，達到了生命的目標。這種新儒哲學，給與我們天人合一的人生觀。

民國七十年十二月十一日晚講於耕莘文教院哲學週

超越宇宙，融會宇宙

一、

在這半個月，夏天盛暑炎熱的時候，臺北各種會議開得最熱鬧。國家建設討論會、中央研究院院士會、傳統文化與現代生活研究會、近代工程技術討論會、中國醫學會，政府首長都忙著到會致詞。我剛從夏威夷參加國際朱熹會議回來，體驗到籌備會議和參加會議的辛苦。要使在臺灣暑天參加會議的人感到心身舒適，必定是一樁天大的難事。住所和開會場所，雖裝有冷氣設備，但是一旦出旅館門，就是晒得滿身大汗的驕陽。政府上下的招待非常殷勤，各處建設的參觀活動令人目不暇給；但是曾經接受招待和參觀過的人，就願意逃避，在旅館休息。世事的繁華和光彩，招來的是身心的疲憊。

孔子當時，周遊列國，隱居的學者譏刺他栖栖然四處奔跑；但是孔子還帶琴磬，在陳蔡絕糧，能夠絃歌不輟，在衛擊磬，能得負蕢隱者的知音。而孔子自己的志向，則說是「吾與點也」。點是曾皙，他的志向是「莫春者，春服既成，冠者五六人，童子六七人，浴乎沂，風乎舞雩，詠而歸。」(論語 先進)欣賞自然的美景吟詩述懷。還更有可貴的，是孔子「五十而知天命」(為政)，在生命的危險中，心神安定地說：「文王既沒，文不在茲乎！天之將喪斯文也，後死者不得與於斯文也，天之未喪斯文也，匡人其如予何？」(子罕)對上天具有虔誠的信心，對於世物懷著「不義而富且貴，於我如浮雲。」(述而)的心襟。孔子能超越宇宙，又能融會宇宙，弟子們頌揚地說：「仲尼祖述堯舜，憲章文武，上律天時，下襲水土。辟如天地之無不持載，無不覆幬。辟如四時之錯行，如日月之代明。萬物並育而不相害，道並行而不相悖。小德川流，大德敦化，此天之所以爲大也。」(中庸 第三十章)

孟子的性情不像孔子的文雅，修養也沒有孔子的清高；但是孟子自稱養有浩然之氣，對於世間的名利不動心。「公孫丑問曰：夫子加齊之卿相，得行道焉，雖由此霸王不異矣，如此，則動心否？孟子曰：否！我四十不動心。……：我善養吾浩然之氣。」(孟子 公孫丑上)懷著這種氣概，祇看著仁義之道，而沒有看著官爵，齊王不加他卿相的官位，他便離開齊國，充虞在路上問他說：夫子似乎有點不高興罷？孟子說：「五百年必有王者興，其間必有名世者。由周而來，七百有餘歲矣，以其數則過矣，以其時考之，則可矣。夫天未欲平治天下也？如欲平治天下，當今之世，舍我其誰哉？」(公孫丑下)孟子知道天命，對於天命具有信心，「天將降大任於斯人也，必先苦其心志。」(告子下)。他乃能懷著大丈夫的志氣：「居天下之廣居，立天下之正位，行天下之大道，得志，與民由之；不得志，獨行其道。富貴不能淫，貧賤不能移，威武不能屈，此之謂大丈夫。」（滕文公下）孟子的心志也是超過宇宙，而又融會宇宙。所以他說：「萬物皆備於我矣。反身而誠，樂莫大焉。」（盡心上）

後代儒家的傑出學者，都追求著這種超越宇宙的精神，以能不爲世物所沉沒，而能融會宇宙。在歷代的詩文裏，有多少遊山玩水，歌詠樓台的篇什。在政治的俗務裏，培養超拔世物的雅興。唐朝柳宗元的遊記，超逸塵俗。宋朝的理學家，追踵孔孟的遺風，發揮易經天地好生之德的思想，張載乃說「乾稱父，坤稱母，民吾同胞，物吾與也。」（西銘）朱熹乃說：「天地以生物爲心……而人物則得此生物之心，」（朱子語類　卷五十三）故人心爲仁。在「仁」內，人和天地相融會。王陽明因而講一體之仁。這是在思想方面的觀念，在實踐方面，宋明理學家常求慎居獨居，以良心的清明，和天地的好生之德相通。

二、

但是中國以超越宇宙、融會宇宙爲生活目標的，則是道家的莊子和佛教的天台華嚴禪宗。

莊子以老子的無爲作爲生活的原則，拋棄人世的金錢和名位，祇求與「道」相合。

「墮肢體，黜聰明，離形去知，同於大通，此謂坐忘。」（莊子 大宗師篇）

忘懷自己的形骸，不爲物質所困，精神得到自由，和道相通，稱爲大通。這種境界爲至人的境界。

「至人神矣！……若然者，乘雲氣，騎日月，而遊於四海之外，死生無變於己，而況利害之端乎！」（莊子 齊物論）

至人超越宇宙，融會宇宙，和萬物相合而爲一。「至人神矣！大澤焚而不熱，河漢沍而不寒，疾雷破山，風振海，而不能驚。乘雲氣，騎日月，而遊於四海之外。」當然這是象徵的描寫，然而至人的精神，不會受宇宙任何物體的傷害，死生不能改變他的精神境況，利害更不能傷了。

後世的道家，以莊子的至人爲超人的境界，棄而不用；所學到的，只是一點無爲的精神。道教卻繼承了莊子的至人，從民間傳統裏標出了仙人。仙人不餐五穀，吸飲露珠。離棄人世，穴居高山孤島，壽命無限，與天地同長久。

佛教從魏晉南北朝，到了唐代，進入了全盛時期，吸收道家的思想，結晶成爲中國佛教的天台華嚴和禪宗。小乘用十因緣講述「自我」的來源，唯識論以「自我」和萬有都出自阿賴哪識的種子。大乘起信論以阿賴哪識爲真如實體的「非我」，涅槃經講真如爲唯一實體，爲人的「真我」。華嚴宗和天台宗乃講萬物爲真如的外在非我的表現，人在自心明見真我真如，和真如合而爲一，然後由真如去觀萬物，乃有事理相融，事事相融。事爲萬物，理爲真如，人和真如爲一，便見到宇宙萬物和真如融會爲一，萬物又自相融會。華嚴的世界爲事事圓融的世界。一入一切，一切入一：

「華嚴世界海，法界無差別，莊嚴極清靜，
安住於虛空。此世界海中，刹種難思議。
一一皆自在，各各無雜亂。華嚴世界海，
刹種善安布，殊形異莊嚴，種種相不同。
諸佛變化音，種種為其體，隨其業力見。」

（八十華嚴　卷十　華嚴世界品第五之三）

人心虛空一切，和絕對實體之真如融會爲一，人心化爲絕對，無限無垠，返觀宇宙萬物，在絕對實體內融會爲一。自己超越宇宙，融會宇宙。華嚴宗講三重觀：真空觀、理事無礙觀、周偏含融觀。在三重觀裏設有十玄門。這種十玄門的境界爲一種不可思議境界，語言文字不能表達，只可以用光明來象徵。華嚴經描述「毘盧遮那」佛周身發光，頭髮眼睛口手足都有光明射出。

天台講「十相如如」，講「摩訶止觀」。一念之內具有三千世界，三千世界會於一心，心有「一切種智」。

華嚴宗和天台宗都是圓教，也稱爲頓教，然仍留在哲學的最高境地，以文字語言的象徵意義來說明不可思議的境界。禪宗則直截地深入不可思議的境界，全心體驗不可思議的生活。禪觀得道的人，自己體驗和絕對實體合一的生活，心神轉成了無限，不可言說，南禪祖師慧能曾破神秀的偈。神秀曾作一偈：

「身是菩提樹，心如明鏡台，時時勤拂拭，勿使惹塵埃。」

慧能更徹底否認一切，他作偈反駁：

「菩提本非樹，明鏡亦非台，本來無一物，何處惹塵埃。」

一切皆空，真如唯一，和真如相合，心具一切。反觀世物，一切平等，沒有矛盾。傅大士曾有一首詩：

「空手把鋤頭，步行騎水牛，人在橋上過，橋流水不流。」

出名的趙州和尚有一公案：

僧問趙州：「萬法歸一，一歸何處？」

州云：「我在貴州作了一領布衫，重七斤。」

答非所問，而且具足矛盾，趙州和尚卻認爲很自然。語言文字失去了效能。

三、

今年十月，將有聖德蘭逝世的四百週年。這位聖女是西班牙亞奎拉人，為天主教的隱修院修女，在精神生活上達到最高的境界，進入神秘的生活。但她並不以為不可思議，而且指出登達這種境界的途徑。當時和她同時，又同是西班牙人的一位隱修士聖十字若望神父，也攀登了神秘生活的境界，而且兩人成了神秘生活的導師。

人有心靈，心靈為精神體，係天主按照自己肖像所造。人心能思維，可以思維超越宇宙的真理。

天主造了人，攝提人靈升到和祂同樣的生活，天主三位一體的第二位降生成人，稱為基督，使人性和天主性相結而成一體。人和基督相結合而成為一，因著基督乃和天主相結合，再因基督又和與基督相結合的人而結成一體。這樣人和天主相融會，人和人也相融會。

人心在塵世生活中，常滿是世人世物，不能體會天主在人心裏，更不能體會及自己和天主相結合，必要經過許多的磨鍊，使人心體驗到世物世人所帶來的祇是困擾，乃力求解脫，不以任何人任何物為繫戀。人心空虛了世人世物，便能體會自己心內有天主。於是便以自己的生活同天主的生活相連接，因著天主寵佑的協助，人能把自己的意志和天主的意志相結合，人以天主的意志爲意志。如同一個人和相愛的人共同生活時，以相愛的人的意志爲意志，常以順從他的意志爲樂。人心既以天主的意志爲意志，就體會自己全屬於天主，天主也屬於自己，天主的全能全美全善也就是自己的美善。自己較比宇宙大了，他的心便不會被天下任何一個人或一樁事所綁住，看著世界的金錢名位，乃是過眼煙雲。然而他不以世界事物爲空；世界萬物爲天主所造，留有天主美善的痕跡，見物而興賞自然之美，以歌讚造物主，人世間的事，都帶有天主的旨意（天命），莫非爲人有益，順事令人感激天主，逆事助人意志堅強，也使人感激天主。順逆平等，心境泰然。

天主爲人生命的根源，又爲人生命的歸宿。一切真美善來自主，聖奧思定曾說：「我的心靈要在天主以內，才得到安息。」主又是宇宙的造主，又是宇宙的掌管者，聖方濟乃說：「我主我的萬有。」

和天主融會爲一體，人的生命變成了神性的生命，突破了時空的限制，也擴張「存有」的限制。人的生命從生命的源泉，吸取生命的活水，從生命的歸宿，取得生命的美善。人的生命圓滿了，不會因人給我的授予而有增損，而是圓滿生命的溢流而授予人。聖保祿說：「授予比受授予好。」

有限的生命，長成了無限的生命；多帶缺陷的生命，養成了豐滿的生命；染污的生命，練成了潔白的生命。一個有限的相對「存有」，和唯一絕對存有實體的天主相結合，人已超越宇宙，融會宇宙。

颳風拔屋不足畏，
暮春涼颸纔可喜。
銀河千萬星，
路旁小花草，
一般美妙一般奇。
高山深林開胸懷，
鬧市人群暖心意。
滄海一粒粟，
長江飄一葉，
懷抱宇宙萬物備。

在金錢名位的競爭中，在工廠商場的熱火裏，能有一股清涼的風，冷人塵火。在烏煙籠罩的城市中，在物質薰心的黑暗裏，能有閃耀的一道光，劃破黑暗，大家心靈必感到舒服愉快。宗教情境能使忘記精神的人找到精神，能使放走自己心靈的人尋回心靈。中國古代詩人騷客，常到深山古剎，靜聽深夜的鐘磬和木魚，半夜默坐，拂去心靈的塵垢，自己認識自己。「萬籟此俱寂，惟聞鐘磬聲」（常建　題破山寺禪院）。

民國第一任外長陸徵祥，暮年隱居比國聖本篤修院。我曾兩次拜謁，同居半月。在清晨稀微的晨光中，在深夜閃閃的燈光下，成行的八九十位修士，在聖堂中歌唱聖詠。歌聲輕叩心絃，驅走一切塵念。

今年六月間我到新竹芎林拜望聖衣會的隱修院修女，牆屋新砌，一片清潔寧靜。修院院長出見，隔著鐵窗講話，一句一笑。平日生活，祈禱工作。種菜種花種果樹，小鳥成群偷啄菜葉新果。松鼠竟以園爲家，坐在牆頭，眼看果樹。院長問修女：「松鼠在幹什麼？」修女答說：「松鼠在唸飯前經預備吃飯。」修女們也都出見，大家談話哈哈大笑。出世的生活，人以爲苦，她們以爲樂。

超越宇宙的人，不論在隱院，或在塵世，常能「萬物皆備於我」，又以天主的仁愛，融會宇宙，更能最親切地「親親而仁民，仁民而愛物。」

民國七十一年七月廿九日安迪颱風過境

生命是愛，愛是生命

一、宇宙萬物生化不息

先總統　蔣公曾說：「生活的目的在增進人類全體之生活，生命的意義在創造宇宙繼起之生命，可以說是我的革命人生觀。」（自述研究革命哲學經過的階段）這種人生觀不僅是中國當代軍人的革命人生觀，而且也是中國歷代聖賢的人生觀。

《易經》說：「天地之大德曰生。」（繫辭下　第一章）朱熹說：「天地以生物爲心，天包著地，別無所作爲，只是生物而已。亙古亙今，生生不窮，人物則得此生物之心以爲心。」（朱子語類　卷五十三）生物之心即是仁。朱熹說：「仁者，天地生物之心。」（朱子語類　卷五十三）

孔子乃講仁道，仁道成爲儒家的傳統。最能表現仁道的人乃是聖人。聖人的仁，在於參預天地的化育，發揮天地好生之心。《中庸》說：「大哉聖人之道，洋洋乎發育萬物，峻極于天。」（第二十七章）又贊美孔子說：「仲尼，祖述堯舜，憲章文武，上律天時，下襲水

土，……萬物並育而不相害，道並行而不相悖。小德川流，大德敦化，此天地之所以爲大也。」（第三十章）

天地爲大，因陰陽兩氣，週流宇內，化生萬物；陰陽週流不停，萬物乃生化不息。宇宙形成一道生命的洪流，繼續前流。每件物體都會有生命的理，但所受的氣有清濁不同，生命的表現乃有高下的層次。氣最濁的物，生命的理不能顯出，成爲沒有生命的礦物。氣稍清的物，生命的理略爲顯露，成爲低級生物。氣清的程度往上升，生命的表現漸次升高。人的氣是清氣，所以人得生命的全理，生命全部顯出。清氣所顯的生命爲心靈的生命，心靈的生命就是精神，精神的生命靈妙無方。

這種生命哲學，雖然從《易經》開始，已經有幾千年的古老歷史；然並不和現代的科學相衝突，科學沒有說明宇宙萬物的來源，也沒有說明生命的開端。達爾文和拉馬克講生物進化論，還是生物學的一項假說。中國生命哲學以生命來自陰陽兩氣，生命有高下的層次。若說氣究竟是什麼，氣只是物的成素，若說生命，乃是內在的立體活動，王船山就說陰陽在物體內常動，這種內在的活動可以解釋爲生命。但是，設想宇宙爲一大活動體，每一物體也是活動體；而這種大小活動體，不是馬克思所講的唯物辯證運動，也不是黑格爾的絕對精神的正反合邏輯變動，又不是柏格森的生命力不停流動，卻是天地好生之德使萬物生化不息。這種生命哲學形成了儒家的仁道，把生命和愛歸在一個「仁」字裏，真可以說是中外哲學裏的一種特色。

二、生命是愛，愛是生命

生命就是愛，生命由愛而生，宇宙的萬物，都由「天地好生之德」而生。老子曾說：「天地不仁，以萬物爲芻狗」。孔子卻以天地爲仁，因著愛心而生物。現代科學家可以追隨老子的思想，以萬物自然而生長，自然而毀滅，一切都是必然如此，而又都是偶然而生。但當一個生物學人，看著盆裏的一株玫瑰花，觀看花瓣的結構，花葉的組織，花和葉的顏色，不能不驚奇生命的美妙，生命的可愛，生命的靈妙。他也要體驗到生命不是物質，不是機械，真真代表一顆愛心的結晶。而人的生命，則明明是男女兩心相愛所結成。同時，生命須要有愛心的維護，纔能成長發育。宇宙內萬物生長不息，固然依照自然律而演進，然而這種自然律就蘊藏著感人的愛。

人的生命，由愛而結成，須有愛的維護以得發育。一個女子懷孕，成了母親，胚胎便是她的生命的延續。她天生有愛胚胎的生命如同自己生命的愛，盡力加以維護。假使胚胎之來，不來自兩心的愛，而來自強暴，則不愛而或痛恨強暴者，然胚胎仍是自己生命的延續，仍有愛自己生命之愛。但或不希望自己生命的這種延續，而予以墮棄，仍舊是毀棄自己的生命。

已成胚胎的生命，需要愛的滋養。懷孕的女子，對於所孕的生命，天生有愛自己生命之愛，盡心保護。中國古代就有胎教，現代的科學更有生理和心理的保育方法。中國孝道更將自己的生命和先人的生命相結合。懷孕的胚胎不僅是自己的生命，而且還是父母和祖先的生命。中國的孝道強調保養先人生命的責任，因爲這種生命的延續，代表宇宙生化不息。先總統蔣公乃說：「生命的意義在創造宇宙繼起之生命」。女子懷孕便是創造宇宙繼起之生命。

新創造的生命需要助以發育的愛心，父母的愛爲第一，社會的愛心爲第二。非婚生子女，不是沒有父親，只是法律和社會不予以承認，乃產生歧視。這個小生命的成長，常在冷酷的寒風裏掙扎。爲什麼政府不能採用愛心的法律制度，使他不受生命的摧殘呢？若是不但不予以愛心的照顧，反而以法律制度使他夭折，孟子說：「是君臣父子兄弟，終去仁義，懷利以相接，然而不亡者，未之有也。」（告子下）

生命是愛，愛是生命。愛是生命，因爲人的生命在於人心，心靈的生命爲人的特徵，孟子所稱的大體，感覺的生命只是小體。養小體生活則成小人，養大體生活則成君子。（告子上）不僅是君子小人的分別，也是人和禽獸的區分。人心是愛，孟子說：「仁，人心也。」（告子上）又說：「仁也者，人也。合而言之，道也。」（盡心下）人心爲人的生命，人心爲仁，仁爲愛，愛就是人的生命。沒有愛，便沒有人的生命，便不是人。不是人而仍舊活著，那是以禽獸的生活而生活，只是禽獸。強暴殺人的人，常被罵爲沒有人性。孟子說：「君子所以異於禽獸者，以其存心也。」（離婁下）存心是保存心的仁，不仁，便失去人的本心。從生物學去看，人心是生命的中心，人心的生命在於血液的循環，無所謂仁不仁，不仁的人卻會養生，而且知道享受。孟子所講的人心之仁，乃是古代的迂闊。就是因爲把「仁」當成古代的迂闊，社會失去了仁愛，變成了爭奪利益的罪藪。仁不是生命，享受是生命，感覺的享受，扼殺了心靈的生命。

然而人心的仁，既是生命，只要人活著，感覺的享受不能完全把他扼殺，必會喊出自己的要求。墮棄胚胎的女子，心靈的創傷，不是醫生所能治好。無識無知，強烈利害感，可以掩蓋仁愛的呼聲；然而到了人生想不到的一剎，這種呼喊，會撕破她的心靈。

三、生命是和諧

宇宙萬物放流著生命的洪流，生命洪流的週流，織成宇宙萬物的和諧。老莊崇拜自然，很欣賞宇宙萬物的協調，以宇宙有地籟、人籟、天籟。儒家更強調宇宙萬物的連繫，王陽明稱為「一體之仁」（大學問）。「一體之仁」說明在生命上，萬物彼此相連，結成一體，互相依賴，互相調協。《易經》建立宇宙萬物化生的原則為中正，適合時和位。春夏秋冬的氣候，雨露霜雪的數量，要順適時地而得宜。在人的生命上則有中庸的原則，生理、心理、倫理都不宜過或不及。

生物的每一個肢體，都有牠的作用，肢體的功能互相連繫。每種生物的肢體器官，比任何精密的機器更精密美妙，而且自動反應，一個肢體有缺乏，其他肢體共同補救，不能補救便發生病症。

自然界的物體，也互相關連，有自然的關係。一旦人工予以破壞，自然界就發生變遷，凡是相關連的物體都遭蒙傷害。開路建屋，挖破了山脈，山便崩塌。化合物污染了河港，魚蝦便死亡。廢氣污染了空氣，人畜都遭殃。自然若被破壞，自然會反擊。

德國一位當前的學者海特肋（Walter Heitler）在他的一篇題為「生命不是化學作用」

文章裏說：「當生命被當作和物理及化學作用相等的時候，便無異宣告所有生命的毀滅。我們可以從今日整個自然環境的瘋狂破壞上看出端倪。然而人的生存和其他生物之間具有相互依賴的關係。環境的破壞將會造成自然對人的反撲，而終到導致人自身的毀滅。」（人與科學 當代德國思潮譯叢3 頁一三一 聯經出版 民七十一年）

人身的器官自然地互相連繫，自然地對人身生活予以維持。若人非因病症爲救全身而破壞器官的自然功能，人身的器官遲早會起反撲作用，使人身受害。人工節育、人工結紮，都是破壞人身器官的自然功能和次序。墮胎更是毀滅了人身的一種非常複雜又非常高妙的功能。這些破壞使人心的倫理次序遭受破壞，使人生理的自然順序也遭受破壞。就如同自然界的次序遭受破壞時，自然將會反撲，人身被人工破壞的次序，在心理上和生理上也會反擊。人的心靈生命和生理生命都會受害。講究優生保健的人，會譏笑這種說法是古老說法不合科學，實際上這種原則乃是自然科學普遍原則，只是效果的表現可早可晚。若使多數結婚的人，心靈和身體都負有這種創傷，將來遺傳後代，還談什麼優生保健呢？

生命是愛，愛是生命；生命要在仁愛中發育，仁愛要在生命上建立。生命的最高層爲人的心靈生命，心靈生命能夠反省生命的意義，能夠體驗生命的愛。儒家乃勉勵人贊天地的化育（中庸 第二十二章），創造繼起的生命。

民國七十一年六月二日「益世雜誌」

最上乘的美

一、中國的美術精神

書或者字，爲中國美術的一種。普通常說「書畫」，或者「字畫」。書和畫連在一起，同爲中國的美術，兩者中間的關係很密切。寫字和作畫都用筆用墨，用筆用墨的方法，在寫字和作畫中相似，筆和墨之所以能構成美的作品之條件也相同。另外，除字畫以外，詩文和音樂也是美術；作詩、作文、譜樂，和寫字作畫當然不同；然而既都是美術，則在美的觀念裏，必定也相同。

什麼稱爲美呢？一樣東西，若適於人的感覺，引起人心的喜悅，便稱爲美。所以有美人、美花、美服的名詞。普通的美，乃是形色的美，形色鮮明，位置恰當，使人的感覺愉快。但是歐美當代的美術家，作畫、作彫刻、作詩，卻故意使顏色不顯明，使位置不適當，看來非常單調、非常模糊、非常奇特，看來又醜、又乏味，心中一點快感都沒有，例如立體派、未來派、抽象派和超現實派的作品；作者們都認爲美。可見美的觀念，不僅僅像普通一般人所說的形色美，那樣簡單，內容很複雜。

人是心物合一的，有心靈、有感覺，形色之美為感覺的美，藉著感覺而達到心靈，使心靈也感愉快。當代美術論提倡觀念美、觀念美則先達到心靈，由心靈下到感覺，使感覺也起喜悅。這兩種美，無論是形色之美或觀念之美，必定要使心靈和感覺都能覺到愉快，才是真正的美。畫匠的作品，只有形色美，立體派和未來派及超現實派，衹能是觀念美，都不是真正的美術品。

為使心靈和感覺都能感到愉快的美，有什麼條件呢？中西美術論的學者有多種的答案。我則認為孟子的答案很好，孟子說：

「充實之謂美，充實而有光輝之謂大，大而化之之謂聖，聖而不可知之謂神。」（盡心下）

孟子分美、大、聖、神。這四個觀念，不是互相沒有關係的，而是互相連結的，結成四個層次，或四級階梯，一層較一層高。所以中國古人談美術，不以美為最高的藝術品，而以神為最高的美術品。《芥子園畫譜》說：

「氣運生動，出於天成，人莫窺其巧者，謂之神品。筆墨超絕，傳染得宜，意趣有餘者，謂之妙品。得其形似而不失規矩者，謂之能品。」

神品為中國美術的最上乘，神品的意義，以神字為主，神字來自《易經》。徐復觀教授在所著《中國藝術精神》書中的第三章第六節說，神字的觀念來自《莊子》，但是《莊子》的神字，是用之於人，不是神字的原本意義。《易經・繫辭》說：

「範圍天地之化而不過，曲成萬物而不遺，通乎晝夜之道而知。故神無方而易無體。」（繫辭上　第四章）

「陰陽不測之謂神。」（繫辭上　第五章）

「知變化之道者，其知神之所為乎。」（繫辭上　第九章）

「易，無思，無為也，寂然不動，感而遂通天下之故，非天下之至神，其孰

能與於此……唯神也，故不疾而速，不行而至。」（繫辭上 第十章）

「利用出入，民咸用之謂之神。」（繫辭上 第十章）

《易經》的神字之意義，是變化莫測，不為人所知道，所謂變化，指的陰陽的變化。陰陽為乾坤，為天地。乾坤的變化：「乾道成男，坤道成女。乾知大始，坤作成物。」（繫辭上 第一章）乾坤的變化，使萬物化生。所以說「大哉乾元，萬物資始。」（乾卦文言）「大哉坤元，萬物資生。」（坤卦文言）乾坤就是陽陰，陽陰互相變化，化生萬物。天地的變化也是使萬物化生，「泰，……則是天地交而萬物通也。」（泰卦彖曰）「否，則定天地不變而萬物不通也。」（否卦彖曰）天地也是代表陽陰，陽陰相交，則萬物通茂。

《易經》講宇宙的變易，變易由陰陽相交而成，陰陽相交使天地萬物化生。《易經》說：「生生之謂易。」（繫辭上 第五章），又說「天地之大德曰生。」（繫辭下 第一章）中國古人以宇宙為一動的整體，動為生命，整個宇宙為一道生命的洪流，繼續不斷。宇宙萬物都有生氣，不是呆板不靈，而是彼此互相連繫，互有次序，上下和諧。因著和諧乃有美。因此中國古人說天地間有天籟，風和水，鳥和獸，構成自然的音節；天地間有自然美景，山光水色，樹影花面，構成自然的圖畫。在自然的天籟和美景裏，人們會意到宇宙萬物的生意，體驗到天地的生命。

美術是模仿自然，不是呆板的模仿，而是要表達出自然美的精神，中國人欣賞美術品時，不論是繪畫彫刻，都要求每件美術品具有生氣。單單「得其形似而不失規矩」，只可以稱爲「能品」，即是技術精工，若一件美術品，或是詩文、或是繪畫，讀起來、看起來，「氣運生動，出於天成，人莫窺其巧者，謂之神品」，則是美術品的上乘。

神品，第一要生動，生動不單在形色方面，而是在氣運方面。氣運是詩文的內容，是繪畫的客體對象。第二要出於天成，天成是自然，詩文和繪畫的結構，不是加心力去勉強湊合，而是出於自然。這種自然並不是不加心力，乃是加了心力卻看不出來，「人莫窺其巧者」。所以神品的神字，和《易經》的神字，意義相同。神是變化莫測，全體通達，使生命發揚。南齊謝赫曾寫了古畫品錄一卷，在序論中列出作畫的六法，「六法者何？一曰氣運生動，二曰骨法用筆，三曰應物象形，四曰隨類傳彩，五曰經營位置，六曰傳移模寫是也。」氣運生動爲作畫的上法，也是神品的要素。宣和畫譜評徐熙的花卉：「骨氣風神，爲古今之絕筆。」

美術家創作美術品，是發揚自己的生命，把自己的生命灌輸到作品裏。人的生命和宇宙萬物的生命相連，人的生命不是孤獨的生命。王陽明講一體之仁，仁是生命，人和萬物在生命上結成一體，美術家創作美術品時，不僅是把自己的生命灌輸到作品裏，而且使作品的生命與宇宙萬物相連。一件美術作品，不是一件孤獨的作品，而是同自然界的天籟和美景相連。中國道家特別注意這一點，大家都說：王維詩中有畫，畫中有詩。中國人作畫，在畫上常題詩，詩畫相連，也就是和自然天籟和美景相連。

二、西洋的美術精神

亞里斯多德在所著的詩論裏曾說，美是偉大而協調的，聖多瑪斯在神學大全卷一，問題第三十九裏說，美是充實、勻稱、光輝的。這種美的思想和孟子講美的思想相符合，聖多瑪斯又追隨聖奧斯定以成全的絕對美，爲至聖至神的造物主天主。在絕對的美，美和聖和神，融會成一，達到最完滿的境界。人創造的美，以自然爲模型，自然反映造物主的美善，美術品的上乘便是相似造物主，美、聖、神相融會。

德國哲學家謝林（Schelling 1775-1854）以美術爲無心之我的自然流露，黑格爾以美爲絕對精神的自我和非我的結合，弗洛依德（Freud 1856-1939）以美爲慾情的昇華，當代藝術思想家，則以美爲作者思想的形色表現。這些哲學家和藝術家所講的美，都含有作者自己的生命，或是精神，或是理想。西洋近代的美術講求表現美和結構美，表現美是人生感情的表現，感情易流於浪漫，遂有浪漫派的美術。感情的表現偏於感覺的印象，遂有印象派的美術。感情屬於每一個人所有，又屬於主觀的我。這兩派美術都是自我的美術，都是私人的藝術，不注重人類生活的連繫，也不注意宇宙萬物的一體，西洋當代美術另起一種美的觀念，不重表現而重結構，這派的美術作者，以美術品不代表什麼，不模倣什麼，不象徵什麼，美術品是它自己，它自身有美。一件美術品，例如詩和畫，不在於詩中或畫中所表現的人物或感情，而是在於詩或畫的結構，詩的字和音，畫的線和色，結構起來，或爲一個有機體，立體派美術、未來派美術、超現實派美術，都以結構爲美。一個有機體，似乎相似我們傳統美術精神的生氣和神韻；但卻根本不相同，有機體的意義本來自亞里斯多德，亞氏以爲美在於協調勻稱。亞氏的協調勻稱是美術品中各成份的協調勻稱，以能完滿表現美術品所代表的對象。結構美則是作者心中所造的結構，代表一個觀念。欣賞的人對著畫常是茫然不知所措，要深入作家的理想以後，才能了解結構的意義。中國傳統畫中也有結構美的畫，即是寫意畫，然而寫意畫仍舊有具體的對象，雖然表現的非常簡單隱晦，但是欣賞的人一看就了解畫的意義。

西洋美術中雖也不離開生命，但不直接涵有生命的意義，而祇是表現生命的一部份，或是感情，或是理想。中國美術的生命，則是如《易經》所說，是生命的變化，是生命的連繫。

西洋美術品的最上乘，有希臘的彫刻，有文藝復興時的油畫。而米開蘭基羅（Michan-gelo）的作品，則可視爲西洋美術的最上乘。他作品的美是表現美，即是形象美。他有希臘彫刻的人體美，又有文藝復興的浪漫精神，他的人體有剛強的氣概，有生動的體態，有活人的神氣。這種美術品的生氣，在一個人裏，中國美術品的生氣，是和宇宙萬物和諧之氣。

三、書的上品

中國的字書從古就同畫連在一起，視爲一種美術，或是書從畫來，或是畫從書來，或是書畫各有來源，但兩者的美則互有連帶關係。作畫的筆法，和寫字的筆法，許多地方相同。中國的水墨畫，以筆法、筆意、墨色來表現畫的美，中國的字也是以筆法、筆意和墨色，來構成自己的美。

蔡邕曾作有〈九勢釋義〉一篇，開端說：

「夫書肇於自然，自然既立，陰陽生焉，陰陽既生，形勢出矣。」

蔡邕把書法和自然界的變化相連，以書法倣自然界的變化，自然界有陰陽有變化的形勢，書法也有陰陽、有形勢。書法最上者在於自然變化之妙，一點不著骸跡，稱爲「風神」。

宋姜夔曾著書法學習必讀，他說：

「風神者，一須人品高尚、二須師法古、三須紙筆佳、四須險勁、五須高明、六須潤澤、七須向背得宜、八須時出新意。則自然長者如秀整之士，短者如精悍之徒，瘦癯者如山澤之，肥者如貴游之子；勁者如武夫，媚者如美女，倚斜如醉翁，端楷如賢士。」

姜夔爲南宋一大詞家，他的詞豪放自然，論字，他以人格爲字的精神，字中有生氣，有神韻。謝赫六法的第一法爲「氣韻生動」，氣即是生命，即是生氣，韻是和諧。字的最上品應有生氣，應和宇宙萬物的生命相連繫。

唐張懷瓘曾評古今書家爲三品：神品十二人，妙品三十九人，能品三十五人。（式古堂書畫彙考書 卷一）。王羲之、張芝、蔡邕等以草書得名，草書快如游龍，變化莫測。王羲之的蘭亭集序號稱神龍帖。歷代書法家都推崇他爲書聖，以他得了張芝的草法和鍾繇的隸法，運氣奧妙，悅潤超逸，墨色和淨爽朗，濃淡適度。

北宋米芾也以行書馳名書壇，董其昌曾許米芾所書《離騷經》說：「昔之許芾書者曰超邁入神，曰沈著痛快，此冊殆留有其美。」（故宮博物院印米芾離騷經）

中國書畫中少有入神的作品，入神的作品爲中國最上乘的美術品。但是書畫的入神，尤以書更能表現這種精神美。畫可以假藉顏色，假藉佈局，字則完全靠走筆的神韻。詩詞的意境和感情的流露，可以變化莫測，和字的變化頗能相似。這些美術品能夠入神，都在於情感真摯，流露自然，有如自然界的春花秋月、疾風驟雨、小橋流水，處處都有生意。生意在我們人的心中，又在宇宙萬物中，而且彼此相通，人若欣賞一件入神的最上乘美術品，則覺得自心裏的生意在美術品中，美術品的心意在自己心中，靜默無言，沒有思索，自己和美術品互相了解，冥然和天地萬物融合爲一體，這是儒家的至誠者參天地之化育，是道家的真人與道爲一，是佛教的禪道冥合真如。

民國六十九年十二月九日在書法學會大會講演

仁的團結

一、生生不息

中國歷代的哲學思想，從《易經》開始，常以宇宙為一道生命的洪流。生命之理，由乾坤陽陰相結合而成物。陽陰的結合，繼續不息，宇宙沒有一刻不在變化之中，萬物也沒有一物常住不變。小自一顆砂，大到聳天的泰山，都時刻在變化。孔子說：「天何言哉！四時行焉，百物生焉，天何言哉。」（論語 陽貨）

整個宇宙的變化，在時間和空間裏運行。《易經》以卦象徵宇宙的變，卦的變動在於爻，卦爻有陽陰，卦爻又有時位。「易傳」說：「爻者，言乎變者也。」（繫辭上 第三章）「六爻之動，三極之道也。」（繫辭上 第二章）三極指著天地人，就是指著宇宙萬物。卦爻的變，便是天地萬物的變。

漢朝易學家專講卦氣，卦氣則是把六十四卦和四方四季相配，把易經卦爻的變配合東西南北和春夏秋冬，即是從宇宙的空間和時間去觀察變動。

春夏秋冬四季的變動，使天地間的生物，生長發育，收穫、蓄藏、完成自己的生命。但當次年的春天開始時，又是春回大地，三陽開泰，生命的程序又重新開始。這樣，一年一年繼續下去，生命沒有中斷的一刻。「易傳」說：「天地的大德曰生。」（繫辭下 第一章）

中國哲人不以宇宙爲冥塞不靈的物質，而以宇宙爲一個生命的整體。中國畫家以山水花木都具有生氣，詩人們則吟詠風月。這種生氣在人的生命中，便整個地表現出來。宋朝理學家說人得天理的全和正，物得天理的偏。天理乃是生命之理，天理在人的生命中完全表現出來，便是人心的生命，孟子稱之爲大體，也就是「仁」。「仁，人心也。」（孟子 告子上）

二、一體之仁

宇宙間的生命，不僅是從縱的方面看，是一個生命的洪流，不能分割；從橫的方面去看，也是一個生命的整體，不可分割。王陽明在大學問的文章裏，講「一體之仁」。

仁字在宋朝理學家的思想裏，解爲「愛之理」，又解爲「生」。仁代表生命之理。手足痲木不仁，手足便沒有生命。桃仁杏仁，就是桃杏的生命所在地。

從生命方面去看，宇宙萬物互相聯繫，沒有一件東西可以孤立。王陽明講「一體之仁」

時，說人爲自己的生命，需要吃動物植物礦物，即是吃肉，吃蔬菜水果，吃藥。因此，人的生命便和動植礦物相連。

從生命的本身去看，每件物體和別的物體互相聯繫，同時也各自努力保存自己。保存自己的生命，又保存別的物體的生命，這就是「仁」。孔子說：「夫仁者，己欲立而立人，己欲達而達人。」（論語 雍也）

朱熹以人心相似天心，天地之心在於使萬物發生，人的心便是仁，便應當愛人愛物。朱熹的思想和《中庸》的思想相合。（朱子仁說）《中庸》說至誠的人，贊天地的化育。（中庸 第二十二章）

天主教聖經的若望書信說：「天主是愛」（若望第一書 第四章第八節）人是天主的子女，人相似天主，人也必須是愛。聖保祿又說一切萬物，同我們人類一齊被壓迫在罪惡之下，都等候救主的來臨。救主來了把人和萬物從「恨」的罪惡中救出，放在「愛」的光明中，「得享天主子女的光榮和自由。」（致羅馬人書 第八章第二十一節）

儒家的思想浸潤在愛的情感內，孔子說：「苟至於仁，無惡矣。」（論語 里仁）孟子說：「苟不志於仁，終身憂辱。」（離婁上）朱子說：「百行萬善總於五常，五常又總於仁；所以孔孟只教人求仁。」（朱子語類）

三、仁的團結

共產主義的骨髓在一個「恨」字，所用的方法和政策是鬥爭，鬥爭便先要分化。國父中山先生早已說明達爾文進化論的鬥爭，祇能用之於禽獸，關於人的進化則靠合群合作。共產黨在大陸已經斬斷了中華民族的文化，消滅儒家「仁」的精神。他們的統戰計劃也就企圖在臺灣散佈分化的種子，引起同胞發生鬥爭。

現在是我們團結的時候，而且是要以「仁」而團結。

仁的團結是生命的團結，今天我們團結是爲保全我們的生命，是爲保全生命的發揚，生命沒有自由的陽光，必要枯萎。

仁的團結，爲整體的團結。中國古人相信生命是個整體。我們在自由中國和海外的同胞，爲一個中華民族的整體，不能分割。我們要整體的團結起來，不讓共黨的分化陰謀有隙可乘。本省人、外省人、山地人，全體團結。今天若再假人權的名義，分界限，爭私利，就是中了共黨分化的陰謀。有些教會的信徒，聲明聖經上有上帝賜與的人權，有基督賜與的自由，便要爭本省人的自由。在自由中國，本省人、外省人、山地人的人權和自由是一樣的。而且聖經上所說上帝所賜人權，乃是成爲天主子女的人權；基督所賜的自由，乃是擺脫罪惡的自由，決不是一黨一派所爭的人權和自由。

仁的團結，是互愛互助的團結。孔子的仁是立己立人的互愛互助，天主教的仁，是犧牲自己以助旁人的仁。愛人如己，爲東西古代哲人的訓誡。基督則給弟子們一項新的誡命：「我給你們一條新的誡命，你們該彼此相愛，如同我愛了你們。」（若望福音 第十三章第三四節）「這是我的命令，你們該彼此相愛，如同我愛了你們。人若爲自己的朋友捨掉性命，再也沒有比這更大的愛情了。」（若望福音 第十五章第十二節）基督給弟子們的新誡命，是要肯爲愛別人而犧牲自己，基督爲救人，就犧牲了自己。

仁的愛，是肯犧牲的愛。普通說愛是佔有，這種愛是情慾之愛。肯犧牲的愛纔是仁愛。愛是犧牲，不是佔有。

范仲淹說：「先天下之憂而憂，後天下之樂而樂。」乃是仁者之愛。孔子說：「老者安之，朋友信之，少者懷之。」乃是仁者之愛。先總統 蔣公說：「以國家興亡爲己任，置個人死生於度外」，乃是仁者之愛。

孔子主張士人要有殺身成仁的氣概。我們現在的教育便應注意這種仁愛的教育。

四、仁的教育

現在大家都談愛的教育，但是大家談愛的教育所有的意義，都在於辦教育的人以愛心教育學生。實際上，這祇是愛的教育的一方面。整體的愛的教育，乃是仁的教育，即是辦教育者自己肯犧牲，以愛心幫助學生，建立人格；同時，教育學生彼此相愛，彼此互助。高年級的同學幫低年級的同學；畢業班的舊生，協助入學的新生。學校許多社團，團員彼此互助，社團彼此互助。青年人富於朋友感，要能以仁輔友，以友輔仁。學校中的群育，應以「仁」爲基礎。

仁的教育，又在於鼓勵學生，從事社會仁愛活動。大約十年前，臺灣天主教會聘請志願服務的大學生，暑假寒假時辦理小小公園營，帶領小孩子，使有適當的娛樂。（說到這裏，有一插曲，當年有一次在臺北市議會討論給小小公園營津貼費，有的市議員顧名思議說公園由管公園的工人去管，為何叫大學生去管，他們不知道小小公園乃是小孩子的同樂營）。大學生辦得很起勁，很有犧牲精神。不久，臺灣大學出現了仁愛會，別的大學也有同樣的組織。大學生組織起來作社會仁愛工作，爲貧病老人，孤兒、殘廢等人服務。這是一項很有意義的教育。

我這次到羅馬參加普世博愛運動的主教講習會，參加者主教三十五人，來自歐美亞非四大洲。普世運動的精神即是效法基督犧牲自己以愛旁人。我們三十五位主教，在聖彼得殿訂立同盟，彼此互愛互助，不惜犧牲。

這種精神，應廣爲傳揚，世界有了仁愛精神，便可以抵抗共黨的「恨」；而且也可以消滅自由世界的自私壞習。

仁的教育，又是捨生成仁的教育。在軍校裏，這種教育是基本教育，但是在普通大專學校裏，也應培育青年捨身成仁的精神。現在自由世界缺乏維護正義的勇氣，常屈服於暴力。我們要教育青年對於正義常常維護。中國古代有俠客，敢打抱不平。歐洲古代有騎士，敢爲女子弱者流血。俠客和騎士的精神，應是爲正義而有犧牲的精神，孔子的勇就是維持正義的勇，克盡自己名份職責的勇。在目前我們國家所處的境遇中，捨身成仁的教育爲一種非常重要的教育。所謂民族意識，所謂愛國，若沒有捨身成仁的精神，都將等於空話。

青年人有膽識，祇要好好加以引導，他們必能充滿勇氣，不怕艱難，敢於犧牲。

現在是我們團結的時候，這種團結，應是仁的團結。

民國六十八年二月二十三日寫於羅馬旅次

新的孝道觀

一、儒家傳統孝道

胡適之曾說孝是中國人的宗教，「孔門不用鬼神來做人的裁制力。但是這種道德的監督似乎總不可少，於是想到父子天性上去。……所以儒家的父母便和別種宗教的上帝鬼神一般，也有裁制鼓勵人生行爲的效能。」㈠他說曾子的孝道成了曾子自己的宗教，造成「全受全歸」的宗教大弊病，而且有「不敢以先父母之遺體行殆」的宗教流毒了。㈡

儒家的孝道具有宗教方面的理論，和儒家的宗教信仰相連，這一點確實是真的。然而不是胡適之所說的行爲監督的理由，因爲這種行爲監督的理由也不能成爲宗教。宗教的意義，在於人和神的關係，人的生命出於神，人的生命要歸於神，人乃崇拜神，而遵守神的誡律以行善。

儒家傳統的孝道以生命爲根基，兒子的生命來自父母，兒子的生命便要歸屬於父母。因此，儒家的孝道以兒子的身體爲父母的遺體。

「身也者，父母之遺體也。行父母之遺體，敢不敬乎！」（禮記 祭義）

身體髮膚不可毀傷，因爲是父母的遺體。犯法而受刑罰，則是傷害父母的遺體，司馬遷受宮刑，自認無面目見先人的墳墓。

生命既屬於父母，生命的所有也就屬於父母，兒子便要以一生的言行去求揚名顯親。若不能揚名顯親，至少要不辱父母的名聲。兒子的一舉一動，凡不合於倫理道德的，都是不孝。

「居處不孝，非孝也；事居不孝，非孝也；蒞官不敬，非孝也；朋友不信，非孝也；戰陣無勇，非孝也。五者不遂裁及於親，敢不敬乎。」（禮記 祭義）

尊親、弗辱，爲孝道的兩大端，另一端爲「能養」（禮記 祭義）。孝養父母乃是兒子的天職。「曾子曰：孝有三：大孝尊親，其次弗辱，其下能養。」（禮記 祭義）

以生命爲基礎的孝道，延續到生命的存在期。父母在生時，兒子要孝順他們；兒子自己一生，無論年少年老，常要孝順父母。「大孝，終身慕父母。」（孟子 萬章上）而且孝道還要延續到父母的死後。孔子曾說：「生事之以禮，死葬之以禮，祭之以禮。」（論語 為政）祭祖的觀念在中國社會裏，爲一個最深最遠的觀念；祭祖的意義，則也在於生命。祖先的生命由子孫而延續，延續的表現，即是祭禮。

「禮有三本；天地者，生之本也；先祖者，類之本也；君師者，治之本也。無天地，惡生？無先祖，惡出？無君師，惡治？三者偏亡焉無安人！故禮上事天，下事地，尊先祖而隆君師。」（荀子 禮論）

一個人死後而沒有人祭祀他，則視爲真正絕後，他的生命便斷絕了。中國風俗乃爲這種人立嗣子以繼後，使有後人爲他獻祭。孟子所以說：「不孝有三，無後爲大。」（孟子 離婁上）

禮既以先祖爲類之本，在祭禮上便有先祖配天的制度。皇帝舉行郊祭時，以先祖配天。儒家的孝道，所根據的理由，在於父母爲生命的根源。父子的生命相連，子的生命歸屬於父母的生命。至於父母教養之恩，當然也是孝道的理由，孔子主張三年之喪，因爲「子生

三年，然後免於父母之懷。」（論語 陽貨）

二、歐洲文化的孝道

從民國初年以來，改革社會的維新人物，都主張歐化，而且主張全盤歐化。歐化的行動，表現在生活的方面，最重要的還是表現在家庭生活。廢棄了大家庭制度，興起了歐美的小家庭制度。消除了媒妁的婚姻，盛行自由戀愛的婚姻。削減了父母的權威，打破了孝道的傳統。

爲能了解這種孝道的改革，我們應該研究歐洲文化的孝道、歐洲文化的倫理，以天主教或基督教的聖經爲根據。在舊約聖經上有十誡的規律，十誡的第四誡說：「尊敬父母。」天主教的大神哲學家聖多瑪斯解釋尊敬父母的理由在於兩點：一是崇高的地位，二是深厚的恩惠。從崇高的地位說：父母的地位崇高，因爲是子女生命的所出；從深厚的恩惠說：父母教養之恩惠深厚。因此子女應該尊敬父母。㈢在尊重父母的孝道裏，包含三層義務：孝愛、孝敬、孝順。

兒女對於父母的孝愛，出於人的天性。這種愛情沒有時間的限制，兒女終生愛父母，終生思念父母。愛不僅在於內心的感情，也要表之於行事。

在行事上的孝愛，有對父母的奉養。但奉養的義務，和儒家孝道的奉養意義不同。儒家以兒子所有家產都歸屬父母，兒子也應竭盡自己的心力，常常奉養父母。歐洲文化中的孝道，則以父母撫養兒女為原則，兒子奉養父母為權宜。在通常的情形下，兒女沒有奉養的義務，祇是在父母不能自己取得生活的急需時，兒女該按各自的能力供給父母的需要。聖保祿曾說：「按理說是父母給兒子積蓄，不是兒子為父親積蓄。」（致格林多後書 第十二章第十四節）

西洋的孝道以愛為重，兒女和父母非常親暱，接吻問安，互叫小名。在孝敬方面則頗疏忽。在中世紀的歐洲貴族傳統裏，孝敬的儀則非常嚴格，但一般平民卻沒有孝敬的儀則。

孝順的義務則是要求兒女服從父母。這種順從的義務，基於父母對於兒女有教養的責任和權利；為能教養兒女，兒女必需聽父母的命。但兒女的服從有幾種限制：在事情方面，應在於和教養有關的事，而且事情應符合情理；反乎情理的事，兒女沒有聽從的必要。在時間方面，兒女未成年時，應聽從父母，兒女已經成年或已經結婚，則已有自主之權。還有關於兒女的終生大事，未成年的子女，也可以自己決定，雖然在法律上，還須有父母的同意。在歐美的風俗裏，婚姻配偶常由男女當事人去選擇。

三、新的孝道

目前臺灣的社會較比民國以來的社會更爲安定，更爲繁榮，然也更形西化。在這較安定較繁榮的社會裏，應當建立一種新道德觀念，一方面使社會的道德能夠振興，一方面使將來返回大陸後，民族道德有合適的模型。

傳統的家庭觀念在臺灣目前的工業化社會裏，已經遭遇了多方面的打擊，逐漸失去了固有的意義和型態。在以往中國的家庭代表生命的延續和發揚，又代表農業生產的動力。目前臺灣的生產力由人力改到機器，大家庭制度已不合於生產的要求，但是生命的要求，仍舊是家庭的主要原因。無論在什麼時代，人都要求生命的延續和發揚，總統 蔣公曾說：

「生活的目的在增進人類全體之生活，生命的意義在創造宇宙繼起之生命。可以說是我的革命人生觀。」（蔣公自述研究革命哲學經過的階段）

生命的延續和發揚之根基，乃是家庭。科學家的器管胚胎和共產黨的公社可以破壞家庭，然而不能代替家庭的功能，祇能使生命在畸形的情況下存在。

生命既是家庭的主因，父子的關係也應以生命爲主因。胡適之在他的「我的兒子」一文裏強調從生命上說「父母於子無恩。」因爲「樹木無心結子，我也無恩於你。……但是你既來了，我不能不養你教你，那是我對人道的義務，並不是待你的恩誼。」「直到今年我自己生了一個兒子，我纔想到這個問題上去。我想這個孩子自己並不曾自由主張要生在我家，我們做父母的不曾得他的同意，就糊裏糊塗的給了他一條生命。」㈣父母對兒子沒有恩，只是爲社會添了一個人，對社會應負責任。

假使事情是這樣，共產黨的公社制和兒童國有制便是合理了！實際上胡適之的言論，過於偏激。生命乃是人的存在，沒有生命就不存在，生命乃是人所有的最貴重品。人的一切努力和謀慮，都爲維持自己的生命而予以發揚。沒有一個動物不看重自己的生命，不爲生命而奮鬥。胡適之的思想是老莊的自然主義，儒家則以天地生物爲有愛心，男女兩方的結合由愛而結合，愛的果爲一新生命，新生命即是愛的延續。父子的關係爲生命的關係，又是愛的關係。因此孝道的基礎仍是要以生命爲基礎。

生命延續的過程，在一個新生命不能營自立生活的時期，需要父母的教養，在能謀自立生活以後，這個新生命就脫離父母的照顧。父子的關係，在愛的感情上，終生繼續；在孝順的義務上，則隨著教養的責任而有結束。成年的子女具有自主之權。營自立生活的新生命，生命歸屬於自己生活的目的，因此成年的子女在自己的事業和工作上，不是以顯揚親名爲目的，也不是以一切的行動歸之於孝。在這一方面儒家遺傳的孝道應有修改。

生命的要求在於生命的延續，後起的生命和生命淵源常相聯繫。西洋孝道以宗教的追思典禮懷念先祖，儒家的孝道以祭祖懷念先人。我們在目前的中國社會裏仍舊要保全家族祭祖的遺風。

孝敬爲中國孝道的特點，因此中國家庭中主敬，西洋家庭主愛。目前中國社會已進入很深的西化程序，可是家庭中和社會中的敬字，仍要在適當的程度裏予以保全。家庭有相適程度的敬，家庭中更能享有安寧，而且子女的教育也更能收效。不過，今日的敬已經不能是以往的敬。父母不能要求以盲目聽命爲敬。

孝養的義務在傳統的孝道裏，乃是一種絕對的義務，在今天的中國社會裏，應該成爲相對的義務。兒女因愛父母，而且身受父母教養之恩，理應盡自己的力以使父母安享天年。不宜爲求自己工作的方便，送父母到安老院；或者自己安居美國，棄父母而不顧。這種風氣雖然還沒有養成，然已有這種傾向。美國的天下是青壯年人的天下，老年人祇有在豪華的安老院裏盤桓。我們的社會不宜走向極端的個人主義，臺北天主教安老院，祇收留沒有子女的老人。

近年所謂代溝，大部份是在父子的關係上，父母的心頭放著儒家傳統的孝道，要求子女去實踐；兒女的心頭藏有歐美的思想，事事爭取自由。我們要把這兩種思想予以溝通。

兒女的生命由父母而來，生命乃一最可貴的珍品，兒女應在生命上常和父母相連，常常愛敬。兒女生命的長成，依賴父母的教養，應在教養上聽從父母。父母則看重兒女的生命，予以培植，並尊重兒女的人格。兒女到了獨立營謀自己生命的時期，則可自主；而且終生大事，由兒女自己決定。教養的恩惠使兒女能自立生活。兒女看到父母到了老年，便應盡力使父母安享餘年。在父母去世以後，以祭祀之禮，永表孝思。

新約聖經聖保祿說：

「你們作兒女的，要聽從父母，這是我們的天職。經上說：『孝敬父母，你就事事亨通，得享長壽。』你們作父母的，不要苛責子女，令他們怨怒；要用主的教導，養育培植，使他們成立。」

這是西方文化孝道的訓言，在中國的新孝道裏，也是原則。

民國六十七年十月卅日天母牧廬

註：

(一) 胡適 中國哲學史大綱上冊 頁一三〇。

(二) 同上，頁一三一。

(三) S. Thomas, Summa Theologieca, II-II.9.101.

(四) 胡適文存 第一集 頁六八七—六九〇。

儒家孝道的現代意義

一、儒家孝道的傳統意義

中國古代的社會爲大家庭的社會，中國古人的生活爲農業的生活。農業生活所有的範圍很少，都包括在一個鄉村裏，所以俗語說「老死不出鄉里」。農業生活的工作力量，是人力和牛力。人力越多，工作越好。中國古人遂聚族而居，三代四代同堂，構成了大家庭的制度，家庭成爲社會的基礎。大學講一個人的生活目標，即是人生觀，在於齊家、治國、平天下。

家庭既是國家的基礎，爲治理國家，便先要使家庭有秩序，有道德。家庭爲大家庭，同居的男女老少頗多，爲能有秩序，便要有生活的規矩；這種生活的規矩，在於服從，在下的服從在上的。家庭的上下，由構成家庭的血統關係而定。血統關係由出生的前後而分有輩份，即長輩晚輩，晚輩對長輩的服從爲「孝弟」，「孝」是子女對父母輩及祖父母輩的服從，「弟」是弟弟對兄長的服從，《論語・學而篇》說「有子曰：其爲人也孝弟而好犯上者鮮矣！不好犯上，而好作亂者，未之有也。君子務本，本立而道生。孝弟也者，其爲仁之本歟！」孝弟乃是人生之道的根本；從教育方面、從社會行動方面、從倫理道德方面，孝弟都是根本。

然而孝弟的弟，祇是孝的延伸發展；因著孝敬父母，所以要尊敬兄長。儒家所講的，是講孝。

中國古代有一本小書，名叫《孝經》，說是曾子作的，書裏講的都是孔子對於孝所講的話。在開始就說：「孝者，德之本，教之所由生也。」（孝經 開宗明義章）儒家歷代都保持這種主張，以孝爲一切道德的根本，爲人生教育的基礎。

儒家孝道的範圍非常廣泛，包括子女一生的全部言行。兒子從生到死要孝敬父母，若是父母活著，兒子常要孝敬，若是父母死了，兒子要祭祀。兒子的一切言行，若是好，便是孝，可以光耀祖先，若是不好，便是不孝，將要羞辱祖先。儒家的孝道是以生命爲根本，兒女的生命來自父母，兒女的生命和父母的生命相連，兒女和父母連成一體，所以兒女稱爲父母的遺體。兒女的生命是父母生命的一部份，由父母的生命而出，所以有「返本歸原」。兒女的一生都要孝敬父母，況且中國古人敬天，天爲人的生命之根源，父母既是兒女生命的來源，父母便代表天；因此中國古代皇帝祭天時，以父母配天而祭祀。父母在中國儒家的社會裏，地位非常崇高。

二、孝道的現代意義

可是現在中國的社會變了，不必說大陸被共產黨搞得完全變了質，就是臺灣今天的社會，也和五十年前的中國社會不同了。現在的中國社會是工商業的社會，是小家庭的社會，是流動的社會，是開放的社會，是仿效歐美生活的社會。一房公寓式的屋子，普通常是兩房一廳，老年父母就沒有地方住。子女成婚成家，自立門戶，父母兄弟各自分居。在家中年輕的子女，自信有獨立的人格，不願事事受父母的指揮。而且將來這種現象還會加強，似乎要走上美國式的制度，使年老的父母，都住在老人院裏。在這種的情形下，儒家的孝道還能有什麼意義呢？我今天便向各位講一講這個問題。

1. 孝道有精神的意義

今天我們當然不能要求兒女在一切事上都聽父母的安排，也不能要求每一家都四代同堂。但是我們在中國的工商業社會裏，我們仍舊要保全孝道。子女對父母的愛，乃是人的天性，無論中外，處處都有。孝，是子女對父母的愛的表現，表現的方式當然要適合社會的環境。工商業的社會是流動開放的社會，子女不能常在家鄉和父母同居，但是對父母的關心和對父母的奉養，子女應當知道自己有責任，盡力去滿全。父母年老不能獨自生活，子女便應接到自己家中。所以「國民住宅」的興建計劃，應該每戶都有老年父母的房間。現代的年青人，都看重自己的人格，不願常是被動，在家庭裏便要能向父母坦白地表明心跡，向父母請教。這種最低度的孝道在現代的社會裏意義很深。

孝道，有精神的意義。工商的社會是金錢的社會，是機械和商品的社會，也就是物質的社會。在社會裏，人人所接觸的都是物質，人人所想的都是金錢，人人所希望的都是身體的享受。這種物質的生活雖能給人許多的滿足，然而更能給人一種心靈的空虛和苦悶。歐美的青年，現在非常感受到這種物質生活帶來的空虛，努力想突破這種苦悶，他們在追求宗教信仰的神秘生活。我們儒家的孝道，乃是一種近乎宗教信仰的精神生活，使子女在孝愛父母的行為上，能夠打破物質生活桎梏，使心靈在天倫的愛裏得有發展。夫妻的愛當然給與男女心靈許多精神的滿足，然而總脫不了肉慾物質的感受；兒子和父母的愛則是精神的發揚。在工商業的社會裏，大家都尋求藝術的欣賞，即是以藝術的精神享受來平衡物質的享受。因此，在現代工商業的物質社會裏，孝道所發揚的天倫之愛，更足以平衡現代社會的物質生活。

2. 孝道有生活的意義

我們談孝道，常從兒子方面去講；然而孝道是一種雙方的關係，兒女孝敬父母，父母一定有所感受。從子女方面去看孝道，孝道發揚人性之愛，具有精神價值；從父母方面去看，孝道則具有生活的意義。父母生了子女，盡心教養，不惜消耗自己的精力和錢財。例如現在臺灣許多父母費盡家產和心血，送子女到美國留學。子女學成了，結了婚，留在美國，老年父母孤單地住在臺灣。他們心裏對生活感受是什麼呢？寂寞、孤單。古人說「養兒防老」，這句話在現在已經沒有意義。可是，若兒女有孝心，對父母常能有愛心和關心，父母必定可以感覺到自己辛苦了一生，培養子女，到了老年，子女能夠奉養，雖然金錢方面不必多，但在精神方面子女能使他們歡心，他們感到生活非常有意義。在美國，老人院設備很好，可以滿足老人的各種需要；但是一群老人成天坐在老人中間，感覺到生活非常苦悶乏味，他們怎麼可以體會到生活的意義？一個老人住在子女家裏，生活即使清苦，沒有物質的享受，但能有子女和孫兒們的孝愛，他們的心便可以滿足。

3. 孝道有生命的意義

先總統　蔣公曾說：「生命的意義，在創造宇宙新的生命。」中華民族的文化，是生命的文化，以宇宙爲生命的洪流，萬物在生命上結成一體。人的生命在家族中延續，男女的婚姻爲「繼萬世之嗣」，祭祖的嗣子就是代表的延續。有了子女纔有孝道，有了子女，人的生命纔延續下去。孝和生命的延續便結合在一起，孟子說：「不孝有三，無後爲大。」（離婁上）

現在中國正有人口問題，大陸共產黨逼著結婚的人祇能生一個兒子，臺灣則提倡生兩個。因著實際的需要，中國社會把傳統的「多子多福」的觀念完全改了。現在拜年再沒有人祝賀「多添貴子」了。但是愛惜生命的傳統，我們仍舊要保留，這乃是中華文化和中國哲學的精髓。

《易經》以天地的變化之目的在化生萬物，稱「天地的大德曰生」（繫辭下 第一章）凡是一件物件沒有不愛惜自己的存在的，絕對不願自己摧毀自己。人當然愛惜自己的生命，孔子稱這種愛爲仁。孔子乃專講仁道，仁道成爲儒家的「一貫之道」，又以孝道爲仁道的根本。

在現代工商業的社會裏，競爭的風氣很盛，物質享受的慾望很高，容易養成殘暴的偏向。目前臺灣社會青年人的殘暴行爲，造成許多罪惡，殘害了許多人的生命。孝道的根本在於生命，父母生我，我應孝愛父母。我愛我的生命，所以感激父母給了我生命。然而生命的連繫，不單是使我和父母相連，也使我和別的人、別的物相連；因爲沒有一個人可以孤獨一個人生活。我愛惜自己的生命，孝愛父母，同時也要愛惜別的人和別的物的生命。因此，孝道有生命的意義。

從父母一方面說，看看自己的兒女，或看看孫兒女，覺到他們是自己生命的一部份；自己不僅是愛他們，並且自己心裏覺著一種天倫的快樂；這種快樂乃是生命的快樂。假使兒女不孝，和父母分離，或者雖是同居而精神上已經分離，父母對著不孝的子女，覺到自己的生命被割傷，心靈痛苦不可言；這種痛苦乃是生命的痛苦。

三、結語

各位同學，你們是學科技的，你們所接觸的，乃是機械。機械可以擴充人生活的界限，也可以窒死人的精神。各位應加強精神發展，以求生活的平衡。孝道便是發展精神的一種好途徑，做一個好兒子，使父母滿意；看到父母的笑容，體會父母的愛，你們會感到心靈的愉快。幾時男女相愛時，體會到生活的美好？但是父母子女相愛時，更能體會到生活的圓滿，直接領悟生命的意義。

民國七十一年四月十二日講於國立技術學院

宇宙和我的生活

一、倫理人

在中西的各派系哲學裏，祇有中國哲學把宇宙和人生連繫在一起，關係密切，結成一體。《易經》的卦由三爻組成，三爻代表天地人，人居天地的中央，結合天地。天道地道，爲人道的根基。儒家的大同觀，不僅以「四海之內，皆兄弟也。」（論語）而且還以「乾稱父，坤稱母，民吾同胞，物吾與也」。（張載 西銘）宇宙萬物和人爲一體之仁。（王陽明 大學問）

人的生活實際上由每一個人的生活而實現，每一個人都是一個「我」；人的生活在具體上便是「我的生活」。

「我」是一個人。儒家的「人」爲「倫理人」。宇宙萬物由理和氣兩元素結合而成，理成人性，氣成人形。人之理即是生命之理，人的生命爲心靈的生命。孟子說明人有小體和大體，小體爲耳目之官，大體爲心思之官（孟子 告子上），心思之官代表人的生活。人的心本來就是性，孟子稱爲惻隱之心、羞惡之心、辭讓之心、是非之心，即是仁義禮智之端。（孟子 公孫丑上）《易經》以乾坤的特性爲元亨利貞，元亨利貞即是象徵生命在四季的發展，春生夏長秋收冬藏。既是象徵生命的發展，元字便可包含亨利貞。人心的特性爲仁義禮智，仁義禮智配合元亨利貞，仁字配元，包含義禮智。

仁義禮智爲人心的特性，人心和人性同爲一體的兩面，仁義禮智便也是人性的特點。因此仁義禮智屬於性。儒家不說人是理性的人，而主張人是倫理的人，因爲人性是倫理。人性是倫理的，則因爲人的生命在萬物中爲最高的生命。《禮記》的〈禮運篇〉以人得天地的秀氣而最靈。秀氣爲清氣，清氣最明，使生命之理可以全部顯出。朱熹乃以人得「理之全」。人的生命之理在心靈內顯出，心靈爲精神，心靈的生命爲精神的生命，精神生命的規律爲倫理律。仁義禮智就是這種精神生命的規律。因此，人是倫理人。好比宇宙的變易本來是善，《易經》說：「一陰一陽之謂道，繼之者，善也。成之者，性也。」（繫辭上 第五章）「天地之大德曰生」（繫辭下 第一章）人的生命在本體上該也是善。若是人的生活不善，則是違反人性；若是善，則是發展人性。《中庸》說：「唯天下至誠，爲能盡其性；能盡其性，則能盡人之性；能盡人之性，則能盡物之性；能盡物之性，則可以贊天地之化育。」

二、氣質之性

《中庸》：「能盡其性，則能盡人之性」；《中庸》分個人之性和人之性，個人之性即是個性。我是人，我卻又和別人不同；我是我，和其他「非我」的人都有分別，哲學所以講個性，士林哲學以個性來自「元質」（Materiu），「元形」（Forma），則祇是一，一之多由元質而成。朱熹以理常是一，然「理一而殊」；理一之殊來自氣，因氣有清濁。人的氣較萬物的氣爲更清，稱爲「秀氣」；然而人的秀氣又有較清較濁的程度，這種程度造成人的個性。氣成人形，形不僅是形體，而且是理的具體化。理的具體化在一個人裏，爲「才」，爲「情」，爲軀體。才、情、軀體，構成我的個性。個性稱爲氣質之性。朱熹主張人性無所謂善惡，若要說善惡，則應說是善。氣質之性則有善惡，人的善惡來自氣質。儒家的修身論，乃有所謂「改變氣質」，因爲氣濁，會蔽塞人心之理，使不能顯出。氣濁即是情慾強盛，使心不能主宰，乃有盲目的行動。

清朝理學家，顏元、李塨、戴震，都反對朱熹的氣質之性，主張人性是善，情慾也是善，惡是來自習慣。但是他們雖不接納氣質之性，祇是不接納這個名詞和性的兩分說，但是對於每個人的才和情則必定接受，而且他們以才和情來自人性。才和情在每個人裏各不相同；

那麼這種不同來自那裏呢？既不能來自人性，必定要來自氣。況且有區分，否則宇宙萬物不同是一物嗎？

三、我的生活

我的生活就是我的心靈生活，我心靈的生活也就是我的個性生活。心靈生活爲精神生活，精神生活爲倫理生活，我的生活便是按我的個性而完成我的倫理生活。完成我的倫理生活，《大學》稱爲「修身」。「欲修其身者，先正其心，欲正其心者，先誠其意，欲誠其意者，先致其知；致知在格物。」（大學 第一章）用現在的修身方法說，致知是認識自己。我要修身，便先要認識自己。現在學校裏使用心理測驗，幫助學生認識自己的才、情，和傾向。這種測驗就是「格物」，對自己本人加以研究，以認識自己的個性。

認識了自己的氣質個性，再一步是誠意。誠意有兩種意義：第一，誠於自心的性理，性理爲仁義禮智。我在言行上，便要表現仁義禮智之理。王陽明講致良知，良知即是性理，致良知乃是使性理表現在行事上，便是誠意，也就是《大學》所講的「明明德」。第二，誠於自己的個性，按照自己的才能和傾向，以求發展。此外，還有一層意義，若是自己的性情不好，情慾很重，便要改變氣質，使情感和傾向不妨害性理的發展。當誠於自己人性的天理，應該正心。正心在於心要正，不偏私，不技巧，坦白磊落，有大丈夫的氣概。孟子曾說：「居天下之廣居，立天下之正位，行天下之大道，得志與民由之，不得志獨行其道，富貴不能淫，貧賤不能移，威武不能屈，此之謂大丈夫。」（孟子滕文公下）人性天理給每個人昭示正確的人生觀，正確人生觀給每個人指示出合理的價值觀。正心便是心常對著正確的人生觀，常以正確的價值觀作生活的標準。孟子以大體高於小體，心靈的精神生活高於感官的物質生活。爲修身便要抱著這種正確的價值觀。

四、宇宙和我的生活

西洋的哲學把形上本體論和倫理學分開，倫理的基礎來自宗教的信仰，或者係康德所說來自人天生的要求。中國儒家哲學則以形上本體論爲倫理的基礎，形上本體論又和宇宙論相連，不僅結成一個學術系統。而是在本體上合成一體，即王陽明所說的「一體之仁」。所以《中庸》說盡個性則盡人性，盡人性則盡物性，進而贊天地的化育。因爲我的生命和萬物的生命是一體的生命。

愛我的生命以發展我的生命，稱為「仁」。孔子說：「夫仁者，己欲立而立人，己欲達而達人。」（論語 雍也）《中庸》則以「仁」為贊天地的化育，「大哉聖人之道，洋洋兮發育萬物，峻極於天，優優大哉！」（中庸 第二十七章）「仲尼祖述堯舜，憲章文武，上律天時，下襲水土，辟如天地之無不持載，無不覆幬，辟如四行之錯行，如日月之代明，萬物並育而不相害，道並行而不相悖，小德川流，大德敦化，此天地之所以為大也。」（中庸第三十章）這一段的思想和易經的思想相同。《易經》說：「夫大人者，與天地合其德，如日月合其明，如四時合其序，如鬼神合其吉凶。」（易經 乾卦文言）我的生活的目標，在於發展我的生命，發展我的生命就要發展別人的生命和萬物的生命。這樣，我就贊襄天地化生萬物的功德，我的生命便同天地一般大，我就稱為大人，成為聖人。

儒家的大人，是和天地同德的「我」，是能使「萬物並育而不相害」，乃是「大公至正」的仁人。

歐美社會現今的趨勢，以「我」為重，「我」有我的人格，人格在於自尊。歐美人的自我尊重，以「我」為自我的絕對主人，係尼采所講的超人。沒有民族傳統，沒有社會倫理，「我」自己決定一切，反傳統，反倫理。「嬉皮」就是這種趨勢的象徵。這種趨勢在生活上雖不能走到極端，雖不能徹底實現，然而帶動了許多生活的相對論思想，造成了生活的各種自私形態。否認性律，主張相對倫理論。拋棄婚姻家庭的責任，祇求滿足性慾而試婚同居。

在美術繪畫的思想，中國繪畫主張生命的神韻，以山水畫為主，人物調協在山水中。西洋繪畫以人像為主，表揚人體的美。西洋美術以「我」的美在於肉體，中國藝術以「我」的美在於和天地相合的生命。

漢朝儒者更以人的生命，因著在母胎所受的元氣而成，元氣為天地之氣，元氣消，人的生命就衰老。道教乃教人呼吸天地的元氣以長生。

中國人的思想，看「我」的生命和宇宙的生命相連，「我」不是一個單獨的存在體，而是和宇宙萬物的存在相連繫。漢朝人以人的善行惡行成為善氣惡氣，和天地間的善氣惡氣互相感應，善行招至祥瑞，惡行招至災異。這種感應說雖是迷信，然有它的道理。

今天我們不再相信這種道理，但儒家生命相連的思想則仍舊是生活中的經驗。在社會裏人的生活若不調協，若每個「我」自私，每個「我」就不能生活。人的生活若和自然界不調協，人的生活就受傷害。例如空氣的污染、河川的污染、樹木的斬伐，現在已造成公害。「我」的生活應和宇宙萬物相調協。

在西洋的思想裏，有基督的聖經昭示「我」的生命和宇宙萬物相連。聖經的舊約啓示說，宇宙和人由天主用自己的聖神所造所支持，萬物的存在都承受聖神的力。同一聖神支持萬物的存在，萬物的存在具有同一的意義，即在宣揚天主的慈愛和美麗。人因具有理智，乃能體認這種慈愛和美麗，而代萬物稱揚造物主。

「我主在天上，聖名天下揚。諸天現光彩，妙手運陰陽。
卻從赤子口，認出救世王。童蒙識玄機，靈證微而臧。
直使諸悖逆，不得再鼓簧。
靜觀宇宙內，氣象何輝煌。瑞景燦中天，星月耀靈光。
何物渺渺身，乃繫爾慈腸。何物人世子，聖眷迥異常。
使為萬物靈，天神相頡頏。皆自土中生，冠冕獨堂皇。
萬物供驅使，取之如探囊。空中有飛鳥，地上有牛羊。
尚有鱗介族，優游水中央。悉歸人掌管，樂此無盡藏。
飲水須思源，殊恩何以償。但願大地上，聖名萬古芳」。

（吳經熊　聖詠譯義　第八首）

凡是美好，都要將自己的美好分發出來。西洋傳統哲學有一句拉丁文表示這項原則，Bonum est diffuswum。黑格爾主張絕對精神，向外分發而有非我宇宙，非我宇宙因著精神的自覺而回到絕對精神，稱爲正反合的辯證律。實際這種正反合律乃是本體論的一項原則。

老子以道爲絕對無限，道生萬物，萬物再回到道。莊子講這種精神生活。佛教的大乘終教和圓教也講這項原則，大乘起信論有「真如門」和「生滅門」，真如門爲真如本體，生滅門爲真如向外的表現，天臺的正觀和華嚴的法界三觀，便是回到真如，禪宗乃是這種回歸的體驗。儒家的哲學思想沒有指出一個絕對的實體，雖講太極，太極祇是一個觀念，《易經》多講天地乾坤。以天地的大德曰生，「我」參天地的節育，即是天人合一。然而天地不是絕對體，因此先總統　蔣公說：「我們中國『天人合一』的哲學思想，乃是承認了『天』的存在，亦是承認了『神』的存在。故曰『天曰神』，又曰『神者，天地之本，而爲萬物之始也。』這個觀念，自然和共產匪徒無神論的唯物主義觀念的觀點，是水火不容的。然則天與神究竟是什麼？其與人的關係又是如何？中庸說：『天命之謂性，率性之謂道。』又說：『上天（神）之載，無聲無臭，至矣！』詩經大雅說：『無聲無臭，昭事上帝（神），上帝（神）臨汝，無貳爾心。』這就是天即神，天即心與『天人合一』的證明。」（蔣經國著風雨中的寧靜，黎明文化事業公司，民六四年五版，頁3）提出上帝，儒家便有一絕對精神體。

民國七十一年四月五日

載於民國七十一年五月「哲學與文化」

現在我們所需要的人生哲學

一、憂患的人生哲學

當前我們所處的時代，是一個「憂患的時代」。

五十年內，經過了兩次世界大戰，共匪集團卻又在各處製造戰爭，製造分裂。亞洲有韓戰越戰，非洲有奈戰、安古拉戰，中南美有古巴、尼加等國的變亂。整個世界分裂成兩大壁壘。在經濟方面，通貨膨脹，人民失業，產油國家因著謀利而抬高油價，使生產凋零。特別在生活道德上，更令人憂心忡忡，青年人反傳統，濫用自由；中年人追求物質享受，拋棄正義。就是在我們天主教會內，也有思想紊亂。

當前我們自己的處境，更是憂患的時代，大陸被共匪竊據，毀滅民族文化；政府遷移臺灣，努力自強，但是共匪不放棄爭奪臺灣，使用統戰的陰謀。臺澎金馬的生活，日益提高，工商業發達；我們的國家將進入世界已開發的國家行列中；但是工商業所帶來的社會問題非常複雜，家庭破碎，傳統道德破產，物質享受慾橫流，惡少年橫行社會。一輩青少年對於民族歷史少有認識，對於大陸的觀念日益淡薄，我們一面要保全復興基地，一面要圖謀統一大陸，然而目前許多青年人的心理，或者是想安居臺灣，或者是想以臺灣獨立，目前真真爲我們是一個憂患的時期。我們憂慮臺灣的安全，又憂患民族文化的毀滅；我們憂慮國家建設的前途，又憂慮國民生活的腐化；我們憂慮敵人的分化，又憂慮統一大陸政策的推進。所以我們常說現在是國家民族存亡之秋；那麼這樣的時代還不是憂患的時代嗎？

憂患時代的人生哲學，應該是憂患的人生哲學。

在中外的哲學家裏，有各種不同派別的人生哲學。古希臘有伊彼古魯的享樂主義，古羅馬有瑟奈加道德主義，羅馬帝國有天主教的永生人生哲學，印度有玄想的人生哲學，歐洲文藝復興頌揚人體美的享受，法國革命鼓勵自由的濫用。康德哲學以道德不屬於理性，達爾文進化論主張鬥爭。馬克思以物質爲宇宙的唯一原素，摧毀了心靈；近代相對論以生活倫理由私人作主，使社會淪於無倫理狀況。我們中國歷代思想家也有不同的人生哲學，通常我們分爲儒釋道三家，儒家爲入世，釋教爲出世，道家爲避世，到了目前，則是以科學萬能、個人享受爲主。

現代我們所需要的憂患人生哲學，究竟主張什麼呢？

憂患的人生哲學有力求勝過難關的生活目標，有正確的精神物質價值觀，有深厚的道德修養，有自重的人格觀。這種憂患的人生哲學，也就是孔孟的人生哲學。孔孟所處的時代，也是一種憂患的時代。他們的人生哲學，很簡單地說是「君子之道」。孔子在《中庸》裏，講論「君子之道」說「故君子尊德性而道問學，致廣大而盡精微，極高明而道中庸，溫故而知新，敦厚以崇禮。」（中庸 第二十七章）

二、勝過難關的目標

目標就是志向，人生貴有志氣。孔子教導弟子，屢次詢問他們的志向。有一次，弟子也反問孔子說：「願聞子之志。子曰：老者安之，朋友信之，少者懷之。」（論語 陽貨）孔子的志向並不是做大事的志向，而是尋常每個人所可以做的事。因此《中庸》說：「君子之道，費而隱，夫婦之愚，可以與知焉，及其至也，雖聖人亦有所不知焉；夫婦之不肖，可以能行焉，及其至也，雖聖人亦有所不能焉。」（中庸 第十二章）

現在我們中國人，每一個人應當有復興國家民族、勝過難關的志向。這個志向，從大的一方面看，沒有一個人敢說自己可以做得到；從小的一方面說，也沒有一個人敢說自己不能做。國家是集全國國民而成的，國家民族的復興，是靠每個國民的工作。每個國民所作的事，無論大小，都對於國家民族的復興有關係，有影響。每一個人在各自的崗位上，盡好自己的職責，就是努力使國家民族復興。

但是在目前我們國家民族所處的時代，特別要求國民做好幾件事。在消極方面，不能悲觀，不能分化，不能逃避，不能消沉，不能頹唐；在積極方面，要盡責，要有民族意識，要公而忘私。先總統 蔣公說：「置個人死生於度外，以國家興亡爲己任。」這就是現在我們中國人應有的志向。

一個人的生命不是孤獨的，要和別人的生命相聯繫，還要和宇宙間的物體相聯繫。王陽明在大學問裏講一體之仁，仁是生命，宇宙間的生命，連成一體，互相有關係。《中庸》第二十二章講至誠的人，發揮自己的個性，也能發揮人類的人性，以及一切物類的物性，而贊助天地的化育。先總統 蔣公說：「生活的目的在增進人類全體的生活，生命的意義在創造宇宙繼起之生命。」在通常的時期，一個人的生活目的應爲人類服務，在目前國家民族危急存亡之秋，每一個中國人不能把自己的生活目標，關閉在自己的家門以內，要以復興國家民族爲目標，特別要教育我們的青年把握著這種志向，而且有爲這種志向敢犧牲一己利益的精神。先總統 蔣公一生信仰基督一生以救人類爲目標，甘願爲這目標而犧牲性命。

三、正確的價値觀

孟子曾說：「魚，我所欲也；熊掌，亦我所欲也；二者不可得兼，舍魚而取熊掌者也。生，亦我所欲也；義，亦我所欲也；二者不可得兼，舍生而取義者也。」（孟子 告子上）這是孟子的價値觀。他說生命可貴，但還有比生命更貴重的，死是我所怕的，但還有比死更可怕的。把生命和仁義相比較的，仁義比生命更貴重，所以孔孟的教訓是「殺身成仁，捨生取義。」

通常一個人不會遇到這種機會，但是在自己日常的生活中，必定常有兩事相比較的時候，因此，應該有正確的價値觀。孔子常把利義相比較，以義爲重，利爲輕；所以君子取義，小人取利。孟子以人有大體有小體，大體爲心思之官，小體爲耳目之官，「體有貴賤，有大小，無以小害大，無以賤害貴，養其小者爲小人，養其大者爲大人。」（孟子 告子上）在中西的哲學裏，心物的問題，常是爭論不休。我們不能像馬克思以宇宙只有物質，也不能像黑格爾以宇宙祇有精神。我們中國儒家道家都主張宇宙間有精神之心，有物質之物，人則兼有心物。人的心靈爲精神，身體爲物質，心靈和身體合成一個人，兩者不能分離，也不能偏重。然而各有各的價値，精神重於物質，心靈貴於身體。在人的生活中，需要各種事物，於各種事物，便要具有正確的價值觀。

整個的人類世界，從科學發明增多，物質享受加高以後，生活的價值觀都起了變化，不僅在共產極權的半個世界裏，毀滅了精神的價值，就是在另一半的自由世界裏，精神的價值也大爲減輕。金錢，和金錢所可以買到的物質享受，成爲大家所最貴重品。我們在臺灣社會所看到的，也是這種現象。所以要緊的是教育我們的青年，分辨精神和物質的價值。物質是人生所需要的，人的本性也是傾向物質享受，然而人的心不能用物質去滿足．心若不安，雖有物質享受也不能快樂。因此，精神的價值，貴於物質享受的價值。

目前，在社會上，科技高於一切，工商業爲社會的熱門，以致於大家崇拜科學萬能，把人文科學看作無足輕重。這當然是因爲國家求經濟上的發展，增強國家實力的需要所造成，可是中國前代的聖賢們都說過，國家沒有國民的精神建設．一切建設都不能使民族復興。孔子曾經答覆齊景公說，治國最重要的政治在於正民，齊景公感嘆說：「善哉！信如君不君，臣不臣，父不父，子不子，雖有粟，吾得而食諸？」（論語 顏淵）國民因著物質建設成長迅速，而精神崩頹，我們的國家就很危險。

四、深厚的道德修養

精神價值的表現，在於道德的修養，在世界的文化史裏，大家都承認中華民族爲精神生活高尙，道德修養深厚的民族。我們中國古人也常稱自己的國家爲禮義之邦。

目前的世界，因著生活價值的改變，道德的修養隨著降低。首先在思想方面，一些哲學家提倡道德相對論，以爲道德爲時間空間的環境所造成，每一時代有每一時代的道德，沒有長久不變的道德律，連宇宙間的自然律和人類的性律都隨時代的學術觀念而改變。跟著來的有青年人反傳統的革命，凡是古代傳下來的都不要，自己要創自己的生活規律。這樣，社會上的道德觀念，掃地無餘。在歐美，大家攻擊道德堡壘的宗教，在中國，大家唾棄孔孟的儒家。家庭有父母子女的代溝，社會有師道和權威的解體。一個社會的人，若不辨是非，別善惡，僅靠警察來維持秩序，這個社會怎樣能夠有和平共處呢？孔子曾說：「道之以政，齊之以刑，民免而無恥。」（論語 為政）若沒有道德律，做惡而不知道是惡，連「恥」都不會有！

倫理道德是生活的規律，是人際關係的次序，一個人對於自己私人所作的事，應該有次序，一個人對於旁人所作的事，也應該有次序。規定次序的規律就是道德律。

道德律的基礎在於人性，人性的規律稱爲天理。中國古人都認爲天理長久不變。《中庸》說：「故君子之道，本諸身，徵諸庶民，考諸三王而不繆，建諸天地而不悖，質諸鬼神而無疑，百世以俟聖人而不惑。」（中庸 第二十九章）

現代有些哲學家和法學家說：人性，不是客觀的人性，而是我們人對於人性所有的認識。認識可以隨時代學術的增進而有改變，因此，便沒有一成不變的性律。當然，人性是人對人性的認識，但是人的認識不完全是主觀的，一定也有客觀性，我們對於人性的基本點，可以按人性的基本要求而認識，這種基本的要求是不會變的。孟子說小孩子生來就知道愛父母，人看見小孩將掉在水中，自然奔去救援，孟子所以說人生來有愛心，人性的基本點爲天理，天理長久不變，人的倫理道德便有不變的規律，在實踐道德方面，實踐的方式隨時隨地不同，例如兒子應孝順父母，這是不變的原則；怎樣孝順父母，則因時因地而變。

現在政府提倡恢復民族固有道德，不是要把中國古代的道德規範一律照原樣地恢復過來，那是不可能的事，也是不合理的事。所要恢復固有的道德，第一是歷代不變的道德規律，第二是那些構成我們民族精神的美德，例如：孝德、中庸、忠信、家族親睦等等美德。

道德不是理想的觀念，而是實踐所成的良好習慣。古來中國哲學家說，德是有所得於心。是在實踐人生之道，在心靈上積成了一個傾向。所以說修德。德行不是天生的，而是人為的，人要日常努力去修養自己的品德。

中國歷代講學的人，以學為修養品德，學而不行，不稱為學；求學是求做人。《中庸》講求學說：「博學之，審問之，慎思之，明辨之，篤行之。」（中庸 第二十章）一次，季康子問孔子，在他們的門生中誰是好學的人，孔子答說：「有顏回者好學，不幸短命死矣！今也則亡！」（論語 先進）另一次哀公有同樣問題，孔子也有同樣的答覆，而且說明理由：「有顏回者好學，不遷怒，不貳過，不幸短命死矣！今也則亡，未聞好學者也。」（論語 雍也）在三千弟子中，孔子祇以顏回好學，因為顏回能實踐所學，努力修養品格。

儒家、道家、佛教在教育方面，都主張修養。所謂修養，無論消極不做惡事，積極做善事，都是積極的功夫；因為要積極鍛鍊自己的意志，使自己作自己的主人，不盲從別人，也不盲從自己的情慾。一個人的脾氣暴躁，為要自己不常生氣，他要費很大的力，下很大的決心，纔能做到。

在我們目前憂患時代，我們中國人都要是意志堅強的人，敢於負責，敢於犧牲；這都需要平日有修養，不是一天所可辦到的。孔子說：「君子有三戒：少之時，血氣未定，戒之在色；及其壯也，血氣方剛，戒之在鬥；及其老也，血氣既衰，戒之在得。」（論語 季氏）

憂患的人生哲學所要求的修養，較比安樂時代所要求的修養更多。安樂的時代，一個人沒有修養，他會毀滅自己的一生；在憂患的時代，一個人沒有修養，他可以禍國。大家乘在一艘船上，漂流在海中，四面風浪很高，船上的人須要謹慎小心，一個人若亂動，就有使全舟覆沒的危險。

憂患時代要求生在憂患中的人，個個有膽量，有勇氣，有耐心，能吃苦，能耐勞，肯節制，肯犧牲，愛公益，愛合群，捐除黨派的私見，以國家民族爲重。

在第二次大戰時，英國首相邱吉爾呼籲英國人咬緊牙關。我們中國人在重慶後方，也都度著艱苦的生活。目前，臺灣的生活是種奢侈和墮落的生活。我們現在不必要在重慶時忍受物質的困苦，可是要有那時肯吃苦的精神。抗戰時代的忍苦精神，爲時勢所逼成，現在的忍苦精神，則要我們自動去修養。

五、受人尊重的人格

人格，這個名詞是現代的新名詞，但是意義，在中國已經有了。孔子常教導弟子們自重。孔子說：「君子不重則不威。」（論語 學而）孟子說：「富貴不能淫，貧賤不能移，威武不能屈，此之謂大丈夫。」（孟子 滕文公下）大丈夫的氣概是自重的氣概。

現在人講人格，人格是一個人在社會上的象徵，就是我所以爲我，你所以爲你，他所以爲他。包括一個人的名字、聲譽、地位、工作、品格。現代人把這一切看得很貴重，要求別人予以尊重。兒子對於父母，學生對於師長，工人對於雇主，都要求尊重他們的人格。

要使別人尊重自己的人格，自己要有使人尊重的要素。孟子說：「天下有達尊三：爵一，齒一，德一。」（孟子 公孫丑上）有職位的人，受人尊重；有年歲的人，受人尊敬；有德性的人，受人尊敬。目前社會所尊敬的人，另外一種是有錢的人。不過，有德性的人、有學問的人、有志氣的人、有作爲的人，還是受人尊敬。

我們處在憂患的時代，容易受國際上不了解我們的人所輕視。我們要保全，而且要提高我們的國格，使在國際場合裏，我們的政府和國家民族不受人輕視。我們決不向人搖尾乞憐，我們決不毀信圖利，並且常以自己是中國人而自豪。

我們每一個人也要自重，養成廉恥之心。孟子說：「恥之於人大矣！爲機變之巧者，無所用恥焉！不恥不若人，何若人有！」（孟子 盡心上）孔子說：「士志於道而恥惡衣惡食者，未足與議也。」（論語 里仁）

青年人都要求大家尊重他們的人格，於是歐美有些青年故意創作新奇，以顯出不同凡人，嬉皮就是一種表現。我們要教育青年人，人格的代表是自己的品格，有道德的修養，有學問的陶成，有外貌的活潑，青年人必會受人看重。自大自傲的人，只會招人厭惡，不會受人尊重。自暴自棄的人，常被人拋棄，或至多受人憐憫。

孔子說：「衣敝縕袍，與衣狐貉者立，而不恥者，其由也與！」（論語 子罕）孔子讚美子路的人格，引衛風雄雉的詩說：「不忮不求，何用不臧？」

孟子曾講了一個故事：有一個齊國人，每天回家都酒氣熏熏，妻子問他，他都答說在某某富家赴宴，日子久了，他的妻子和妾討論說，丈夫每天赴宴，爲什麼從不見有一個富貴人來家訪問，遂決定要去暗中追蹤丈夫，看看究竟是怎樣。一天早晨，丈夫出門了，妻子暗中跟去，在街上，沒有一個人同她丈夫談話。丈夫則往城門外的墓園，墓園裏有掃墓祭祖的人，丈夫向祭祖的人討酒討飯。於是妻子和妾站在庭院裏，相對而哭，丈夫回來了，和平日一樣神氣揚揚，一聽到妻妾的哭泣，低頭進屋去了。（孟子 離婁下）這個齊國人真真沒有人格。孟子作結論說：「由君子觀之，則人之所以求富貴利達者，其妻妾不羞也，而不相泣者，幾希矣。」

憂患的人生哲學，也是一種人格教育的哲學。教育青年們認識所處的時代，認識國家民族的處境，訂定生活的目標，爲國家民族服務，以復興中華民族。教育青年學生，養成正確的生活價值觀，精神重於物質，心靈貴於身體。遵守道德的規律，鍛鍊自己的意志，自己作自己的主人，擔負自己的責任，事事有正義感，建立自己的人格，抱定自己的志向，腳踏實地向前走！

憂患的人生哲學是積極的人生哲學，是大丈夫的人生哲學。孔孟實行了這種人生之道，基督更是爲這種人生之道而殉身，建立了千古的模範。

諸位老師，教育是人生一大樂事，孟子曾說：「君子有三樂，而王天下不與存焉。父母俱存，兄弟無故，一樂也；仰不愧於天，俯不怍於人，二樂也；得天下英才而教育之，三樂也。君子有三樂，而王天下不與存焉。」（孟子　盡心上）

民國六十八年九月廿五日「中央日報」

生活的意義

校長、所長、各位老師、各位青年：

承蒙貴校邀請，來作一次講演。我問來邀請我的長官應該講什麼？長官說講一講儒家和天主教的異同。事後我想了很久，在這方面可以說的話很多；但若是沒有系統隨便說，必定漫無頭緒，粗淺放浪，不成一篇講演。因此我便擬定了一個題目，照著題目來講儒家和天主教同異。我所擬定的題目爲「生活的意義」。

儒家爲一種人文哲學，天主教爲一種救人的宗教，兩者的目標都是對著「人」，兩者的宗旨都是教導人做一個「真正的人」。

一、人

儒家的人文主義以人爲中心，人究竟是什麼呢？

《禮記》上說：

「故人者，其天地之德，其陽陰之交，鬼神之會，五行之秀氣也。」（禮記禮運篇）

《易經》講宇宙的變化，以陰陽兩氣爲變化的原素。陰陽兩氣在宇宙裏運行不息，生化萬物。

「一陰一陽之謂道，繼之者善也，成之者性也。」（繫辭上 第五章）

陰陽兩氣運行不息，互相結合，結合而成物性物形，化生一物。陰陽兩氣結成一物以後，在物以內仍舊運行不停。宇宙間的每一件物體都是變動的，這種變動，《易經》稱之爲生命。《易經》說：

「天地之大德曰生，聖人之大寶曰位，何以守位？曰仁。」（繫辭下 第一章）

儒家以宇宙的變易爲化生萬物，每一物都是一個生命。所以認爲宇宙爲一生命的洪流，千古常流不斷，萬物化生不已。但是萬物的生命，在表現上不相同，生命之理在基本上或說抽象上是一個理，但在每一個物內則不相同。因爲每一個物體，由理和氣而成，理是生命之理爲物性，氣是物形，分清濁。氣濁之物，不能顯出生命，氣稍清之物，可以顯出一分生命，氣越清，生命表現越多。人的氣則是最清，稱爲秀氣。生命之理在人以內，乃能完全表現。

人所表現的生命之理，是什麼理呢？乃是心靈的生命，即是精神的生命。孟子曾說人有大體有小體，大體爲心思之官，小體爲耳目之官。耳目之官，人和禽獸相同，心思之官則是人所特有的。

心思之官在運行時有什麼原則呢？心思之官的原則，孟子說是仁義禮智；因爲人的心生來是惻隱的，是辭讓的，是知羞惡的，是知是非的。這種人是什麼人呢？儒家所講的人是一個倫理人，即是一個具有心靈，而又具有倫理的良知良能的人。這個倫理人發揮自己的本性，能夠「同天地合其德，日月合其明」的聖人。聖人乃成爲儒家的理想人。

天主教的教義以人爲天主所造。聖經舊約創世紀說：

「天主說：『讓我們照我們的肖像，按我們的模樣造人。叫他管理海中的魚、天空的飛鳥、牲畜、各種野獸，和在地上爬行的各種爬蟲。』天主於是照自己的肖像造了人，就是照天主的肖像造了人，造了一男一女。天主祝福他們說：『你們要生育繁殖，充滿大地，管理海中的魚、天空的飛鳥、各種在地上爬行的生物。』」（創世紀 第一章第二十六節－第二十八節）

宇宙萬物都是天主所造，人則特別爲天主所造；因爲人相似天主。天主是絕對精神體，有理智、有意志；人相似天主，人也有精神體的靈魂，靈魂即是心靈，能有知識，能作主宰。

舊約創世紀說天主在六天之內造了宇宙萬物，最後造了人。六天造宇宙萬物，乃是一種象徵的玩法。意義祇在說宇宙萬物由天主所造。天主造物的方式和時間則沒有記載。有人說按照舊約所記，云：「天造萬物」，則和達爾文的進化論相衝突。實際上天主創造萬物，很可能最先造了原素，賦給原素進化的動力，然後安排宇宙環境，原素因著動力，隨著適當的環境，化生適合的物品。

天主教按照聖經所講的人，是一種品格很高的人，有精神，有似天主。天主不僅有理智和意志，而且是純潔聖善；人既有似天主，人的心靈也應該是純潔的。在舊約創世紀裏說天主所造的元始兩人，赤身露體，不覺羞愧；這是象徵元始兩人，心靈純潔，有如赤子。

天主教新約聖經更給人一種新的意義。聖若望宗徒在他的福音序言裏說：

「那普照世人的眞光已進入世界，祂已在世界以內，世界原是由祂而造成的；但世界卻不認識祂。他來到了自己的地方，自己的人卻沒有接納祂。但凡接納祂的，祂授給他們一項權力，即授給相信祂的名字的人一項權力，能成為天主的子女。他們不是由血氣，也不是由肉慾，也不是由男慾，而是由天主生的。」（若望福音　第一章第八節—第十三節）

人是按照天主肖像所造，而且又是天主的子女。子女和父親的生命相連，人既是天主的子女，人便以天主的生命爲自己的生命。人的生命便不是一個純粹的人的生命，而是分享天主的生命，這樣一來，人真正和天主相似了。

從上面所講儒家和天主教關於人的意義，有相同點，有不相同點。

儒家不明白說人是上天所造，但並不否認人可以由上天所造。在儒家的書裏，常常說到造物者。天主教則明白說出人是天主所造。

儒家以人爲萬物之靈，有心靈的精神，能認識，能主宰。天主教也主張人有精神體的心靈，因而有似天主。這一點兩者是相同的。

儒家的理學家以人由理和氣而結成，氣有陰陽。天主教的士林哲學以人由元形元質相合而成。這兩種思想雖不完全相同，然而有相同之點。

儒家和天主教對於人所有不同的主張，則是天主教以人爲天主的子女，人的生命分享天主的生命，因而生命是永久的，人死後有身後的生命。

二、生活的意義

生活是一種物體自身的演變歷程，生物的演變是按照自己的本性而動；人的生活便應該是人按照自己本性而演變。

《中庸》說：

「天命之謂性，率性之謂道，修道之謂教。」（中庸 第一章）

「率性之謂道」，即是人生活之道在於按照自己的人性。人的本性怎樣？人性即是理，人性的理即是生命之理。生命之理在宇宙萬物以內都是相同的。這個宇宙生命之理即是《易經》所說的「生生之謂易」。宇宙變易之理，在於化生萬物；生命之理乃是使新生命能夠化生。這種生生之理在宇宙內是「生生」，在人則是「仁」。朱熹說：

「生底意思是仁。」（朱子語類　卷六）

「天地以生物為心者也，而人物之生，又各得夫天地之心以為心者也。故語心之德，雖其總攝貫通，無所不備，然一言以蔽之，則曰仁而已矣。」（仁說　朱文公文集　卷六十七）

人心的生活乃是仁。仁不是愛，而是愛之理（朱子語類　卷二十）。人爲什麼愛自己，是愛自己的生命。生命即是「存在」，凡是物都愛自己的存在，人一定也愛自己的存在。天地的心愛萬物的生命，使陰陽運行不息，化生萬物。人的心同天地的心一樣，也愛萬物的生命，也願意協助萬物發揚生命。《中庸》曾說人生之道在於率性，率性的人稱爲誠。

「唯天下至誠，為能盡其性，能盡其性，則能盡人之性；能盡人之性，則能盡物之性；能盡物之性，則可以贊天地之化育；可以贊天地之化育，則可以與天地參矣。」（中庸　第二十二章）

朱熹註說：「與天地參，謂與天地並立爲三也。」天地人爲三才，代表宇宙萬物，三才合作以化生萬物。因此，人的生活在於「仁」，就是發揚自己的生命，發揚別人的生命，也發揚萬物的生命。孔子說：

「夫仁者，己欲立而立人，己欲達而達人。」（論語 雍也）

這就是儒家的大同思想。儒家的大同，不僅以一切的人作自己的弟兄，而且以宇宙萬物和自己同爲一體。朱熹註釋《中庸》第一章說：「蓋天地萬物本吾一體。吾之心正，則天地之心亦正矣，吾之氣順，則天地之氣亦順矣。」

儒家生活的目標，在古代是做官，孔子和孟子都周遊列國去求做官。做官有什麼目標？爲行堯舜之道。堯舜之道爲愛民，使百姓安居樂業。宋朝范仲淹說：「先天下之憂而憂，後天下之樂而樂。」（范仲淹 岳陽樓記）儒家生活的意義，不是自私的。孟子曾說一位大丈夫：「居天下之廣居，立天上之正位，行天下之大道。得志，與民由之，不得志，獨行其道。富貴不能淫，貧賤不能移，威武不能屈，此之謂大丈夫。」（滕文公下）

我們用現代的話來說，儒家生活的意義是爲國家，爲民族謀幸福。先總統 蔣公說：

「生活的目的，在增進人類全體之生活。生命的意義在創造宇宙繼起的生命。」（自述研究革命哲學經過的階段）

這種生活所有的困難一定層出不窮，生活的歷程也就在於和困難奮鬥。先總統 蔣公說：

「革命的人生觀應該是活一世，奮鬥一世。」（革命和不革命）

這種生活乃是「天人合一」的生活，「贊天地之化育」。

天主教的生活意義，以「天主的子女」作爲基礎，也作爲目的。天主子女的生活是怎樣的生活呢？基督爲天主聖子，而且和天主聖父同性同體。聖子的生活便是天主聖父的生活。基督降成人，把天主的生活表現在人的生活上，基督的人性生活也就是天主性的生活。因此天主教人以基督的生活作爲天主子女生活的理想生活。儒家的理想生活，爲聖人的生活；天主教的理想生活，爲基督的生活，能夠肖似基督的人，也就是天主教的聖人。

基督的生活是救世的生活。人類因著罪惡而背棄了天主，不認識天主爲父，又沉迷在棄世的享樂裏，自己無力從罪惡裏拔出來，升到天主聖父那裏。天主聖子降生爲人，向人宣講天主聖父的慈愛，以身作則，孝敬天主聖父，且以身殉道，補償人類對聖父的罪惡。基督的生活，奉兩句話爲原則：即全心全意愛聖父在一切以上，又愛別人和愛自己一樣。這兩種愛匯集於一種愛，即愛天父的愛。因愛天父而愛天父的子女，又愛天父所造的萬物。

人的生活，整個地奉獻於天父，表示自己的孝愛，一切都奉行天命，使自己和天父密切相結合，基督不僅是這種結合的榜樣，也是這種結合的媒介。人和基督相結合爲一體，再因基督和天父相結合爲一體，又因基督和一切的天主子女結合成一體。基督和聖父聖神爲一體三位的天主，天主爲純粹的精神體，祂能在我們的心內。我們和天主相結合，即是我們的心靈和天主相結合。這種結合也就是天人合一，也就是愛，也就是生活的意義。

從生活的意義去看，儒家的思想和天主教教義，有相同點、有不相同點。兩者相同之點，生活的意義是愛。儒家以人的生活在發揚自己的人性，人性的理爲生命之理，即是仁。儒家的仁是愛自己的生命，也愛其他的生命，生活的意義爲發揚人性的歷程，參預天地化育的工作。

天主教以人的生活是走向天父的歷程，求能和天父相結合，又和一切的人相結合。兩者的生活意義都不是自私、自求享受，而是犧牲一己，以求有利於人類和萬物。兩者的生活意義都很高很大。

所不同的，儒家以發展人性爲基礎，靠自己修身的努力，以達到目標，目標則在於現世生活的福利。天主教以對天主聖父的孝愛爲基礎。天主子女的身份係由基督替人爭取，由基督率領著人皈依聖父。人爲走向聖父，自己須努力，然須靠基督的助佑。走向天父的目標爲和天父永遠結合。生活的目標乃在來生，現生祇是必須經過的歷程。儒家的思想和天主教教義對於生活的意義，便分成了上下兩層：一層爲人性的生活，一層爲超越人性的生活。這兩層並不互相衝突，而是互相完成。人性本是善的；儒家保持這一點作出發點，人性的善爲積極進取的善，自然繼續發揮，可以達到天人合一的目標。然而儒家在另一面也承認人生來有惡，荀子便講性惡，歷代的明君賢臣，都主張以法治國，禁止人作惡。儒家又相信善惡有報，漢代學者相信「天人感應」。然而現生的善報惡報，常缺而不全，儒家乃以子孫分受先人善惡的報。後來佛教傳入中國，就在善惡報應上取得民間的信仰。

天主教相信人性爲善，但是從開始就受罪惡的傷害，不能自然常傾於善；而且人的生命，決不能自然而演變成天主的生命，因爲人和天主的距離，乃是天地懸殊。必須由天主一面提攝人的生命，升到天主的生命。基督降生成人，就是爲提攝人的生命。被提攝了的生命，是一種超越人性的生命。這種超性的生命不單不摧殘人性，反而提高了人性，使人的生命達到最圓滿的境界。

民國七十一年九月二日講於政治作戰學校政治研究所

愛的福音

我們常說整部福音就是一個「愛」字。新約的宗徒書信裏也常說「愛」概括基督的全部教義。

我爲什麼今天來向你們講愛的福音呢？因爲你們今年冬令營繼續研究去年夏令營所研究的題目：即是「愛的實踐」。我便想向你們講一講「愛的實踐」在福音上有什麼重要的原則，同時也向你們講「愛的實踐」就是人生的福音，就是人生的幸福。我所要講的兩點，彼此互相融合，從福音上所看見「愛的實踐」的重要原則，即是人生的幸福。

一、愛的實踐是快樂

福音上所記述的最大的「愛的實踐」，在於天主聖子降生爲人。聖若望宗徒說：「天主的愛在這件事上已顯出來，就是天主把自己的獨生子，打發到世界上來，好使我們藉著他得到生命」（若望 第一書第四章第九節），這件天主最大的愛在實踐時，發生了什麼情景呢？

福音記載天使成隊在天上歡樂歌唱，歌唱說：「天主享受榮福於天，善人享受太平於地。」（路加福音 第二章第十四節）天主享榮福乃是天主的快樂，善人享受和平乃是人的快樂。因此，愛的實踐便是快樂。人們心裏最感覺痛苦時，在於人心幾時懷恨；懷恨乃是愛的反面。人們心裏還有感覺很痛苦的時候，在於人心幾時懷著妒嫉，妒嫉好像一條毒蛇，咬著人的心，使人心痛；妒嫉乃是愛的破壞者。還有時候使人心非常感著痛苦，在於幾時人心失去了所愛的人物；失去了所愛的人物，乃是愛的空虛。在人的生命中，幾時有了「愛的實踐」，人心一定快樂。

人都知道幾時男女相愛到了熱戀時，他們倆人非常快樂。這種快樂由感覺而傳到精神，男女倆人覺得整個的自己，在身體和精神方面都非常快樂。父母子女相愛時，心中有天倫的樂趣。這種樂趣、精神和感覺可以說是各有其半。人愛天主，愛到全心靈歸向天主時，他的精神充滿快樂。這種快樂由精神傳到身體，人也是整個自己感到快樂。我最景仰兩位聖人：一位是義大利的聖方濟，一位是法國的德蘭。兩位聖人都是詩人，都是全心愛天主而捨棄了一切，卻都心中口中，常常歌頌因愛天主而有的喜樂。

幸福是什麼？是人心得了滿足。人心追求什麼呢？追求美、追求善、追求真。愛就是人心和真美善結合時的情緒，快樂因此便是幸福。

美、善、真，不僅是當男女相愛時，在男女兩方心中所憧憬的對象。真美善在現世許多別的人物和事業中可以表現出來，當然更能夠在天主方面表現出來。我們全心愛天主的人，心中必定有豐富的快樂。

人生不是追求幸福嗎?那爲什麼不實踐愛呢?愛的對象越能夠合於真美善，越能夠增加我們的幸福。

爲避免人生的痛苦，便要努力使心中充滿愛，而又去實踐。我們常說爲愛，應該犧牲；我們也常講愛要求犧牲。例如說做修女、做神父，獻身靈於天主，是一種全燔之祭。但是犧牲祇是代表一面，代表缺乏人由感覺可取得的快樂，即是男女相愛，父母子女的天倫樂趣；另一方面，獻身靈於天主的人，在精神方面所得的滿足，則是純淨的精神快樂。獻身靈於天主的人的精神滿足，遠超過感覺所給人的滿足。所以這種奉獻的犧牲，不是喪失或者虧空，而是富裕的加倍取利。

「愛的實踐」的第一種福音，是快樂，有愛，便有快樂；有快樂，便有愛。沒有快樂的人是沒有愛，沒有愛的人也沒有快樂。

共產主義以鬥爭以仇恨爲人生，共產主義的人生便是沒有快樂的悲痛人生。

二、愛的實踐是生命

在上面所引若望宗徒第一書的第四章第九節，若望說天主因愛人而遣聖子降生，「好使我們藉著他得到生命。」基督曾經說：我降到人世，爲使人取得更豐富的生命。（若望福音第十章第十節）生命是什麼呢？生命是活動，不活動便是死亡，基督說：我的天父常常工作，我也常常工作。（若望福音第五章第十七節）

在形上學，我們講「動作」，是「從自己出去」。無論物質動作或精神動作，都要由動作的起點達到止點。天主只有一個，但是天主爲有動作，乃有三位，三位雖是一體，卻是三位，天主的動作，乃是由一位到另一位，或者由兩位到另一位。爲什麼動作由一起點到一止點呢？亞里斯多德說動作常有目的，即是爲著目的而動，而動作的目的，或是把好處給與客體，或者是從客體取得好處：好處常是爲使自己的本體得到完美，或者爲使別的客體得到完美。這種追求完美或施予完美的目的，即是愛的實踐。

宇宙萬物都有動作，沒有靜止的物體。物理學講原子講電子，在最小的物體內也是活動不止。中國古人常以物質由陰陽兩氣而成，陰陽代表男女兩性，陰陽常動靜不止。這也是代表物質的動常由愛而發，儒家所以用「仁」字，代表宇宙萬物的動。

在人類的生活裏，一切活動都由愛而發動，即在因仇恨而動作時，也是在追求仇恨方面之事。人的動作達到最高程度時，即是人心之愛到達了熾熱的程度。一個人有熱氣，有熱心，便有動作。一個人心涼了，一個人灰心了，便沒有動作。愛是人動作的發動力，動作乃是生命，愛的實際便是人的生命。因此聖若望宗徒說：誰不愛，他就是死了。（若望第一書第三章第十四節）

生命乃是人的幸福，死亡乃是人的痛苦。有愛，便有生命，也便有幸福。

青年人常願表現自己生命的活力，常追求充實自己的生命。青年人便要從「愛的實踐」去充實生命，去表現活力。

三、愛的實踐是完成

存在主義的哲學給人一個高遠的「理想自我」，人常奔赴這個「理想的自我」，但同時越奔赴越看到「理想自我」距離越遠，現在的自我更顯得不完整，人心因此更加痛苦。

基督在十字架上，爲愛人類而犧牲生命，把自己所犧牲的生命流入人類的生命裏，在斷氣時，祂大聲喊說：「完成了一切」（若望福音第十九章第卅節）基督「愛的實踐」，完成了人類生命的神化。

生命的動作是愛，生命的動作常是爲取得或授予一種完美，即是爲完成自己或完成客體，便是孔子所說立己立人，達己達人，孔子以立己立人或達己達人爲仁的人的動作，便就是愛的動作。

仇恨不能完成自己，祇能摧毀人類。沒有愛的人，害己害人；沒有愛的團體，消滅自己也消滅別的團體。

人類的「理想自我」是什麼？存在主義認爲是一個完全美善的自我，這個自我即是造物主所構想的「理想的人」，人卻把這個自我破壞了。

我們知道天主造人時，是按自己的肖像造的，是把自己的生命賦給人，和人相結合爲父子。人卻摒棄了天主的恩賜，脫離了天主，仇恨便在人心下了種子，仇恨造下罪惡，罪惡招來死亡。基督降到人世，自成爲人，把自己的生命再授給人，引人再和天主相結合。人在因著基督而和天主相結合時，人的生命乃得完滿，人的自我乃得完成。這種完成因著基督的愛和人的愛互相融洽時而得實現。

我們相信天主，我們相信基督；我們的信仰不是縮小，不是降低，不是卑辱我的「自我」，而是舉揚我們的自我。我們愛天主，我們愛基督，不是把著空虛，不是超向抽象，不是下意識的衝動，而是我們自我的完成。在我們的信仰和愛的實踐裏，我們認識我們自己，我們認識生命的奥妙。

由天主再轉到宇宙，再轉到人世，我們懷著愛的心情，「仁民而愛物」，我們可以懂到每個人的生命，每件物體的存在，都是彼此相聯繫，彼此都由天主的全能而支持。天主的能力貫通在宇宙萬物以內，宇宙萬物都藉著天主的能力而動而存在。這也就是中國古人所講的「天地好生之德」。

我們懂得宇宙萬物藉著同一的天主的能力而存在而動，就懂得王陽明所說「一體之仁」和張載的「民物同胞」。再進一步「仁民而愛物」，對於人，對於物，都有「愛的實踐」，豈不是實現了《中庸》第十四章所說「參天地之化育」嗎？「參天地之化育」，《中庸》稱爲盡性、盡人性、盡物性；一個人完全發揚自己的本性，也發揚了人類的人性，又發揚了萬物的本性，這豈不是大丈夫完成了自我嗎？

何況我們的信仰和愛的實踐，提高人進入天主性的生活，使我們人的生活分享天主生活的無窮美善，我們的自我乃真正達到完成的境界，道家主張的和道相結合而毀滅自我，佛教主張入涅槃和真如相結合而使自我成空，是冰冷寂寞，沒有愛的死靜。我們和天主的結合，則是最高度的愛、最高度的活動、最高度的快樂、最高度的幸福。

民國六十二年二月十日在基督生活團冬令營講

民國六十二年三月八日「教友生活」

愛的實踐
——暗中的皈依和顯明皈依

今年九月初，臺灣省主席邀請我和四十多位神父和修女參觀省政建設，參觀四天以後，在臺北總主教公署舉行茶會，談論參觀省政的感想。除了讚揚省政的建設，感謝政府人員的招待外，大家談論教會應和政府配合，在社會工作方面，多做工作。有一位神父發言說，現在的講習會、討論會和研究會太多，不單是大家開會忙不過來，而且大家以爲開了會就完了，事情就辦了，一點實際工作都沒有做。以往不開會，工作做的很好很多，教務更發達。你們大家以爲這位神父說的話，說的對不對？這是一位外國神父說的，而且還是一位美國神父說的。

我個人的感想，認爲這位神父的話雖不完全對，有一半則是對的。現在不開會，不辦講習班，這是不對的；雖然現在有許多人以爲參加會議就是工作，會議的決議案成了空空的文章，這則是實在的事情。

章，這則是實在的事情。

基督生活團舉行夏令營，舉行避靜，舉行神修班，對於團員影響很好，而且很深；但是我認爲有兩種不理想的可能結果，應該避免。第一種不太理想的可能結果，就是心理的滿足。現在我們無論舉行什麽講習會或避靜，大家體驗到參加的人互相融洽，專心研究，團聚快樂，便心滿意足，都說這次講習會或避靜很成功。所說成功當然是一種事實，可是講習會和避靜，目的並不在於團聚的那幾天，那幾天的生活祇是工具或途徑，以達到正式的目的，正式的目的，在於實踐所有的談論決議案。可是，大家在心滿意足，慶祝講習會或避靜成功以後，把正式的目的就忘了。這一種可能的結果，應該避免。你們夏令營的第二種可能的不太理想的結果，是圈在自己的圈子以內。越參加神修訓練，你們越覺得自己是基督生活團團員，有團員的意識；這一點是好的，是可以鼓勵的。但也可能在團員意識加強以後，自己就關在團體以內。這一點則是該避免的。今天我把你們給我講演的題目，就向這方面講。你們給我的題目，是「愛的實踐」（暗中的皈依和顯明的皈依）。愛的實踐即是工作，愛的實踐即是向外發展。

一、天主把暗中的愛，顯明出來

聖若望宗徒說：「天主的愛在這事上已顯出來，就是天主把自己的獨生子，打發到世界上來，好使我們藉著他得到生命。愛就在於此：不是我們愛了天主，而是祂愛了我們，且打發自己的兒子，爲我們做贖罪祭。」（若望第一書第四章第九—十節）

天主對我們的愛，常是隱藏在自然界中流轉。蘇東坡曾說「惟江上之清風，與山間之明月，耳得之而爲聲，目遇之而成色，取之無盡，用之不竭，是造物者之無盡藏也，而吾與子之共適。」（前赤壁賦）自然界的美景，固然是天主的愛，而人的生命則更是天主的愛。你們青年每個人都體驗到生命的貴重，生命的奧妙；也經驗到每天每月的遭遇，都是爲發育你們的生命；這一些又都是天主的愛。然而天主的愛隱藏而不顯，大家都認爲這是自然的事，一點都不意外。假使若是不是這樣，風雨不調，自然界有混亂，人事不協，疾病災殊，大家便要抱怨上天的不仁，像老子所說：「天地不仁，以萬物爲芻狗。」（道德經）。《詩經》上也說：「浩浩昊天，不授及德，降喪飢饉。」（雨無正）

有一樁事，卻把天主對人類的愛，彰明昭著地顯示出來，那就是「打發自己的兒子，爲我們做贖罪祭」。聖子降生，這不是自然的事，聖子爲我們捨生，那更不是人世間所常見的事。這完全因爲天主愛人類，爲使人類達到生活的目的，能與全真全美全善的天主相結合，纔派遣聖子降生贖罪。所以救恩顯示天主的愛，救恩史就是天主愛人類的歷史。

二、人類也應把暗中的愛，顯明出來

人類對於天主的愛，也常是隱藏不顯，在自然的情緒裏流轉。中國的哲學家常講：「仁民而愛物」，常談「萬物一體」。孟子說：「無惻隱之心非人也。」（公孫丑上）張載說：「民吾同胞，物吾與也。」（西銘）王陽明說：「大人之能以天地萬物爲一體也，非意之也，其心之仁，本若是其與天地萬物而爲一也。」（大學問）人心有自然的愛，愛人也愛物，自己覺得彼此在生命上互相關連，又覺得萬物都是造物者所造，應該愛惜，不可糟蹋。這一點就是人類對於造物主天主之愛，是一種自然之愛，隱而不顯。

再者，凡是人都追求幸福，而追求幸福，乃是人類的特徵。禽獸祇求生存，不知道追求幸福。人類所追求的幸福，乃是真善美。人世間的真善美沒有一種可以使人滿足。

人心無限，真美善也擴至無限；無限的真美善即是天主；因此人在暗中追求天主，人在暗中愛天主。人愛而追求天主，卻自己不理會，自己不明瞭。

我們信仰基督，便是把人在暗中追求天主的愛，顯明出來，成爲有意識，有目標的愛。天主隱藏的愛，因基督降生而顯明，人類隱藏的愛，也因基督的升天而顯明，天主愛人，遣派聖子召回人類；人類愛天主，基督升天而常與天主相結合。基督曾說：「沒有人上過天，除了那自天降下而仍在天上的人子。」（若望福音 第三章第十三節）沒有人可以自舉而與天主相結合，祗有那和天主聖父同體的聖子，降到人世，纔可以使人上升而和天主相結合。基督是天主的愛和人類的愛，互相顯明出來的焦點和光。所以聖若望稱基督爲光明，爲生命。「在祂內有生命，這生命是人的光。光在黑暗中照耀，黑暗決不能勝過祂。」（若望福音 第一章第四節）

三、暗中之愛而成顯明之愛

天主把隱藏之愛，因著聖子耶穌而成了顯明之愛，我們每一個人怎樣藉著耶穌的升天，把我們隱藏之愛成爲顯明之愛呢？

你們是青年，你們是大學生，你們今天就是在討論這個問題，你們青年大學生怎樣把在自然追求天主的愛，變成顯明追求天主的愛。

第一、你們要經過基督，要藉著基督以使自然暗中追求天主之愛成爲顯明的愛：這就是神修學上所說的「基督中心」。一切歸之於基督，由基督歸之於天主父。聖保祿宗徒曾說：「或是生命，或是死亡，或是現在，或是將來，一切都屬於你們，你們卻屬於基督，基督則屬於天主。」（格林多前書 第三章第二十二—二十三節）

基督的信仰，要成爲你們生活的標準。人是理性動物，做事都要想。思想不能是亂想，應有思想的標準，便是基督的信仰。一天的生活，所接觸的人物很多，所有的事也複雜；但是接觸和做事的標準，是以基督信仰爲標準。

大家都說「每人要有信仰。」共產黨人也說自己有信仰，信仰共產主義，一切以共產主義爲標準。三民主義的信徒，當然信仰三民主義，以三民主義爲行動標準。 國父孫中山先生爲一位基督信徒，他曾說，三民主義中包含有基督的信仰。這便是孫中山先生把暗中對天主之愛，成爲顯明之愛。

你們以基督爲中心，便是以基督的信仰，作爲思想行動的標準，既不願違背信仰，又按信仰去行動。

第二、藉著基督舉心向上，青年人志向常高，眼睛看得遠。不過這種高和遠，都是對將來而言。可是在目前，你們的心就要向高向遠。在彌撒裏，聖祭祭禮開始時，主祭說：「請舉心向上」，參禮者答說：「我們全心歸向上主」普通我們想像天主離我們很遠，祂是在天上，基督也是坐在天主聖父的右邊。我們舉心向上，便是要脫離人世而飛向天主。實際上天主是在我們心裏，我們舉心向上，乃是反省，乃是進入我們的心裏，在我們心裏找到天主。天主不是愛嗎？在我們心裏有愛，而我們心裏的愛是天主的愛，我們在心裏的愛就找到天主。

無論誰，心裏都有愛；無論怎樣的愛都是發自天主。我們中國古人說是「以天地之心爲心」、「得天地之仁」。但是我們心裏的愛，要顯明地成爲天主之愛，即是我們知道愛是發自天主，又歸於天主。我們愛人愛物，是以天主爲歸宿。孔子、孟子在一切事上，常看見天命，我們在愛人愛物上，也常看見天主，我們的心便是高舉到天上了。

你們青年人，把心裏的愛，以天主爲最後歸宿，你們的心便高舉在人和物以上，你們愛人愛物，是在天主的聖意以內，去愛人愛物，你們的心便不會被人被物所拘束。中國古人也說：「役物而不役於物」，我們自己要是主人，不作人也不作物的奴隸，被他們擺佈。我們的愛的最後對象乃是天主，我們所愛的人物要向著這個對象。

你們心裏的愛，以天主爲歸宿，你們的心便遠過現世的一切目標。天主雖在我們心內又在宇宙萬物內，但是天主是永久的天主，超出時間和空間以上。你們心裏的愛，以天主爲歸宿，你們的心不會被現世一切目標所拘束，你們心裏所想的，乃是永久的天主。

這種的愛，是積極的愛，是建設性的愛，是不自私的愛，是振作精神的愛。

四、顯明之愛的表現

可是這種顯明之愛，似乎還是很曖昧；這種在我們內心的愛，似乎是柏拉圖的抽象的愛，捉摸不到，究竟怎樣纔是具體的、活潑的、現實的愛呢？

「爲基督作證，乃是教會內現行的口號。現實的工作而成爲口號，就變成了空空洞洞，不可捉摸的口號」。「以天主的愛而愛世上的人和物」，也成了神修學上的口號，空洞不可捉摸。究其實，「爲基督作證」就是「在內心的愛找到天主」。

內心的愛是活潑的、是現實的。你們愛自己的父母，愛自己的家庭，愛自己的學業，愛自己的男朋友或女朋友。這種愛不是現實活潑的愛嗎？這種愛是來自造物主。現在你們更因爲基督引導你們歸向天主，你們便在這種內心的愛上，順著基督所指引的道路，走向天主，那不是在內心的愛上，在日常的生活上找到了天主？一切明朗化一切都簡單化，一切都切近人情。於是你們以愛天主的精神去愛世人，去愛家庭，去愛學業，去愛男朋友或女朋友。愛天主的精神，或說愛天主之愛，不但不阻擋你們愛父母，愛家庭，愛學業，愛男女朋友，反而使你們這種內心的愛更堅強，更純潔，更持久，不受現世人和物的拘束。這種加上愛天主的精神之內心的愛，便是顯明之愛的表現，便是愛的實踐。

暗中的皈依和明顯的皈依的分別。暗中皈依是自然之愛而不知道爲什麼要愛，顯明的皈依則是知道愛自天主而歸於天主。中國儒家常說，天地好生之德，天地的生物爲心，使萬物繼續生存。萬物由天地生化萬物時也得了好生之德，彼此互助以求生存，故萬物以天地之心爲性，萬物之性都傾於仁。這種天賦之仁，便是暗中皈依天主的表示。這種皈依是自然之愛，是沒有意識的愛，是常受阻撓而不得其道之愛。天主聖子降生，顯示了天主愛人之愛，引人直接與天主相結合，使人暗中皈依天主，成爲顯明的皈依。

基督曾對撒馬里亞婦人說：「你們所敬拜的，你們不知道，我們則敬拜我們知道的。」（若望福音 第四章第二十二節）沒有基督信仰的人，他們愛而不知道爲什麼愛，有基督信仰的人，則知道自己爲什麼愛。愛出自天主，歸於天主。

民國六十一年九月二十一日在基督生活團夏令營講

民國六十一年十月五日「教友生活」

哲學與文化

七十年代的中國

一、

今天，閱讀中央日報，見到美國華盛頓郵報書欄作家傑瑞米・諾瓦克（Geremiah Novak）的文章，題目為「臺灣是中國文化最後的堡壘」，心中很有感想。諾瓦克說：「臺灣在中國歷史上，扮演一個至今尚未被人所完全認知的重要角色。它的存在並不限於政治或經濟上的理由。今天世上現代化的國家多如過江之鯽，毫不稀奇。臺灣特殊的重要性在於它對中國文化的維護和擴展。假如我們此刻談起經濟發展或軍事安全，答案將是毫無疑義被肯定的。然而，創造出讓偉大的中國文化傳統能繼續發揚光大的環境，這卻是一個經常被人遺忘的目的。然而，從這一些蛛絲馬跡我們可以預言，在一九八〇年代，文化的維護和發展將被視為臺灣過去二十年來最彌足珍貴的成果。」

我曾經在中央日報今年二月十六日發表一篇文章，題目為「中華文化看臺灣」。我在文中曾說：「『政治學臺北』和『經濟學臺灣』，具有很大的向心力，吸引大陸同胞的心，傾向三民主義的中華民國政府；然而這種想望和嚮往，還不是生命的基本要求。雖然古人也說過『食色，性也』，生活的享受也是人生的自然要求，然而人的生命還有比食色更基本的要求，那就是『民族性』。……民族的天性，為民族文化的一部份，中華民族具有自己的民族性，在生活上，造成了中華民族的文化。……文化的活力，是人心的活力。……我們臺澎金馬的同胞擁有中華文化的活心力，這種活心力是攻破大陸同胞人心的最強武器，使他們心向臺灣。」

民國七十年代的中國是分裂的中國，大陸被共產主義的政權所統治，臺灣是受中國合法的國民政府所治理。這種分裂的事實，乃是中華民族一百年來的命運。從鴉片戰爭後，中華民族體驗到自己是一個貧弱的民族，於是力圖自強，也力求富足。所以 國父領導革命，推翻了無能的滿清政府。先總統 蔣公率兵北伐，統一中國。不幸，日本軍閥野心狂妄，率兵侵略，我們八年抗戰，卒得勝利。共匪卻乘機叛亂，惡意宣傳，以八年抗戰後的經濟拮据、民生困窮，歸罪於中央政府。熱血無知的青年，受共匪愚昧，希望實現戰後強國的夢想，遂傾向共匪。國民政府遷都臺北，大陸逃難同胞死中求生，臺灣本省同胞期望解脫日本統治的自由。先總統 蔣公痛定思痛，決心建設復興基地，卒能建定今日的臺灣。

七十年代自由中國的人心，已不是死中求生的心理，而是在富足中求享受的人心，手中有了錢，便盡情享樂，奢侈豪華，聲歌太平。

經濟的情況，則建立基礎的工業家和商業家，繼續謀進取，擴充工廠，增多產品，爭取國際市場。經濟成長，繼續不停。

政府的目標，以經濟和科技邁進開發國家的世界，以武器的精密，確保臺澎金門馬祖。來回歸大陸，能夠發揚光大。他創立了復興中華文化委員會，指定了教育的目標爲倫理民主科學，興建了故宮博物院。目前政府雖極力發展科技教育，培養科技人才，然也特別注意文化建設，成立文化委員會，建設各縣市文化中心，最近又將發動社會的新生活運動，提倡節約自強，消弭奢侈享樂的頹風。

臺灣社會不僅有奢侈享樂的頹風，且有強暴偷竊的青年犯罪的普遍現象，國小青年已成夥作惡，使家家防盜防偷，女子夜間不敢出門。臺灣經濟踏進了開化國家，社會風氣也發生了開化國家的社會罪惡現象。

然而當前臺灣的人心，是二十年來，最充滿信心的人心，大家都相信不久要回歸大陸，大家都相信共產主義必會受大陸同胞所唾棄，而遭遇失敗。大家都懷著勝利來臨的期望，而呈現浮躁的心情。

有識之士則認爲這種浮躁的心情很具危險性，必定要導致刻苦奮鬥心情的消失，又當勝利不能立刻來臨時，必轉而使人心萎靡不振，對國家大事麻木不仁。因此適時提倡自強運動，認識共黨雖遭遇不能勝過的困難，尙必作困獸之鬥，必不會甘心自認失敗，輕易讓另一勢力來接取他們的政權。

在各種矛盾的社會現象和心理下，民國七十年代的自由中國，將邁向經濟開發國家的國際地位，在自由世界中將取得多數國家人民和政府的重視，不僅要被認爲由不開發的經濟步向開發的經濟之一成功模型，而且要被認爲中華民族文化的繼承者。

在民國七十年代的自由中國，青年人將在社會上奪取主動的地位，在工商業裏他們將有創業的成就而居指導的身份，在學術上他們將操持科技發展的實權，在政治上他們將由中等首長而躍居上級首長的職務。民國七十年代的中國，將是青年人的世界。

以往中國的社會爲士人領導的社會，民國七十年代的中國，士人仍舊居領導的地位；然而國家的實權則操在工商業者的手裏。士人所領得的薪金，和一個工人所領的薪金相等，他們不能造成社會的風氣和道德。工商業者手握金錢，爲社會的生產者和消費者，他們賺錢和花錢的方式，引著社會大眾跟著走。人心都想賺錢，都希望享受。賺錢和享受將成爲八十年代自由中國人心所向的北斗星。

二、

但是民國七十年代的中國人應該是統一中國的人。中國歷代的歷史有分必有和，有亂必有治。中國現階級的亂由大陸共匪作罪人，中國現階段的治由國民政府作功臣。這種的治亂，乃是全中華人民的大亂裏有局部的平治。從鴉片戰後，中華民族遭遇了一百年的變亂。在共匪的變亂中全民的家庭被破壞，全民的產業被沒收，全民的自由被剝奪，傳統的社會制度變成了公社組織，受教育擇職業的自由權，卻操在匪幹手裏，一鄉村變成一大工廠，全體人民受共幹驅使，全國產業都歸共黨所有，全民的收入盡屬國產。幾千年代表中華民族性的勤儉美德，已流爲惰工偷閒惡風。幾千年的禮讓和諧，卻變爲仇恨的鬥爭，沒有家庭，沒有鄰里，沒有家產，沒有事業，但是一切要有紀律，要有服從，不分長幼，不分貧富。整個大陸合爲一個偌大的勞動營。僅僅剩下了臺澎金馬的一千幾百萬人從水深火熱的共禍裏，逃出了生命，建立了復興基地、享到了平安豐富的生活。一百多年的禍亂應該及時結束了。孟子曾說五百年後必有王者興，那是指著聖王。中國歷史混亂的時期，春秋戰國歷時五百一十五年，漢朝自桓帝到楊堅統一，經過了四百多年，唐後五代十國歷時七十餘年，清朝洪秀全太平天國的亂歷時十四年。共匪構亂已經七十餘年，竊據大陸也三十餘年。共匪的變亂不能像春秋戰國，也不像南北朝和五代十國，那時都是群雄蜂起，割據一方。共匪的變亂只能像洪秀全，和洪秀全不同的，是他們統治了大陸。然而中國的正統政府仍舊存在，而且日益堅強，中華的文化也在正統政府之下逐漸發揚。共匪之亂又不能比擬清朝，臺灣國民政府更不能比作鄭成功，國民政府乃由總統遷臺。因此，我們在歷史上找不著前例，而要由中國歷史哲學去分析研究。凡是中國歷史上新興朝代的創業者，必定在戰馬上取得天下後，施行仁政，以舒民困，天下興平。賊寇的首領，取得政權，則殺人如麻，天下混亂日深，民不聊生，乃趨滅亡。當今自由中國的人心都認爲共匪必亡。前些年，政府喊回大陸，許多人嫌爲喊口號，現在大家都相信將是事實。

既然相信將是事實，便要計劃回歸大陸的計劃。政府設有大陸設計委員會，每年也開會；然而實際上他們開開會，提出一大堆建議案，而議案和回歸大陸後的政治措施扯不上關係。

現在開始在大學裏開大陸研究的課程，我希望這些課程不止是罵共產黨的惡毒，而要說明現在大陸的實際情形。現在我們在臺灣的人連大陸被共產政權劃成多少省，做了多少鐵路，建了多少鐵橋，那些地方被改了名，我們都不知道。不用說大陸現在的政治體制，社會組織，我們更不明白了，若不知道大陸的實際情形，我們怎麽設計？回歸大陸，絕對不能再蹈抗戰勝利後的接收覆轍。驕傲自大，貪污自私，使對政府解除困苦的渴望，變成了悲哀的失望。

回歸大陸，絕對不能以得勝還朝的心理和姿態回去，絕對不能把大陸的同胞都看成匪徒。不能說大陸同胞所拿的人民幣一天都作廢，不能匯換，一貧如洗。不能說大陸幾十年的學校文憑一概不承認，又不能以同等學力相待，使大陸同胞沒有就職的可能。不能說大陸現行的農業和工業制度一天都作廢，大陸同胞不知怎樣就業。更不能把大陸青年同胞的心理，看成和我們一樣的心理，一切設施，都照我們的看法去做。回歸大陸以前，我們應深深瞭解大陸多方面的情況，按照大陸實情，按照大陸同胞心理，研究切實的計劃，訂立一個過渡時期的行政綱要，釐定詳細計劃。這種計劃隨著今後大陸情形的改變，逐漸修改。

八十年代的自由中國，應是研究回歸大陸的方針，研究回歸大陸後各方面的改革步驟。大陸同胞受盡了共匪的虐待、煎熬及一切的痛苦。我們不能以他們不逃出共產政權爲罪。我們要同情，要關懷，要協助他們。

八十年代的中國將是以三民主義統一的中國。我們所該做的，在於研究如何實行三民主義使大陸同胞恢復元氣。

民國七十年十月「益世雜誌」

由價值觀看中國的未來

一、價值的意義

價值的名詞，普通用於商業上的商品，意思是一項物品可以值多少錢，以錢作價值標準。在商品中，有的物品價值昂貴，有的商品價值低賤，乃有價值的高低程度。

商品的價值雖以金錢爲標準，金錢的多少則另有標準，最通常的標準是物產多寡和購買者的需要，若供過於求則值錢小，求過於供則值錢多；另一標準則是物品自身的精美或粗糙，精美的東西則貴，粗糙的東西則賤。但若我們再追下去，值錢多少的標準還是在於人的需要；人需要一件物品，是因爲這件物品對自己有益，因此，價值的標準是在於人的利益。從這個根本點去看，價值究竟有什麼意義呢？價值是人對於事物所有利益的評判。

不過有些學者可能要提出抗議：價值的標準絕對不是利益，例如道德的價值、藝術的價值、智識的價值怎麼能夠由利益去看呢？然而問題就在於利益這個名詞了。

利益是什麼呢？中國儒家和墨家在「利」字上，互相競爭。孔子標出人生的原則，在於好義不好利；墨子標出人生的原則，在於看重利益。兩家思想所以不同，是因爲孔子以利爲私利，爲求自己一人的利益；墨子所講的利爲公利，即是公益。故追根到底，孔墨兩人所追求的對象都是同一的。

我解釋「利益」，由哲學的觀點去看—利益是能協助人發展並成全自己本體的事物。

人一出生就有自己的本性，本性的表現就是本體。人的本性雖然在出生時就是全的，但是需要發展，不然就會成爲枯木槁灰。《中庸》第二十二章，講至誠的人知道「盡」自己的性，「盡」即是盡量發展自己的人性，以至於能夠發展萬物的物性，贊天地的發育。孟子講人心有仁義禮智的善端，人要努力發展自己心裏的善端，成爲仁義禮智的善德。

人除人性外，有自己的本體。本體當然包括人性，此外還包括人的智力、情慾、個性和身體。這一切在人出生時，衹是一些能力、一些質料，等著人在一生中去培植、去成全，否則，就會是一個殘缺而不完全的人。

爲發展人性和成全本體，人需要種種的事物。這些事物對於人都有利益，都是人所需要的，對於人便是有價值的。價值的標準就是人的利益，有利益的是好的，沒有利益的是不好的。

人的人性是善的，人性的需要應當都是善的。不過人性需要的表現，必須穿過人的本體而表現，人性的需要在實際上，就是人本體的基本需要，人的本體則很複雜，有心靈方面的需要，有物質方面的需要。孟子曾說人有小體和大體，小體爲物體，大體爲心靈，保養物體的人爲小人，保養心靈的人爲大人。在人本體的需要裏便有了高下的等級，不能一樣的看待；這就造成價值的等級，也就是我們所說的價值觀。

在人的本體裏有兩種認識的本能，一種是孟子所說的小體，即是感覺之官，一種是孟子所說的大體，即心思之官，我們現在普通說是感情和理智。對於事物爲我們有益否，我們可以用感情去認識，那是一種直覺，直接體驗出來一件事物，使我們喜愛或使我們厭惡。喜愛的事物，我們認爲對我們有益，便是好的；厭惡的事物，我們認爲對我們有害，便是不好的。我們又用理智去思考，看一件事物對我們是好或是不好。理智所思考的和感情所體驗的，不常是一樣。既然理智在感情以上，理智的評判應該比感情的評判較爲準確。我們常說感情是盲目的，盲目的感情需要理智的光明去指導。不過在人的生活裏，因爲感情由感覺去表現，感覺是物引物，物引物的吸引力，每每超過理智的指導力，人便每每順從感情而不隨從理智。在價值的評判上，每每輕重顚倒。

人雖然是心物合成的，心靈和身體不能分，然而兩方的需要不常相同，心靈有心靈的需要，身體有身體的需要。心靈既然高於身體，心靈的需要便要高於身體的需要。兩方面需要的價值有高下的分別，合於心靈需要的事物，所有的價值高；合於身體需要的事物，所有的價值低。孔子曾說：為政需要食物，需要兵，需要信用；在三者不能同時兼得時，先去兵；若再不能兩者同時有，再去食；而信是最重要的。所以三者的價值以信用為最高，食為第二，兵為第三。孟子也曾說過：若是義和生死不能兩全，則捨生取義，義的價值比生命高。中國古人常說若忠孝不能兩全，則取忠，忠的價值在孝以上。中國傳統的價值觀，以儒家的人生哲學作基礎。儒家哲學為倫理哲學，倫常的次序，是天地君親師；社會的標準是爵、齒、德；生活的標準，是道德高於生命。

二、歷史的評判

所謂傳統的價值觀，乃是歷史的價值觀。人的生命是在空間和時間裏運行，人是生活在一個具體的環境裏，生命的需要便表現在時間和空間裏；空間和空間不同，時間和時間常常變換；每一個地域的人所有的需要，每一個時代的人所有的需要，在基本上相同，但是在具體的表現上則不相同了。因為每一個地域和每一個時代所能供給人需要的事物，常不相同，人對於需要的看法也就不同。再者每一地域和每一時代的人對於生活的觀念，因著環境的不同，觀念也就可以有不同，生活觀便不一樣。這一切影響了人的價值觀，因此，每一民族、每一時代的價值觀便有不同。時間的不同和空間的不同，都存留在歷史裏。討論價值觀的人，便以歷史爲價值觀的評判者，而且以歷史還是價值觀的塑造者，歷史爲人所造，價值都是人所造。

他們認爲歷史顯示出來價值是變的，一個時代的價值和另一時代的價值不同；價值觀的形成，乃由於一個時代的人共同的嚮往。人們共同的嚮往以感情爲重，常多爲主觀的，因此價值觀常是主觀的。

然而歷史顯示價值觀念，雖然顯示價值觀在時代裏常變，但也顯示出來有些價值觀念在時代裏並不變。這些在時代裏不變的價值，便是超越時間的價值。

中華民族的文化在幾千年裏，沒有遭到外來的重大打擊。魏晉南北朝的五胡亂華，胡人的文化都較中華民族文化低。元朝蒙古人和清朝滿清人入主中華，也都接受了中華的文化。因此中華民族的生活觀念常常一樣，在幾千年歷史裏所有的改變，都是一些枝葉的變換，主幹常是一樣。中華古代的生活觀，以生命爲重，認爲整個宇宙變化不停以化生萬物，人類的生命爲宇宙生命的一部份，應該繼續傳生。中國古代社會看重家族，家族爲人類生命的繼續，多子多孫乃爲人的一大幸福。因家族生命而重孝，在社會裏重男輕女；因宇宙生命而重仁，仁爲生。人人愛惜自己的生命，也就愛惜別人的生命，因愛人的生命也愛物的生命；仁乃是中華民族最高的善德。因著生命，家家供著牌位，牌位上寫著天地君親師，天地最高，乃是生命的根源；君代表天地，號稱天子，保障人民的生命；親是父母和祖宗，爲人生命的近源；老師教導人好好生活，爲生命的導師。在社會裏，有士農工商，士的地位高於一切，農居第二，工商居末位。因著皇帝的地位最高，幫助皇帝治國的官爵地位也高；因著孝敬父母，對於年長者也尊敬；因著精神心靈生命高於身體物質生命，道義便在金錢利益以上，重道義的人爲可敬的君子，重金錢利益便是可輕的小人。君子求道不求錢，生活的樂趣，在於內心無咎，在義和生命不能兩全時，則捨生而取義。又以「食色性也」，追求飲食和女色的享受，烹調乃爲傳統藝術之一，娶妾狎妓認作高雅。

可是到了清朝末年，歐洲列強侵略中國，摧毀了中國人的自尊心。民國成立以後，社會思想自由，全國青年都趨向歐美社會的生活方式，學者又高唱「全盤西化」。接著是軍閥內戰，是日本侵戰的全面戰爭。國家常在戰亂之中，社會生活消極的破壞多於積極的建設，舊的傳統遭破壞了，新的生活方式和觀念沒有建立，共匪又乘機竊據了大陸，徹底毀滅傳統的文化，企圖建立共產的生活制度，把以往的價值觀全部掃除，以物質價值掩蓋一切。自由中國在臺澎金馬，抱著延續中華文化的使命，然而爲求保全復興基地，建立復興的力量，乃專心發展工商業，使經濟的成長非常迅速，以往的農業社會，變成了工商業社會，生活的價值觀隨著起了大的變化。工商的地位壓倒了士人的地位，科技的智識提升到人文智識以上，金錢的重要超出一切，大家重利不重義，追求享樂。臺灣的社會已經進入了歐美的消費社會，食色的享受每年要消耗千億的金錢。家族的制度已經崩潰，孝道的觀念也已動搖，個人的人格和自由代替了社會的權威，物質的價值漸昇到精神價值以上。因此，目前大家都在問究竟應有什麼價值觀？歷史還沒有給我們一個答案。

三、中國的未來

歷史的答案雖然要在事成以後才能確定，但是由以往的歷史，我們可以推測出歷史答案的一些成因。中國的社會環境現在是徹底變了，絕對不能單純地幻想繼續以往的文化模型和價值觀念，大陸共匪是用暴力在改變中國的社會，臺澎金馬的自由中國政府是順著時勢來改變生活方式。中華民族的歷史現在開始一個新的段落，中華民族的文化也正在醞釀新的內容和面貌。因此中國的未來，是一個新的中國，將有新的價值觀。

但是大陸的中國在未來，並不能是一種共產制度的新中國。歷史的運行有兩種勢力，一種是掃除不合時代的舊生活觀念和價值觀，一方面是掃除不合民族性的新的生活觀念和價值觀。歷史有變的力量，也有保守的力量！時代的要求是新的觀念和價值，民族所要求的是長存的民族性。大陸共匪施展各種暴力，企圖摧毀中華民族的歷史，建立新的歷史；企圖掃除全部的民族傳統，建設共產的生活制度。然而民族性是存在人民的血液裏，暴力並不能摧毀，除非經過四五代的人，舊的血液都變成了新的血液，這個民族已經不是舊的民族，那時共產黨才能造成一部歷史、一個文化，但這種歷史和文化已經不是中華民族的歷史和文化。然而歷史是有延續性的，而且有力量掃除那些打斷歷史的暴力，歷史要建築在歷史上，文化要建立在文化上。因此，大陸同胞所有代表民族性的價值觀，現在還存在他們的心中。民族性的價值觀，夾著歷史的勢力，必定將要昂起頭來。大陸未來的中國，決不是共產生活制度的中國，共產黨或者要被掃除，或者是要自己改頭換面而接受三民主義。

臺澎金馬的自由中國，在最近的未來，尚在一個過渡時期，時間的色彩很濃，社會將是工商的社會，科技主義很囂張，青年人還希望出國進修擇業，金錢主義橫霸一切，享樂和消費的思想瀰漫社會，物質價值將淹沒精神價值。但經過二十年後，民族性的持久價值將會重新肯定自己的價值。根據今年輔仁大學社會系所作的大學生心態調查，目前的青年大專學生，對於責任感，對於人格、倫理的價值觀，都已提高，而且因著精神生活的興趣而引起對宗教生活估定價值。這一點就表示物極必反，物質享受慾過高必將引起對物質享受的輕視。中華民國幾千年都重視精神生活，以仁義爲生活的最高價值，以君子爲人格的模範；孝父母，敬長老，大家和睦相處以守中庸之道。這些傳統的價值，必定會在自由中國復興起來。我對中國的未來抱著樂觀的態度，歷史已昭示我們建立新價值觀的途徑，因此中國的青年將肩擔自己的歷史使命。

民國七十年五月八日在中國哲學會與耕莘文教院舉辦的哲學週演講

中國古代文化的造型

一、中華文化的構型

我們去參觀故宮博物院，在各展覽廳中可以瀏覽中華民族文化的演進史。從甲骨文到銅器，進而有玉器，又進而有宋明清的瓷器，在各展覽廊上，可以欣賞歷代的書畫，唐朝的佛像，宋元的山水畫和翎毛花卉，明清大家的各門傑作。走出博物院大門，心中充滿景仰和自傲的的感想，景仰我們祖先的高明，祖先的遺產使我們自傲。我們深信中華民族是一個文化最深的民族。

博物院的文物遺產，顯露著中華民族在技術方面，早在四十年前已經到了很遠的程度，銅器的精緻光澤超過現代的銅器、瓷器的工技、水墨畫的明暗、花卉翎毛著色的神韻、玉器雕刻的精巧，工技的技巧代表中華民族的特色。但是這些歷代的遺物，在顏色和質料之下，藏著中華民族的思想和中華民族的精神；我們若能透過顏色質料，進到作品的內心，我們就可以領悟中華民族的文化。

文化是一個民族生活的外形和內心；外形的生活由內心生活而建造，內心生活由外形生活而推發，內外相連，內外相成。博物院的文物遺產顯露中國古代文化的外形。

中國古代文化的內心，早已在《書經》和《詩經》裏蘊藏著。《書經》蘊藏政治生活和國家生活的文化內心，《詩經》蘊藏著社會生活和私人生活的文化內心。稍後則有《禮記》一本書，蘊藏著周代文化的內心。

整個國家的組織，爲君主制度，一切權力操在皇帝手中，皇帝任用官吏，助理政事，以爲股肱。「元首明哉，股肱良哉，庶事原哉！元首叢脞哉，股肱惰哉，諸事墮哉！」（皐陶謨）。皇帝對於臣民爲父爲師，「天降下民，作之君，作之師。」（泰誓）皇帝治國使天下安寧，人民幸福。「光明俊德，以親九族；九族既睦，平章百姓；百姓昭昭，協和萬邦。黎民於變時雍。」（堯典）

社會組織爲家族社會，「以親九族」。家族社會的命脈在於孝。「子曰：舜其大孝也與！德爲聖人，尊爲天子，富有四海之內，宗廟饗之，子孫保之。」（中庸 第十七章）「子曰：武王周公，其達孝矣乎！夫孝者，善繼人之志，善述人之事者也。」（中庸 第十九章）

社會組織以兩種現律去治理，即倫理之禮和刑罰之法。禮勸人爲善，法禁人作惡。「象以典刑。流宥五刑。鞭作官刑，扑作教刑，金作贖刑，眚災肆赦，怙終賊刑，欽哉！欽哉！

惟刑之恤哉！」（堯典）堯舜的時代，已作刑法，雖很簡樸，用意則爲禁民犯奸。皇帝不僅用法，更該用禮教民爲善。孔子後來重禮，乃是繼承三代皇帝的思想。「帝曰：契，百姓不親，五品不遜。汝作司徒，敬敷五教，在寬。」（堯典）五品爲父女兄弟子，五教爲父義、母慈、兄友、弟恭、子孝。這是舜王的政令，命令教人爲善：「帝曰，夔，命汝典樂，教冑子。直而溫，寬而栗，剛而無虐，簡而無傲，詩言志，歌永言，聲依永，律利聲；八音克諧，無相奪倫，神人以和。」（堯典）樂和禮在古代爲教育的方法和課目，培養人的感情。

古代社會爲農業，農業和天象，關係密切，種秧拔草，和月曆季節有關。「乃命羲和，欽若昊天，曆象日月星辰，敬授人時，……帝曰：咨！汝羲暨和，朞三百有六旬有六日！以閏月定四時成歲。允釐百工，庶績咸熙。」（堯典）漢朝易學講卦氣，以卦象四季，十二月二十四節氣，以支配三百六十四日，都是根據農業而談天時。

《詩經》所述民間生活，顯露田野和五穀的工作。「豐年多黍多稌，亦有高廩，萬億及秭，爲酒爲醴，蒸畀祖妣，以洽百禮，降福孔皆。」（周頌 豐年）豐年時冬季有教祭，向祖宗獻禮。「十畝之閒兮，桑者閑閑兮。行與子還兮。十畝之外兮，桑者泄泄兮；行，與子逝兮。」（魏風十畝）「無田甫田，維莠驕驕。無思遠人，勞心切切。」（齊風 南田）「彼黍離離，彼稷之苗，行邁靡靡，中心搖搖。」（王風 黍稷）

在農業的社會裏，上天的信仰很深，中國古代的文化，孕育在宗教信仰裏。既信上天，又信鬼神，更思念祖先。人物由上天所造，選擇人君，代天行道。祖先爲人類之本，祖先乃能配天。宗教信仰的生活，第一在於遵行天道，第二在於謹行祭祀。

湯王伐桀，奉行天命。「非台小子，敬行稱亂，有夏多罪，天命殛之。」（湯誓）武王伐紂，代天行罰，「今予發惟恭行天之罰。」（牧誓）

皇帝由上天所選，「天降下民，作之君，作之師。」（泰誓）按照上天之道而怡民。「天生蒸民，有物有則。」（詩經 蒸民）

祭天、祭祖、祭鬼神，爲古代三椿大事。祭典不僅爲宗教儀典，也是社會典禮。「正月上日，受終于文祖，在璿璣玉衡，以齊七政。肆類于上帝，禋于六宗，望于山川，遍于群神。」（堯典）舜皇繼承堯皇的帝位，便祭天祭鬼神。《詩經》的頌，多爲祭祖的歌什。「於穆清廟，肅雝顯相，濟濟多士，秉文之德。然越在天，駿奔走在廟。不顯不承，無射於人斯。」（清廟）「我將我享，維羊維牛。維天其右之。儀式刑文王之典，日靖四方。伊蝦文王，既右饗之。我其夙夜，畏天之威，于時保之。」（我將）

在中華民族文化開初形成的時候，從《書經》和《詩經》的篇章裏，我們可以擬定中華民族文化的構造模型。一個君主制度的國家，一個農業的社會，以家庭爲基礎。人君爲百姓的父師，臣工作人君的股肱。君主由上天所定，代天行道，以禮教民，以刑罰民。人民履行五教。皇帝和國民都誠心信服上天，敬畏鬼神，按時獻祭，卜卦問吉凶，祖宗死後，家族祭祖，不敢離棄父母之道。

這種文化的造型，在三代已經成立，後代各朝續有發展；然終不能超越這種造型以外。

二、中華文化的精神

造型爲文化的外形，爲生活的方式。在外形方式的裏面，應該具有文化的精神。精神使文化成爲生活的文化，而不是僵屍；精神給文化一種意義，而不成虛套。

生命的文化

我常說中國哲學的形上學爲生命哲學。西洋形上學講存有，中國形上學講存在。中國哲學以存在常在變易，變易乃是生生。《周易》所以說「生生之謂易」（繫辭上 第五章）。生生的變易在於陰陽的接合：「一陰一陽之謂道。繼之者善也。成之者性也。」（同上）生生的表現在農業的社會裏，乃是五穀的生長。《易傳》說「天地之大德曰生。」（繫辭下

第一章）中國古人的思想，以天地爲生命的洪流，在日常生活裏也造成愛生命的情操。生命的延續，在於家族，中國人的日常生活以家庭爲中心，以孝道爲基礎。

1. 敬天祭祖的文化

生命的來源，來自上天，上天賜人生命經過父母，父母也是生命的根源。追思生命的根源，中國的文化爲敬天祭祖的文化。每個家庭裏供有「天地君親師」的牌位，天天上香致敬，「禮有三本：天地者，生之本也；先祖者，類之本也；君師者，治之本也。無天地惡生？無先祖惡出？無君師惡治？三者偏亡焉無安人。故禮上事天，下事地，尊先祖而隆君師。」（荀子 禮論）後來有了佛教、有了道教，宗教敬禮的對象有了許多的神靈和仙人；但是敬天祭祖的文化，常留在中國社會裏，也是中國文化的一特徵。

2. 孝的文化

生命的延續，在家庭裏實現，祖宗的生命，子孫延續發展。「婚禮者，將以合二姓之好，上以事宗廟，而下以繼後世也。故君子重之。」（禮記 婚義）「天地不合，萬物不生；

大婚，萬世之嗣也。」（禮記　哀公問）

子女和父母結成一體，子女的身體乃是父母的遺體，子女的生命爲父母生命的延續，子女便應歸屬於父母。因此，孝道包括子女的一切行動，總攝全部善德，貫通子女的一生。子女的一生，都要孝敬父母，「是故孝子之事親也，有三道焉：生則養，沒則喪，喪畢則祭。養則觀其順也，喪則觀其哀也，祭則觀其敬而時也，盡此之適者，孝子之行也。」（禮記　祭統）

中國古代的社會爲「孝」的社會，兒童的教育以孝爲根本，一個人的行爲，以孝爲重。不但普通的百姓是這樣，就是朝廷的大官和社會的聖賢也都是這樣：「立身行道，揚名於後世。」便是爲「尊親」。

3. 中庸的文化

天地爲生命，必定天地運行之道，《易經》稱爲天道。天地之道以卦象作象徵，卦的變易由爻作代表，爻的變在於位置的上下，位置變易之道最重要的是位居中正。中正的意義，乃是中庸。漢朝易學以四外配合卦氣，四時卦氣的變遷，在求陰陽的調協，使五穀發生，陰陽調協，冷熱得有中庸。中庸爲得其時，得其量。《易經》最重「時」，《中庸》書裏則重「動而中節」。

中國人的人生之道，在於合乎中庸。凡事要合於時，合於值。不偏不倚，避免過和不及。

爲求中庸，孔子主張守禮。禮是生活規範，行動守禮便能中節，重禮使行動有節制。

4. 仁的文化

天地的大德是生生，語見「易傳」〈繫辭下〉第一章，朱熹說人得天地的心爲心。天心爲生生，人心爲仁，仁學本來有生命的意思，桃仁杏仁就是桃杏的生命，手足麻木不仁，手足便是痲痺沒有了生命。朱熹便以仁爲愛之理。

孔子以仁爲全德，總攝一切的善德。善德發自人心，人心是仁，仁就是一切善德的理由。然而仁的意思則是愛惜生命，因爲天心愛惜生命，乃使生命繼續發育；人心相似天心，便也愛惜生命。人的生命爲心思的生命，心思的生命爲仁義的生命，即是精神的生命。人心愛惜生命，便是在於發育人的道德。孔子乃說：「己欲立而立人，己欲達而達人。」（論語

雍也）

愛惜生命，不能自私，因人的生命，互相連貫；而且萬物的存在和人的生命也都是相貫。儒家乃有大同的精神。《禮記・禮運篇》講天下大同，張載的〈西銘〉更講「民吾同胞，物吾與也。」王陽明在〈大學問〉裏更進而主張萬物有一體之物，即是說人和萬物在生命上，互成一體。人爲生存，需要飲食，吃動物的肉，吃植物的菜和果。人爲保存生命吃藥則吃礦物，一體的生命成爲一體之仁，因一體之仁，人便如同孟子所說「仁民而愛物」（孟子・盡心上）。

中國古代的文化爲仁的文化，國父孫先生所以改正達爾文的進化論，以人類的進化不來自弱肉強食，互相鬥爭，而是來自互助。這種仁的文化，便是愛的文化，推己及人，不好戰爭。

敬天祭祖，孝、中庸、仁，都以生命爲根本，有報本、中正、大同的意義，而作成中國古代文化的意義和精神。文化的外形，爲君主制度、爲家族制度、爲體法的制度、爲農業的制度、爲敬天信鬼的制度，在這些制度裏，具有報本、中正、大同的精神。

三、中國古代文化的固型

從中國三代的文物裏，我們可以模擬中國古代文化的造型，中華民族的生活，構成了這種生活方式，在這種方式內發展，然後造成了一種固定的形式。生活方式本來應當隨著時代有所變更，加以改良；若不改良，便要腐化。中國古代文化的造型，在後代成了固型，自己封固，少有改良。

1. 鬼神迷信

古代敬天祭祖，表示生命的精神。然而中國古代的宗教信仰，以天爲最尊，人民不能接近，由皇帝代祭。人民爲祈福祛禍，乃傳托鬼神。道教建立以後，鬼神的信仰加甚，祭神拜鬼的敬禮加多，社會上的迷信隨著生長，人民幾乎忘記了天而祇信神靈。古代祭祖，然不談死後的情景。佛教乘虛而入，五趣的信仰造成超渡的種種儀節，中國古代家家都行超渡亡者誦經。中國古代雖不能爲宗教社會，因爲沒有一種國家宗教，也沒有一個有系統組織的宗教，然而中國古代文化，充滿了宗教的色彩。

2. 君主專制

中國古代文化的造型爲君主制度，君主的權力則不是極權，孔子和孟子對於君權都有調節的主張，君權是爲人民的福利，孟子更主張民爲貴。然而到了漢朝武帝時，君主的權力成了絕對的威權，君主操有臣民生殺予奪的全權。這種君主專制的制度，成了後代社會的固定形式。

3. 繁文褥禮

胡適之在中國哲學史古代編說中華民族本來沒有宗教，但卻產生了兩種變形的宗教，一種是禮，一種是孝。禮在中國古代爲神聖不可犯，權威在人君以上。禮的節目天天加多，宗廟理學家教人修養，常有正襟危坐，步履慢重；因爲孔子曾說「君子不重則不威」（論語學而)。流弊便是繁文縟禮，虛套重重。

家庭重孝，本是天經地義，然而後代流爲重上轉下的風俗，無論在家庭在社會，幼輩和少輩常在長輩以下，在上者祇講權利，在下者祇有義務。男女的分別也很大，女子在家庭和社會的地位較比男子低得多，三從爲女子的義務，貞操也爲女子的義務。子女祇有做了母親，對於子女纔有受孝敬的地位。

4. 重情不重法

中國古人很看重禮治，而不看重法治，對於法律常有逃避的心理。又因事事求中庸，乃養成行事不求徹底的習慣；於是社會上爲處理事件常重情不重法。守禮爲做人的重要原則，守法則祇是避免刑罰。

做事不徹底，漸漸偏於惰性，偏於保守，中國古代的文化乃呈現一種保守的定型。既保守而不求徹底，在學識方面，便輕看科學的智識。中國古代有過許多科學的發明，但都被看爲不是正派的學術，而被看爲小技。

5. 上國自視

中國古人因仁道而主張大道，對於邊疆外面的民族，不主張以兵力征服，也不實行政治統治，祇要求這些國家稱臣入貢，學習中國的文化。這種政策本是仁道，或稱為王道的政策，為一種高尚的精神。但是中國古人對於華夏夷狄之分很嚴，常以夷狄人為蠻人，沒有文化，應當向中國歸化。中國文化較他的文化高，中國人應自視蠻夷以上，不宜同蠻夷通往來，養成排外心理，這種心理在五胡亂華和蒙古滿清人入主中國的時代，使漢人常不願屈服，因而保全了中華民族和文化。然而在明末和清末，中國和歐洲發生關係時，卻使中國人閉關自守，不願接受西洋的科學智識。

由文化的造型進到文化的固型，文化本有的進步天性，漸受阻礙，文化便不能隨時代而進化。中國的文化從漢朝以後，進步的跡象很少。由漢朝到清朝，中國的文化有君主專制的政體，有重孝的家族制度，有守禮而不重法的心理，有拜鬼神求福的宗教典儀，有重倫理的社會習慣，有仁民愛物的精神。這些生活的定型，構成了中華民族的文明。

四、文明的盛衰

文明爲文化進到相當高的程度，而結成了一種定型。文明的成立不是幾年可以成；文明的存在不是幾十年的時期，一種文明的存在常有幾世紀或幾十世紀的命運。史賓格勒以文明的性質，具有一般生物學的「基型」，即有誕生、死亡、青春、老大的生命期（西方的沒落　陳曉林譯　頁一）。但我們並不必要接受這種觀念。我們知道文明由文化而構成，文化由人所造，人的創造物是相對的物，在內容上有缺點，在空間上有限制，在時間上有盛衰。

中華民族的文明，爲中國人所造，存在在中華民族的領域以內，和中華民族生命的命運相連。中華民族的生命有盛衰，中華民族的文明也隨著有盛衰。文明是民族生命的反映形態，生命力強而活潑時，反映的形態也強而活潑。

中華民族文明的演變可以分三個長遠的階段：第一階段從堯舜到戰國，爲文明的生長造型時期；第二階段從秦漢到唐期，爲文明發展成定型時期；第三階段從元朝到清朝，爲文明的老成而轉衰的時期。

在第一階段裏，中華民族正在創造自己的民族生命，民族的生活力很強，以適應生存的自然環境，造成各種的生活原則和形成。這時期中有堯舜的仁政，有周公的制禮，有孔子集古代思想而儒家。

在第二階段裏，中華民族已成了民族，北方和胡人抗爭，內部建立了君主專制的政體，思想和感情生活發展爲漢易和佛道的宗教，更發揚爲漢樂府、唐詩、唐文和漢唐的繪畫。

在第三階段，中華民族由盛唐而轉入安祿山之亂，胡人進逼，君主專制已呈破裂，思想因佛教的刺激而造成理學，詩歌有宋詞元曲、藝術有元朝山水和明清的花鳥。但是從宋末以後，中華民族已呈老弱的現狀，文明已顯露不合時勢的不協調。到了清末，因和歐美人衝突失敗，頓呈不能維持生存的慘狀。

現在中華民族已處在創造新文化以構成新文明的基形。大家對於中國古文化和文明加以評價，各有各的結論。

文化的評價有似於歷史的評價，應該在文化或歷史的自己時代以內，以當時的民族生活所有意義而予以評價，決不能以我們現在的民族生活意義而予以評斷。這種評斷對於以往事實的研究有其價值，但對於造作新的文化則沒有必要。

我們現在所要研究的，是中華民族在古代時的動力，這種動力是中華民族的心理，即是中華民族的天性和心理，也就是中華民族的民族性。民族性不是哲學上的人性，人性不變，民族性可以變，但是變得非常慢。

民族性爲文化造型的主要因素，中國人常是中國人，雖然現代的中國人和百年前的中國人在性格和心理上已有不同，但總還有相同之點。爲研究中國古人的民族性，則可以由中國古代文化的造型去研究；因爲古代文化造型是古代中國人生活的反映。當代歐美大歷史家常有歷史哲學思想，以文明史爲世界史，由文明史以探知古代世界人類的生活。

文化的固定形式成了文明，文明和時間很相連，在一個長時期的社會變遷後，文明必有盛衰的表現。我們現在要造成新的文化，則要明瞭當前中國人生活的時代環境。我們試圖從民族的特性和民族文化的造型中，尋出可以作新文化的原則和基礎，再就新時代的生活環境和條件，提出適當的生活方式。新的方式若能爲大眾所接受，又能經得起時勢的考驗，新生活方式便可建立，新文化也就隨即形成。再經過長時期的演進，遂能構成中華民族的新文明。全盤西化不能行，保守新文化也不能行，所謂折衷方法也不能用數學方法去做。人類的本性是創造的，中國人的創造力很強；必定可以在新時代內，按著自己的本性，環顧生活的環境，造成適合新時代的文化。但是人爲創造不能從無中生有，也不能憑空造樓房。中國人爲建造新文化，該知道自己的傳統文化，又該知道歐美的文化，在自己民族性的基礎上去建造。

歐美的文化，現在也面臨衰老的時期，在第二次大戰以後，科學全能的思想、物質享受的原則、自由民主的政體、宗教信仰的表現，事實都呈現已到了轉捩點，需要建立新的理想和新的形式。我們爲建立中國新文化，不能不深入研究這種現象，以避免在實行西化時，摘取了歐美爲建新文化所摒棄的觀念和方式，所建的新文化馬上成了舊物。

相對論的思想，唯史論的觀念，現在在東西的社會裏都很盛行。在哲學界摒棄已往的「本行」和「物性」的觀念，以一切都隨時而變。莊周也曾經有這種思想，但他至少主張有一個「道」的觀念，「道」是長存的，一切變都在道以內，假若一切都沒有本體。而祇是變動的力或現象，世界還有什麽價值？人生又有什麽價值？那還值得大家費心血來建造新文化嗎？那就採用老子的原則，大家棄習絕智回到茹毛飲血的初民生活，廢除一切文明，不是更幸福嗎？動中有靜，靜中有動，動靜相依；靜爲文化的基礎，動爲文化的變型。文化的基礎爲民族的特性。

民國六十八年四月一日「哲學與文化月刊」

今日的中國文化

一、中國文化的現狀

中國文化大學邀請我到週會講話，我想最恰當的題目是講「今日的中國文化」。中國的傳統文化在春秋戰國時代奠定了根基，在漢朝建立了類型。貴校創辦人曉峰先生，著手寫《中國五千年史》，已出版了戰國學術冊。曉峰先生在自序裏說：「戰國時代爲中國思想史上的黃金時代，諸子百家的學說，爭奇鬥妍，有如春花怒放，極一時之盛。中國自古及今，至高深的哲理，至精采之政論，至優美的文章，盡在其中。」又說：「戰國時代的歷史現象，一言以蔽之，『趨向統一之路』，無論思想、人才、國策、戰略，都是朝著同一目標而奔赴。」（中華民國五千年史 第七冊 戰國學術自序）漢朝統一了中國，罷黜百家，獨尊儒家。漢朝所尊的儒家思想，已經不是純粹的孔孟思想，而是滲雜了道家、法家和墨家的思想。這種融會各家的儒家思想，建立了中國文化的定型。漢朝的文化就是中國的傳統文化。因此，我們中國人自稱漢人。

什麼是中國文化呢？漢朝的中國文化，以儒家的仁道爲基礎，仁是生命的發揚，宇宙萬物的生命互相聯繫，結成一體。《中庸》和《孟子》都說，仁是人的心。人心既仁，便照孔子所說立己立人，達己達人；也照孟子所說仁民愛物。《禮記·禮運篇》乃主張大同，以天下爲公。然而生命發展的歷程，常有次序，需要風調雨順。人的生活便需要中庸，適合時和地，儒家因此重禮。禮正名分，分上下，別貴賤，儒家重禮乃重忠孝。漢高祖命叔孫通定朝儀，肯定皇帝的尊嚴，《孝經》一書制定中國的家族制度。爲加強禮的效力，漢儒也主張重法，加強皇帝的權力，集權於皇帝一身。漢初的皇帝都採用道家思想，實行無爲，減輕刑法。中國後代做官的人都以道家的無爲調劑儒家的自強不息，一方面勤於政事，治國安民，一方面遊山玩水，陶冶性情；而且在日常生活上，也抱著以退爲進的心理，明哲保身，愛保守而不愛改革。

中國的文化，是倫理的文化，一切都由倫理去評估價值；是天命的文化，以天命爲理，以天道爲人道的範圍，是重禮重法的文化，重權威，貴服從；是安身立命的文化，不冒險，不好奇炫異。用具體的名詞來說，中國的文化是帝國的文化，是宗族的文化，是鄉土的文化。

這種文化從漢朝到清末，延續了兩千多年。但是到了清末，中國和西洋的強國相接觸，顯出了自己的文弱，受盡了列強的欺凌。國內智識份子遂急求改革。西洋的文化是民主的文化，個人的文化，追求享受的文化，和中國傳統文化居於相反的地位。國內智識份子從民國成立以來，主張全盤西化，急進份子引著青年們傾向共產主義。以至於在八年抗戰以後，共產黨竊據了大陸，徹底消除中國的傳統文化。但是三十年後，大陸同胞飽受了共匪的迫害，全國陷入了貧窮的生活，大家都希望恢復中國的文化，摧毀共產政權。中華民國政府遷到臺灣以後，深深受了遺失大陸的經驗，決心改革政治和社會生活，力求富強。三十年後，臺灣澎湖金門馬祖的社會成了富裕的社會。但是自由中國在臺灣所表現的文化，從衣食住行各方面，除了「食」以外，完全成了西方的文化，政府乃極力提倡復興中國傳統文化，社會幾方面也倡導恢復民族道德。在這種建立中國新文化的運動裏，我和幾位研究一下，今日中國的文化，究竟應該是怎樣的文化？

二、復興的文化

今日中國的文化，是我們所願意努力建立的文化，這種文化應該是復興的文化：第一，是復興中國政府的文化；第二，是復興中華民族的文化。

第一，復興中國政府的文化，現在國際上的慣例，無論報章或國際文件，一說中國政府，即是指著大陸共產的北平政權。中華民國的政府則稱爲臺灣的臺北政府。在前十幾年，國際人士多不知道臺北在那裏，也都把臺灣的臺北政府不估計有何政治價值。現在因著臺灣的經濟發展，政府的實力加強，國際人士開始著重臺北政府的政治地位。我們所要建立的新文化，一定要能加增自由中國政府的政治地位。

政治地位的增加，在於經濟的實力。以往中國的傳統文化，爲農村文化，爲鄉土文化，今日中國的新文化要是工商的科技文化，要是開拓國際關係的文化。科技的文化是工業的文化，是自然科學的文化。一切工作機械化，一切學術研究科學化。政府的組織、教育的設施、社會的行動，常有計劃，常求合理，常有次序。國際關係的文化是大同文化，在工業上有國際合作，在商業上有國際道德，在觀光上有國際禮貌。中國人再不能是抱殘守缺的人，也不能是粗俗愚昧的暴發戶，應該是在國際市場上爭取信譽的青年人。

第二，復興中華民族的文化。中華民族現在陷入兩重喪失自體性（Identity）的危機中：一重危機是大陸共匪摧滅中國文化的危機，一重危機是自由中國進入開發國家全部西化的危機。在這兩重危機中，中國人將不能自己體認自己是中國人了。今日我們要建立的新中國文化，應該是中國文化。新中國文化雖然要是科技文化和國際關係文化，但是必定要有中國文化的本質。中國文化的本質在於發揚生命的仁道，在科技和國際關係的文化中，仍舊要發揚「仁」的本質。立己立人，達己達人，要是今日中國人的品德。目前，社會上的經濟犯罪，帶著所騙來的錢，逃走國外，這是違反中國仁道的罪行。中庸的中和，要是今日中國人行事的心理，不要學美國人的生活緊張心理，不要學日爾曼人的嚴肅固執，不要學日本人的錙銖必較，今日的中國人仍舊要有古人的大國風度。家庭的孝道，仍舊要是中國人的美德，雖不能多代同堂，雖不能放棄工作在家侍候年老父母，然而同族親屬應該設立老年親人休閒所，以娛樂服侍老年親人。祖父母住在家中，可以含飴弄孫。注重禮貌原是中國傳統文化的特徵，目前中國社會成了沒有禮規的野蠻人，國家的慶典和壽祭，沒有禮規；社會的壽慶和婚宴，也沒有禮規，連國家規定的禮服都沒有。我們所要建立的新中國文化，應該有禮規。國葬有國葬禮，士祭有士祭禮，家祭有家祭禮，婚宴有婚禮，宴會有宴禮。何種是禮服？何種是便服？歐美人在家宴客，桌布潔白，杯盤刀叉整潔；我們現在的宴會，唯一注意的只是菜蔬多，弄的桌上杯盤狼藉，不堪寓目，我們應理訂禮規，生活要有禮、有次序。在住的方面，臺灣的街市都是洋樓，西式洋樓高達二三十層，可以有效地運用土地，裏面設備舒服、實用、合於衛生。然而公共的歷史性建築物，仍應保留中國的傳統建築藝術，臺北有中山樓、故宮博物院、歷史博物館、忠烈祠、國父紀念館、中正紀念堂，莊嚴美麗，代表中國的文化。

化。

因此，今日的中國文化，應是仁道的文化、孝道的文化、禮儀的文化、中國藝術的文化。

三、統一的文化

現在的中國是兩分的中國，一個是毀滅中國傳統文化的大陸，一個是復興中國文化的臺灣，大陸實行共產主義，臺灣實行三民主義，實行兩種主義的結果，大陸變成了一極大的勞動營、貧民窟；臺灣變成了安樂富裕的開化國家。在中華民族的歷史上有了多次的分合，中國的歷史哲學以「分必有合，合必有分」。現在的兩個中國，將來一定要合起來，重新成爲一個中國，中華民族要重新合成一家。合成的新中國，當然該是代表中華民族文化的三民主義的國家。

但是，我們從臺灣回到大陸，不是戰勝而佔領敵國，是回到我們的故鄉；大陸不是作亂的匪區，而是受盡共黨蹂躪的中國，大陸人民沒有逃出共匪的掌握，不是他們的罪過，而是沒有方法可以逃出。因此，我們回到大陸而建立的中國新文化，要是統一的文化。共產主義不能存留在三民主義內，共產主義在大陸所造成的生活方式，要在統一的前題下，融會在三民主義的民主、倫理、科學三大範疇以內，大陸三十年來人民參政的習慣，可以變爲民權主義下的基層民主制。大陸三十年來實行的共產制度，可以修改爲民生主義下的維護公益的私產制。大陸三十年來的貧窮生活可以提高而成爲中國傳統的勤儉節約生活。我們以三民主義統一中國並不是以臺灣的生活方式強硬地加在大陸的同胞身上，而是要將大陸近三十年來的生活方式融會在臺灣的生活方式中，以救臺灣生活的頹廢和浮躁。將來統一的中國所建的新文化，將是統一的文化。

統一的文化，將減輕或甚至消除中國以往的鄉土文化。在農業社會裏，老死不出鄉門，各省各縣有自己的生活方式，造成各種的鄉土文化。今後中國的文化當是中國大一統的文化。例如，在臺灣大陸各省的人，和本省人，大家共同造成了一個統一的生活方式，原先各省各鄉的風俗習慣都消失了。大陸在共匪壓迫之下，城市人下放到鄉村，內地人遠征到塞外，一切的婚宴和年節的習慣，都遭消滅。今後，中國的文化，必定是大一統的文化。

大一統的新文化，將有一個特色，就是民生主義的育樂特色。西洋的文明，爲追求享樂的文明，常動、常向前追求。中國古來人的享樂，集中在「食色」，所以說：「食色，性也」。又說「飲食男女，人之大欲也。」今後，中國文化也將是享樂的文化，但是享樂，應從精神上發展，提倡育樂、戲劇、美術，倡導體育，在山間水畔建築別墅。藝術之樂，山水之樂，代表高度的文化。宗教之樂，乃精神享樂中最高度享樂，化以往中國民間的迷信爲合理信仰，提昇人心由物質上到精神，役物而不爲物所役，能有西洋享樂文化的優點，而不學西洋享樂文化的缺點。

四、總結

今日中國的文化，要能復興政府，復興民族，統一中國。將是科技的文化，將是仁道的文化，將是中庸的文化，將是守禮的文化，將是一統的文化，將是享樂的文化。此傳統的文化，在三民主義的民主、倫理、科學三大範疇內，顯明當前時代的色彩，建立新中國人的信心和人格。

民國七十年十月十九日講於文化大學

中華文化看臺灣

一、

「四人幫」的審判，亮開了大陸同胞的眼。「四人幫」的罪乃是共產黨的罪，江青抄人家的家，乃共產黨三十年來在大陸抄殺了千萬人家的模型。江青反劉少奇，林彪反毛澤東，乃是共產黨內部權力鬥爭的階段。「四人幫」有罪應該判死刑，乃是共產黨有罪，應該剷除，既然共產黨自己公開地承認本身的罪狀，大陸同胞便敢睜開眼來看臺灣，喊出了「政治學臺北」。中華民國政府在臺灣三十年來，沒有內部的權力鬥爭，總統的繼承依照憲法，尊重民心。國民的生活，安和樂利，和諧自由。大陸同胞對於自己的私人生活，對於自己的家庭生活，對於國家的政治生活，都一心嚮往臺灣，想跟臺灣看齊。

共產黨自己也不能再騙大陸人民說：「臺灣人民貧窮，啃草根，吃樹皮。」他們也不能不從香港把臺灣的電器家具買進去，標明是中國臺灣省的產品，同時也唱出口號「經濟學臺灣」，要跟臺灣看齊。

若從臺澎金馬的同胞「人心思蜀」，看望大陸，那是想老家，願意早日回大陸，重建自己的家園。所以我們才說「毋忘在莒」，大陸同胞今天睜眼看臺灣，則是嚮往臺灣同胞的生活，羨慕臺灣同胞生活的自由和富裕，他們希望也有同樣的生活。

臺澎金馬的生活，不是共產黨所可以給予人民的，而是三民主義的中華民國政府所能造成的。大陸同胞嚮往臺灣的生活，就是嚮往三民主義的中華民國政府。既然嚮往三民主義的政府，就要唾棄共產黨的僞政權。這就是我們反攻的力量，也就是先總統 蔣公所講的政治作戰。

二、

「政治學臺北」和「經濟學臺灣」，具有很大的向心力，吸引大陸同胞的心傾向三民主義的中華民國政府，然而這個想望和嚮往，祇是生活享受的嚮往，還不是生命的基本要求。雖然古人也說過，「食色，性也」，生活的享受也是人生的天然要求，然而人的生命還有一種較比食色更基本的要求，那就是「民族性」。

一個人不是一個孤單的人，他是活在人群中。他更不是從天上掉下來的，或是從地裏生出來的，他是從父母所生的，父母又是從父母所生的。一個人常是生活在血統上互相聯繫的人群裏。血統聯繫的人，因著遺傳而性格有些相同，因著生活在同一的土地上，所造成的生活方式也相同。久而久之，血統聯繫的人由家族而變成民族，便養成一種自己的民族性。民族性進而變成了第二天性。第二天性在生活各方面的表現，造成民族的文化。

中華民族具有自己的民族性。《易經》講時位中正，形成了中國人愛中庸而惡偏激的天性。《易經》講君子自強不息，養成了中國人勤苦耐勞的天性。孔子講克己復禮，鑄成了中國人守禮的天性。《易經》講天地好生的心，人心就是仁，培養了中國人仁民愛物的天性。孔子以孝為教育的基本，造成了中國人行孝的天性，在中國人的心目中，一個人若是沒有這幾種天性，便不是人。一個不孝之子，大家都罵他不是人；一個殘暴不仁的人，大家都罵他沒有人性。孟子說，人心生來具有惻隱、羞惡、辭讓、是非之心。中國儒家以人是個倫理的人，沒有倫理的人便淪為禽獸。

在臺澎金馬，我們的政府正在努力提倡倫理，恢復中華民族固有的道德。在學校的牆上，都寫著禮義廉恥四個大字，在臺北市，先總統　蔣公以仁愛、忠孝、信義、和平、敦化，作最大街道的名字。政府頒發「國民生活須知」，指導國民衣食住行的禮法和規則。這一切設施，用意在保全我們中華民族的民族性，使每一個中國人成為堂堂正正的中國人。一個中國人無論走到世界任何地方，可以使人看出來是一個真正的中國人。

可惜，大陸的同胞在共產黨的暴力政權下，要失去自己的第二天性。家庭被拆散了，兒女屬於人民所共有，消滅了祖傳的孝道。財產和勞力既屬於人民的共產，一切由黨去支配，人民養成怠工的習慣，破壞了中國人勤苦耐勞的天性。天天喊著階級鬥爭，處處抄家殺人，摧殘了中國人的仁愛天性。農民革命和文化大革命，事事都走極端，抹殺了中國人的中庸之道。共產黨在大陸盡力改變中國人不是中國人，使大陸同胞失去民族性。

我們要向大陸同胞號召歸根，歸到祖宗的天性裏，繼續作祖宗的肖子賢孫，爲堂堂正正的中國人。我們在臺澎金馬的同胞，每個人在倫理道德上都要自強起來，事事表現中國人的天性。大陸同胞必定會睜眼看我們的生活，我們的生活裏看到中國人的天性。

三、

民族的天性，爲民族文化的一部分，中華民族具有自己的民族性，在生活上造成了中華民族的文化。在思想上中華民族有自己的哲學，儒釋道三家思想現在還支配中國人的生活。在藝術上，中華民族有自己的詩歌，有自己的戲劇，有自己的繪畫，有自己的建築。在衣食住的生活上，中華民族有自己的服裝，有自己的食譜，有自己的家具。在社會生活上，中華華民族有自己的婚、喪、宴會的禮儀，有自己的民俗節和民俗節的風俗，有自己的宗族和同鄉社團。在學術上，中華民族有自己的醫學、音樂、天文曆法、史學，我們祇要進入臺北外雙溪的故宮博物院，我們馬上體會到中華民族文化的悠久廣博和美麗。

先總統　蔣公以大政治家的眼光，提倡恢復中華文化成立中華文化復興委員會。復興中華文化，是我們臺澎金馬同胞生存之道。先總統　蔣公遷都臺北，不僅是爲一部分中國人求自由，而是爲保全中華民族的文化。一個民族喪失祖傳的文化，這個民族就是喪亡了。共產黨在江西剛成立政權時，農民協會已經開始摧殘中華文化的遺產。王船山在《讀通鑑論》說：「魏晉以降，刻石之濫觴，中國之文乍明乍滅，他日者必且凌蔑之以至於『無文』。」（讀通鑑論十二）大陸將沒有中華的文化，因此，中華文化應當在臺澎金馬自由地區予以保全，加以發揚，使大陸同胞睜眼看臺灣，看到自己祖先的文化，而造成「中華文化看臺灣」的向心。

但是我們在臺澎金馬爲保存中華文化和發揚中華文化，應做的工作還很多。保存中華文化，不僅是建造博物館，把文化遺產展出；而是在我們每個人的生活裏和在我們社會生活裏，表現出中華文化的生活方式。現代中國人的生活方式，當然不和七十年前的中國人一樣，中華文化是活潑常新，然而在新的中國人生活裏，必定要看得到中華文化的傳統。目前臺北市的中山樓、故宮博物館、歷史博物館、忠烈祠、國父紀念館、中正紀念堂、圓山大飯店，莊嚴雄偉，表現中華文化的建築美。但是這種建築美，應普及全臺灣。現在正在建築的各縣市文化中心，以及各縣市將來興建的具有歷史性的建築，都要能顯露中華文化的建築美術。現代中國人的衣著已經趨於輕便，採用西式服裝。但是在隆重的典禮中，穿著長袍馬褂的禮服，婦女們穿著適合時宜的旗袍，可以顯出中國服裝之美。在住宅的廳堂，在旅館中的大廳，佈置中國式家具，可引人觀賞中華文化的景觀美藝。還有戲劇院的戲劇和音樂廳的國樂，可以使人陶融在中華文化的樂曲聲韻裏。在私人和社會生活上，有禮貌負責任，有中庸的品德，表現中華文化的倫理美。這樣的一個社會是一個中華文化的社會。外來的觀光客，在臺灣可以體驗出來中華民族有自己的文化，有自己的特性。

四、

去年八月，中央研究院召開了第一屆國際漢學會議，嚴前總統在開幕詞裏肯定說「漢學在臺北」。他舉出了許多證據，最重要的證據是漢學的古籍和遺物，都保存在臺北市。去年九月十九日，蔣彥士秘書長在大專院校校長會議上說，曾有一位美國學者對他說：爲研究中國古書他來臺灣，爲研究中國思想他要去日本。這一樁事使他感慨很深。臺灣保存漢學的古籍，但是少有研究的人。若是我們真正要繼承中華民族的文化而予以發揚，真正想使大陸同胞喊「文化看臺北」，使國際上的學者承認漢學在臺北，則我們對於中國思想的研究和發揚，必須要有更多的努力和建設。中央研究院應當早日成立哲學研究所，培植研究中國哲學的人才。即將成立的行政院文化委員會，應研究出一通盤的計劃，鼓勵中國哲學的創作，促成中國新哲學的產生，再要普遍提高全國青年對中國學術思想和人生哲學的認識和興趣，使他們在追求科技的知識時，具有中國人對精神生活的愛慕。

大陸共產黨竭力在挖掘古人的墳墓，挖出幾千年前的古物，他們企圖以古物吸引國際人士的注視，以爲中國文化在大陸。中華文化在大陸，是一些古蹟，古蹟是死的陶石銅鐵，死古蹟所代表的文化，若沒有繼承文化的活人，文化是死的文化。中華文化在臺灣乃是活的，乃是幾千年流傳到今天，而在今天仍舊是新的活文化。

文化的活力，是人心的活力。中華文化的活心力，乃是仁義、中庸、自由的道德力量。雷根在就任美國總統的講詞裏有一句名言：「最重要的，我們必須明瞭，世界上沒有任何武器的威力能比得上自由的人的意志和道義勇氣。這是我們在今日世界中的敵人所沒有的武器，這是我們美國人擁有的武器。」我們臺澎金馬的同胞擁有中華文化的活心力，這種活心力是攻破大陸同胞人心的最強武器，使他們心向臺灣，心向三民主義的中華民國政府，心向中華民族的文化。王船山曾說明一項歷史原則：「大勝不以力，大力不以爭，大爭不以劇。」（春秋家說 卷一 頁二十）恢復大陸是一種最大的勝利，不能以武力去取得。爲取得恢復大陸的大勝利所用的力量，應是最大的力量，這種力量是民心的歸向。取得民心歸向是一場大戰爭，這種戰爭不能迅速完成。我們以建設中華文化取得大陸同胞的向心，大陸同胞必定會發動這種向心，畢竟他們都是中國人。

七十年二月十六日「中央日報」

一、中國人的歷史觀

我們人對於我們人生活的意義，不能單憑理智去推想，要從實際人生的經驗去研究。個人的生活經驗是有限的，不能概括人生，我們祇有從已往人類的生活經驗去研究。已往人類的生活經驗爲歷史，歷史所以是人類生活的借鏡。

古今中外的人對於歷史，都賦以特別的意義。在歐洲方面，最古的希臘人以歷史爲人和神的交往，交往的情況和經歷，記述在史詩裏。羅馬人看歷史爲羅馬民族的統治世界史。凱撒寫他的戰史，最有名的一著，是「我到了，看見了，得勝了。」即是中國古語所說「旗開得勝」、「馬到成功」。但歐洲的第一冊歷史哲學書爲聖奧思定的《天主之國》，聖奧思定以人類的歷史爲人類的救恩史，人類沉淪於罪惡裏，不能自拔，天主聖子基督降生人實，捨生以救人，人類因祂的寵祐而自罪惡裏被救出。人類的歷史爲善和惡的鬥爭史。以基督爲人類歷史的中心，人類歷史分爲降生以前的救恩預備時期，和降生以後救恩的實現時期。人類歷史的終結，乃是人類救恩的完成。聖奧思定的救恩史觀，成為天主教的歷史觀，一直流傳到現在。法國大革命時，孔德由社會學去看歷史，以人類歷史為人類的進化史，人類由神權時代進到君權時代，然後進到民權時代。德國哲學家黑格爾根據他的哲學思想去講歷史，以人類的歷史，為人類爭自由的經歷史，宇宙為絕對精神的自我表現而成為非我，由正而辯證到否，宇宙重新自覺為精神而再回到絕對精神之自我，乃有辯證的合。宇宙的自覺即是自由。馬克思套用黑格爾的辯證法造出辯證唯物史觀，宇宙都是物質，物質常動，動的方式遵循正反合的辯證法，人類歷史不是戰爭政治史，而是人類生活史，人類生活史乃是文化史，概括人類生活多方面的表現和成就。稱為西洋現代史之父的蘭克（Leopold von Ranke）以文化的表現在於國家，歷史乃是國家完成天主的「人類理想」的工作，國家在人類理想中互相連繫。歐洲在十八世紀時國家主義興盛，歷史便成為國家的活動史。到了二十世紀文化史的觀念興起，國家在歷史的地位，乃由民族去代替。同時歐洲新生了一種歷史主義，把社會的一切都由歷史去估計，時間在人類的價值觀上佔著重要的位置，一切便都成了相對的、沒有不變的規律。

二、

中國人對於歷史非常看重；最古的史有《尚書》，後來有《春秋》，再後從漢朝司馬遷的《史記》和班固的《漢書》，以及到清朝，有記述中華民族歷代生活的《廿四史》。這是在全世界各民族裏唯有的特點。

中國人對於歷史的意義，有好幾種看法。孔子作《春秋》以大義微言，繼承古代的王道。孔子看歷史是倫理道理的評判，他的歷史觀爲道德史觀。這種道德史觀成爲後代中國人一貫的歷史觀。司馬遷作《史記》，在自序裏說：「通古今之變，究天人之際。」（又見於報任少卿書）司馬遷認爲歷史爲研究天和人的交往，以貫通古今社會的變遷。司馬光編《資治通鑑》，在序文裏說：「詩書春秋，皆所以明乎得失之跡，存天道之正，垂鑑於後世者也。」司馬光看歷史特別從得失去看，從得失中顯明天道，爲後世人的鑑戒。他的歷史觀反映一般人對歷史的看法，以歷史爲後人的垂鑑；我們研究歷史，在於「仰古以治今」。宋朝理學家提出天理爲人生的規律，天理在人爲人生，在社會國家爲「道」，歷史便是「道」的實踐。國父　孫中山先生創民生史觀，以歷史的主體爲人民，歷史爲人民生活的經歷。中國《廿四史》，以君主爲主體，以良相賢臣爲輔，歷史的範圍，在於政治，歷史的作者，乃是傑出的個人。所以《廿四史》的內容，都是本紀、世家、列傳。中山先生革新這種歷史觀念，以歷史的主人乃是人民，歷史所記的應是人民生活的經歷。先總統蔣公以歷史爲人類求生存的行程，人類求生存在橫的方面爲社會，在縱的方面爲歷史。當代中國人的歷史觀，則多採取歐洲的歷史觀，梁啓超曾著《新史學》，他以爲歷史爲研究時間的現象。

中國人的歷史觀，從孔子到先總統　蔣公，觀點有所不同，然而有一貫之道。歷史的一貫之道爲「天道」。司馬遷說「究天人之際」，司馬光說「存天道之正」，就是指著貫通歷史的天道。

中國古人常相信有天命，古代歷史的中心在於君主，君主的選擇在於天命或天意。《尚書》對於舜王禹王以及湯王武王的選立，明明說是由於天命。《書經·泰誓》說：「天降下民，作之君，作之師。」後代開國的皇帝，常常說自己是「承天啓運」。承天即是承受天命，啓運則是開啓時運。王船山論宋太祖說：「宋興統一天下，民用寧，政用文，文教用興，蓋於是而益以知天命矣。……天之因化推移斟而曲成以制命，人無可代其工，而相佑者特勤也。帝王之受命，其上以德，商周是已。其次以功，漢唐是已。」詩曰「鑒觀四方，求民之莫。」德足以綏萬功，功足以戡大亂，皆莫民者也。得莫民之主而授之，授之而民以莫，天之事畢矣。乃若宋非觀鑒於下見可授而授之者也。……嗚呼，天之所以曲佑下民，於無可付託之中而行於權，於受命之後天自諶也，非人之所得而豫諶也。而天之命之也亦勞矣。」王船山可以說是中國的史論專家，他縱觀中國歷代的朝代，認定都由天命而興。

天命在歷史的顯示有兩種：一種是民心，一種是時運。民心代表天心，人心的向背象徵天命。《書經》曾說：「天聰明，自我民聰明；天明威，自我民明威。」（皐陶謨）孟子也曾說：「天不言，以行與事示之而已矣。……昔者堯薦舜於天而天受之，暴之於民而民受之。故曰：天不言，以行與事示之而已矣。」（萬章上）當文王在西伯時，民心向他而背紂王。孟子便說紂王已經不是王而是一夫，武王可以殺他。第二種天命的顯示，爲時運。中國人的歷史思想來自《易經》，《易經》講宇宙的變化，以陰陽兩氣爲元素，陰陽兩氣遵循變化之道，爲天道，循環不已。人事的變化也遵循宇宙變化的規律；然而人有心意，可以操縱人事變化歷程，但不能改變天道。陰陽變化之道在人的歷史上，造成氣數。氣爲天地之氣和人之氣，同類相感，漢朝人稱爲「天人感應」，君王或人民行善，天地的善氣相感應而生祥瑞的徵兆，預告天將行賞。君王或人民行惡，天地的戾氣相感應而生災異的凶象，預告天將行罰。歷史上有許多獻祥瑞的事，也有更多次因災異凶象皇帝下詔罪己。數則是陰陽變化而相交結之數，《易經》說是一而二、二而四、四而八；漢儒說是一而二、二而五。兩爲兩儀，四爲四象，五爲五行，八爲八卦。陰陽五行的學說盛行漢初；於是朝代的更替，有「五德終始說」，五德代表五行，終始代生五行的相生相剋。每一朝代有一行爲代表，這個朝代的繼起朝代，按照五行的相生或相剋而生。

再者，按照宇宙變化的規律，陰陽常循環不息。人類歷史的轉變也循環相繼，一治一亂，一盛一衰，一分一合，常互相繼續。這種繼續有一種數運。宋朝邵雍曾用《易經》卦爻的數目去計算世代，清末康有爲曾按《公羊傳》的三統而造三世說，不過祇是學者的構想，中國普通的信念，則像孟子所說：「五百年必有王者興，其間必有名世者。由周而來，七百餘歲矣，以其數則過矣，以其時考之則可矣。夫天未欲平治天下也！如欲平治天下，當今之世舍我其誰哉！」（公孫丑下）王船山也說：「天地之氣，五百餘年而必復，周亡而天下一，宋興而割據絕。後有起者鑒於斯以立國，庶有待乎。平其情，公其志，立其義，以奠其維，斯則繼軒轅大禹，而允爲天地之肖子也夫。」㈠

在氣數的變化中，有理有勢，理爲天地變化之道，人不能違，就有順理纔能成事。勢爲時勢，勢由機而顯，機在於事將變而未變時所呈現的先兆。明君賢臣能順理而乘機，以得人情和時勢。王船山說：「受天下之歸，太上得理，其次得情，其次得勢。」㈡

得理、得情、得勢，有一定的原則，這些原則就是歷史事件的原則。第一，以大義服天下，大義在於道德，而不在於術。「以大義服天下者，以誠而已矣，未聞以術也。」

第二，天下的勢，常盛衰循環。「天下之勢，循則極，極則反。極而無憂，反而不陂者，尟矣。」㈢「勢極於不可止必大反，而後能有所定。」㈣「極重之勢，其末必輕，輕則反之也易，此勢之必然也。」㈤這些原則方面的話，都是王船山讀歷代的史事而得，從經驗中提出。

第三，對於時勢，應當知道應付之道。「太上治時，其以先時，其次因時，最下亟違乎時。亟違乎時，亡之疾矣。」㈥治時，是時有反覆不定尚未成時勢，使時勢不成。先時，是走在時勢以先，予以引導。因時，時勢已成，不得已順著時勢。違時，是時勢已不善，自己又再爲不善，以加重時勢之惡，則喪亡必快。

第四，但是最重要者，還是在於有德。「天之使人心有君也，莫之爲而爲之，故其始也，各植其德。」㈦「天子之仁，性也；君臣之義，夫婦之禮，道也；道率性而成乎性之用。」㈧《中庸》說「天命之謂性，率性之謂道。」人君和人民要率性在行事成性之用。

中國人的歷史觀，乃是天命的歷史觀。在國家民族的歷史轉變上，必有天命；在人君人民的生活上，也有天命。

用中國人的歷史觀，去觀察當前中華民族的大事，我們有樂觀的心情。

當前中華民族的大事，是大陸和臺灣的分治。從這種現象去看，我們決定相信將來必有合的一統而治。

三、

這種合的一統而治，不能是大陸共產黨之治，而是在臺灣的國民政府的三民主義之治。中國人的歷史觀，是物極必反。共產黨統治大陸的淫威已經達到極峰，正走入反的路途，他已經在審判自己；四人幫的審判不是審判江青等四人幫，而是審判共產黨的暴政。「勢極於不可止必大反」，共產黨內部的奪權，勢必繼續不能自止，終必自相吞食而造成反共產黨的政局。「極重之勢，其末必輕，輕則反之易也。」共產黨暴政的勢力，目前已有減輕的趨勢，這是「其末必輕」，暴政勢力減輕，反對共產黨就較比容易了。

「天下之治也，有漸，而亂也有餘。亂無餘可以興矣，而猶未遽興也。未遽興則將流而復甚。天道虧盈而人心樂動，盈而動，一口戢之難矣。」

這正是當前共產黨在大陸的處境。共產黨企圖治理中國大陸，但是他們的亂卻不止，亂不止則治不能興，治不能興則亂將加甚。天道對於滿心驕淫殘暴的共匪必然厭惡，而大陸人心又思動，在天厭惡驕淫殘暴的時候，大陸人心一動必不能戢止，必定要達到物極必反。「動以正動，失而弗失，非無失也，失而有不失者，固無喪也。動以不正者，得而失之，其得也捷，而其失也烈。」這又是正好歸在共產黨暴政上的一項原則。當共匪竊據大陸時，先總統　蔣公把政府遷到臺灣，這項舉動是正當的，在軍事上是失敗，但是雖然失敗而又沒有失敗，因為保全了中華民族的文化和命運。共產黨竊據大陸，這種舉動是不正當的，尤其是用暴政壓迫人民，更是不正當，雖然他們得了大陸，欲失了大陸的人心。所以他們奪得大陸非常快，可是他們失掉大陸一定非常慘。

「大勝不必力，大力不必爭，大爭不以遽。」(九)我們反共的奮鬥乃是一種大勝，因為我們要光復大陸。這種大勝不能用力量去爭，光復大陸不是兵力的戰爭，而是用人心和文化的大力。用人心和文化的大力，不是和共產黨去爭鬥，而是感召大陸同胞的向心，這便是一種大爭。這種爭不能馬上得勝，必要用耐心和毅力。我們要是以大義去服大陸同胞的心，「以大義服天下者必以誠，未聞以術也。」(十)我們不以詐去取大陸人心，而以至誠去感召。《中庸》說「故至誠無息，不息則久，久則徵，徵則悠遠，悠遠則博厚，博厚則高明。博厚，所以載物也；高明，所以覆物也；悠久，所以成物也。博厚配地，高明配天，悠久無疆。」

（中庸 第二十六章）我們的誠心，恢復中華民族的文化，這種文化誠心的力量，將配天配地，覆載大陸同胞，悠久無疆！

中國人的歷史觀爲天命的道德史觀，共產黨不信天，不講倫理道德，將會被中國歷史的力量擠在中國歷史以外。

民國七十年正月廿六日於東海大學文化研討會

註：

㈠ 宋論 卷十五 頁五。

㈡ 春秋家說 卷三 頁二十。

㈢ 春秋世論 卷四 頁七。

㈣ 宋論 卷八 頁七。

㈤ 宋論 卷七 哲宗 頁一。

㈥ 春秋世論 卷五 頁八。

㈦ 讀通鑑論 卷一 頁一。

(八) 春秋家說 卷一 頁九。

(九) 春秋家說 卷一 頁二十。

(十) 讀通鑑論 卷二 頁五。

外籍教士與中國文化

到中國來傳道的外籍教士，心目中所有的困難，第一是學中國話，第二是適合中國的生活習慣。在中國住了幾年之後，外籍教士就感到是活在自己家鄉一樣，沒有了語言和生活習慣的困難。每天和中國人相接觸，一切都很自然，也都感到愉快。但是在中國住久了以後，卻感覺到傳道的工作，愈來愈難，似乎看到或摸到面前有一道牆，擋在福音進入中國社會，而基督的教會仍被看爲外國洋教。

在國外旅行時，常有外國教會人士問我，爲什麼在中國傳教四百年，信教的人數那麼少？在非洲傳教只一百年，信教的人數那麼多，這是什麼緣故呢？我只能答說：具有長遠文化傳統的民族，不容易改換生活方式，而信仰另一宗教，然而另一樁事實又擺在我們眼前，中國的佛教由印度傳來，從漢末到唐朝，不過兩百多年，竟能傳遍中國，使全國的人都相信，這又是什麼緣故呢？這個問題的答案，利瑪竇在四百年前就找到了，就是在有長遠文化傳統的中國傳教，要適應中國的文化，而且要用中國的學術思想。佛教採用中國道家的思想，造成天台、華嚴、禪宗的哲學；利瑪竇則採用儒家的思想，可惜他去世以後，沒有人繼續，到現在還沒有中國的基督神學和哲學。

但是有些同道們要問：若走佛教的路線，是不是要改變基督的教義，而成爲一種中國的基督教呢？我想當聖奧斯定用柏拉圖的哲學，解釋基督的教義，並沒有把教義改變；當聖多瑪斯寫《神學大全》時，他也沒有改變基督的教義，爲什麼用中國哲學思想解釋基督教義，就要改變教義呢？

一、以人為中心的文化

我想各位同道都相信這項原則，應適應中國文化去傳道；然而各位要問我：什麼是中國文化？這個問題非常大，非常深，絕對不是用幾句話可以答覆。我現在勉強用幾段話說明中國文明的性質。

中國文化是以人爲中心的文化。

《易經》以天地人代表萬物，天在上，地在下，天覆地載，天地之中的萬物就是人。不是說天之中只有人，而是有各色的物，但是各色的物以人爲代表，人爲萬物之靈，《禮記・禮運》說人得天地的秀氣而生；天地間的一切都是爲著人。

人的生活以人性爲規律，《中庸》第一章說「率性之謂道」，按照人性生活就是善，人性代表天道。人生活的目的在於「仁」，仁即是愛護一切生命，《中庸》乃說「贊天地之化育」（第二十二章）。孔子一生常講「仁道」，仁道成爲儒家一貫之道。由仁而發生的五倫：君臣、父子、兄弟、夫婦、朋友，都是人的關係，並沒有人對上天的關係。

中國文化的人，爲「倫理人」，即人的本性是倫理的。西洋哲學以人爲「有理性的動物」，中國哲學以人爲「有心靈的」，心靈的本體則是倫理的。孟子主張人的心是惻隱之心、羞惡之心、辭讓之心、是非之心。因爲心靈是精神的，精神生活的規律爲倫理規律，精神生活的完成是倫理的善。

中國的儒家哲理，所以專講倫理哲學。《大學》第一章所舉出的人生該做的事有八件：格物、致知、誠意、正心、修身、齊家、治國、平天下。前面四件是修身之道，後面四件是人生的目的。若一個人能做到這八件事，便是一個完人，即是完成了人所該和所可作的事。這八件事都是關於人的事。修身是關於自己，齊家治國平天下是關於別人，這些人生的事，都限於現在一生之內，也限於宇宙以內，沒有提到關於超於人世的宗教信仰和宗教生活。中國的文化就是由這些事的方式和思想而構成的，完全以人爲中心。中國的文化爲倫理的文化，政治的制度和措施，家庭的組織和生活，個人的嗜好和追求，所表現在文化裏的，都具有倫理的價值。

但中國人的文化，雖是倫理的文化，然並非都由孔子的倫理規律而成，也有道家的思想。道家的人生觀在於享樂，道家的享樂在求安逸，在求藝術的美。儒家的人生觀也有享樂的一部分，告子曾以「食色，性也」中國文化中有追求自然美景的悠閒藝術，有追求盤餐美味的烹調藝術，有追求美女的歌妓藝術。中國以人爲中心的文化，乃不是枯乾呆板的文化，也不是寺院的克慾文化，而是一個有血肉的人，在適當的規矩內生活的文化。

二、信天敬神的文化

雖然孔子講人的生活，只講現生的倫理，不講死後的遭遇，但中國文化仍舊是充滿宗教氣氛的文化。

中華民族從古就信上天，上天是至上的神明，掌理人世的一切事物，操握人行善惡的賞罰。國家的皇帝爲上天所選，代天行道，稱爲天子。天子祭祀上天，代表全國人民謝恩求福。這種上天的信仰深入民心，千古不異。古代的哲學家雖在學術思想裏不提上天，然在自己生活裏沒有不信上天的。

但是上天的信仰，只在人的良心裏，人在生活所表現的信仰，則是敬神。神是在上天以下的神明，直接干預人的生活。中國古人相信天上的現象，地上的事物都有神明管理。天上有日月風雨雷電等等現象的神明，地上有高山大河城市家屋的神明。佛教道教興盛以後，地獄輪迴和長生仙人的信仰，流行民間。道佛的寺觀遍滿天下，佛像神像家家供奉。及到現在的臺灣還是到處有寺廟，寺廟滿滿朝香的人眾。中國人對現世的生活，遵從儒家的倫理，關於一生的禍福，則依著菩薩鬼神。

中國人特別敬禮自己的祖先，從古代就祭祖。祭祖爲孝道的一部份。

中國民間的習慣和風俗，都含有宗教信仰的成份。農曆新年，以往從陰曆十二月中旬，一直到農曆元旦，有一連串的家庭典禮，祭祖有關家中生活的神明。元旦祭祖乃是新年初一的大事。民間節日如清明節，爲掃墓祭祖的日子；端午節，祭弔投江的屈原；中秋節，紀念嫦娥奔月；還有七七晚的牛郎織女相逢日，九九的登高避災。

若遇天旱靈雨，地方官無論信不信神，都要上廟求雨求晴。若遇大地震或日食月食，乃是上天將要因人君或人民而降罰，皇帝便要下詔罪己。若遇動兵作戰，皇帝要告祭祖廟。國家最大的典禮，是祭天的郊祀。

孔子主張「敬鬼神而遠之」，然仍教訓門生「祭神如神在」。中國民間的結婚典禮，有拜天地和拜祖先的禮。民間的喪禮，更充滿宗教信仰的節目。

中國當然不像歐洲的人，也不像近東和泰國錫蘭印尼的人，他們祖傳都信任一種宗教；

或是天主教，或是基督教，或是佛教，或是回教。他們的文化都會有高度的宗教成份，在藝術和倫理上，更表現宗教的思想。然而中國的文化裏，也會有不少的宗教成份。民間的生活更充滿宗教信仰的色彩，就連臺灣高山族生活的最隆重點，不是一年一度的豐年祭嗎？不過也有人說中華民族是沒有宗教信仰的民族，這種肯定，實在沒有根據。中國的哲學不講宗教，中國文人不信佛不信鬼，然而中國人誰不信上天，中國民間的一般民眾又誰不信佛信神呢？可是一個民族的文化，不僅是由文人和哲學而構成，乃是由一般民眾的生活而構成。因此我說中國的文化是信天信神的文化。

三、看重生命的文化

中國的文化，看重人的生命，祭祖的典禮代表什麼思想呢？代表生命的延續，孟子曾說：「不孝有三，無後爲大。」人的生命由子孫而延續下去，所以中國古代以婚姻爲「繼萬世之嗣」。中國祭祖以自己的長子或長陰陽兩氣，週遊在宇宙以內。宇宙一切都由陰陽兩氣結合而成。陰陽兩氣運行不停，宇宙間的萬物便生生不息。《易經・繫辭》說：「一陰一陽之謂道，繼之者善也，成之者性也。」（繫辭上 第五章）中國古人看著宇宙好比一道生命的洪流，長流不斷，一年四季繼續流轉，萬物繼續生發，春生夏長，秋收冬藏，象徵時間變遷的意義。中華民族本是一個農業民族，他的心目常看著五穀的生長。

生命不是孤獨存在的，而是互相連繫，互相依賴。人的生命，靠互相合作以求發展，又靠動植物礦物的供養才能生存。動植物的生命，也彼此相連，而且還靠太陽和雨水。若是風不調，雨不順，動植物便不能生長。因此，中國文化常有中庸的原則，事事要合於時合於地，又有宇宙一體的大同精神。中國畫家作畫，無論畫什麼，都要有生氣，畫人像，要有山水作背景。中國的詩歌，常用山水花木和月亮星辰，表達人的感情。萬物一體的大同思想不是來自佛教的輪迴信條，而是來自《易經》的生命思想。先總統　蔣公乃說：「生活的目的在增進人類全體的生活，生命的意義在創造宇宙繼起的生命」，儒家的最高的人格，就是「贊天地之化育」的至誠之人。

四、結語

我很簡單地給各位同道說明中國文化的內容，但是目前中國文化因著社會的改變也起了變化。倫理人的觀念漸漸變成經濟人，生命的目的在賺錢、享受錢。道德的仁道漸漸變成自利，自利產生了社會的新罪態、暴力罪和經濟罪。生命的可愛，漸漸變成了生命的可怕，人口膨脹迫使實行墮胎，家庭的幸福已不在多子多孫，卻在節制生育。宗教的信仰常被視爲迷信，不合於科學的時代，在這變化的潮流裏面，基督教義怎樣可以融會進去呢？這是我們的一個大課題，我們應該共同研究。

民國七十一年三月廿三日講於南部外籍教士研討會

道統與法統

王船山說：「法備於三王，道著於孔子。」（讀通鑑論 卷一 秦始皇）韓非子也說：「凡知能明道，有以則行，無用則止。故智能單通，不可傳於人。道法萬全，智能多矣。」（飾邪篇）荀子也說：「無道法則人不至。」（致士篇）

道法：道是道德，爲人類生活的道理；法是法度，是社會生活的規矩。荀子所以說：沒有道法，人之所以爲人和人的生活，都不能成全，也不能達到完全的境界。

人的生存，不是一個單獨的生活，而是一種群居的生活，群居的生活不能是一種混亂沒有秩序的生活，卻應當是一種有規律有制度的生活。群居生活的規律制度便是道法。

人的生命由血統而延續，人的生活由歷史而發展。血統的延續乃有家族，家族的延續乃有民族；歷史的發展以前人的成績爲基業，在基業上繼續建造文化。因此，人類群居生活的道德法度，藉著民族和民族文化，繼續流傳，而成爲道統和法統。使道德法度，「合而不離，存而不絕。」（王船山 讀通鑑論）

一、道統

道統爲民族文化的傳統

一個民族的成立，以血統爲主要因素；血統純，則民族純。然而民族的歷史越長，血統的純淨性越縮小；民族在生存的歷史過程中，常和他種血統摻合，而起血統上的同化。中華民族的血統固然爲漢族的血統，但是在幾千年的歷史裏，原先所稱爲蠻夷的民族，在血統上和漢民族同化了。歷史上有兩次很明顯的史例，第一次是漢朝亡後的五胡亂華，第二次是唐朝亡後的十六國。那時的胡人和番人，後來也多混入了漢族的血統。血統的延續，雖然爲民族生存的重要因素，但不是唯一的因素。

民族的血統，爲生理因素。生理生活在人的生活裏，孟子稱爲小體，小體和禽獸沒有分別。可以代表人的生活的部份，稱爲大體，大體爲心思之官。民族的心思之官在生活上創造的成績，稱爲民族文化；民族的文化，代表一種民族。

文化是民族的傳統生活方式，又應該是合理的生活方式。中國古代聖賢所講究的，特別注意「合理」兩字。《易經》講天理，《書經》、《詩經》講天道，孔子乃講「率性之謂在於知爲人之道，所以孔子祇以顏回爲好學。

儒家做人之道，在於「仁」。「仁」是人的人際關係，儒家的人際關係，乃是「生生之道」，發揚自己的生命，也發揚其他人物的生命。「立己立人」、「達己達人」稱爲仁人。一部《易經》即是講「生生之道」。全部理學家的思想，也是繼承《易經》的「生生之道」。

這種「仁」的人際關係的發揚，按照《中庸》二十二章所說：盡人性而盡物性，然後參天地的化育，造成《禮記》上的大同理想，產生了張載的「民物同胞」，和王陽明的「萬物一體之仁」。

人際關係常很複雜，「仁」是人際關係的總綱，在總綱之下爲應付不同的關係，乃有不同的原則，於是儒家有仁義禮智的達德，有仁義禮智忠信孝悌的八德。

在複雜的人際關係中，在不同的相應八德中，有一種共同的原則，便是中庸。中華民族傳統的生活精神，是居中庸，不偏不倚，不過也不及。孔子講天的生生之德，以「四時行焉，萬時生焉。」（論語 陽貨）四時的運行，意義在於節制陰陽冷熱，使萬物能生育成長。人的生活要在中庸的原則下進行。中庸乃是中和，中和在於動而皆中節，合於天性。（中庸第一章）

中庸雖是庸常之道，匹夫匹婦皆知；然而爲能中庸必要有節制。節制之道在於「禮」，

第一章）

中庸雖是庸常之道，匹夫匹婦皆知；然而爲能中庸必要有節制。節制之道在於「禮」，儒家乃重禮。重禮的缺點造成了繁縟的虛文，可是重禮的意義，在於守天地的節文。（朱子集註 論語 顏淵）

道家所講的人生之道，創造了中華民族的傳統生活方式，制定了中華民族的道統。道統的名詞，第一次被正式提出，是在宋朝的李元綱所寫的一卷《聖門事業圖》。這卷書的第一圖爲「道統相傳圖」：

伏羲—神農—黃帝—堯—舜—禹—文武—周公—孔子（顏子、曾子）—子思—孟子—周子（程子、張子）—朱子

「十駕齊養新錄」說：「道德二字，始見於李元綱《聖門事業圖》，其第一圖曰傳道正統，以明道、伊川承孟子。其書成於乾道壬辰，與朱子同時。案道統之名，雖前古所無，至其古人所遞傳斯道之次序，韓退之既開其端，是宋儒之所本也。」（見大漢和辭典 卷十一 頁一三四）

《宋史・朱熹傳》說：「嘗謂，聖賢道統之傳，散在方冊，聖經之旨不明，而道統之傳始晦。」

蔣總統說：「中國傳統的思想，不僅是天地定位，萬物並育，而且繁衍綿延生生不息。」（解決共產主義思想與方法的根本問題）又說：「我們的正統哲學，及是以天理和人性，亦就是以科學與眞理爲根據。就是相信一個人只要自強不息，日新又新的話，乃是任何人也不能否定他的，更無法使其變質、滅絕的可能。」（同上）再又說：「今天我要將中國古代最精微正確的人生哲學即中庸之道講授給大家，這是我們個人修己立身成德立業之要道，我們將領要完成革命的任務，不可不透徹明瞭這個哲學的理論。」（中庸之旨與將領的基本學理）並且說：「中國的正統哲學，就只是一個仁字；不過其仁要在能行。」（軍事教育與軍事教育制度之提示）蔣總統提倡復興中華文化，就是在繼續中華民族的道統。

在另一方面，道統表現在民族的生活裏；道統並不是一個懸空的思想，由學者互相傳授，而是民族生活之道，中華民族在五千年的歷史裏，常常依據這種生活之道去生活。在有的時代，這種人生之道表現得明顯，便成爲治平有道之世；在有的時代，這種人生之道忽然隱晦，便成爲變亂無道之世。但在無道之世，這種人生之道隱隱存伏在民族生活裏。蔣總統提倡恢復固有道德，便是把亂世隱隱存在的道統，恢復光明，而達到治平有道之世，使國內人民發揚傳統的精神道德。

所以中華民族的道統，由蔣總統繼承，蔣總統所繼承的道統代表中華民族的文化。

二、法統

法統爲國家法制的傳統

中國史家常以正統爲主，在編修歷史時，周秦的繼承，東晉後漢的繼承，五代十六國的繼承，究竟誰是正統呢？歐陽修說：「傳曰：君子大居正，又曰：王者大一統，正者，所以正天下之不正也，統者所以合天下之不一也。由不正與不一，然後正統之論作……」（正統論 歐陽文忠集 卷十六）正統在於一個政府的名義正不正，在現代國際法上即是一個政府合法不合法。這種正統名義，根據事實，不根據理論。因此歐陽修、司馬光、朱熹對於中國歷代的正統繼承者，意見不同，王船山則根本摒棄正統論而談道統。

一個國家的構成因素：有人民、有土地、有法制（法度）。孟子說：「民爲貴，社稷次之，君爲輕。」（盡心下）民是人民、社稷是土地、君主是法制。從政治的理想說，在國家裏，國民居第一；從構成因素說，國民也居第一。沒有國民當然沒有國家。但是，若以國家爲一種合法團體，則法制的因素，便成爲最重要的因素，人民的團體很多，國家所以和其他人民團體不同，就是在於法制。在一個國家滅亡時，人民和土地都還存在，祇是法統絕了。法制所以是國家構成的最重要因素。

法制為一個國家的組織法制，包括國家的主權。王船山說：「法備於三王。」中國的法制，從堯舜禹就制定了。堯王成立了中國，舜王和禹王繼承了王位，制定了中國的法制。我們從《書經》的「堯典」、「皐陶謨」、「甘誓」和「禹貢」等篇去研究，可以知道三王所創的法制：皇帝操掌管國家的主權，群臣作帝的股肱。皇帝以德政治國，「克明俊德，以親九族；九族既睦，平章百姓；百姓昭明，協和萬邦。」（堯典）制刑罰，定禮樂，教民為善，行祭以享天帝。「天命有德，五服五章哉。天討有罪，五刑五用哉。政事懋哉懋哉，天聰明，自我民聰明；天明畏，自我民明威。達于上下，敬哉有土。」（皐陶謨）

三王的法制，不僅是一種法律制度，尤其是一種法制的精神，因此稱為「法度」。法律制度隨著時代可以變；法律精神則應繼續不絕，而成為國家的法統。

吳德生資政論　國父思想說：「依　國父的遠大眼光，中華文化中所應特別寶貴而且發揚光大的，不一而足，而王道精神實最能代表我們民族的精神。這個名詞，首見於尚書洪範篇：無偏無黨，王道蕩蕩；無黨無偏，王道平平。無友無側，王道正直。」（國父思想之綜合觀　見於哲學與文化　頁一一四）

因此法統乃有兩種意義：第一種意義是外在的意義，即一個國家的主權和憲法的繼承，這種意義和「正統」相合。第二種意義是內在的意義，即是法制精神的繼續，也就是王船山所說的法統。在通常的情況下，這兩種意義互相結合，同時存在。中國歷代的皇帝，都奉堯舜禹湯文王武王爲先王，以法先王爲目標。孔子和孟子主張王道仁政，宣揚了中國法制的精神。但是在非常的情形下，兩種意義的法統都可以中斷。歐陽修曾說中國的正統，斷了三次：「故正統之序，上自堯禹歷夏商周秦漢而絕，晉得之而又絕，隋唐得之而又絕，自堯舜以來，三絕而復續。」（正統論）王船山則以中國在元朝和清朝時，外族入主中華，正統雖有，法統中絕，而祇有亂統。清帝退位，民國成立，自堯舜以來的帝制改了，中國成爲民主共和國，歷代的法統並沒有中斷。民國成立以後，政府多次變換，且分南北，蔣總統統一中國，重建中國法統。後來共匪拿馬列主義邪惡思想，竊據大陸，斬絕了中華民族的的道統，毀棄了中華民族聖聖相傳的傳統文化，所以它所建立的僞政權，是根本不能代表中國的。

蔣總統所繼承的法統，是中國傳統的法度，因爲　總統在共匪未竊據大陸的政權時，爲統治中國的正式主權，這種主權至今未斷。又因爲　總統的統治精神，爲中國的王道仁政。這種法統將來自可繼續不絕，而不會因在大陸所選出的國民大會代表和立法委員，陸續謝世，都由新人充任而中斷。即使將來修改憲法，也不妨礙法統的繼續。法統的繼續是主權的繼續，是法制精神的繼續，不在於拘守呆板形式，更不以原先在大陸所選的民意代表爲要素。否則，二十年後，這批民意代表都凋謝了，難道中華民國的法統就斷絕了嗎？

大陸共匪僞政權，不是中國國家的政權，而是共產黨政權，不代表國家，祇代表共產黨。誰都知道，共匪是根本沒有國家觀念，根本沒有民族意識的。它那「工人無祖國」的教條，「無產階級專政」的箝制，就已足夠否定他們自稱「祖國」與「民族」主義者讕言。那個反德性反理性反天理的共匪，是貌似而實異的非中國人，是斷喪國脈民命的叛逆集團，其竊據大陸是憑非法手段，絕未受到民意的付託。由於共匪破壞法統，違背道統，故其一切活動，絕不能認爲有任何「代表」中國人的意味。今天它所謂的「祖」是馬克斯、列寧、史達林一類的大毛子，而不是我們中國的先聖先賢；今天它所謂的「國」，是撕毀了僞憲法，選不出僞頭頭，既無靈魂，又無軀殼的爛攤子。

蔣總統曾說：「一個人若是沒有靈魂僅剩一個軀殼，這個人就是一個死人，甚至還不如死人！僅有軀殼是沒有用的。國家和民族也是這樣的，立國於世界之上，他一定有一個立國的精神，就是國家的靈魂所在。」（革命哲學的重要）

國家和民族的靈魂，就是道統和法統。靈魂在軀殼內，給軀殼以生命，道統和法統在國家民族內，給國家民族以生命。匪僞政既然沒有靈魂和軀殼，又那裏有資格代表中國？

民國六十二年十二月「中央月刊」

回歸與認同

祖國的回歸
民族的認同

蔣總統在中華民國六十二年元旦告全國同胞書中，指出了一個新的問題。總統在文告裏說：

「我們中國人的品性，原是愈當國家艱難的時候，就愈能表現其忠肝熱血；但是今天『一小撮』跟著國際姑息逆流浮沉、自我迷失的人們，卻在藏頭露尾的和這一根本標榜『無祖國』的毛共政權，侈談其所謂對『祖國』的『回歸』；也在和這一破壞國家統一的禍首，喧嚷其所謂『統一』；和這一撕毀民族新文化的『認同』。」

在中央月刊第五卷第三期的時事論衡中已有一篇文章，駁斥共黨所說的「回歸」和「認同」，義正詞嚴，使大家提高警覺。現在，我再就中國的傳統思想予以駁斥。

一、祖國的回歸

1. 回歸

「回歸」用普通話來說，就是回家或歸家。

回家：一個人在外面讀書、經商或做事，有個機會，便回家看看親戚。或者一家人因著饑荒，或因兵亂，逃難離鄉，在災難過去之後，仍舊回到家鄉，重整家園。還有一班人，少小離家去國，到外洋做工經商，等到事業有成，年已髦老，乃回到老家，以便葉落歸根。

在這些各種回家的不同情況中，大抵可以分成兩種：

第一種回家，是原有自己的家庭尚在故鄉，本人在外作客，有機會可以回家，與家人團聚共享天倫之樂。這種回家乃是意義圓滿的回家。

第二種回家，是因兵荒馬亂，或因年月久長，自己原有的家屋已經毀壞了，家中親人也已經過世了，回到家鄉，故鄉和鄉人都兩不相識了；但因爲故鄉是自己的出生地，於今又有機緣，可以重建家園，因此乃回鄉成家。這種回家，意義便不圓滿，只好稱爲回鄉。一個人在這種境遇中，回鄉重建家園，心中所有的感想，較比普通的回家還要更大更深。

杜甫曾有「無家別」一詩，讀了令人心酸：

「寂寞天寶後，園廬但蒿藜。我里百餘家，世亂各東西；存者無消息，死者為塵泥。賤子因陣敗，歸來尋舊蹊。久行見空巷，日瘦氣慘悽；但對狐與狸，豎毛怒我泣。四鄰何所有，一二老寡妻。宿鳥戀本枝，安辭且窮棲；方春獨荷鋤，日暮還灌畦。縣吏知我至，召令習鼓鞞；雖從本州役，內顧無所攜；近行止一身，遠去終轉迷。家鄉既蕩盡，遠近理亦齊；永痛長病母，五年委溝谿；生我不得力，終身兩酸嘶。人生無家別，何以為蒸黎！」

「無家別」當然是人生最悲痛的事；但是「有家歸不得」，更是令人悲慘。古人因貶謫，遠居蠻夷之地；或因兵亂、或因災禍，流落在外；或因被征，守駐邊塞，遙望家園，有家而不能歸。

杜甫有一首「登岳陽樓」詩：

「昔聞洞庭水，今上岳陽樓。吳楚東南坼，乾坤日夜浮。
親朋無一字，老病有孤舟。戎馬關山北，憑軒涕泗流！」

杜甫當時還祇是在外省縣望自己的家鄉，因安祿山作亂，不能歸家，憑軒流淚。我們現在居住臺灣和國外的同胞，隔著海洋，長望家鄉，「親朋無一字」，痛苦更是澈沁入髓。安祿山的變禍，乃一時的喪心病狂。今日毛共匪幫的竊據大陸，實施亙古未有的暴政，禍害同胞，較比杜甫當時所見的慘劇，悲慘更勝千萬倍。杜甫曾作「憶昔」詩說：

「豈聞一絹直萬錢，有田種穀今流血。洛陽宮殿燒焚盡，宗廟新除狐兔穴。
傷心不忍問耄舊，復恐初從亂離說。」

我們今天祇要翻開《天讎》一書，祇要向香港的難胞詢問一句，就知道我們家鄉的慘劇。一位在羅馬習畫而後成名的中國畫家，因在國外失業，投入大陸匪區，近幸逃出，住在香港。他對向他詢問大陸生活情形的朋友，低頭流淚，祇說：「苦不堪言！苦不堪言！」

2. 祖國

杜甫在安祿山亂時，有「喜達行在所三首」詩：

「西憶岐陽信，無人遂卻迴。眼穿當落日，心死著寒灰。
霧樹行相引，蓮峰望忽開。所親驚老瘦，辛苦賊中來。」

「愁思胡笳夕，淒涼漢苑春。生還今日事，間道暫時人。
司隸章初覩，南陽氣已新。喜心翻倒極，嗚咽淚霑巾。」

「死去憑誰報，歸來始自憐。猶瞻太白雪，喜遇武功天。
影靜千官裏，心蘇七校前。今朝漢社稷，新數中興年。」

杜甫奔往皇帝所在的「行在」，奔赴國難。皇帝代表朝廷，即代表當時的合法政府，代表當時國家的法統。

國家的結合，像孟子所說：「民爲重，社稷次之，君爲輕。」民爲國民，社稷爲政府，君爲正統。在民主的國家裏，國家的結合，以國民、土地，和法統爲要素，三者之中，以法統最爲重要。中國歷代的史家所以注重「法統」，其故在此。法統在古代常稱「正統」。「正統」在古代宗法社會裏常解爲正嗣，後來五行正氣之說造成「氣運」的迷信，王船山乃反對「正統」而用「法統」。「法統」在民主政治制度中，即是憲法，即是憲法所產生的政府和元首。「法統」所在，即是國家所在。中華民族的法統政府，乃是中華民國政府。中華民國也就是中國國民的祖國。大家投奔祖國，目前正是「南陽氣已新」、「新數中興年」。臺灣近年的新興建業，可以令海外的中華兒女如當年杜甫的「喜心翻倒極」。

二、民族的認同

1. 民族

民族是血族的結合，是個人生命的延續。中國儒家的哲學，不談身後，不論來生，但誰願生命一死就完了呢？儒家乃有三不朽的高論：立德、立功、立言。然而這三不朽，可以說是懸在高高的天空，普通一般人望而不可及。朱熹乃說人死後，人的魂魄分往地下天上，魄入地，化為塵土，魂上天，歸於大氣。大氣週遊宇宙，人的氣也常留宇宙；然而人的氣既入於宇宙大氣，人的自我已不存在，儒家乃另有切近人身的不朽論，即父子一體。父母的生命，傳於子女，父母和子女有同一的生命，子女為父母的遺體，父母在子女的生命裏活著，子女以祭祀重活父母的生命。孟子因此說：「不孝有三，無後為大。」無後即是絕了父母的生命。

由父母子女而成家，由家成族；家族便是整個生命的延續。由家族結成民族，民族便是家族和個人生命的延續。

從歷史哲學去看，民族是歷史的對象，歷史所記載的事蹟為民族的生活。民族的生活不是禽獸的自然生活，而是民族聖賢豪傑為民族所造成的文化，因為文化即是民族的合理生活方式。每個民族的聖賢豪傑，因地適時，造成適合地理和時勢的生活方式，久傳後代，構成民族的文化遺產，構成民族的文明。

中華民族受外族的蹂躪，有五胡亂華，有遼金寇宋，有蒙古入主中原，有滿清入關。當時中華血氣之士，誓不為所屈。

元好問有「箕山」詩一篇，篇中有云：

「……干戈幾蠻觸，宇宙日流血。魯連蹈東海，夷齊采薇蕨。至今陽城山，衡華兩邱垤。古人不可作，百念肝肺熱。浩歌北風前，悠悠送孤月。」

明儒王船山更是滿腔民族熱血，終生不仕清朝。詩歌沉恨，隱痛時刻如新，如「得安成劉敉功書知舉主黃門歐陽公已溘逝三季矣，賦哀四首」，其中二首云：

「故國衣冠涕淚殘，橋山弓劍不重攀。分飛遺恨從邕管，縹緲忠魂度且蘭。墓草千山愁盡白，霜林片月苦留丹。玄雲冰沍齊州路，一縷孤煙渡水寒。」

「擬將心血答師門，不昧君親一例恩。左掖諫章青史外，西郊筆削玉書存。河山破碎銀蟾影，文字凋零粉蠹痕。腸斷青螺川下水，湘流難挽嚮東奔。」

2. 認同

中華民族的生命，表現於文化。中華民族的文化，王船山先生說：「法備於三王，道著於孔子。」（讀綱鑑論 卷一），堯、舜、禹、湯、文、武、周公創建了中華文化的體制，孔、孟、老、莊充實了中華文化的內容，歷代明主賢相增加了中華文化的成分，周、張、程、朱、陸、王闡發了中華文化的意義。到了今日，中華民族在世界各民族中是一個文化悠久而具有特性的民族。

中華民族的文化是以「生生之德」爲基礎的文化，《易經》以宇宙爲一整體；整體的聯繫爲天地好生之德，天地好生之德，乃宇宙萬物存在的根基，宇宙萬物因天地好生之德，在生存上互相調協，互相參合；《中庸》乃說發揚人性的人能參與天地的化育。參與天地好生之德就是「仁」，張載乃稱「物我同胞」，王陽明乃倡「一體之仁」， 國父乃反駁達爾文的物相鬥爭以求生存之說，主張人類合作以求進化。

中華民族的文化由「仁」而進於「孝」，由「孝」而進於「慈」。天性之愛，首先愛自己的父母；天性之愛，首先愛自己的兒女。由孝慈而進於「老吾老，以及人之老；幼吾幼，以及人之幼」。家族的仁愛於是建立。再擴充家族之愛而及於國人，由國人而及於天下之人，於是乃有世界大同，博愛眾人。

中華民族的文化因愛而敬，因敬而有禮，上下有禮，遠近有禮，慶生有禮，哀死有禮，中國歷代對於外國，常以自己爲禮義之邦，以外國爲蠻夷無禮。

今天「認同」中華民族，不僅以血統爲根據，而要以文化爲根基。毛共的暴政，以階級鬥爭爲基礎，以工人無祖國爲目的。沒有家庭，沒有父母，沒有家族，沒有國族。誤認人類爲物質宇宙的一員，隨著唯物辯證法而生滅。自由爲自知受辯證壓迫的意識，勞力爲生產工具的奴役。這種思想，採自異族，不能同化。王船山曾憤恨說：「可禪，可繼，可革，而不可使異類間之。」

武功不足爲民族精神的表現，暴力更爲中華民族所痛絕。秦始皇、漢武帝，爲中國歷史上武功最盛之主，但是代表中華民族的人，祇有堯、舜、禹、湯、文、武、周公。而且在全世界稱爲中華民族的代表者，乃是孔子。孔子所代表者，爲中華民族的文化，爲中華民族的「道統」。

今日中華民族的子民，爲「認同」中華民族，應看孔子所代表的中華民族的「道統」在何處。「道統」所在，即是中華民族所在。

「歷史」不是往事的陳舊遺物，「歷史」也不是舊紙堆；「歷史」乃是活的生命，乃是延綿不絕，在世紀中奔放的洪流。中華民族的歷史垂五千年，一直在世紀裏奔流不息；而今天中華民族的歷史，有如長江通過巫山三峽之險，被毛共暴力夾住，但是越被夾，水力越大，衝過了三峽之險，一瀉千里，中華民族的文化將成爲世界新文化的巨流。

翻開歷史看看，中華民族之所以歷經阽危，而終能撥亂反正，繼續發揚光大者，是因爲中華民族有一聖聖相傳的文化道統，這一力量，使我中華民族在五千年的歷史延續中，能夠在艱彌厲，歷久常新。

過去，中華文化的歷史，勝過五胡、蒙古、滿清的摧殘；今天，也必勝過毛共的暴力。所以中華民族的文化，不惟無人能予以搖撼摧夷，亦且愈經搖撼摧夷，愈見其剛健煥發。「認同」一事，在我們內心。王陽明說祇要看我們自心，就可明白。中華民族的文化，流在我們華夏民族的血脈裏，反心自問，必不會錯。

中華民族繼承中國的法統，爲中華子民的祖國；中華民國繼承中華民族的文化道統，爲中華子民的民族。回歸祖國，認同民族，光明昭著，自然而奔向中華民國，怎能有所疑慮？

民國六十二年五月「中央月刊」

哲學與社會

儒家的社會觀

一、大同社會觀

在民國初年，梁啓超提倡新思想，大聲疾呼，指責中國人缺乏社會公德。他說：「我國民所最缺者，公德其一端也，公德者何？人群之所以爲群，國家之所以爲國，賴此德焉以成立者也。……試觀論語、孟子諸書，吾國民之木鐸，而道德所從出者。其中所教，私德居十之九，而公德不及其一焉。」㈠

但是梁氏本人應當知道儒家的社會觀，更應當知道孔子和孟子所主張的「殺身成仁，捨身取義」。孔子常以義利之分作爲君子和小人的分界。利是私利，義是公德，孔孟教人徇身以求公德，怎麼還能說《論語》《孟子》祇教私德呢？孔子教人修身，注重私德，因爲私德爲公德的基礎，從事政治，先要正己、修身而後能齊家治國平天下。

人一生下來，就生活在關係裏；這種關係是血統的關係；因爲生命由血統而成。血統所成的關係，爲家族關係。家族是中國古代傳統裏的第一個社會。中國最古的一篇政策文章：

《書經》的〈堯典〉說：「允恭克讓，光被四表。格于上下，克明俊德，以親九族。九族既睦，平章百姓。」

堯皇的政績，在親九族。九族爲父族四，母族三，妻族二，《書經》的〈皐陶謨〉也說：「愼厥身修，思永。惇敍九族，庶明勵翼，邇可遠，在茲。」可見在中國最古的時代，家族的社會佔政治上的重要地位。而且在農業社會裏，交通不便，老死不出鄉里，古代的社會觀念只有家族社會，再多則有同鄉的社會觀念，在家有家親，出門有鄉親。

家族社會的基礎是生命，家族社會的道德是孝弟，生命不單單是一件已成的事實，而是一種繼續存在的現象。生命的繼續即是家族。父族四：父子兄弟爲一族，姑母爲一族，姊妹爲一族，女兒爲一族。母族三：外祖父爲一族，外祖母爲一族，姨母爲一族。妻族二：妻父爲一族，妻母爲一族。九族代表生命的擴張，又代表生命的延續。家族的道德爲孝弟。《論語》的第一篇〈學而〉上說：「有子曰：其爲人也孝弟，而好犯上者鮮矣。不好犯上而好作亂者，未之有也。君子務本，本立而道生。孝弟也者，其爲仁之本與。」中國人從堯舜時代一直到淸末，在家庭裏就受「孝弟」爲「仁」道的基本，「仁」道乃是公德的理由和精神，「孝弟」便也是公德。

中國家族的社會，是養育公德的社會，不是培育私德的社會。九族的親睦不僅是感情的親睦，而也是在行動上表現出來。族人在貧困時互相救助，在患難時互相扶持。族有義田或公田，以救濟鰥寡孤獨的人。《書經》的〈盤庚篇〉說：「汝無侮老成人，無弱孤有幼。」孔子曾說明自己的志向：「老者安之，朋友信之，少者懷之。」（公冶長）

儒家講關係，原則是「推」，即「推己及人」。孟子說：「老吾老以及人之老，幼吾幼以及人之幼……故推恩足以保四海，不推恩無以保妻子。古之人所以不過人者，無他焉，善推其所爲而已矣。」（梁惠王上）將家族血統的關係推廣到共同生活的團體，乃有國、有天下，儒家的國家觀念，是家族和鄉土觀念的擴充，以人君爲民的父母。國家觀念和民族觀念相連，在古代「華夏」「漢人」就代表中國，代表天下。大學的修身，便是爲治國平天下。儒家的學者常以參加國家的政治爲目標，孔子周遊列國尋找參加政治的機會，石門的晨門曾批評他說：「是知其不可而爲之者與」（論語憲問），孟子也同樣周遊列國，離開齊國時，尹士譏刺他「三宿而後出晝，是何濡滯也。」孟子答說：「予三宿而出晝，於予心猶以爲速，王庶幾改之。王如改諸，則必反予。夫出晝而王不予追也，予然後浩然有歸志。予雖然，豈舍王哉，王由是用爲善。王如用予，則豈徒齊民安，天下之民舉安。」（孟子公孫丑下）

歷代儒家學者常抱著這種安民的志向，求學爲做官，做官爲治國平天下。治國平天下乃一個非常高大的志向，因爲儒家的政治大綱爲世界大同。大同不僅表示平等的愛，而且是全民福祉的政綱。《禮記・禮運篇》記有孔子所講的天下大同。

「孔子曰：大道之行也，與三代之英，丘未之逮也，而有志焉。大道之行也，天下為公，選賢與能，講信脩睦。故人不獨親其親，不獨子其子，使老有所終，壯有所用，幼有所長，矜寡孤獨廢疾者，皆有所養。……是謂大同。

今大道既隱，天下為家，各親其親，各子其子。貨力為己，大人世及以為禮，城郭溝池以為固，禮義以為紀，以正君臣，以篤父子，以睦兄弟，以和夫婦，以設制度，以立田里，以賢勇知，以功為己。故謀用是作，而兵由此起。……是謂小康。」（禮運）

大同的思想乃儒家最高的社會理想，有點像柏拉圖的烏托邦。但是儒家求人民福利的心則不祇是理想，而常力求實現。大同不能實現，則求小康的社會。小康是治世，治世以禮，歷代的明君賢相都盡心力以求小康之世。清末民初的康有爲主張「三世」，三世出自禮運篇的大同、小康、亂世。康有爲倡太平大同，提出無政府主義。他的私淑弟子譚嗣同作「仁學」一書，標榜大同主義，不分男女，不分家族，不分國家。這種大同思想，已經不是儒家的思想，乃是滲雜西洋的政治思想，不可實行。大同理想的基本，則是儒家的仁道。仁道的仁，有生命的意義。宇宙間的萬有，在生命上彼此相連，互相貫通，互相聯繫。宋朝理學家張載在〈西銘篇〉說「乾稱父，坤稱母，民吾同胞，物吾與也。」明朝理學家王陽明乃主張一體之仁。「仁道」是孔子所教的公德。孔子說：「夫仁者，己欲立而立人，己欲達而達人。」（雍也）儒家的「仁道」不是自私的道德，而是推廣愛心，求大眾的福利，以贊天地的化育。

儒家的社會觀是家族社會觀，是仁道推廣愛心的社會觀。

二、守禮社會觀

但是實際上大家卻都說中國人是一盤散沙，中國人不急公好義，中國人不奉公守法。因而梁啓超乃說：「要之吾中國數千年來，束身寡過主義，實爲德育之中心點。範圍既日縮日小，其間有言論行事，出此範圍外，欲爲本群本國之公利公益有所盡力者，被曲士賤儒，動輒援不在其位不謀其政等偏義，以非笑之，排擠之。謬種流傳，習非勝是，而國民益不知公德爲何物」。(二)

爲求社會的安定，孔子主張守禮：「非禮勿視，非禮勿聽，非禮勿言，非禮勿動。」（論語 顏淵），禮的目標在於分，把社會按照倫理的標準分成上下。有了上下，社會便有次序；有了次序，社會便能安定。既然每個人在社會裏按禮的規定，得有自己的名分和地位，便要守著自己的名分和地位。孔子特別強調「正名」（論語 子路），也強調「不在其位不謀其政」（論語 憲問 泰伯），這種思想的根基在於《易經》的時和位。八卦的陰爻陽爻有位有時，得位得時稱爲中正。中正即是適於時適於位，適於時位也即是中庸。

在農業社會裏，生活非常安定，安定的要素則是中庸，每人的行動都守時守位。就像農業的工作，靠著天氣的調節，風調雨順，寒暑得宜，五穀才能生長成熟。農業的社會生活，按著禮所定的次序，大家各守各的名分地位。

在農業的社會裏，工作是固定的工作，生活有傳統的形態，各人耕自己的田，管自己的家。關於公家的事，由負責管理的人去管。其他的人既沒有名分，也沒有責任，便不管理。積傳久了，養成了「各掃自己門前雪，莫管他人屋上霜」的風氣，以不管閑事爲好。

管理大家的事，是讀書人的責任。讀書人則更要守時守位。八卦的乾卦，每一爻代表一時一位，象徵讀書人守時位的智慧。「初九，潛龍勿用。九二，見龍在田，利見大人。九三，君子終日乾乾，夕惕若厲。九四，或躍在淵。九五，飛龍在天，利見大人。上九，亢龍有悔。」學者做官，進退有時。孟子述說他爲大丈夫的志氣：「居天下之廣居，立天下之正位，行天下之大道，得志與民由之，不得志獨行其道。富貴不能淫，貧賤不能移，威武不能屈，此之謂大丈夫。」（滕文公下），這就是孟子所說：「窮則獨善其身，達則兼善天下」（孟子 盡心上）培養了廉潔之風。

但是這種心理若有所偏，就變成了各自修身，自求無過。一般的人對於公家的事，沒有責任，大家便都不管；負責公家事務的人，若認爲時地不合，即可拂袖而去。子曰：「道不行，乘桴浮于海。」（論語 公冶長）子曰：「篤信好學，守死善道。危邦不入，亂邦不居。天下有道則見，無道則隱。邦有道，貧且賤，恥焉。邦無道，富且貴，恥焉。」（論語 泰伯）

儒家的修身觀，以「行道」爲重，以「節義」爲貴。

三、三民主義社會觀

現在的社會，已經不是農業的社會，而是工商業的社會；現在的社會，已經不是單元的社會，而是多元的社會；現在的社會，已經不是靜態安定的社會，而是動態競爭的社會。我們中國的社會跟著世界開發國家的後塵，走向未來的新社會。

新社會的生產型態，將是電腦指揮工作的型態，集中人力的大型工廠，將化為技術精密的小型中心。家庭可成為產業場地，每人有各人的生產計劃。家庭工作須自己親手經理，勞作時間減少而休閒時間加多。在這種新型態的社會，個人的意識更形加強，私人的自由更將加多；另一方面，每個人的活動和別人的活動緊相連繫，一個人的事成為大家的事，大家的事也成為每個人的事。例如目前的交通事例，每一輛車的行駛，牽連其他車輛的行駛。其他車輛的行駛牽連每一車輛的行駛，在這樣的社會裏，不能使用祇求「潔身自好」的社會觀，也不能使用「家族關係」的社會觀。新社會的社會觀，將是三民主義的社會觀，擴張家族意識成為民族意識，以公家的事，作為每個人的權利和責任，將生活享受作為大眾的福利。個人的責任感，將成為新社會的中堅力量。

但是儒家社會觀的基本原理則仍要建立社會的基礎，儒家社會觀的基本原理為愛惜生命的「仁道」。凡是存在的物，都愛惜自己的存在；既然愛惜，就必加以保全，予以發展。儒家的仁道，在於「推己及人」、「立己立人」、「己所不欲，勿施於人」。這種社會原則，在個人人格和活動益加強的新社會裏，更須予以肯定。每個人既然獨立活動，彼此的活動便不能互相妨害，而要互相調協，共謀發展。假若每人只謀自己生命的發展，不顧旁人生命的發展，結果將互相傾軋，共趨滅亡。

在新社會裏，大家的公事，就是每個人的私事，公私的分別，日形縮小。每種行業的公會，每種學術的學會，每個鄉鎮城市的公事，自己國家的政治，以致於世界國際間的事件，都影響到每個人的生命活動，那就應該有孟子的精神，「夫天未欲平治天下也？如欲平治天下，當今之世，舍我其誰也！」（公孫丑下），在農業安定的社會裏，公家的事，由朝廷負責處理。新社會的公事，已經成爲每個人的私事，怎麼可以不管呢？

在新社會裏，一切都在動態的競爭裏進行，「正義感」乃是每個人所應有的意識。儒家主義輕利，新社會將主利，然決不可不守義。孔子說：「不義而富且貴，於我如浮雲。」（述而）這種消極的心理，在新社會裏應該提倡；在積極方面更應培植維持正義的精神，要有中國古代俠士之風。

在新社會裏，法律的觀念透入生活的各方面。社會既是動態競爭的社會，需要合理的法律，更需要每人都遵守。儒家自荀子以後，也看重「法治」。但是古代的「法治」，祇在防備擾亂社會治安的罪行，而沒有進入人生的各種層面。在現代的新社會裏，人生的各方面都互相連繫，每一方面都需要法定的次序。

然而，在動態競爭的新社會裏，儒家的時地中庸觀念，仍然應實踐而發揚。共產黨的社會觀，既反對「仁道」，又反對「中庸」，在中國便不能實行。

社會的制度和法令要適合時地，不偏向極端；每個人的生活，也應適合時地以求中庸。越是動，越要適合時地；越是競爭，越要保守中庸，避免偏狹的急烈行動。古代的社會，在平靜的生活求平衡，較爲容易；在動的競爭中求平衡，則須要有「仁道」和「正義」的修養。目前的經濟罪和盜劫強暴罪，都是在競爭的生活裏，一個人求利的偏急行動，使社會失去平衡。

新社會的三民主義社會觀的基本，乃是儒家的仁道和中庸。先總統 蔣公標出「倫理、民主、科學」作爲新社會觀，新社會的倫理爲動態的倫理，自強不息、「行己有恥」。新社會的民主爲全民參加政治的民主，人人有責任感、有正義感。新社會的科學是爲發揚人性的科學，人能深入自然的奧妙，贊助天地的化育。

社會的組織、社會的生活，乃是人的組織、人的生活。而不是機械的組織和生活。爲求社會的組織和生活是健全，是新進，科技的智識可以貢獻許多的方法和型態，但是社會的基本還是思想，思想則是哲學，有那種哲學思想，就有那種的社會，中國的傳統哲學思想爲儒家思想。這種思想建立了中華民族的文化，奠立了中國的社會組織，中國的社會現在變了，社會的思想也變，但中國的新社會，常是中國人的社會；社會的生活，仍是中國人的生活；社會的文化，也是中華民族的文化，在中國的新社會裏，領導的思想便必定是迎合時代的新儒家思想。

民國七十一年二月一日講於東海大學

註：

㈠ 梁啓超　論與德　飲冰室全集　卷一　論著類。

㈡ 同上。

勞動的意義和價值

本年九月十四日，教宗若望保祿二世向全球教會人士頒發了一封通函，討論勞工問題，為紀念九十年前教宗良十三世頒發了第一封論勞工的通函。良十三世的通函，函名「新事件」（Rerum novarum）；若望保祿二世的通函，函名「行勞動」（Laborem exercens），都是以通函首句的兩字作函名。

勞工問題為現世紀的最大社會問題，天主教會的教宗從良十三世以來，庇護十一世，庇護十二世，若望二十三世，保祿六世，都頒發了通函，又發表長篇演講，為紀念「新事件」通函的四十週年、五十、六十、七十、八十週年。這次「行勞動」則為紀念九十週年。九十週年，勞工問題的意義和性質都有了重大的變遷，目前，世界上幾乎一半的人口，活在共產的制度下。這種情形使勞工問題和國際政治問題融合在一起，問題變成非常複雜了，非常棘手了。

一、勞動的意義

在舊約聖經創世紀的第一章，記述天主造了天地萬物，對所造的人說：「你們要生育繁殖，充滿大地，治理大地，管理海中的魚，天空的飛鳥，各種在地上爬行的生物。」（創世紀第一章第二十八節）後來原始的人背命犯罪，天主罰他們說：「你一生日日勞苦才能得到吃食。……你必須汗流滿面，才有飯吃。」（創世紀第三章第十—十九節）

人的來源很尊貴，來自造物之天主；雖然進化論倡說人由猴子所進化，但是由猴子變不出來一顆空虛靈明的心。人的尊貴就在於這顆空虛靈明的心。中國儒家從《禮記》就說人得天地的秀氣以生，人爲萬物之靈。人的這點靈明，來自天主，有似乎天主的肖像。

人有靈明，作萬物的主管。人爲主管萬物，應有行動，行動而變有勞動，費力流汗，這其中含有因罪受罰的因素。人人都皆有行動，行動都帶有勞苦，勞動便成爲每個人的生活。人的生命是活的，時時刻刻有動，生命的動不僅是生理的動或感官的動，特別是心靈的動，更能表現人的人格和價值。心靈的動運用腦神經，也帶有勞苦，勞苦不單單屬於運用手足工作的人，而是屬於每一個人。俗語說：「勞心，勞力」。

生活即是生命的發揚，生活是活動，活動是勞動，勞動就是人的生活，勞動就是人之所以爲人。不勞心或勞力的人，應該認爲不是人。

人的生活由孩提發展到壯年，是一個階梯的發揚。壯年以後生理的生活逐漸衰頹，心靈的生活則繼續可以發揚。生活的發揚都靠勞動，勞動便是人生發揚的動因。越能勞心勞力的人，生活的發揚也能越高。因此，勞動便代表人的人格，象徵人的品德。

在人類社會的組織裏，生活靠通力合作；因爲人生活所需的物品，不是一個人所能齊備的，而要假手他人，在食衣住行的材料和結構，都由各項職業的人去做，人爲取得這些需要物，要用錢去買。人爲取得錢，以勞動去換，勞動取得薪金，薪金就是錢。勞動就成了人爲謀生的工具。

人既在社會裏生活，大家便應相安合作。人對於自己和社會的生活，常企圖改良。人便勞心勞動去追求生活的進步，創立更高的文化。勞動便是人類文化的成因。沒有勞心的人去想，沒有勞力的人去做，人類文化不能有進步。

有了高尚的文化，人對於自然界便能駕馭。人能治理大地，管理自然界的物品。高尚的文化依靠學術的進步，學術進步創造出精密的科技，科技製造各種機器。然則科技是人的科技，機器由人所造，由人去管理，一切都由人作主，人則運用自己的勞動。

勞動的意義，即是人的生活，代表人的人格。它的價值，是人謀生的工具，是人生活發揚的動力，是人類文化的成因。

二、勞動的主體

勞動既是人的勞動，是人的生活，勞動的主體就是人。人運用勞動爲發揚自己的生命，爲成全自己的人格，使自己享受更好的生活，使自己成爲更成全的人。

人是有小體和大體的人，小體爲感官之官，大體爲心思之官。人的生活包括小體和大體的生活，他要用自己的勞動去發展。人有心靈，自己作主宰，對於勞動就能自己作主，自己獲取勞動的成果。

從勞動本身去看，即是從勞動客體方面去看。

在社會的經濟裏，是出產的一種動力，和生產的機械一樣，爲生產的一項工具。勞心或勞力成爲形質化，產生有形的效果。於是勞動成爲一種可以用金錢去估價的交易品，由雇主和勞動者互相交易。雖然正式以勞動換金錢者爲勞力的勞工，然而勞心者所得的代價，也有同樣的意義。

現代的勞動問題，或普通所稱的勞工問題，就在於勞動的主體，在古代農業時代和小型工商業時代，勞動的主體常是勞動產品的主體，當時沒有所謂的勞工問題。因爲當時勞動者不是爲他人工作，祇收取薪金，而是自己爲自己勞動，自己勞動所得，屬於自己。在這樣的情形下，勞動的意義乃是勞動本有的意義。

工業發達以後，社會的經濟結構起了很大的變化。機械的效力天天增大，使用機械的工廠加多，工廠有主人，機械為工廠主人所有，成為主人的資本。機械為出產所需的原料也屬於主人，算在資本以內。機械的出產品，視為資本的盈利。和資本對立的為勞動，勞動成為生產的工具。在資本和勞動的交易裏，勞動完全從客體方面去估價，純粹被看為一種出賣的交易品，按著經濟的原則以最低的代價產生最高的出品，勞動的價值被盡量壓低，形成被剝奪的對象；乃產生勞工問題。

教宗保祿二世發表新的理想，資本主義和共產主義在勞動和資本的對立裏，兩者所有的錯誤都是一樣，都是以勞動為工具。資本主義下的資本，操在少數資本家的手中；共產主義下的資本，操在政府的手中。資本家以資本的產物屬於自己，對於勞動者祇給以最低的薪金；共產主義的政府口口聲聲喊說勞動者為產物的主人，實際上勞動的產物歸於政府，勞動者所得的僅祇為吃飯穿衣的錢，較比資本家手下的工人所得薪金還低。這兩方面的錯誤都在於把勞動和資本相對立。

若望保祿二世說：實際上勞動應視資本，而不是工具。勞動是人的活動，工業產品是人以勞動所造，產品便應歸於勞動者。勞動者是勞動的主人，也是勞動產品的主人。

但是出產產品，不僅靠勞動，還應靠另一些動因和原料；因此，勞動不能是產品的唯一主人。

勞動的主體既是人，勞動便分有人的身份。人不是牛馬，不是機械；牛馬和機械雖也工作，兩者的工作祇是工具，因爲牛馬和機械本來就是生產的工具。人的工作是有靈性的工作，是自由的工作，是能創造的工作。勞動的經濟價值不能單單從客體方面去估計，也應從主體的人那方面去估計。人的勞動在主體方面，是謀勞動者的生活需要；勞動者的生活有物質的生活，有精神的生活，有家庭的生活。這幾方面的需要，一概要由勞動所得去滿足。而且勞動還是使人完成管理大地的使命，人用勞動去發展學術，去提高人類生活的水準，增加生活的享受，推進人類的文明。人的勞動便更不能祇從客體方面去估價。

近世的勞工問題，起源就在於把勞動祇從客體方面去估價，看成交易的商品，作爲生產的工具。資本家以最低的待遇，購買工人的勞動。勞動變成沒有人格的商品，工人也隨著失去了人格的尊嚴。工人們乃聯合起來，組成工會，以罷工來爭取更高的待遇。共產黨乘機而起，號稱爲工人爭權利，造成階級鬥爭，摧毀資產階級，以達到平民專政。但是共產主義損害勞動的價值和工人的人格，較比資本主義更深更刻薄。共產主義所根據唯物辯論，以社會的變遷和進化，由於生產工具所發動。生產工具爲物質，而且是工具；竟把發明生產工具的人，放在工具以下，受生產工具的驅使，把社會的自然次序顚倒了，把精神價值完全抹殺了。號稱平民專政，平民卻作爲政治的奴隸，成了和牛羊及機械一樣的生產工具，失去了人格，失去了自由，失去了主權。在資本主義裏，也因著唯物思想，把勞動看成商品，和資本相對立；但是工人還有抗議的自由；在共產主義下，勞動沒有對立的地位，而是成爲如同在羅馬帝國時代奴隸的工作，爲主人的所有物，勞動乃是共產政權的所有物，任憑共產政權處理，無論勞心勞力的人都是共產政權的奴隸。

現代勞工問題的根由，無論在資本主義下或在共產主義下，都是唯物主義，丟去了勞動的精神價值，不考慮勞動的主體。

三、勞動者的權利

勞動和資本，不應互相對立，勞動應視爲資本最重要部份。勞動者因此有權利分享勞動的產品，在生產產品的過程中，勞動者有權利參加生產的創造和計劃。勞動者的第一種權利，在於實現爲自己工作。他不僅領收工資，他對於產品有一分的所有權名份，對於出產的程序有認知的權利。

因此，產生了雇主和工人的關係問題。在資本主義的社會裏，雇主是資本家；在共產主義的社會裏，雇主是國家政府。無論雇主是私人或是國家，雇主和勞動者的關係應以正義爲基礎。勞動的正義包括社會正義，又包括私人的正義。私人的正義，勞動者是有人格的人，有適合人格生活的要求。勞動者所得工資應能謀自己和家庭生活，在物質和精神上的需要。而且還要進一步，勞動者應能參加工廠或出產機構的所有權，成爲工廠或生產機構的股東。

勞動者的第二種權利，關於社會正義的需求。按照社會正義，勞動者享有私產權。由勞動所得的工資是勞動者的私產，用工資所購的不動產也是勞動者的私產。資本爲資本家的私產，若勞動者參加生產機關的資本，也就參加資本的所有權。私產制度的所有權，不能是絕對的所有權，當以公益爲前提，國家公益或社會公益，可以要求私有權的犧牲；然而國家和社會絕對不能因自己的需要而取消一切私有權。

按照社會正義，勞動者有工作的義務和權利。每個人都有勞動的義務，閒手遊蕩或坐享遺產的人，不算是一個成全的人。既有工作的義務，便有工作的權利。政府因此有責任爲國民謀就業的機會，對於失業者應予以照顧。

按照社會正義，勞動者需求國際間有國際正義，開化的國家不應剝削開化中的國家，以免開化中的國家所有工作環境使工人喪失自己的人格，過著非人的生活。同時，勞動者要求本國的政府，履行正義，保障勞工的權利。資產不應集中在少數人手中，資產要用爲大家的需要和福利。

勞動既是人的勞動，人所有的基本人權，也應分給勞動。勞動是自由的，勞動營的勞動不合於人性。勞動是有理性的，反理性的勞動，不合於人性。勞動是有道德的，反倫理道德的勞動，不合於人性。勞動乃是人生活的發展，是人格的成全；勞動使人管理大地，參與天主的造化工程。中國古人說：「唯天下至誠，盡人之性……參天地之化育。」（中庸 第二十二章）

民國七十年十一月「益世雜誌」

愛情・婚姻・家庭

一、

本年九月廿六日到十月廿六日，我在羅馬參加天主教全球主教代表會議。參加會議的主教共兩百一十九人，所代表的國家一百一十二國。還有專家和結婚夫婦代表三十六人列席旁聽。會議的主題爲「家庭的職責」，牽涉到的問題，則有愛情、兩性結合、婚姻、節育、離婚，這些都是現在社會上很棘手又很燙手的難題。會議的時間雖是一個月，但仍不能深入研究，以便提出具體的解決方案。然而對於問題的意義，卻有明確的認識。

現代的青年男女，尤其是歐洲的青年男女，以愛情爲婚姻的要件，卻同時又把愛情和婚姻分離。男女相愛並不一定爲結婚，因此婚前性行爲，以及試婚，同居等事實，充斥社會。愛情變成了男女兩性的慾情，以性行爲爲目的，性行爲又祇是慾情的滿足。

但是從人的人格方面去看，男女的愛情，意義更爲崇高，更爲深遠。

天主教的聖經說：天主是愛，人按天主的肖像而受造，人也是愛。中國《易經》說：「

天地有好生之德。」朱熹便說：「天地以生物爲心，人得天地之心爲心，人心爲仁。」孟子說：「人者仁也」。仁是愛之理，人便也是愛。

人生來就是愛，愛發自人性，代表人的人格。人的人格包括整個的人，包括人的心靈和人的身體。人格的表現，表現於人的思想、意志和品格；愛情便是思想、意志和品格的基礎和動力。人沒有愛，則不會動，所以愛在佛教的十二因緣裏，爲一重要因緣。

愛既是代表人格，愛情便不是盲目的衝動，也不是慾情的爆發，而是整個人性的流露，受理想的指使和意志的節制。愛情的意義是自己投予對方，而接受對方向自己的投予。投予則是犧牲自己，接受投予才是享受；爲有愛情的享受，先要有自我的犧牲。

男女兩性，天然生成。天主教聖經說天主造生了一男一女，爲使他們結成一體，繁殖人類，統制宇宙。中國《易經》說天地合而萬物生，天爲乾，地爲坤；乾乃是陽，坤乃是陰，宇宙萬物由陰陽絪縕而生化。男女兩性乃天生人類的必然成果。

人類既然是男女兩性，人便不能孤立；人類的愛便在男女兩性間自然發展而取得完成。男女的愛情，由人性的基礎而經過人心自然流露，代表整個人的人格。在心靈方面，有感情滿足的陶醉；在身體方面，有全身激動的感觸。整個人都浸融在愛感的漩流裏，以致於可以忘記人生的一切。因爲人心是愛，人就是愛。

《易經》以天地有好生之德，天地之心以生物爲心。天地的仁德在於生萬物。天主教聖經以人按天主的肖像而受造，天主三位一體，永恆地有愛情的交流；天主愛宇宙人物而造生人物，天主更愛人而降生受難以救人。中外對於愛的觀念，都在於造生，使受愛者化生發育。男女愛情的意義，也在於使受愛的對方取得成全，而不是自私地佔有對方。

性慾和男女愛情當然常相連合，男女愛情的陶醉必定刺激性慾；然而愛情並不和性慾同爲一事，愛情的終點也不是性行爲。男女相愛時，兩方都是人格的表現，彼此尊重對方的人格。兩方所熱烈追求的，是使對方的人格能有更好更美的收穫。所以愛是誠實的，是寬容的，是肯犧牲的，而也是純潔的。

二、

男女在造物主的造物計劃裏，應結合爲一體，以繁殖人類。因此男女愛情達到成熟階段時，便結成夫婦。愛情引人達到婚姻。

婚姻的成立，在於男女兩方的意願。古代的社會，以男婚女嫁爲家庭的大事，常由家長主理；中國古代且須有媒妁從中牽繫。

婚姻由男女雙方的同意許諾而成，所許諾的，是男女雙方許諾以自己的一身給與對方。聖保祿宗徒曾說丈夫的身體已不是自己的，而是妻子的；妻子的身體已不是妻子的，而是丈夫的。兩人合成一體，再不分離。

婚姻的結合，不僅是身體的結合，且是雙方人格的結合。丈夫的人格包含在妻子的人格裏，妻子的人格包含在丈夫的人格裏；兩人的人格合成一個人格，兩人的生命合成了一個生命。所以俗語說丈夫是妻子的一半，妻子是丈夫的一半；兩半合成一個整體。

夫妻的結合，在結婚以前已經有心靈因愛情而成的結合。沒有愛情的婚姻，缺乏心靈的結合，兩方的人格無法結成一個人格，心靈必定常有一種缺憾而感到痛苦。結了婚，夫妻便有身體的結合。身體結合的性行爲，乃是心靈結合的表現，是心靈結合的保障。

在婚姻以外的性行爲，則不能視爲愛情的表現和保障。愛情的成熟是在於結婚，結婚而後有性行爲。不結婚而有性行爲，祇是性慾的衝動。

性行爲的意義在於生育，乃是天然的現象，同時而有性慾的享受，也是天然的成果。然而不能以人爲的方法，把性行爲和生育分開，捨棄生育而單謀求性慾的享受。

目前社會有種種不道德現象，許多現象是避免生育而祇求滿足性慾，使性行爲的意義完全祇在性慾的滿足；又有幾種科學的現象，以人工孕育，使生育和性行爲相隔離。因此，子女的生育和子女的教育，成爲目前社會的重大難題。在女人的生理和心理方面，產生許多的病態。實驗管所培育的孩子，他們心理上所有親情的缺憾，必使他們較孤兒更難承擔。在這次參加大會時，我就聽到幾位會員要求專家研究性行爲的哲學和神學意義，避免社會人士把男女的性行爲，作成一種禽獸的行爲，完全失去本有的人格意義。婚姻的結合，象徵天地的結合，爲人倫大事。在天主教裡，基督更立婚姻爲聖事，象徵基督和教會的結合，有基督便有教會，有教會便有基督，絕對不分離。從哲理方面說，夫妻結成一體，便是一個「存在」，夫妻存在時，是存在同一的「存在」裏，怎麼能夠分開呢？婚姻爲生育子女，子女的教育須要父母長久的結合。夫妻一分離，第一個受苦最大者爲子女。目前離婚的現象逐漸加多，雖不能僅講學理而能除掉的這種現象；但若在婚前明瞭婚姻的意義和要求，謹慎地予以設備，婚後，努力予以保全，離婚現象必定可以減少。

既然兩性相愛和婚姻，是人類的天然美事，天主教卻鼓勵男女守貞，不婚不嫁，那麼獨身不是反對人性的天然傾向，而使獨身的男女，在人格和心靈上有所缺憾嗎？天主教的獨身守貞，不是閉殺愛情，而是改變愛情的對象。天主教守獨身者所愛爲「神」，爲「人類」，所以畢生爲「神」爲「人類」服務。他們的愛也是有生育的，即是社會上的許多男女成爲他們的精神子女。

三、

男女結婚而成家庭。家庭在中國傳統裏是祖先繼續生存的象徵，家庭的意義即是繼續祖先的生命。個人的生命有限，有完結的一天；但是個人能生育子孫，子孫的生命便是他的生命之延續。生命之延續以祭祖爲證據，一個人死後有他的嫡子嫡孫，春秋奉行祭祀，便證明他的生命沒有斷絕。因此，一個人沒有留下子孫而死了，便應爲他從旁系親中選立嗣子，奉行祭祀。

中國古代的家庭有多代的親人同居，三、四代的人同堂，乃是常事，例外則能有七世同堂。在農業的社會裏，具有重大的經濟意義，同時在社會上也具有安定社會的價值。在工業社會裏，大家庭制已不可能存在，所有家庭都是兩代同居的小家庭，三代同居也仍有可能。

家庭首先是爲夫婦兩方的互助，男女兩人組成一個同一的生活，在各方面都共同攜手，家庭便是他們兩人生活的安定和保障，又是他們倆人愛情的場地。

婚姻的結合乃爲生育子女，沒有子女的家庭不是一個圓滿的家庭；家庭有了子女，家庭圓滿了而富有生氣和愛情。通常所說的天倫之樂，便是圓滿家庭的樂趣。

目前社會爲著生育子女，卻釀成了一個重大的社會問題。夫婦兩方因著經濟或他種原因，不願意生育多的子女，國家更因爲怕人口增加太多太速，危害政府的經濟政策，於是提倡節育。美國及已開化的國家還組成國際團體，以大量金錢，在尚未邁進開化程度的國家裏，極力宣傳節育，且以經濟的勢力逼迫這些地區的人民，施行人工節育。這次全球主教代表會議，對於這些國際組織的行動，提出嚴重抗議。

夫婦對於生育子女，雙方具有責任。責任在人身上，不應是盲目的，也不應是性慾的衝動，卻應是經過理智考慮，經過自由意志的決定。所以一個人爲父爲母，應由自己負責。

夫婦雙方因著一種或多種的合理原因，願意施行節育，夫婦具有權利去決定。但是節育的方法，則不能以人工的方法，使性行爲和生育相分離；而祇能按照生理的自然程序，謀求避免懷孕。這就是所謂自然節育法。

當今，人工節育方法充斥社會；然而就醫師和心理學家的研究，人工節育對於婦女的生理和心理已經造成相當嚴重的病態。而且避孕丸和避孕器，都不宜於長久使用。因此乃行絕育的手術。未行手術而懷了孕，竟致私行墮胎。私行墮胎常有危險，於是主張墮胎合法化。人工避孕、墮胎、絕育手術是一貫相連，步步上進。本爲生育的性行爲，竟成爲殺生的性慾衝動。未照天地好生之德而成的人心，自己厭惡生育，以懷孕子女爲禍，婦女的身份降低成了丈夫滿足性慾的工具。

自然節育，則按照生理程序而避孕，不破壞兩性行爲的本來意義。夫婦雙方自由決定，互相尊重，彼此的責任感和道德感隨著提高，彼此的愛情也因著控制性行爲而加深。這次大會祝望科學家繼續研究，使人工節育法更能簡單化而容易了解，也更能安全而被普遍採用。

夫婦子女組成家庭，家庭是他們心理上的安居所。但是家庭的意義不僅是家中人的享受，而是爲滿足各種職責。父母對於子女有教養的責任。目前社會工業化，父母因著在外面工作而不能在家教養子女，政府又統施國民教育，父母不容易自由選擇學校。子女的教育遂成了一個重大的社會問題，父母完全以教育職責託於學校；然而學校若沒有家庭教育的相輔相成，無法教好青年。因此社會上的青年犯罪率，日益加高，令人寒心！

家庭乃子女教育的根基，父母的品格隨著奶乳進入嬰兒的心中，父母的言行在搖籃裏造成小孩的心理。中國古人的家訓家禮就是爲養育子女的人格。在目前社會裏我們應強調這種子女教育的職責。

家庭也是社會和國家的基石。私人自我的思想在歐美的社會裏，目前已經成爲一般的趨勢，每個人都以自我爲主。然而一個人有家，必定在工作和生活中會想自己的家，他的心情和思想便有一安定點。社會因著這些安定點也可以安定。家庭對於社會的安定，不僅是消極的價值，而且有積極的意義，教育子女有社會感和國家感，夫婦參加政治和社會工作，家庭與家庭互相聯繫，組成家庭協會，這些都是家庭的社會責任。天主以爲家庭對於教會也有職責，子女的宗教教育，家庭中的福音誦讀，家庭間的宣道，這些便是家庭的教會責任。

還有對於老年人的照顧，更是一項重要的職責。現代的社會乃是青年人的社會，但是老年人在社會上在家庭裏都應有他們的地位。中國素以孝道立國。年老的父母和祖父母，應在家庭裏受奉養。雖然美國的風氣漸漸進入臺灣的社會，有的子女竟嫌老年父母爲贅瘤。這種風氣不能容牠長成。中國古人「含飴弄孫」的情況，仍舊要存在中國的家庭中。

愛情、婚姻、家庭，互相聯繫，互爲基石。若以愛情不爲婚姻，婚姻不爲家庭；或者家庭不建立在婚姻上，婚姻不建立在愛情上，都是反常的現象，男女兩方和子女都要受害。天生男女，互相追求，相愛而結婚。婚姻長存而家庭安定，肩負職責，人有天倫之樂，國家有安定之福。

民國六十九年十一月四日作於羅馬旅次

社會變遷中的宗教信仰

歷史哲學家湯恩比曾經寫過一篇文章，題目是「宗教與今日世界」㈠，從歷史研究看今日世界的宗教信仰。美國的一位著名演說家施恩總主教出版了一冊「宗教哲學」，從歐美哲學思想的研究看宗教信仰㈡。今天承貴校邀請我來和各位同學討論「社會變遷中的宗教信仰」。討論的範圍較比他們兩位所討論的範圍更大了，為使我們的討論能夠有次序，能夠合於邏輯，我就分為下列三段：第一段，社會的變遷；第二段，社會變遷對於宗教信仰的影響；第三，未來社會裏的宗教信仰。

一、社會的變遷

我們當今所處的社會，正在一連串的強烈和迅速的改變中；我們親身都看到，而且也體驗到不容易應付。這種改變不僅是由農業社會進到工商社會，不僅是由靜態的社會進到動態的社會，不僅是由大家庭制度改為小家庭制度，不僅是由一元的儒家倫理道德變為多元的倫理道德；更是改變了人生的價值觀，改變了人生的理想。當今社會的改變是內外都在變，是社會和個人在改變人生觀。這種改變很深很廣，而且很快，而且還繼續在變。就是研究未來學的學人，也不能很清楚地看到將來的情況。現在，我很簡單地舉出當今社會變遷中的幾項最重要而又與宗教信仰有關係的變遷。

二、科技的社會

當第十八世紀科學開始發達，歐洲的社會思想已開始變遷，造成第十九世紀的科學萬能思想。自然科學取代了哲學的領導地位，科學的經驗攻擊了宗教信仰。到了第二十世紀，自然科學變遷爲科技學，實用科學漸次取代科學的理論。電腦的技術改變了工商界的作業程序，而且將改變整個社會生活的程序。接著來的將是機器人，機器人的引用，將使工業起大革命，一是生產的大革命，一是人事的大革命。第十九世紀在歐美爲工人的世界，第二十世紀已進入科技世界。工人的世界以人工爲重，勞工在社會上操握社會治安的命脈。科技的世界將以科技爲重，精密的機器不要求大的工廠，電腦和機器人的操作，將代替人工。社會的重心將轉到商業，一切看消費者的購買力而定，進口和出口的商值，將代表社會的繁榮。

三、享受的社會

科技的進步爲供人的使用，人使用科技爲增加人的享受。人的天性本來就趨向追求福樂，在歷代的文化進展中，人類追求享受的慾望漸漸多有滿足，但越滿足越想加多，人乃運用理智研究新的享受工具，科技便日見發展。

當今的社會乃是一個享受的社會，因著享受乃要購買；享受的社會便是消費的社會。當今社會的衣食住所，較比五十年前，給人類的享受真高得多了。電子工程造出許多高貴而精密的用品，讓人們費最少的勞力而得到最高的享受。電視將音樂、學術、美術、新聞帶進了各人家庭，錄影機和收音機使人睡在床上而能知天下事。海濱浴場、山上別墅、城市中的餐館、舞廳、夜總會，和各種形形色色的娛樂場所，以及出國旅行的種種組織，都能供給高度的物質享受。還有在精神方面供給享受的音樂廳、藝術館、歌劇院、博物館、展覽所。二十世紀的社會，已經成爲享受的社會。

四、理智的社會

人類理智的運用，在歷史的過程中，有似一個人由小到大的變遷。在初民的時期，人類只會用眼目的感覺，所有的成績是神話。後來人類進而多用感情和想像，於是有美好的詩歌和彫刻繪畫。以後人類運用理智推理，哲學乃逐漸發達。西洋的哲學由柏拉圖、亞里斯多德、聖奧斯定，到聖多瑪斯結成了偉大系統的神學哲學。文藝復興後笛卡爾創懷疑方法論，洛克、休謨建立實證論，黑格爾主張唯心，康德設立先天範疇。到了十八世紀，人們對於自然界分析研究，科學興盛，事事都尋求可以用理智去了解，二十世紀便成爲理智的社會。每樁事業都需有計劃，每行工作都需用企業管理，就是在犯罪上，也發現智慧性的犯罪。詩歌也理性化了，藝術也抽象化了，哲學也科學化了。社會的一切都是理智的表現、中國的思想史，素來以人文爲中心，追求精神生命的發揚，社會生活雖夾有佛教和道教的信仰，歷代遵循儒家的傳統。民國以來，大家接納西方文化，進入科學思想世界。

五、人格的社會

人類理智的運用，在科學萬能的十八和十九世紀，都貫注在外面的事物上，到了第二十世紀，人們已經開始運用理智向自己來作研究，人們便發現自己的人格。在古代的社會裏，人們所崇拜的是神靈。到了近代，人們所崇拜的是人。當今社會的趨勢，人們則崇拜自我。歐美的存在主義哲學，以「自我存有」作爲形上本體論的研究對象。因著自我的崇拜，社會青年和上一代的人乃造成代溝，政治野心家乃醉心權力的擴張。湯恩比曾說：「我們今日所面臨的危險，並不在於對自然崇拜的復甦，而是傾向對人的崇拜，尤其是對於集權政治的景仰。近代西方的技術發明不但未能驅除這種危險，反而使之日益加深。這種危險之不斷擴大，很明顯地應該歸咎於西方技術的不凡成就。因爲技術把集權力量提高得空前龐大，。如果有人獲得了充分的權力，全體人類不論時地難免會受到被濫用的危險。例如國家主義和共產主義，將以集權手段來戕害個人自由，毀滅我們種族；甚至原子戰爭的結果，所有人類將被摧殘殆盡。」(三)

這種現象似乎是一種矛盾現象，社會既趨向自我崇拜，反而造成集權制度。究其實，則是一項自然結果，集權制度的基礎就是崇拜偶像，這些偶像是希特勒、史太林、毛澤東的自我崇拜。

在臺灣的社會裏，青年人已經接納了歐美的「自我人格觀念」，雖然還沒有呈現自我崇拜的現象，然而自我人格的尊重，在青年人的心目中已經形成了強烈的力量。

六、社會變遷對宗教信仰的影響

爲研究社會變遷對宗教的影響，我們應當先說明宗教信仰的性質。宗教信仰在各種宗教裏所有的內涵多不相同，現在有四種國際宗教：天主教、基督教、佛教、回教，還有三種爲民族宗教而有多人信仰的猶太教、印度教、道教。其他較小的宗教還很多，這些宗教都有幾項共同特性：第一，信仰中有超乎理智的部份，即教義對神靈的信仰；第二，相信身後的來生；第三，相信善惡的報應。當今，社會的變遷，對於這三點都有相當重大的影響。

七、信仰的理性化

今天社會的趨勢，一切都要科學化，凡事都要可以理解。因此，對於宗教信仰，便造成科學與信仰的對立，甚而至於互相衝突。相信科學的人，看著宗教信仰爲反對科學的迷信，於是對宗教便不相信。歐美和亞洲的許多青年和思想界的人，都在生活上表示沒有信仰。

但是歐美青年和學人相信宗教者仍舊很多，他們對於宗教信仰，另外對於天主教或是基督教的信仰，進行一種改革，把聖經書中的一切靈跡和超於理智的部份，視爲神話，予以刪除，或加以象徵性的解釋，使全部教義都可以用理智去了解。基督教的教派大都接納這種新的理性化聖經。早些時期的學者，如牛頓、洛克、休謨，主張信仰的理性化，第二十世紀則在美國有「上帝死亡」的神學，主張超於理智的上帝已經不存在，所存在的爲在理智以內的基督。天主教拒絕接納這種神學，堅持信仰超於理智。有許多人說：若是天主教不講人類的原罪，不講基督爲天之子，不講基督由童貞女受孕，不講基督的復活，教義就簡單明瞭，容易爲人所接納。但是，若不講這幾端教義，天主教便不是天主教了。

八、信仰的感情化

當今的社會是多元的社會，人類生活的表現常有矛盾的現象。二十世紀的社會是科學化的理性社會，事事求科學化。但是，同時社會的趨勢是追求享受，享受則是感情的作用。因此，當今的社會裏有許多人偏重感情，歐美的青年人竟傾向東方的神秘主義。科學化的理性社會，發展科技，科技製造爲滿足人們享受的各種精密物品。然而這些科技智識和科技產物，都是物質性的，都是相對性的。使用久了，便使人的理智成了機械化，使人的心靈枯乾，呆板。好比大學聯考的電腦問卷和計分，使青年學生的理智，成了記憶的機器，失去了推理的能力。因此，歐美有許多青年，要求心靈的活動，突破科技的束縛，逍遙於一種神秘境界，精神超於物外。於是在宗教生活方面，打破教義的條文，解放宗教組織的束縛，每人的心靈直接和最高神靈相接，進入佛教和印度教的靜坐生活，或升入天主教的天人一體的靜觀生活。這種生活爲最高的精神享受，又足以發展自我的人格，我和神靈相合而得有理想的「真我」。佛教曾主張進入涅槃，取得「常樂我淨」；儒家曾提倡天人合一，以參天地化育。今天歐美的青年則追求宗教的經驗，認爲宗教只有感情的經驗而沒有理智的教義。感情的經驗，爲每個人內心的經驗，宗教若只有宗教經驗，每個人有每個人的宗教，宗教便沒有信仰、沒有儀式了。

九、宗教政治化

歐洲在中古的時代，政教不分，國王的權力受羅馬教宗的指揮。法國革命以後，歐洲的各國政府漸次脫離了教會的制裁，政教乃互相分離。到了第二十世紀，在亞洲非洲的國家裏，忽然又出現了宗教政治化的現象。這種現象爲一種反殖民主義的現象。

歐洲的白種民族，從哥倫布發現美洲以後，興起了殖民政策，漸次統治了美洲、非洲、亞洲、大洋洲。隨著政治的勢力，歐洲的文化也進入殖民地，白種人所信的天主教和基督教便在殖民地傳揚。第二次世界大戰以後，殖民政策被廢除了，各民族都相繼獨立。獨立的民族早已接納了西方的文化，爲表現自己的獨立，便在接納了的西方文化裏排除西方的性質。在天主教裏，有各民族的宗教本地化運動，把各國文化的色彩和要素，加入天主教的神學和儀式裏。而在回教的國家裏，則更進行政治的回教化，主張按回教教義制定憲法，以排除西方傳來的天主教或基督教。這種政治回教化，或回教政治化，在近東和北非目前非常強烈。這種現象也又是今日世界裏的一種矛盾現象。今日世界因著交通工具和大眾傳播工具的發達，漸漸趨向世界大同，卻又出現宗教劃分國界，和已經被全世界所接納的西方文化相抵抗。

十、宗教倫理化

有許多不信宗教的智識份子，卻認爲宗教對於社會倫理有影響力；而且有智識份子以爲宗教的意義和價值就是在於維護倫理。蔡元培在民初反宗教的潮流中，他主張以美術代宗教。他認定的宗教價值，是在於陶養人的精神，在現代的社會裏，美術可以陶養人的精神，便可以不用宗教了。他仿效了黑格爾的思想，然而黑格爾講精神哲學，以宗教、美術、哲學，發展人的精神，使宇宙重回到絕對精神而成辯證法正反合之合。當今主張社會需要宗教信仰的人，是因爲社會道德日趨淪落，犯罪率的激增，造成了社會的危機，乃提倡社會應有宗教信仰，以宗教信仰教育青年遵守倫理。例如新加坡政府訂定學校的宗教訓育，我們中華民國政府也計劃承認宗教教育的重要。這種現象是因提倡社會倫理而提倡宗教信仰，以宗教信仰爲教育倫理的機構，忽略宗教教育的本性，以爲一切宗教具有同等的價值。

十一、未來社會的宗教信仰

從上面所講社會變遷對宗教信仰的影響，我們就可以見到今天的世界在歐美的科技和享受社會裏，宗教信仰比較以往就冷淡多了，社會生活已喪失了傳統的色彩。在接受西方文化的亞洲和非洲，也因著科學的研究，青年人都忽視本民族傳統宗教信仰。但是在另一方面，因著科技的機械生活，使人們的心靈感到乾枯，許多青年人追求精神的慰藉，乃投身神秘主義，使各種秘密的宗教日益增多，使傳統的各大宗教也以新面貌出現。

人們的心靈不是物質性的，雖然和肉體結成一體，容易被感覺性的享受所吸引和誘惑，但是終究還是藏著精神生活的要求。而且面對著病苦和死亡，人們的心靈發出許多問題，這些問題不是科學或哲學可以答覆的。就是在科學和哲學的研究上，學者都感到科學和哲學不是無限的，而是都有自己的界限，人的智慧不能超越。因此，在科學繼續發達的世界，科學需要哲學，哲學需要宗教，使人的智慧能向上發展；物質生活的享受，需要精神生活的享受，使生活得到平衡。

科技世界的宗教，不可能帶有迷信。迷信不合於理性，必定被理性所淘汱。低級宗教的拜物信仰，民間宗教愚弄民心的扶乩不再存在。科技世界的人對於一切都要科學化，運用理智去思考和觀察，對於宗教信仰必求合於理性，明明相反理智的信仰，將不被接受。但是運用理智的人，也知道，而且也體會到理智有自己的限界，在精神方面有超乎理智的現實，所以不以超越理智爲反對理智，可以接受超越理智的信仰。

未來社會的人，工作的時間減少，休閒時間加多，精神生活的要求將更明顯。宗教生活乃是一種很高的精神生活，未來社會的人將在休閒中去體驗宗教生活的精神享受。神秘主義性質的宗教活動將普遍受接納。

因著神秘生活的自我性很強，未來社會的人將不喜歡宗教過於嚴密組織的管制，喜歡追求宗教生活的自由，將傾心於宗教感覺。

每一種宗教，在未來社會裏，爲著自己的存在，必要適合未來社會的特性。不能適合的宗教便難於繼續存在。將來必定有人按照未來社會的趨向想像一些新的宗教信仰，可以得到一時的傳揚。然而未來社會的變遷必定非常快速，新的宗教將和新的哲學，一時生，就一時滅。古老而長久的宗教，如佛教、回教、基督教，尤其天主教，根基深固，吸收了許多文化的因素，具有適應時代的能力，可以有新的變化，新的宗派。天主教以一統的教義，垂久不能變，乃在變化的社會裏，成爲一個穩定的力量。

中華民族在倫理生活和哲學思想裏，素來以人爲中心，不和宗教密切連繫；但是在日常生活裏，則常以宗教生活作後盾。這種宗教信仰缺乏理性的基礎，在未來的社會裏很難繼續存在。民國以來，中國智識階級的人大多沒有宗教信仰，所有的只是書經詩經所講的皇天上帝之一點信仰。未來中國的一般民眾不會像今天的民眾，上廟拜佛拜神，求福免禍。那時中國人的宗教信仰，將和世界各國未來社會的人一樣，信仰合於理性又能發揚精神生活的宗教。

民國七十一年五月十八日講於淡江大學

註：

㈠ 湯恩比（Toynbee） 宗教與今日世界 胡安德譯 見湯恩比與歷史 牧童出版社 民國六十五年。

㈡ 施恩（Fulton J. Sheen） 宗教哲學 幼獅出版社 民國六十三年。

㈢ 湯恩比 宗教與今日世界 見湯恩比與歷史 頁二三七。

社會變遷中的道德觀

一、現在的社會

現代的社會是個變遷的社會，中華民族的社會更是繼續在變，且是變遷很快。從君主專制變成民主共和，從軍閥割據變成了北伐一統，從九一八事變到七七事變，從八年抗戰到抗戰勝利，從剿匪到共同抗日，從徐州會戰到撤出大陸，這是五十年內政治的大變遷。在思想方面，全盤西化、左傾投共、杜威的實用主義、羅素的數學邏輯、加納布的語言邏輯、沙特的存在論都曾風靡一時。在日常生活方面，住宅都成了洋樓，服裝都穿著洋服，行走都用機車汽車，工作都在工廠，物質的享受已和歐美一樣，祇是吃飯，西餐還沒有代替中餐。社會的制度也全盤改了，農業改成工商業社會，大家庭改成小家庭，父母之命的婚姻改成了自由戀愛，私塾學堂改成了鄉鎮林立的各級學校，民國七十一年的變遷，勝過了中國已往歷史的兩千年的變遷。

將來怎麼樣呢？

將來的變遷一定會繼續下去；但是變遷的形式，將不會如最近七十年的劇烈和快速。祇是在科技的升級，工商業的發展，交通和通訊的迅速，所有的變遷將是未來社會的特點。三十年後，五十年後，中華民族的未來將是怎樣？我們預計中華民族的未來是自由的未來，是爲亞洲盟主的未來，是科技的未來，是物質享受引起精神傾向的未來，是因世界大變遷對將來懷疑的未來，是個人主義引起生活枯燥的未來。在這樣的未來，道德觀念將是怎樣？

現在我們社會裏的道德觀念，六十歲左右的人還記得少年時家庭裏和學校裏所教的道德觀念，也還服膺這些道德觀念，六十歲左右的人，也是這個亂離變遷中長大的人，他們沒有看到民國以前的世界，但是他們的父母則是民國以前的人，他們的父母用自己的道德觀念教育了他們，他們童年少年的社會還是農業的社會，所以他們也就接納了父母所教的道德觀念。現在的少年人壯年人，則已是工業社會的人了，他們或者經過了戰爭，或者沒有經過戰爭，他們現在一般的趨勢，以個人的前途至上，前途的基礎在於金錢和職業，金錢的享受在於肉慾，肉慾支配男女的愛情。這種趨勢構成了價值觀，結成了道德觀。現在一般人的道德觀，以道德爲隨時代而變的規律，古代的道德觀已經成爲歷史的遺跡，和現代人的生活不相適合。現代人的道德是變遷社會中的變動道德觀。

二、變的道德觀

道德爲變的規律，這不是新的思想。在歐洲的哲學界裏，最早的這種思想，已經有希臘詭辯派哲學家普洛特哥拉斯（Protagoras 480-410 B. C.）主張人爲萬事萬物的權衡標準。但是希臘傳統哲學家柏拉圖和亞里斯多德則主張倫理道德律以人性爲基礎，人性不能變，基本倫理規律也不能變。天主教的信仰傳遍羅馬帝國後，大神哲學家聖奧斯定以哲學結合信仰，主張倫理道德的基本規律由造物者天主所定，利於人的人性，永世不變。中世紀的士林哲學集大成者聖多瑪斯接納了亞里斯多德和聖奧斯定的倫理學說，肯定人的良知生來具有造物主所定的基本道德律，良知並能知道這種道德律，基本道德律不變，其他道德規律則可以隨時代和地域而變。這種哲學思想支配了歐洲整個中古時代，到了文藝復興以後，歐洲的哲學思想逐漸興起了許多派別。

首先有英國的實踐派或實驗主義，即是洛克、休謨等哲學家，主張人的智識祇是感覺的智識，超於感覺的對象不能爲人所知，人性係被列於不知的對象中。人性既不可知，倫理道德的人性基本也不可知，便應另找感覺可以知道的基本，感覺的對象本來可變，倫理道德的基本也就可以變了。

休謨所定的倫理道德基本爲人追求利益的天性。人生來追求快樂，在生活上便講功利，「功利主義」乃成爲近代和當代倫理學說的主流，霍布斯、休謨、邊沁（Jeremy Benthan 1784-1832）、孔德、斯賓塞，都是這派的代表。功利的價值觀，隨著社會環境而異。

康德不是功利主義者，然而他接納英國實徵主義的思想，但是他又不願以倫理基本爲可變，乃主張倫理道德爲實踐理智的先天要求，爲一種絕對的命令。康德的倫理觀念成爲「形式倫理觀」，他所肯定的祇是倫理的形式，即是該有倫理，倫理的內容則沒有肯定；既沒有肯定便可以變。

尼采是近代一位著名的思想家，他崇拜「超人」。超人不受任何拘束和限制，他自己創造自己的生命，制定自己的規律。尼采否定歷史的價值，超人要擺脫歷史的包袱，一切由自己開始。由尼采看來，倫理道德當然不能不變。

個人的意識作爲倫理規律的創造者，普通一般人不願接受。德國的史賓格勒（Cswald Spengler 1880-1936）則說倫理道德爲文化的產物，有多少文化，就有多少道德。這種主張和社會學者的習慣道德說相近。習慣道德說以倫理道德爲社會習慣所養成。社會的環境改變，倫理道德也就改變。馬克思的唯物辯證史觀，就是這種思想的流毒。不過，馬克思在社會習慣上更加上了唯物辯證的鬥爭律。

美國是一個新興的天地，對一切都抱著樂觀。美國的思想便趨向「實用主義」。杜威的實則以真理在於合於實利。能夠解決一個問題的理論和方法，即是真理。能夠行得通的計劃即是好。真理不一成不變，倫理原則更不是千年的定律。

當代歐洲思想，在科學上有相對律，在歷史哲學上有唯史論，在形上學上有論實體的存在論，釀成了思想的潮流，就是一切都是相對的。倫理和法律失去了作基本的自然律。

中國歷代主張人的倫理道德在於「率性之謂道」（中庸第一章），人性則是「天命之謂性」，天命按《易經》所說爲天地之道。人道以天地之道爲基本，天地之道爲天理，天理即「天經地義」，「天經地義」豈能變換！乃是「放之四海而皆準」的。

孔子主張倫理道理的規律爲「禮」，禮爲聖王所制，聖王制禮以天理爲標準，禮的基本便不可變。兩千年來中國的倫理常守著「禮」，古今一樣。到了民國，社會的環境變了，發生了新思潮，胡適套用尼采的話「現今時代是一個重新估定一切價值的時代。」（胡適文存第一集卷四新思潮的意義）又說「我以爲現在所謂新思潮，無論怎樣不一致，根本上同有這公共的一點—評判的態度。……禮教的討論只是要重新估定古代的綱常禮教在今日還有什麼價值，女子的問題只是要重新估定女子在社會上的價值。……」胡適的重新估定價值，並不是要廢除古代的一切倫理規律和社會制度。但是一般的趨勢，則漸漸走向全盤西化，拋棄了傳統的倫理道德。臺灣的社會更是在急速變遷之中，一日千里，由貧農社會進入富有的開發的社會了。大家都問已往農業社會的倫理道德還能適用於今天的開化社會嗎？

三、社會變遷中的道德觀

我答覆這個問題，加以分析。

人有人性，人對人性的認識雖有多有少，根本上則常一樣；因爲人對於人性的基本認識是天生的。因此人性不單在本質上不能變，就是人性的認識是基本上也不變。王船山縱然說「性日生而性日降」，日生的性因著日降的天命，性仍舊是一樣。

人性是有倫理道德的基本規律，人又天生對這種規律有天生的良知。良知所知道的基本倫理規律，無論古今中外，常是不變。什麼時候和什麼地方的人，不知道該行善避惡呢？什麼時候的人和什麼地方的人，不知道該愛父母，父母該愛兒子呢？基本的倫理道德律很少，很簡單，人人都可知道。王陽明曾經說良知人人都有，就是常常做賊的人，你說他是賊，他還是有些忸怩不安。

在社會的變遷中，人的素質可以變，然而人總是人，人的生活常是人的生活。就人之所以爲人這個基本點上，不能有變遷。

但是人的生活方式隨著社會而變，現在中國人的生活方式大大改變了，生活的倫理道德律乃是生活方式的規範，便不能不變。

可是中國人在現在變遷的社會中，也仍舊是中國人，將來也還是中國人。中國人之所以爲中國人，有自己文化的特質。這種特質乃是中華民族的民族性，常表現在中國人的生活中。

中華民族有什麼特質呢？從古代的經書，又從歷代的哲學思想家和歷史家的著作裏，我們可以看到三點特質，這三點特質也已經成爲中國倫理道德的原則。

第一，中國人的整體生命觀。《易經》以一卦的三爻，代表天人地，又說有天道人道地道，人和天地合成一個宇宙整體。宇宙整體爲一個有生命的整體，生滅不絕，互相連繫，張載曾以天地爲父母，人民爲同胞，萬物爲同黨。王陽明倡「一體之仁」，人的最高目標，爲和天地同德，使萬物發生。中國古人常看四海爲一家，常守孟子所說：「仁民而愛物」、「萬物皆備於我」。現在社會的變遷，交通工具和通訊工具進化非常快，空間的限制已經減低到最低限度。飛機和衛星使全球的人都感覺到同住在一起。國家的界線還有，但是一國的事常可以牽涉到別的國家。雖然，當前社會變遷的趨勢，走向個人唯我主義，然而個人的生活和別人的生活，連繫得越來越緊。因此整體生活的道德觀在中華民族的生活裏，需要發揚。否則，一個人的自私和一個國家的自私，可以毀滅整體的人類。將來工作的環境，每一個人可以獨立工作，不必在工廠集體作工，而祇是一個人支配機械人。然而社會的結構則愈來愈密，常常牽一髮則動全身。

第二，中國人生命的調協和諧觀。生命既是一個整體，整體中必定有次序。次序使整體內的弟子互相調協，使整體渡一種和諧的生活。中華民族從古就喜愛生命的調協和諧。古代教育重視禮樂，禮爲分，樂爲合；分是調協，合是和諧。在大家庭制度裏，上下尊卑分得清楚，事事有次序，次序的實現爲敬，有了次序的調協，還有大家融洽以成天倫之樂，和諧的實現爲愛。敬愛是中國社會的兩根支柱，使中國社會安定了五千年。當前的社會變爲動的社會，動沒有次序則亂，亂則不安。現代的人便常覺心中不安定。心中不要定時，有物質的享受，也不覺得快樂。歐美今日的青年有這種感覺，今日的中國青年也有這種感覺。所以在這種變遷的社會，必定要有次序，要互相尊重。年輕的敬重年長的，年長的愛護年輕的。男性尊重女性，女性尊重男性。父母子女夫婦朋友，有敬有愛。越是進入原子時代，趨向個人主義，生命的調協更重要，以能達到生命的和諧。

第三，中庸的生命觀。中國古人爲農人，農人所注意的是四季運行，風調雨順。《易經》講宇宙的變化，以中正爲原則。中正即是「得其時，得其地」，就是中庸之道。所謂中庸是對每樁事而講，每樁事有自己的「恰恰好」，不能多，不能少。每樁事不相同。例如孝敬父母的孝道，在實踐上，每個人不同，因爲每個人的具體環境相同。但是在原則上，中國人常主張要恰得其當，不要偏急，不要太過。而且對於法律也是要求不要執行過嚴，而要講求情理。許多當代學人，譏諷這種原則，爲阿Q的精神，爲做事不徹底。實際上，世界上的事，沒有一件事是做到徹底的，中間總要經過阻力，消耗了徹底的成份。當然，我們要求大家守法，要求公務員和負責做事的人做事徹底，然而中庸的生命觀，仍舊將是中國社會的特質，也是中國人生活的快樂。

各位同學，對於社會變遷中的道德觀，我的答覆很清楚，倫理道德的基本是不變的，倫理道德的實踐是變的。倫理道德的基礎是人性和民族特性。人性在理論方面常不變，在實際的人性智識上可以增多，民族特性在理論上是可變的，在實踐上則常古今一貫。

中華民族的社會天天在變，物質的變遷是進化，是生活的提高，精神的變遷則靠道德觀的正確，目前的趨勢向下，增加了各方面的罪惡。我們要提出正確的道德觀，以扭轉向下的趨勢，以激起精神向上。

民國七十一年十一月廿三日講於淡江大學

一、新聞的時間性

新聞工作所重的是時間性，新聞事業所爭的也是時間性。現在科學發明對於新聞工作的幫助，就是在於把握時間。無線電打字照像，使一件事的消息立刻傳到世界各地，衛星的傳播更使一樁事件發生的經過和進行的現況，同時傳播到世界各洲。九月十六日，聯合報展出電腦排版的實況時，王董事長曾經致詞說：現在無論在世界什麼地方，都可以當天見到臺北當天的報紙。這種驚人的發展，把地域對時間的限制都取消了。從新聞的工作方面說，地域的區別和地域的距離已經不存在了。全球已經變成了一個城市，或一個鄉村。

新聞和時間的關係，是從事件發生的時間去看。所謂新聞爭取時間，即是事件發生的時間和新聞發佈的時間，中間的距離越少越好，。又從收取新聞者的方面，爭取收取者和發佈的時間，兩者中間的距離越少越好。既說是新聞，就要所報導的事件，是在最近時間以內所發生的。否則，乃是舊聞。所謂「新」，即是時間上的新。

但是在時間內所發生的事，不能都是新聞；就像社會上所發生的事，不能都成爲歷史的事。一樁新發生的事爲能成爲新聞，必定要能引起收聽的人的注意。收聽的人的注意和時間也有關係，因爲人們的注意力常隨著時間而變。在這時候注意這事，在另一時間注意另一事。人們的注意力常受兩種因素的支配：第一是好奇，第二是利益。一位記者爲爭取新聞的時間性，應該先能把握社會人們此時此刻的注意點。注意點的兩種因素，「利益」因素和時間及地方很有關係，常爲具體環境所限制。至於「好奇」的因素，則可以常是一樣，從古今來的人都具有「好奇」的心理，因此新聞記者利用人們好奇心的機會很多。他們發佈新聞，常選擇足以引起或滿足人們好奇心的事，而且使用刺激這種心理的描寫法。

因此，新聞的時間性就不單純地是事件發生的時間和發佈的時間所有的距離，而是包含著收聽新聞的人所有的心理。從這一方面觀察新聞的時間性，問題就相當複雜了。今天我願和大家討論一下。

二、

「時間」的名詞，爲古今哲學上討論不休的問題。西洋哲學家常常爭論「時間」是客觀的或只是主觀的。康德說時間是主觀的範疇，亞里斯多德和聖多瑪斯主張時間爲客觀的附體。笛卡爾、萊因布尼茲、洛克等以時間爲一種心理方面的次序，牛頓則認爲時間爲上帝的繼續存在，柏格森卻主張時間爲生命的延續。中國佛教小乘主張「有」，但是對於前生現生來生，有的主張三世俱有，有的主張祇有現生。儒家知道家沒有特別討論這個單獨的問題，而以時間在生命裏的性質去討論。莊子講養生，以超越時間抱天地而長終爲目的。《易經》則以八卦的六爻位置，討論時間在生命中的意義。

從生命的意義去討論時間，西洋有「歷史學派」，主張歷史的事蹟都是現存的事件。當代歷史哲學家克洛車和柯靈烏就有這種主張。歷史的事件若就發生的時間上看，不能成爲歷史，歷史是要有講歷史的人去研究，講歷史的人在研究歷史時，要把以往的事在自己心中重現出來，他所講的不是已往發生的事，而是在自己心裏所重現的事。我們不去跟這些哲學家爭論，我們只就《易經》的時間觀念，來研究新聞和時間的關係。

《易經》這一本書裏，好多次說「時義大矣哉」，《易經》講宇宙的變化，變化是在時間裏表現出來，時間對於變化，意義就很大了。《易經》爲表示時間，以卦爻的位置作代表，一個卦有六爻，六爻像一支梯子地排列起來：一二三四五六，每一個位置代表一個時間，位置和時間互相配合，六爻的卦由兩個三爻的卦合起來，上面的卦稱爲上卦，下面的卦稱爲下卦。上卦和下卦的中間位置，是第二爻和第五爻，所以二和五稱爲「中」。六爻由陰爻陽爻而成，乾卦之爻都是陽爻，坤卦六爻都是陰爻，其餘別的六十二卦都是由陰爻陽爻共同組成的。若是在一卦裏陰爻居在第二位，陽爻居在第五位，便是各得中正；這種卦便是中又正的卦，中正的卦究竟象徵什麼意思？象徵在一樁事上，各種份子或力量都恰得其中，都正在適當的地位。例如「同人」卦是個中正卦，「彖曰：文明以健，中正而應。君子正也。唯君子爲能通天下之志。」象徵君子居在高位的時候，以溫柔接待人物，故能和天下的人物相通。「萃」卦是個中正卦，「彖曰：萃，聚也，順以說，剛中而應，故聚也。」象徵君子外面順人，內中剛強，故能萃聚眾人。又如「革」卦是個中正卦，「彖曰：文明以說，大奇以正。革而當，其悔乃亡。天地革而四時成。湯武革命，順乎天而應乎人，革之時大矣哉。」象徵一種改革，合乎當時的天心人意。

《易經》對於時的意義，是在於一種事合於當時的正當需要，用「中正」兩個字作解釋。「中正」也就是「中庸」。孔子在《中庸》的第二章說：「君子之中庸也，君子而時中；小人之中庸也，小人而無忌憚也。」孟子曾經說：「伯夷，聖之清者也；伊尹，聖之任者也；柳下惠，聖之和者也；孔子，聖之時者也。」（萬章下）在古代聖人中間，孔子最能知道，也最適合時間的意義。

時間的意義，在漢朝的易經學者中，以春夏秋冬作代表。春夏秋冬四季象徵五穀成長的過程，春生夏長秋收冬藏，時間的意義便是生命的歷程，而且是生命發展的歷程。生命的發展不單在時間以內，又是在空間以內。漢朝易學家以東南西北配春夏秋冬，空間也象徵生命的發展。生命的發展是在時間和空間以內，時間和空間互相結合。講時間的意義時，要連帶講空間；講空間的意義時，要連帶講時間。

中國的傳統思想以宇宙以內的凡百事物，都是爲著生命的發展，每椿事物都和生命有關係，而且都和人的生命有關係。新聞是人世間的事，或者是自然界的現象。新聞事件的本身和人的生命當然關係密切。在新聞發佈方面，新聞對於人的生命也非常有關係，一件新聞發佈出去，得其時，可以爲人有益，不得其時，爲人有害。利害，即是人生命的利害，關係人的生命的發展，或是有利於生命發展，或是有害於生命發展。

三、

儒家以人的生命爲心靈生命，即是精神生活。儒家並不否認肉體生活也是人的生命，人是人物合一的實體，然而以心靈爲主。心靈有理智，有意志，有感情；肉體有感官，有感情。人生命的發展，由理智作主，一切的發展，都該是合理的；不合理的生命活動，不單不能發展生命，且能傷害生命。發展生命的事，儒家以一個字作代表，即是「仁」。

新聞的時間性，以發佈時間爲標點。發佈的時間和事件發生的時間的距離，爲新聞事業的第一種時間性，事件發生的時間和發佈的時間，兩者中間的距離越短越好。新聞記者和新聞事業所追求的，就是這種時間性。而且新聞傳播者很多，報紙電台都爭取新聞的時間性，因而彼此中間又有另一種時間性，即是對一件新聞，大家爭著是第一家發佈者，或更好是獨家新聞。這種時間性的基礎是人們的好奇心，新的事件是以引起好奇心的注意。

但是新聞的時間性，還有第二種，即是時空的時間性。由收聽者方面去計算，一件新聞的發佈是不是合於時宜，即是在當前的一刻，這件新聞應該發佈不發佈，而且應該怎樣發佈，這就是《易經》所講的中正。

新聞時間性中正的標準，是生命發展的利益，生命是整個一個人的生命，心靈生命爲主，肉體生命爲從，兩者不得偏廢。新聞時間性包括時空，時爲第一種時間性，空爲第二種時間性。新聞時間性的中正，在於新聞在發佈的時候，對於人生命的發展有益，即是說有益於人的生活；所謂「人」，包括私人，包括團體，包括國家民族。爲權衡這幾方面的利害，要求新聞從業人具有多方面的修養：學識的修養、道德的修養、社會心理的經驗。新聞的傳播能夠得到「中正」，新聞的時間性才是完美的時間性，這件新聞不論事件本身怎樣，新聞必定是完美的新聞。

「中正」是不偏不倚，恰得其當。一依中正的新聞發佈時，就恰得其時。不中正的新聞，即使在傳播方面是最快速的，也不能算得是合時的新聞。例如荷蘭賣給中華民國潛艇時，新聞發得太早，幾乎把這件事情破壞了，損害國家的利益。又例如中華民國有要人參加雷根總統就職典禮，新聞發佈太早，便破壞了原定的計劃。這就是不中正的新聞不得其時，失去了自己的時間性。

新聞的時間性，所以應是「時空」的時間性，要憑空間的合理要求，權衡新聞發佈的時間，使恰得其當。國家的利益、團體的利益、私人的利益，就是各自的生命在發展上可有的助力，新聞的中正時間時，便是適合這些利益的發佈時間。所謂利益爲合理的利益，有時暫時的傷害能有利長久的生存，新聞所以能夠是批評、能夠是攻擊，《易經》說：「天地革而四時成，……革之時大矣。」（革卦 彖曰）革有改正的意思，因此革在時間上很有意義。

諸位女士，諸位先生，各位都是新聞界的先進；我一個研究哲學的人來向大家講新聞的時間性，實在是班門弄斧，膚淺得惹人笑話。不過，我祇是想給大家表示，一樁最普通的事，例如「新聞發佈要恰得其時」，其中含有一段哲學的大道理。也爲表示，哲學不是空談，而是每樁平常的事所應有理論基礎。

民國七十一年九月二十五日講於新聞教育學會全體大會

國父思想和基督的教義

一、

基督在猶太創立了教會，基督的大弟子彼德和保祿把基督的信仰傳到了羅馬，基督的教會便以羅馬爲中心，一千九百年來沒有遷移。我們中國人稱這個羅馬教會爲天主教。在第十六世紀時，德國路德脫離羅馬教會建立誓反教會，誓反教會後來分裂成很多的派別，中國人稱一切誓反教會爲基督教。

當彼德和保祿進入羅馬傳道，而後在羅馬殉道時，羅馬帝國已經到了由盛而衰的時期，在國內自由的羅馬國民和沒有自由的奴隸，分成兩個重大的階級。奴隸人數的多，已經可以危害羅馬帝國的治安。在邊遠地區和國界以外，居住著好幾種野蠻民族。野蠻民族的武力，已經可以推翻羅馬皇帝的統治權。但是羅馬皇帝所最恐懼的，不是奴隸和蠻族，而是基督的教義，兩百多年一直不准在國內宣傳或信仰；凡是信著基督信仰而被控的人，一定被處死刑。基督的信仰對於羅馬帝國究竟有什麼衝突呢？第一，基督的信仰主張凡是人都是天主的子女，人人平等，不分自由人和奴隸。羅馬法以奴隸不是人而是物，不承認奴隸作權利的主人。聖保祿當時收留了一個逃亡的奴隸，給他受了洗禮，然後遣發他回到原先的主人家裡。他特別給那個奴隸的主人寫了一封信，那個奴隸的主人早已從保祿受了洗，保祿便在信上說：

> 「也許他暫時逃亡而離開了你，就是為叫你永遠收下他，收下他不做奴隸，而是做可愛的弟兄。……若是你以我為同志，就收留他當作收留我罷。」（費肋孟書）

後來康士坦丁皇帝受洗信了天主教，羅馬帝國便有了一大改革，漸漸廢除了奴隸。

第二，基督的信仰，主張民族平等。聖保祿曾經說：「其實，你們眾人都藉著對基督的信仰，成了天主的子女，因爲你們凡是領了洗歸於基督的人，就是披上了基督，不再分猶太人和希臘人，也不再分奴隸和自由人，也不再分男人和女人，因爲你們眾人在基督耶穌內已成了一體。」（迦拉達書 第三章）

在第四世紀，歐洲各方面的蠻族侵入了羅馬帝國，瓜分了帝國的土地，成立了歐洲的德英法西葡等國。但是在三個世紀裡，整個歐洲失去了文明，變成一片蠻荒土地。天主教的教士在法院和教堂裡保存了羅馬的古籍，開設學校教導蠻族的子弟，開發農場，教蠻人種地。歐洲中古世紀時，所有大學爲天主教會所設，所有社會的領導人爲天主教教士，所有學術以宗教信仰爲基礎。後來文藝復興時期寫歐洲歷史的人，稱中古時期爲黑暗時期，實則乃是歐洲文明的孕育時期。法國大革命所倡的自由平等，乃是來自基督的信仰；文藝復興的大藝術作品，都是以宗教信仰爲題材。因此，歐洲的文明，脫離不了基督的教義。

二、

國父孫中山先生是一位基督信徒。他在一八八五年，年二十歲，在香港基督教紀慎教會禮拜堂受洗。一八九六年在倫敦蒙難，他自述說：

> 「惟有一意祈禱，即以自慰，當時之所以未有狂疾者，賴有此耳。……及星期五（十月十六日）上午祈禱完畢，起立後，覺心神一舒，若所祈禱者已達天聽，因決計再盡人力。」──（倫敦蒙難史　第四章）

宗教信仰在虔誠的信徒生活中，常是工作的動力，又是思想的基礎。先總統 蔣公就表現了這種至誠的人格。 國父孫中山先生在革命的奮鬥裡，迭遭挫折，靠著一種堅強的精神力量來支持，這種精神力量便是宗教信仰。

國父對人生的觀念，表現在他的民生史觀。歷史是人的歷史，有人才有歷史，人是怎樣，歷史也是怎樣。 國父在民生主義第一講說：

「民生是社會進化的重心，社會進化又是歷史的重心，歸結到歷史的重心是民生不是物質。」

「馬克思以物質為歷史的重心是不對的，社會問題才是歷史的重心，而社會問題中又以生存為重心，那才是合理，民生問題就是生存問題。」

「古今人類的努力，都是求解決自己的生存問題，人類求解決生存問題，才是社會進化的定律，才是歷史的重心。馬克思的唯物主義，沒有發明社會進化的定律，不是歷史的重心。」

「社會之所以有進化，是由於社會上大多數的經濟利益相調合，不是由於社會上大多數的經濟利益有衝突。」

國父的歷史觀以民生爲中心，「民生就是人民的生活」，所以歷史就是人類的歷史。中國的歷史觀，雖以人爲歷史的中心；但是二十四史的編纂原則以朝代爲綱領，朝代的綱領又以個人爲主體。司馬遷的《史記》開啓中國歷史作法的模型；以本紀、世家、列傳作類別。本紀世家列傳所記載的爲個人的傳記，中國的歷史便是由個人的事跡所組成。黑格爾的歷史哲學也曾有英雄崇拜的思想，以歷史由英雄所造。但是歷史究竟是人類的歷史，英雄祇是爲歷史開路，歷史的主人乃是人類。天主教在歐洲，灌輸了人類歷史的觀念，以歷史爲世界史，歷史的主體是人。聖奧斯定在所著的「天主之城」的歷史哲學書，以人類的得救作歷史的主題，天主自己摻入了人類的歷史，在歷史裡有天人的合一。　國父的民生史觀，和基督的信仰相合。

人類的生活，有物質有精神，馬克思以宇宙一切都祇是物質，連人的心也不過是物質中的最特殊部份。　國父主張人的心爲精神。中國歷代的哲學思想，常承認心是靈明，是虛靜，是神妙。　國父在《孫文學說》第一篇心理建設的序文裡說：

「夫國者人之積也，人者心之器也；而國事者，一群人心理之現象也。是故政治之隆污，係乎人心之振靡。吾心信其不可行，則反掌折枝之易，亦無收效之期也。心之為用大矣哉！夫心也者，萬事之本源也。……」

國父以心爲萬事之本源，而人爲心之器；心不是物質，乃是中國古人所說的靈明之心，也即是西洋哲學所說的靈魂。先總統 蔣公倡心物合一，人由精神物質而成。天主教的教義和基督教的信仰，都信人有精神質的靈魂，靈魂就是中國哲學所說的「心」。靈魂爲人生命的根源，也是人自身的主宰。因此「人爲心之器」。

人生命的來源來自心，心的來源則來自「生元」。國父創立生元的名詞，指著生命的元子。

「惟人身之各機關，其組織之完備，運用之靈巧，迥非今世國家之組織所能及，而人身之奧妙，尚非人類今日知識所能窮也。據最近科學家所考得者，則造成人類及動植物者，乃生物之元子為之也。生物之元子，學者多譯之為『細胞』，而作者今特創名之曰『生元』，蓋取生物元始之意也。生元者，何物也？曰：『其為物也，精矣，微矣，神矣，妙矣，不可思議者矣。』按今日科學所能窺者，則生元之為物也，乃有知覺靈明者也，乃有動作思為者也，乃有主意計劃者也。」（孫文學說　建國方略第一章）

生元，爲生命的的原始；生命分有三級：生理生命、感覺生命、心靈生命，三級生命都由生元而來。

「人身結構之精妙神奇者，生元為之也；人性之聰明知覺者，生元發之也；動植物狀態之奇奇怪怪，不可思議者，生元之構造物也。」（同上）

中國理學家以生命由生命之理和氣而成，理爲一，氣則有分殊。西洋中古及近世的士林哲學以生命爲魂，魂有生魂、覺魂、靈魂；生魂和覺魂爲物質，靈魂乃是精神。國父以「生元」由物種進化而來，最低級物進化爲較高級物，最後猿猴進化而爲人。似乎這種學說和基督的教義相反，因爲天主教和基督教的信仰，都信上主天主造生萬物。但上主造生萬物的信仰並沒有標明上主造生萬物的方式和歷程。舊約創世紀所記上主在六天之內創造宇宙萬物，那種記載乃是一種象徵式的文字，祇在述說上主創造萬物的事實，不在述說創造的方式。因此，進化的歷程和上主創造的事實並不衝突。天主創造萬物，難道就不能以生元授給物種，讓物種去進化嗎？何況進化論，到現在還沒有科學的充分證據，祇是一些科學的假設。

在物種進化的歷程裡，達爾文曾說物種採物競天擇方式，弱肉強食，優勝劣敗，馬克斯爲有矛盾鬥爭的唯物辯證史觀；國父卻反對這種學說，認爲動物可以是用鬥爭而求生存，人類則是以互助而得生存。

「人類初出之時，亦與禽獸無異。再經幾許萬年之進化，而始長成人性，而人類之進化於是乎起源。此期之進化原則，則與物種之進化原則不同。物種以競爭為原則，人類則以互助為原則。社會國家者，互助之體也；道德仁義者，互助之用也。」（孫文學說 第四章）

互助的原則，既是中國儒家的原則，也是基督教義的原則。孔子以仁爲全德，基督以愛包攝一切道德。基督說：「這是我的命令，你們該彼此相愛，如同我愛了你們。」（若望福音第十五章第十二節）國父是孔子的弟子，是基督的信徒，他反對馬克思的階級鬥爭而建立互助的原則。從　國父對於人生的哲學思想去研究，　國父的人生的思想和基督的信仰，互相融洽，互相調協。

三、

三民主義的次序，是民族民權民生，而實際上以民生居首，民族民權都以民生為基礎。在哲學上也是先要生命、又要有生存，然後才能講民族和民權。我們便先研究了　國父的民生史觀，以後再研究民族和民權的哲理。

人不是孤獨生活的動物，一出生就有父母，父母子女組成一原始的團體。有了原始家庭組織，家庭的血統關係逐漸擴大，人乃聚族而居，由家庭而有家族，由家族而有民族，民族的團結取自人的天性。在基督信仰的舊約聖經，上主天主使亞巴郎成為以色列民族的祖先。

「上主對亞巴郎說：『離開你的故鄉、你的家族和父家，往我指給你的地

方去。我要使你成為一個大民族，我必祝福你，使你成名，成為一個 祝福的泉源。』」（創世紀 第十二章第一節—第二節）

以色列的祖先亞巴郎那時雖已結了婚，但沒有生兒子，他的年歲已經老了，他的妻子是荒胎不能生育。但他們後來卻真的生了一個兒子，他是一個獨子，獨子後來生了雙胞胎，雙胞胎中的一個就生了十二個兒子，以色列民族就是這十二個男子的後裔，分成十二宗派。基督信仰的舊約聖經敘述上主天主照顧這個民族，賜給他們國土，給他們立定君主。達味王便是以色列民族的聖王，爲上主所立，建立了猶太王國。因此，民族的觀念和基督教義不相衝突；民族的生存權，民族強盛的幸福，也是上主天主應許給以色列民族的。

「梅瑟（摩西）因為怕看見天主，就把臉遮起來。上主說：『我看見我的百姓在埃及所受的痛苦，聽見他們因工頭的壓迫而發出的哀號，我已注意到他們的痛苦。所以我要下去拯救百姓脫離埃及人的手，領他們離開那地方，到一個美麗寬闊的地方，流奶流蜜的地方。……我也親自看見埃及人加於他們的壓迫。所以你來，我要派你到法郎那裡，率領我的百姓出離埃及。』」（出谷記 第三章第六節—第十節）

聖經顯示一個民族有生存權，有自立自由權，有擁有國土和領袖的權，這些權利是人性生來所有。因爲天主造人爲合群的人，合群由人性自然的發展，有家族有民族。家族有家族的天生權利，民族有民族的天生權利。國父在三民主義中，對於民族主義有六次演講。他說：

「民族主義就是國族主義。中國人最崇拜的是家族主義和宗族主義，所以中國人只有家族主義和宗族主義，沒有國族主義。……我說民族主義就是國族主義，在中國是最適當的，在外國便不適當。……何以在中國是適當，在外國便不適當呢？因為中國自秦漢而後，都是一個民族造成一個國家。外國有一個民族造成幾個國家的，有一個國家之內有幾個民族的。……但民族和國家是有一定界限的，我們把他來分別清楚，有什麼方法呢？最適當的方法，是民族和國家根本上是用什麼力造成的。簡單的分別，民族是天然力造成的，國家是用武力造成的，用中國的政治歷史來證明，中國人說，王道是順乎自然，換句話說，自然力便是王道，用王道造成的團體便是民族。武力就是霸道，用霸道造成的團體，便是國家。」

國父講民族構成的原因，來自宗族，來自血統。由血統而有民族，有民族便有民族的文化，文化既成了定型，便成爲文明。文明常帶地域性，即在構成文明的民族所住的地域中。文明既有地域性，後來同住在這地域內的其他少數民族也將同化在地域的文明以內，於是在血統的關係以外，因著文化的同化力，使不相同的少數民族，和主要的民族合成一個民族。在中華民族裡滲合有滿蒙苗猺等民族的血統，在義大利的羅馬民族裡滲合有好些別的民族的血統。但是民族的結成，常是順乎自然。因著這種自然的趨勢，一個民族常有排擠另一個民族的趨勢。中華民族自古就排擠夷狄，到了清初，排滿的思想和情緒很強烈。王夫之爲這種民族哲學的代表，他從文化方面去講，又從地域上去劃分民族。漢族從秦漢以來，就住在中國的本土，建立一個國家。邊疆的民族被視爲夷狄異族，漢人常予以排擠。清末，國父鼓吹革命，以排滿的思想作根據，容易得當時青年人的信從。民國成立以後，國父講民族民權民生的三民主義，大家卻說過於高。

「不圖革命初成，黨人即起異議，謂予所主張者理想太高。……夫去一滿洲之專制，轉生出無數強盜之專制，其為毒之烈，較前尤甚。……」

（孫文學說 自序）

反滿，中國社會有一種自然的趨勢，結合力量較爲容易。改革傳統的舊觀念，社會則有一種阻力；這也是一種自然的趨勢；因爲傳統的觀念，係民族文化的一部份。大家必要知道爲什麽要改革，才會起來改革。所以國父主張知難行易！

「倘能知之，則建設事業，亦不過如反掌折枝耳。」（同上）

民族的情緒，爲人生自然所有的情緒；自然所有的情緒爲天生的情緒，天生的情緒來自造物主。改革傳統的觀念爲求民族的進步，國人若了解改革的意義，就會接受改革。所以國父採用中國古代兵法所說「攻心爲上」。

中華民族在歷史上，只受了蒙古人和滿清人的統治；然這兩代的統治祇是政治上的統治，在民族文化上則是蒙古民族和滿清民族受了漢族文化的統治。但是到了清朝末葉，中國和歐洲列強相接觸，中華民族卻受了歐洲列強的壓迫：有武力的壓迫、政治的壓迫、經濟的壓迫，更進而有思想和文化的壓迫。 國父稱中國爲列強的次等殖民地，是半殖民地。中國不僅在國際，就是在本國以內，都處處居在列強以下，事事受列強的宰割。 國父乃提倡民族主義，以挽救中華民族的滅亡，以恢復中華民族的地位。

「所以救中國危亡的根本方法，在自己先有團體，用三四百個宗族團體來顧國家，便有辦法，無論對付那一國，都可以抵抗。抵抗外國的方法有兩種：一是積極的，這種方法就是振起民族精神，求民權，民主之解決，以與外國奮鬥。二是消極的，這種方法就是不合作，不合作是消極抵制，使外國的帝國主義減少作用，以維持民族的地位，免到滅亡。」（民族主義第五講）

「今天所講的問題，是怎麼樣可以恢復我們民族的地位。……照我的研究，中國現在還不能夠到完全殖民地的地位，比較完全殖民地的地位更要低一級，所以我創一個新名詞，說中國是『次殖民地』。……我們今天要恢復民族的地位，便要恢復民族的精神。……便要善用中國固有的團體，像家族團體和宗族團體，大家聯合起來。……所以窮本極源，我們現在要恢復民族的地位，除了大家聯合起來做成一個國族團體以外，就要把固有的舊道德先恢復起來。有了固有道德，然後固有的民族地位，才可以圖恢復，講到中國固有的道德，中國人至今不能忘記的，首是忠孝，次是仁愛，其次是信義，其次是和平。……但是現在受外來民族的壓迫，侵入了新文化，那些新文化的勢力，此刻橫行中國，一般醉心新文化的人，便排斥舊道德，以為有了新文化，便可以不要舊道德。不知道我們固有的東西，如果是好的，當然要保存，不好的才可以放棄。……」（民族主義第六講）

一個民族享有自主之權，享有獨立之權，與別的民族平等，不能成爲另一民族或國家的被征服者，受別一民族或國家的壓迫或剝削。天主教的教義，支持這些天生的權利。尤其國父爲爭民族平等不主張暴力，不鼓吹仇恨。他主張恢復中華民族的精神，恢復民族固有的道德，以忠孝、仁愛、信義、和平，爲中華民族固有道德的精髓。先總統　蔣公遵照　國父的教訓，乃成立「文化復興委員會」，又把台北市的四條主要幹道起名叫忠孝路、仁愛路、信義路、和平路。又把三條縱幹道起名叫敦化路、復興路、新生路。提醒台北市民要恢復固有道德使市民敦化以求新生，而得民族的復興。

把民族復興大業，建基在精神道德上，這正是基督所說按祂的教訓行事，是把房屋建築在堅固的磐石上，不怕風吹雨沖。基督的教訓不是政治，不是軍事，而是道德，而是精神生活。

「猶太人在耶穌未生之前，已經被人征服了；及耶穌傳教的時候，他的門徒當他是革命，把耶穌當做革命的首領，所以當時稱他為猶太人之王。耶穌門徒的父母，曾經對耶穌說：若是我主成功，我的大兒子便坐在主的左邊，二兒子便坐在主的右邊；儼然以中國的左丞右相來相比擬。……不知耶穌的革命是宗教的革命，所以稱其國為天國。故自耶穌以後，猶太的國雖然滅亡，猶太的民族至今還在。」（民族主義 第三講）

耶穌不干涉政治，天主教會也不干涉政治；但是基督的教義則命信友愛國愛民族。基督自己預見耶路撒冷的滅亡而悲痛流淚。基督的教義首先由天主教教士傳入中國，當時適逢歐洲列強侵略中國的時候，列強政府假藉保教，向中國動兵作戰，要求賠償；但是羅馬教宗始終反對列強的作風，屢次企圖與中國通使。後來在民國十一年遣使來華，結束了列強的保教權。國民政府奠都於南京，羅馬教宗庇護第十一世，首先通電承認國民政府，祝福中華民族享有平等自主。現在歐洲各國都和中共通使，祇有羅馬教廷和中華民國維持外交關係。

歐洲的列強，都是信奉基督的國家，然而他們的政府早已主張政教分離，所有政治的設施，雖保有平等自由的傳統，不都合於基督的教義。在近世紀初期，航海路程被發現以後，歐洲政治家曾以天主教或基督教的政治原則，有文明的民族應協助沒有文明的民族，以進於文明。但是後來這些政治家忘記了基督的教訓，以私益的慾望而剝削被佔服的民族，實行殖民政策，建立了帝國主義的政權。這種政權不是建立在基督的信仰上，而且和信仰不相合。第二次世界大戰以後，民族平等的理想被世界各國所承認，殖民地政策乃被唾棄。在聯合國大會，所有會員國不分大小強弱，都享有同等的票決權。聯合國且公佈了人權宣言，各國都承認凡是人，都應享有天生的基本權利。

四、

人的天生基本權利，普通稱爲人權。每一個人首先應該享有生存權，因爲生命是人的最基本所有物，沒有生命，人就不是人。因此，人便有權利保全自己的生命，也有權利發展自己的生命。爲保全生命，人有權利取得應該有的衣食住的需要物，人有權利取得基本的教育，人也有權利抵抗侵害生命的外力。爲發展生命，人有權利享有基本的自由：居住的自由、行動的自由、言論的自由、結社的自由、信仰的自由、擇業的教育，這些權利稱爲基本人權，凡是人都該有，若是這些權利被剝削，人的生活便不能是正式的生活。

所謂權利，常是對旁人而言；自己有一種權利，旁人便有義務來尊重這種權利。權利和義務常是並行的，常是互相對待的。既然有了權利，就要求旁人執行尊重權利的義務。可是旁人並不是常有執行義務的好心，便需要有一種超越個人以上的威權，保護每個人的權利，強迫旁人執行尊重權利的義務。這種超越個人的威權，就是政府。

政府的設立，目的在於保護人民的權利，使人民能夠平安地生活。在基督的教義所有舊約聖經，有一段記載，記載以色列人要求一個君主，爲治理他們。

「但是，人民不願聽從撒慕爾的話，卻對他說：『不，我們非要一位君王管理我們不可。我們也要像別的民族一樣，有我們的君王來治理我們，率領我們出征作戰。』撒慕爾聽見百姓所說的一切話，就轉稟上主天主。上主對撒慕爾說：『你聽從他們的話，給他們一位君王罷！』」——（撒慕爾紀上 第八章第十九——二十二節）

設立政府，選立君王，在古代爲一國的正常政治制度。聖經記述天主應允以色列人選立君王，治理他們，保護他們。政府和統治權的設立，目的是爲人民的福利。

國父在民權主義的第一講，說明了政府權力的意義和目的。

「環觀近世，追溯往古，權的作用，簡單的說，就是要來維持人類的生存。人類要能夠生存，就須有兩件最大的事：第一件是保，第二件是養，保和養兩件大事，是人類天天要做。保就是自衛，無論是個人或團體或國家，要有自衛的能力，才能夠生存。養就覓食。這自衛和覓食，便是人類維持生存的的兩件大事。」（民權主義　第一講）

在人類的歷史裡，人類維持生存的兩件大事，都由政治權威執行，國父舉出了神權、君權、民權的制度由古到今遞相替代，這種神權、君權和民權時期的演變係法國社會學家孔德的主張；然而在中國的歷史上，找不到神權時期的遺跡，國父也說過民權的思想，在希臘和羅馬人的思想裡已經發生了。在我們中國的政治思想裡，堯舜和孟子的政治思想，已經有民權的思想。

民權的意義是國民治理大家的事。治理大家的事，本來歸之於政府；然而政府由國民所選立，政府代表國民，這種治權稱爲民權。

民權既然指著國民選立政府，在這種民權裡便包涵有自由、平等、博愛。

「法國革命的時候，他們革命的口號就是自由、平等、博愛三個名詞。……由此可說自由、平等、博愛是根據於民權，民權又是由於這三個名詞然後才發達。」（民權主義 第二講）

民權是爲求生存，求生存需要自由，需要平等，需要博愛。這三個名詞由法國大革命喊出，法國大革命反抗君王，反對教會，反對貴族。但是所喊的三個名詞，則源出天主教的教義。我們在前面說過，天主教傳入羅國帝國，反對奴隸制度，主張人人平等，奴隸應有自由，主人和奴隸應有兄弟相愛之情。蠻族入主羅馬帝國以後，天主教繼續以平等博愛的精神，感化各種蠻族，建立國家。

國父說明中國的革命，不適宜用爭自由平等的口號，因是中國歷代的社會已經有相當的自由平等，中國革命的口號是民族、民權、民生。

「中國革命思潮，是發源於歐美，平等自由的學說，也是由歐美傳進來的。但是中國革命黨不主張爭平等自由，主張爭三民主義。三民主義能夠實行

，使有自由平等。」（民權主義　第三講）

民權主義實施的政策分權和能，政府有能力辦事，國民有權力控制政府。政府為行政職務有五種能力，即立法、行政、司法、監察、考試，就是中華民國的五院。國民為控制政府，有選舉權，有罷免權，有創制權，有複決權，這就是憲法所給予國民的四種民權。國父在民權主義第六講創立了這種政體，且予以解釋。

基督的教義不談政治，更不講政府的體制，凡是合法的政體，天主教都予以承認。所謂合法，不僅是合於國家的法律或國際公法，還要合於人性的法律。一個政府的體制，若剝削國民的基本人權，天主教會即使在事實上承認這個政府，在法理上必聲明反對。例如共產政府剝削人權，不能夠取得天主教會的贊成。國父所創的五權憲法，採取了歐美立法、行政、司法三權分立的體制，又保存了中國監察和考試制度的傳統。行政和司法以及考試，是國家政府行使職權的能力；立法和監察則是國民控制政府的權，所以立法委員和監察委員由國民選舉，行政和司法以及考試三院的負責人由總統任命。國民所保留的權，則有罷免、創制和複決權。這三種權是對非常事件的救濟辦法。歐美的許多國家，也採用這種非常辦法，而且屢次執行。這不是一黨或一階級專政，更不是一人的獨裁。天主教會對於這種政體，沒有反對的理由，當然予以擁護。

先總統　蔣公在民生主義育樂兩篇的補述，更明白地陳說國民政府對於國民生活的養育，應爲自由安全社會而計劃，應辦四育六藝的教育，提倡健全的家庭，舉辦智德體群的教育。

國父和先總統　蔣公，飽受中華民族文化的陶冶，吸收了歐美思想的精華，尤其浸溶在基督的信仰裡，深深地培養著基督教義的精神，在政治思想和社會改革上，都有契合基督教義的理想。基督教義的理想乃是仁愛，乃是救世救人。　國父和　蔣公的理想，　國父說：「文奔走國事，三十餘年，畢生學力盡萃於斯，精誠無間。」（孫文學說序）蔣公則說：「生活的目的，在增進人類全體的生活；生命的意義，在創造宇宙繼起的生命。」教宗保祿六世在講論「世界民族發展」的文告裡說：「擺脫貧窮，生活安定，身體健康，事業穩固；在不受任何欺壓且避免一切妨害他們人格尊嚴的環境中承擔更多的責任，增加學識。簡單地說，求取更多的工作，學習更多的事，收穫得更該豐富，以便更能發展人格，這就是今日人們所企望。」這也是天主教會的期望。三位偉人的思想和抱負，都是「先天下之憂而憂，後天下之樂而樂」。

民國七十年八月「益世雜誌」

中西宗教精神的異同

中西兩方面對於宗教的看法，各不相同。中國人看宗教，是我們人對於神靈的關係，這種關係是雙方面的，我們人應該敬畏神靈，祈求神靈的保佑；神靈則對於人的善惡予以賞罰。我們中國古書對於宗教的記載，是《尚書·堯典》（或舜典）記載舜王代替堯王的天下，他就祭祀上帝，祭祀天上地下的神祇。《尚書》又記載湯王和武王遵從上帝的命令，起兵討伐桀王和紂。以後《春秋》《左傳》記載卜卦，問神問鬼，《漢書》及歷代史書記載祭天地神祇的祭祀。這些記載代表中國人對於宗教的看法，就是祭神祈福的看法。

歐洲人對宗教的看法，首先看宗教爲人對於神靈的關係，同時也以宗教爲人生的規律，人生的一切都由宗教信仰和宗教教會的指導。宗教因比和社會生活以及私人生活連接在一起。因此，歐洲的政治和教會，從第四世紀到第十八世紀，常結合在一起，及到近代宗教和政治纔漸漸分離。同時歐洲的社會生活，從古代到現代也是以宗教爲中心，到了最近兩世紀，社會生活趨於物質化，纔拒絕宗教的領導。

因著這種看法不同，中西宗教的精神不一樣，而對於中西文化的影響也不一樣。

一、西方宗教的精神

1. 輕看現生，重視來生

你們祇要翻開新約聖經裏聖保祿宗徒和聖伯多祿（聖比得）的書信一看，就可以看到聖保祿和聖伯多祿教訓信友們不要掛念世上的事，而要懷念天上的事，人世的生命都是暫時的，身後的生命纔是永久的。古代希臘的藝術，讚頌人體的美麗，所有雕刻，大都是裸體像。羅馬帝國繼承古希臘的文化，統一了歐洲和地中海沿岸的非洲亞洲所有的國家，羅馬人便自認爲世界的主人，生活極其奢侈，把所統治國的人民作爲奴隸。天主教傳遍羅馬帝國時，北歐蠻族分治了羅馬帝國，蠻族凶暴好殺。天主教乃以來生對抗現生，現生若凶暴淫逸，來生便所受盡苦罰，來生的苦罰而且永遠不止。歐洲第七世紀時，便興起刻苦的精神，人若克制自己的慾情，教會有齋戒日期，又有出世的修會，到了歐洲中古時，禁慾精神成了社會的特色。到了文藝復興時期，希臘人體美的思想復活，天主教分裂，歐洲社會乃傾於享樂主義。十八世紀科學興盛，物質建設突飛猛進，物質享受的風氣溺浸了全歐，後又轉到美國，變本加厲，美國成爲物質享受風氣的代表。

2. 自由平等

古羅馬帝國的羅馬人自尊心很盛，只有他們是自由人，其餘一切被征服的人都視爲奴隸。在羅馬法裏奴隸沒有權利而祇是一種物，屬於主人所有，主人可以隨意奉送或轉賣，甚至殺戮。天主教轉入羅馬，盡力改正這種觀念。天主教視一切人都是天主的子女，彼此是平等的，因而產生平等和大同的精神，在歐洲乃能廢除了奴隸的制度，也尊重女人。同時聖奧斯定寫《天主的城》的歷史哲學書，開始了世界史的觀念，歷史不是一家一國的歷史，而是整個人類的歷史。所以歐洲的政治思想特別主張平等自由，在法國革命時，平等自由成了革命的口號。但在文藝復興以後，古希臘和古羅馬帝國的思想重新抬頭，歐洲人乃養成了自尊的自高信念，乃產生殖民地思想，竟在美洲販賣黑奴。後來還是宗教信仰的平等自由得勝利。這種狂傲心，林肯解放黑奴，聯合國主張人權。

3. 重視藝術

舊約聖經創世紀的第一章就記載造物主天主創造了天地萬物供人的使用，受人的管轄。聖保祿宗徒在致羅馬人的書信裏說明凡是人都可以從宇宙萬物裏看到造物主的奇妙化工而認識天主，因此天主教人士從開始就著重研究學術，而且也著重研究自然科學。歐洲在被北方蠻族入侵，而佔據羅馬帝國的國土以後，古羅馬的文化就被毀滅，祇有當時的聖本篤會會院有會士們繼續抄寫古代的書籍，研究學術，教授學生，歐洲的古代文化得有一線的延續，沒有斷絕，後來修繕的學校和教區主教所設的學校，聯合成爲大學，歐洲現在幾座最著名的大學，在開始時都是由天主教教會創立的，歐洲最初有名的自然科學家，也都是天主教教士。如天文學家哥白尼、遺傳學家曼德茲。現在教廷梵諦岡還有一個科學院，院士都是各國出名的科學家。至於說科學反對宗教信仰，教會反對科學研究，乃是一些粗淺的流言，沒有事實和學理的根據。自利瑪竇以來我們中國第一批研究西洋現代科學的人，是徐光啓、李之藻。他們是明朝末年的人，利瑪竇是第一位留駐北平的天主教傳教士，徐、李兩人是利子的門生，信奉天主教。清朝初年天文學的改修曆法，也是天主教傳教士湯若望的功勞。可惜清朝皇帝後來禁止研究西洋科學，否則，我們中國研究科學的工作，已經有四百年的歷史，一定要走在日本以上了。

歐洲天主教會研究學術的風氣，影響歐洲的文化很大很深。古代的學術都包括在哲學以內。歐洲的哲學和教會的信仰，就連結在一起。從第五世紀到第十六世紀，歐洲的哲學是士林哲學，士林哲學就是天主教哲學，以聖多瑪斯爲代表，士林哲學和神學相貫通。歐洲近代的哲學，雖然派別很多，已經不由士林哲學去代表，然而各派哲學都相信上帝天主，如康德、黑格爾。當代哲學的存在論也有上帝的信仰，祇有羅素聲明不信上帝。

天主教的信仰特別影響了歐洲的藝術。現在到歐洲觀光的人，所參觀的名勝古蹟，在建築方面，是各國天主教的大教堂，在繪畫方面是宗教繪畫，在雕刻方面則分古希臘雕刻和現代雕刻。文藝復興時代，大藝術家如米開蘭基羅、拉斐爾，乃是當時教宗的養士，所作的藝術品，都是宗教藝術，因此，若一個人對於天主教沒有一點認識，就不能了解歐洲的藝術作品。

4. 缺點

當然教會在西方的精神，也有產生不良結果的一面。最顯著的而對於歐洲歷史有關係的，便是宗教的熱忱，變成了一種狂熱，釀成了宗教戰爭，先有十字軍的東征，後有歐洲本土的三十年戰爭，神聖羅馬皇和撒克森諸侯，英王和法王，西班牙和荷蘭，都因宗教信仰而發生戰爭，另一種歷史事蹟則是宗教和政治結合一起，在中世紀時，羅馬教宗和歐洲各國的主教，都參加歐洲的政壇，直到近世紀，政教乃分離，教會再不干預政治。

上面所講歐洲——教會都是講天主教會，因爲從第四世紀到第十六世紀，歐洲人所信仰的乃是天主教。第十六世紀年，即是一五一七年路德開創基督新教，和天主教會分裂，以後，基督新教又分裂爲很多派別。天主教信仰在歐洲所表現的精神，和自己的教義相連也和天主教對宗教信仰的看法有關。天主教以宗教信仰爲人生觀的目標和規律，要範圍每個人的全部生活，無論私人生活或社會生活，都不能脫離宗教。因此，歐洲的文化，和宗教絕對不能分離，若不研究天主教則對於歐洲的文化不能認識，就如同不研究儒家思想，對於中國文化也就不能瞭解。

二、中國宗教的精神

1. 天命

中華民族在佛教沒有傳入中國以前，沒有一個有組織的宗教。儒家的傳統宗教祇是幾項宗教信仰，信有最高的神靈上帝，信有天上和地上的神祇。對於上帝和神祇，人有祭祀的義務；因爲人的生命吉凶，操在上帝和神祇的掌握中，因而乃有命運的信仰。命是人生不能抵抗的遭遇，如貴賤壽夭，上天早有決定，人祇能知命和順命。孔子說他五十而知天命（論語為政）又說君子畏天命（論語季氏），孟子乃主張修身以立命（盡心上）。中國人從古到今，都怕得罪上天，孔子曾經說：「獲罪於天，無所禱也。」（論語八佾）。對於命，也要安心順命。到了事件沒有辦法的時候，則說是命該如此。項羽到了東江在自刎以前，嘆說是天要他敗亡。

天命的思想，又造成中國政治制度上一個很重要的觀念，就是皇帝受天命而王，代天行道。每位皇帝，另外一個朝廷的開國皇帝，必定說他自己是「承天啓運」。中國的皇帝乃稱爲天子。

皇帝既代天行道，他若是好就得上天的賞報，若是不好，就得上天的罰。漢朝的學者便主張天人感應：皇帝行善行惡，在天上或地上會引起祥瑞或災變的象徵，預報上天的賞罰。

2. 孝道

中國宗教思想的第二種精神，是孝道。古書《禮記》曾說「事親如事天，事天如事親。」（禮記 大昏解）在中國家庭裏所供的牌位，寫著「天地君親師」。儒家以父母配天。兒子對於父母，終生奉養。荀子說：「禮有三本：天地者，生之本也；先祖者，類之本也；君師者，治之本也。無天地，惡生？無先祖，惡出？無君師，惡治？三者偏亡焉而安人！故禮上事天，下事地，尊先祖而隆君師。」（荀子 禮論）兒子孝親有三種義務，「曾子：孝有三：大孝尊親，其次弗辱，其下能養。」（禮記 祭義）父母死後，應該祭祀，孔子說：「生事之以禮，死葬之以禮，祭之以禮。」（論語 為政）

中國人沒有一家人不追念自己死去的父母，不祭祀自己的祖先！每年清明，必回家掃墓，這是「慎終追遠」。孝道乃成爲自己社會的第一個最重要的美德。中國的家庭，就建立在孝道上。

佛教傳到中國後，在民間的信仰，是超渡亡魂。儒家不談身後，道教則談成仙，佛教乃談身後的地獄和轉生的輪迴。普通一般人信佛，在於請和尙誦經，爲死去的父母禱告。儒家的孝道加上了佛教的信仰，便使佛教在中國社會裏根深蒂固。孟子曾說：「養生者，不足以當大事，惟送死，可以當大事。」（孟子　離婁下）中國人所以把出殯和祭祀作爲家庭的大事。

這種送死的流弊，造成社會裏的許多迷信，也造成社會生活的浪費金錢，到現在在臺灣，這種風俗還沒有辦法可以改變。

3. 宗教對文化的影響

因爲中國人看宗教祇是人和神靈的關係，這種關係祇是人生的一部份，而這一部份可以說是求福免禍。中國人的宗教信仰便表現在敬拜神靈。在中國古人的文集裏，常有求雨求晴的文章。在中國人的習慣裏，一個人越多拜幾個神，越能多得福。但是對於人生活的別的方面，除上面所說天命孝道和求福以外，宗教便沒有影響，而影響中國人生活，造成中國人文化，則是儒家的思想。中國的儒家有些像歐洲的天主教，指導中國人的利人和社會生活。中國人生活的各方面，都是受儒家思想的支配。因此現在有些中國學者如胡適、方東美、唐君毅、錢穆，他們說：中國的社會是人文的社會，儒家的思想是人文思想，和宗教不相關。這種說法，有一部份對，有一部份不對。儒家的思想不和宗教信仰連結在一起，這一點是對的。但是說儒家的思想沒有宗教信仰，則就不對了。從孔子孟子一直到宋明理學家，就是明末的王船山，也都承認皇帝是代天行道。至於說中國人的社會生活，沒有宗教信仰，那可又不對了，中國民間的婚禮、葬禮 以及拜拜，不都是宗教信仰的表現嗎！

但是我們承認中國人的宗教信仰不貫通自己的全部生活，對於工作便沒有宗教的精神。歐洲和亞洲的許多國家民族，宗教信仰作他們民族統一和存在的要素，歐洲信天主教的國家，亞洲信回教的國家和信佛教的國家。尤其是以色列人，以宗教信仰，使亡國而流亡在外國兩千年，仍舊能夠保全自己的民族，而終於建立以色列國。現在伊朗的狂熱，當然不合理不合法，可是伊朗人敢於反美，也是仗著自己的宗教信仰。

我們中華民族，幾千年來，仗著儒家的思想，常能保全民族的統一和生命。在最近幾十年，一些學者提倡打倒孔子，不僅是毛澤東的暴政，也是胡適他們的胡鬧。因此，中華民族從民國成立以來，就失去了中心，和自己的命脈。我們政府現在極力提倡復興中華文化，我們天主教人士也盡心贊助政府的這種政策，而且希望把天主教在歐洲的精神帶到中國來，和中國儒家的精神結合起來，以達成中華民族的新精神。

民國六十九年四月十八日在高雄師範學院講演

中國傳統文化價值和基督信仰價值的比較觀

（民國六十九年十月十九日傳教節，教廷宣道部囑我寫一篇文章，並指明題目，我寫這篇文章，宣道部編於傳教節專頁，於教廷機關報「羅馬觀察報」十月十八日發表。）

今年八月，中國中央研究院召開了一次國際漢學會議，三百中外學者參加了這次會議。學者所宣讀的論文，都很殷切地研究中華文化的價值。現在中國大陸，中共以唯物辯證論估計一切價值，抹殺了中華的傳統文化。在自由中國的臺灣，唯物的享樂主義奉金錢和享受爲最高的價值。因此漢學會學者研究中華文化的價值，乃是一樁具有深遠意義的事。

一、

中華文化的骨幹，爲儒家思想。儒家的《易經》以宇宙爲一繼續變易的整體，宇宙變由乾坤相合而成，乾坤爲陽陰，陽陰爲天地，天地爲心物。陽陰繼續按照變易之道，變易不停，化生萬物。《易經》稱天地有好生之德，宇宙因天地好生之德，成了一道生命的洪流，繼續流行，萬物都具有生命。生命就是每一物中的內在變易；每一物不是靜止不動，而是在內部有陰陽繼續變易。生命的表現有不同的程度，因每一物所變的氣有清濁的不同。在濁氣的物中，生命的表現不全，人的氣清，生命在人中便全部表現出來。朱熹曾說：物得生命之理偏，人得生命之理全。

人的生命有心有物，心物合一而成人。然而心靈的生命高於物體的生命，孟子曾說心靈爲人的大體，物體爲人的小體。心靈的生命爲仁義禮智的生命，即是倫理道統的生命。人的生命價值，便在於心靈生命，以倫理道統爲代表。

宇宙整體變易不停，化生萬物，萬物彼此相連，結成一整體的和諧，稱爲天籟，稱爲中庸。人的生命雖爲萬物之秀，然不能脫離萬物而獨存。在物質方面，人爲生存須要飲食，須要藥物，飲食藥物乃是礦物植物動物。王陽明乃說一體之仁。仁爲生命，宇宙萬物在生命上，結成一體。

因著生命的相依相求，不能產生弱肉強食的霸道，而是產生互助互愛的仁道。天地化生萬物，是愛萬物。朱熹說：天地以生物爲心，乃是仁，人以天地之心爲心，人心也是仁，仁爲愛之理。孟子說：「仁者人也。」

人的生命，在家庭中延續不斷。個人的生命有限，個人結婚成家，生育子女，子女的生命延續父母的生命；家庭遂代表生命的延續。生命延續的象徵爲祭祖典禮，祭祖由嗣子舉行，嗣是繼續祖先的生命。

子女的生命繼續父母的生命，子女看著父母爲自己生命的根源，子女對於父母的孝道，就根之於生命。子女一生應孝敬父母，「生事之以道，死事之以禮」。

從生命的觀點，儒家傳述倫理的規律。最後歸於和天地同德，以參與天地的化育。現在，中國社會改變了，所有傳統的倫理規律也有變更。然而中華文化的基本價值，則常存在。

二、

當利瑪竇在兩百九十七年前進入中華，他研究中國經書，看到中華文化的價值和基督信仰的價值，可以互相融洽。他指出了這種佈道的途徑，也贏得了當時文人學士的敬重。後來的傳教士沒有同他一樣深究中國經書，也沒有同他一樣的高明，便把佈道的途徑改了，將基督的信仰和中華文化相隔離，阻止了基督信仰進入中華文化，耽誤了三百年的傳教工作。

今天我們重開利瑪竇的路，我們使中華文化和基督信仰相逢攜手。基督信仰相信天主，相信天主造人物。整個宇宙人物因天主的愛而受造，彼此相關而有自然的規律。

人爲萬物之靈，而且按天主的肖像而受造，人觀察萬物便予以存在意義，使萬物都代表造物主的愛。天主是愛，人也應是愛。基督降生使人之愛能有超性化的價值：基督對聖父奉承至高的孝敬，對於世人稱爲兄弟。

儒家傳統的精粹是仁，仁爲生命，爲愛之理；因爲宇宙的生命由於天地的好生之德而有，人的生命又以大同的精神而發揚。儒家的仁，能和基督信仰的愛相融洽。天主是愛，人也是愛；天地之心爲仁，人心也是仁。兩種思想相逢，儒家的仁可由基督的愛而予以超性化。

儒家的孝道和基督對於天父的孝道，又可以相融洽，兩者都以生命的根基。目前，中國社會雖要求新的孝道規律，然孝道的本身意義不能改變。

基督信仰教導信友進入團體的生活，進入達到與天主相結的靜觀生活。儒家引人以「民吾同胞，物吾與也」（張載 西銘）的一體之仁的生活，以天人合一的生活。這種天人合一生活又可以和靜觀生活相遇，由自然界而進入超性界。

基督降生重建因原罪而被破壞的次序。基督所重建的次序聯繫宇宙人物以歸於天父。儒家所講的宇宙次序，萬物因生命結合一體，互相聯繫，經過人心而合於天德。這兩種次序不相違背。

家庭在基督信仰裏，象徵基督與教會的結合，教會因著基督而參與造化的工程，以洗禮聖事產生天主的信民，分有天主聖三的神秘意義。男女夫婦之愛便和生育不相分離。中國家庭則參與天地好生之德，延續祖先的生命，全家人相愛相敬。這種家庭的意義，能夠接受基督所定婚姻聖事。

人在自然界生存，以人性爲根基；基督信友因著聖寵而邁進超性界。然而超性界並不破壞自然界，而是使自然界上升到超性界。我們宣道時，要人明瞭基督的超性信仰，就該先以自然界的理由去解釋，沒有信仰的人纔可以懂。

而且在努力使信仰在中華民族生根，必須要使中華文化價值和基督信仰價值相遇。

民國六十九年十二月廿一日「善導週刊」

宗教與政治

一、中國的政治與宗教

有些人說中華民族是不信宗教的民族，這句話是一個很大的錯誤。中華民族最古的書：《尚書》和《詩經》，充滿上帝的信仰；中華民族最久的傳統，是皇帝祭天，北平的天壇可以作證；中華民族最多最廣的典禮是祭祖。這幾點都表示中華民族是有宗教信仰的民族，上天的信仰，或明或暗，存在每一個中國人的心中。漢末，佛教傳入中國，道教出現在民間，寺觀便林立整個中國各鄉鎮。目前，在臺灣，各宗教的寺廟教堂，隨處可見；而且有些商人，竟以建造寺廟爲發財的方法，因爲進廟拜神的信衆，每天常絡繹不絕。

但是我們中國沒有教會，教會是有同一宗教信仰者組織，組織裏有教義，有禮規，有統治的系統。中國人從古就以宗教爲人對神靈的關係，祇爲敬拜神靈，中國古代敬拜上天的信仰，從來沒有結成一種信仰的組織，這種信仰的敬神典禮，由國家官吏去執行。在這一點上可以說是政教合一，然而這種合一也祇是在敬拜神靈的信仰上，不涉及國家的其他事件。

佛教道教在中國雖然建立了寺廟道觀，作爲宗教生活的中心，然而佛道兩教並沒有教會的組織，因爲沒有統治宗教的系統，每一座寺廟或道觀，各自獨立，不相統屬。

既然宗教祇是人對神靈的關係，祇爲敬拜神靈，宗教便和國家的政治不相關連。中國歷代從來沒有發生宗教參與或干涉政治。宗教和政治所僅有的關係，乃是皇帝和政府官吏行祭天祭神靈的祭禮，皇帝加封神靈爵號，規定祭祀典禮的等級。

但是在中國歷代上，有一種宗教干涉政治的事，那就是有人假藉宗教信仰，組成軍隊，起兵造反。漢末張道陵的孫子張魯，以道教名義，擁兵關中。唐朝黃巢的黃巾賊也以宗教迷信爲團結。明清兩朝的白蓮教造反，教徒徐鴻自稱中興福烈帝。清朝道光時洪秀全創拜上帝會，起兵廣西，佔南京，建太平天國。清末義和團以練拳降神，組織會黨，起兵扶清滅洋。這些歷史事跡，是中國的宗教和政治發生的不正常的關係，所謂宗教也不是民間的正式宗教，而是幾種秘密的迷信。因此，在中國的歷史上沒有宗教干涉政治的例子。若說政治干涉宗教，則有佛教曾遭三武之禍：魏太武帝、周武帝、唐武宗，因信道而滅佛，然祇是短時期的政策，中國歷代帝王的政策則以宗教爲敬拜神靈的信仰，神靈不能說沒有，對於宗教常予以自由，加以保護。

清朝三百多年，卻沒有宗教和政治的問題，因爲在明末，天主教傳入中國。清朝康熙乾隆兩位皇帝，著重天主教士的學術，任用他們在宮廷服務。雍正以後則採閉關政策，禁止外人傳教。道光年間五口通商，允許外國傳教士進入內地。內地人民和教民常發生磨擦，傳教士袒護教民，各地乃有排外心理，迭次發生教難，殺戮教士、歐洲列強便藉保教名義，要挾清廷租地賠款，造成許多教案。最後以拳匪之亂，引發八國聯軍。使中國人對於天主教和基督教多有誤會，認爲洋教。

二、歐洲的宗教與政治

天主教和基督教爲歐美人所信的宗教，天主教成立在先，基督教由天主教分裂而出。天主教的宗教觀念，以宗教信仰爲整個人生觀，信徒的生活以宗教信仰爲基礎，無論私人生活或團體生活，都要受宗教信仰的支配，倫理道德乃是宗教的規誡。天主教又是一個組織嚴密的教會，具有統治的系統。

當天主教開始傳入歐洲時，羅馬帝國尚在強盛的時期，羅馬皇帝禁止天主教的宣傳，殺戮教士教民，這種迫害教會的政策，經歷了三個世紀。到了第四世紀，公斯當定皇帝領洗進入天主教，允許傳教自由，以羅馬城作爲教會的首都，他則遷都東方。公斯當定皇帝以後，羅馬帝國日衰，北方和東方的蠻族崛起，斯拉夫人、日爾曼人、法蘭西人、撒克遜人，這些蠻族在第五世紀分裂了羅馬帝國，毀滅了羅馬文化。當時保全幾份傳統文化，又負責以傳統文化教育蠻族人民的，是天主教的教士。教士會院的藏書樓，係保存許多古籍，會院的教士一面抄書一面教書。歐洲最古的學校都在教士的會院和教堂裏，後來幾座會院和教堂的學校，變成了歐洲最初的大學。天主教的教士在社會上擁有導師的地位。羅馬教宗更被認爲歐洲各國的盟主，各國君主的廢立，都取決於教宗。文藝復興時，原先爲蠻族的各種民族，都建立了獨立的國家，神聖羅馬帝國的名號已不受重視，羅馬教宗的威權也日漸減削。德國路德分裂了天主教，創立基督新教，得有德國諸侯的支持。新教便成爲反背羅馬教宗的標記，作爲各國政府獨立的訊號，最後英皇恩利六世自立爲教主，逼使英國天主教民背棄羅馬。然而忠於羅馬教宗的法國、西班牙、葡萄牙、義大利等國爲抵抗新教，便以天主教爲國教，西班牙和葡萄牙佔領了中南美洲，建立了許多國家，這些國家也都信奉天主教，也奉天主教爲國教。北美和加拿大，由英國和法國開發，居民有信天主教者有信基督新教者，所以沒有國教的政策。

有了國教，宗教和政治便相合爲一。法國在大革命時，政府反對宗教，宗教和政治遂相分離。其他以天主教爲國教的政府，在第二次世界大戰以後，也都廢止了國教，政教也互相分離了，宗教不再干涉政治。

三、宗教與政治互相關連的原則

目前的社會，已是多元的社會，在歐美是這樣，在自由中國更是這樣。自由中國所有宗教，是多元的宗教。目前我國內政部所認定的宗教有八個：佛教、道教、回教、天主教、基督教、理教、軒轅教、天理教。最近還有天德教的成立。在這種多元的社會裏，宗教和政治的關係——也是多元性的，因爲多種宗教的性質不同。我現在就天主教會和政治的關係，在原則上作簡單的說明。

1. 消極性的關係

在多元信仰的社會裏，天主教和政治的關係，可以從兩方面去看：從消極方面和積極方面。

在消極方面，又有兩種不同的態度：一種是不發生關係的態度，一種是反抗的態度。

一個國家有自己的政體，或是君主、或是民主、或是立憲、或是獨裁。教會對於這種政體制度，不表示意見，絕不加干涉。除非政府的政體妨害國民的人權，如希特勒的獨裁和共產黨的獨裁，教會則表示反對。教宗碧岳十一世，曾以正式的文件，宣告整個教會，反對德國國社主義和蘇俄共產主義。

教會的教士，即獻身教會的主教神父和修女，不許參加政治，不可接受政府的官職，不可參加競選，也不宜直接發表政見。

教會對於一個國家的政治持反對的態度，則是當一個國家在政治上壓迫教會，剝奪宗教自由，沒收教會學校和醫院。對於這種迫害教會的政治，教會必定表示反抗。但是教會的反抗，必採合法的途徑，不會採取暴力。雖然在事實上不會收效，教會仍是容忍迫害，繼續消極的抵抗。

當一個國家的政府，尊重人權，非常開朗，祇是爲適應社會的潮流，訂立離婚、人工節育、墮胎的法律。對於這種政治，教會爲保守道德原則，必定表示反對。還有在少數民族的國家裏，或是白人黑人雜居的國家裏，政府限制少數民族或黑色人種的權利，教會也會採反抗的態度。

2. 積極的態度

教會不參加政治並不表示教會不關心大眾的福利，祇不過因教會和國家彼此的性質不同，故不願直接干預政府的事。國家透過政府謀求國民的現生福利，教會透過教士則追求信友的來生福利。現生福利乃是物質可見的事物，來生福利則屬於不可見的精神事體。但是因爲兩方面所服務的對象都是同一的人；一個人同時是國民，同時是教會的信友。每個人是一個完整的人，身體和心靈相連不分，心物合一。物質的福利反映到心靈，心靈的福利反映到物質；因此教會也就牽連到政府的一些事件。

教會對於當地政府，一向尊重，所有法律，必定遵守，政府爲謀國民福利的政策，常常擁護，處處支持。

教會既爲謀求信友的精神福利。對於倫理道德、對於青年教育、對於家庭婚姻、對於社會公益，必盡力以赴，常謀配合國家的政策，協助政府，群策群力。所以天主教，在性質上，和東方的宗教不同。東方的佛教、印度教、道教，教人立身處世，以謀來生的幸福。這種宗教的性質，是私人信仰的宗教，不管信友的團體生活。天主教則以個人的信仰在團體信仰生活中去表現，又以心靈的幸福須有物質的享受作基礎。

3. 在自由中國

自由中國的社會，是多元宗教信仰的社會，是信仰自由的社會，而且是文化遺傳最長久的社會。自由中國的政府是爲國民謀福利的政府，是爲民族求復興的政府。自由中國的基本政策是三民主義的政策，是倫理、民主、科學的政策，是求民族統一和國家復興的政策，是消滅無神共產主義的政策。天主教在這種自由的多元信仰的社會裏，對於別的宗教非常尊重，只求互相交談，互相合作，絕對不予攻擊。對中華民族的傳統文化，我們響應政府復興中華文化的政策，我們並且勉勵追求使天主教的思想和中國傳統思想互相融會。輔仁大學曾經從教宗碧岳十一世和保祿六世，接受這種融會的使命。對於三民主義，第一位作英文翻譯的人是一位天主教神父，義大利的德里賢，教廷也曾經指示三民主義和天主教義不相衝突。而且我們研究　國父思想和先總統　蔣公的思想，我們知道基督的信仰對於兩位的思想，影響很大很深。我們因此指導學生教友研究並實踐三民主義，在國家民族爭生存的憂患中，政府力求民族的統一，國家的復興，天主教人士誠心擁護政府的基本政策，以民族的復興爲前提，力謀同胞的團結，盡力避免分化的危機。政府爲謀國民福利的政策，在經濟發達方面，教會不能參與，也沒有能力可以參與。然而在精神建設方面，如文化建設、倫理建設、民主建設方面，天主教願竭力支持這方面的各項政策。我們希望有一個貧富均等的社會，一個倫理道德高尚的社會。因此，便對一些政治設施，我們表示反對的意見，我們不贊成離婚，不贊成人工避孕，更反對墮胎合法化。我們也不贊成教育完全由政府統制，也不贊成政府限制私人創立教育事業。這些消極的表示，不是干涉政治，而是爲維護國民道德和權利。

在結束我的談話時，我願向全國各宗教呼籲：我們國家的合法政府，乃一開明的政府，國家的政策，乃是救國救民族的政策。各種宗教雖不參加政治，但是爲謀民族和同胞的福利，各種宗教都有責任。宗教的精神力量，是民族團結最強的力量，能給予同胞精神的目標，精神的支持，使我們同胞在復國建國的歷程中，遭遇打擊時，能屹立不搖，能接受各種艱苦。各種宗教運用所有的精神力量，提高社會道德，陶冶青年人的人格，堅定大家互相團結的意志。我們所信的宗教雖是多元的，我們的信友則同是一個民族的人民，一個國家的國民，我們要使大家懷有同一的信心，相信大家有復興民族和國家的責任，相信我們的責任必定可以完成。

民國六十九年七月四日在中國國民黨中央委員會總理紀念週講

哲學與教育

當今中國大學生的價值觀

一、傳統的價值觀

中華民族的文化，從堯舜到民國，四千年來是一個農業社會的文化。中國農業社會的文化，是生命的文化，是大家庭的文化，是倫理生活的文化。這種文化的典型是孔子。孔子編纂經書，教育學生，在中華文化裏承先啓後。中國農業的社會是士農工商的社會，農業社會的領導者，爲士；士則都是孔子的弟子。

從孔子的人生觀和價值觀，我們可以看到中國士人的價值觀。孔子說：「天何言哉，四時行焉，百物生焉，天何言哉！」（論語 陽貨）孔子以天道的價值高於一切，人以天道爲法。《易傳・繫辭上》第十一章說：「天生神物，聖人則之；天地變化，聖人效之。」因此孔子自己效法上天，不多講話，而以行爲來教導人。天道有什麼優點呢？《易傳・繫辭下》第一章說：「天地之大德曰生。」天地間一切都在變化，一年有四季，一天有白天黑夜，這一切的變化都爲使萬物發生。

農人們所接觸的，是五穀。一年四季的二十四節氣，陪著插秧生長成熟，春生、夏長、秋收、冬藏。農人眼中和心目中所看的是五穀的生長，天地的一切都爲著這個目標。因此孔子說：「天何言哉！四時行焉，百物生焉。」

因著生生的宇宙觀，乃有「仁」的人生觀，「仁」爲「愛之理」，愛是愛惜生命，人的生命由家庭而延續，家庭在中國人的心目中，象徵人的生命。家庭生命的代表爲父子，父子的關係爲孝，孝道在中國人的生活中形成最基本的道德。孝道有三：「大孝尊親，其次弗辱，其下能養。」養親雖有衣食的奉養，然重要的還是精神上的奉養；而弗辱和尊親則都是道德的修養。因此道德的生活，在中國人的生活裏居著首要的位置。孟子曾說人有小體有大體，小體爲感覺之官，大體爲心思之官，保養小體的人爲小人，保養大體的人爲大人。大體心思之官，即是仁義禮智的道德生活。

孔子曾說：「君子謀道不謀食，……君子憂道不憂貧。」（論語 衛靈公）又說：「飯疏食，飲水，曲肱而枕之，樂亦在其中矣！不義而富且貴，於我如浮雲。」（論語 述而）孔子和孟子又都主張「殺身成仁，捨生取義」。在孔子的人生觀裏，道德的價值最高，仁義的價值居生命的價值以上。

中國古代傳統的價值觀，在社會的階級裏，以「士」爲高。在日常的生活裏，則以孝道爲最重要。而在人生觀裏，以仁義道德爲最貴重。在社會的評價裏，按照孟子所說（公孫丑上）有爵、齒、德三種價值，官爵高、年齒長、道德高，受人尊敬。在家庭生活裏，按照《書經》所說〈洪範〉以多子多孫爲福。

民國成立以後，我國的社會開始改變，到了中日抗戰勝利以後，大陸遭共匪所竊據，整個社會組織和生活方式，完全遭破壞，生活價值觀徹底變了質。臺澎的社會在三民主義的政治下，三十年來進入了廣泛而深入的改革。中國四千年的文化，遇到了歷史上未曾有過的衝擊，目前正好像一個婦人在懷孕時期，將要生產一種新的中華文化。

大家都知道臺澎是由農業社會進入了工業社會，由工業而進入了商業社會。

工商業的社會是生產的社會，是資產流動的社會，是消費的社會。社會的形態既然改變，社會生活的本質和方式也跟著改變，社會的價值觀隨著也改了。

但是歐美的工商業先進國家，在近三十年來，就是在第二次世界大戰以後，也改變了生活的價值觀。

尤其是青年們對人生的看法和三十年前青年人的看法，大不相同了。歐美社會價值觀的改變也影響了臺澎青年的價值觀。

二、新的價值觀

今年輔仁大學社會系的學生作了一次輔仁大學學生心態研究的測驗。他們選擇一千個學生作爲全校學生的代表，給他們發出問卷，得到了他們的答覆。社會系的學生現在已經整理完了這些答案，列表統計，社會系作大學生心態研究的資料，在問卷的題目裏，有價值觀的一項。價值觀問卷的目的，在於研究大學生對於價值觀的基本態度，即由某一方面去決定自己對人生的價值。問卷列出七種型態：一、理論型，以求真理的態度去決定價值，人數爲百分之三十六點一四。二、經濟型，由實用經濟方面去決定價值，人數爲百分之九點二九。三、審美型，由美感去評定價值，人數爲百分之十五點三四。四、社會型，以社會福利去評估價值，人數爲百分之二點八。六、宗教型，由宗教信仰去建立價值，人數爲百分之十一點九五。七、未作答，人數爲百分之一點四七。從上面統計所表示出來的，我們可以看到大學生對人生的態度，同時也表示出來他們的價值態度，有學術價值　有經濟價值、有美感價值、有社會福利價值和宗教信仰價值。

就一般來說，今天中國大學生的價值觀，有以下的幾種轉變。

1. 由讀書人的價值轉到工業家和商業家的價值。讀書人稱爲士，中國的社會原來是士農工商的社會，士居第一位，農居第二，工商在後。現在高等職業學校的學生和普通高中學生的比例，今年已經是百分之二十八點零一比百分之七十一點九九，實際就是三與七的比例。職業學校的學生的目的在於工業商業，普通高中的學生將來繼續讀大學，可稱為士人。可是大學生畢業以後，繼續作學術研究的人並不比從事工商業的人多。這一點表示中國社會的價值觀，已經把工商業放在士以上，而農業則放在最低的位置。原先是士農工商，今天則是工商士農。

2. 由義的價值轉到利的價值，由利再轉到享受。孔孟的價值觀，以義為重，以利為輕，所以「見得思義」。工商的社會以利為重，得了利便富於金錢，有金錢便要享受。在歐美社會有功利主義，利為益，凡有益的事就是好事。益是對生活有益，生活有益乃是生活的享受。同時工業的產品，須由商人去賣，商人賣貨需要買者，工商社會便變成了消費社會，消費社會和享受的功利主義相連貫。享受的價值提高，道德的價值便低落。前些年，中國學者稱西洋文明為物質文明，就是以西洋社會以物質享受為人生最有價值的事。今天，這種價值觀也成了中國青年人的價值觀。

3. 由人文科學的價值轉到科技的價值。中國四千年來學者所讀的和所研究的為文學、歷史，和哲學，即是人文科學。自從歐美科學發達以後，科學的價值一躍而居學術的首座。十八、十九世紀，在歐美科學成為萬能的尊神，到了二十世紀，歐美的人文科學纔漸漸復興。今天臺澎正在經濟開化的階段，需要機械和科技人才。政府極力提倡科技教育，社會迫切需要科技人才。青年大學生爲適應社會潮流，爲自己將來就業，都以科技爲重，輕視人文科學。

4. 參加政治及參加社會福利的意識加高。輔仁大學社會系所作的大學生心態研究的統計，有政治心態一項，問卷中問在國家時局不穩，自己是否想移居海外？答想移居國外的人，只有百分之十二，百分之八十八則願留居國內，爲國犧牲。有百分之四十六願意在有機會時，參加公職人員競選；而且有百分之九十五點八七的學生願意直接參與改進社會的工作。今天大學生深深具有國家和社會的意識，把對國家和對社會的責任，看得很高。

5. 自我人格的價值看得非常高。在輔大社會系所作大學生心態研究的問卷裏有一項問題：「我能夠決定並掌握自己的生命。」答覆自己能夠決定的是百分之八十三點三四。這就顯示今天大學生對自己的信心。在以往青年人對於自己的生命不能有把握，因爲一切要聽父母的安排。又有百分之六十三點五七，答覆是「每天以愉快的心情，迎接新的一天。」這也表示今天大學生對於自己的工作有信心，不以國家所處的危難境遇爲憂。對於選擇對偶，百分之六十四點九，主張選擇有品德內涵的對象，百分之十七點二六，主張選擇有共同嗜好的對象；這又表示今天大學生看重自我的人格，不看重對象的家世財富和外表。關於在校參加活動的答案，百分之二十三點七五，參加學術性活動；百分之二十四點零四，參加體能活動；百分之三十八點三五，參加康樂性活動；參加宗教活動的只有百分之五點六，參加社會服務的，只有百分之七點八二。這一答案表示今天大學生在校內參加活動，也喜歡發展自己的個性。

在第二次世界大戰以後，歐美的大學生，尤其美國的大學生，都表現強烈反傳統的心理，各自追求表現自己的個性。因此造成社會上多種不和諧和反常的現象。目前，這種趨勢稍爲和緩。在臺澎目前所謂代溝問題，就是青年人對自我的價值問題。今天我們的青年有自我的意識，看重自己的人格，要求父母看重他們的人格，要求師長看重他們的人格。在上一輩的人裏，父母和師長抱著從前的價值觀，認爲青年人應該服從。兩方的價值觀不相同，因此兩方的中間造成了一種隔閡，稱爲代溝。目前，代溝的問題已經不大嚴重，因爲年長的一輩大都了解青年人的心理。

6. 輕視傳統文化，趨向歐美文化。在五四運動發生以後，一般青年學人和大學生大都趨向全盤西化，胡適當時喊出「全盤西化」的口號。雖然在理論上，當時有些學人極力反對，但是社會的趨勢繼續向這方面走。今天，政府用心用力提倡恢復中華文化，一般大學生的心理總是對於傳統的文化、傳統的道德有些厭惡。青年人好新奇，好方便，好自由，對於拘束自己行爲的傳統，希望能夠擺脫。對於師生的禮貌，對於男女同學的交往，對於社團的活動，都力求自由，不受傳統禮規的拘束。

三、結論

從上面所說的，我們可以總括今天大學生的新價值觀，在工商業的社會裏，以利爲重，由利所得而看重物質的享受，爲能得有高度的享受，須有多而良的產品，因此需要精工的科技。工商科技重在創造和發明，個人的智慧和勤勞乃是基本的動力，工商業社會便看重個人，自我的人格普遍受重視。自我的人格既受重視，則個人的自由，乃是必然的要素，因著實現個人自由，便對傳統發生反抗，而趨向歐美的生活方式。但是因爲國家民族目前處在危難的境遇裏，青年學生意識到自己對國家民族的責任，有爲國犧牲的精神。所以今天大學學生的價值觀：重視個人的人格，重視對國家的責任，看重科技的學術，嚮往財富而有享受，然也抱著研究學術的理想，以在科學上有發明爲目標。這種價值觀，是工商業社會的產物，有好的一面，也有壞的一面。好的一面含有很高的建設性、壞的一面也會有很大的破壞性。

我們若要再簡單一點，把今天大學生的價值觀用一句話說出來；今天大學生的價值觀是功利主義的價值觀。功利主義是美國詹姆士和杜威的哲學，也是胡適所提倡的思想。這種思想爲新興的工商業社會的產物。我們臺澎的青年，因爲社會趨勢在五十年來揚棄祖先的傳統，因此很容易而且很徹底地接受功利主義的人生觀、我們不能說這種人生觀完全是錯誤的，它有適應現代生活的優點。

但是，中華民族是有文化傳統的民族，中華民族將來的發揚還是要在自己的文化上去發揚。我們青年人的人生觀，應該把功利主義的人生觀予以修改，以保存有傳統的文化精神。中華傳統文化的模型爲孔子，傳統人生觀的價值觀也是孔子的價值觀。今天，中華民族的新人生觀和新價值觀應以復興民族的偉人先總統 蔣公作爲典範。先總統 蔣公有固有傳統的倫理，有現代科學的智識，一生追隨總理和基督。他以當前國家民族所處的時代，爲求生存而奮鬥的時代，我們的人生觀，應該是革命的人生觀。他說：「生活的目的在增進人類全體之生活，生命的意義在創造宇宙繼起之生命，可以說是我的革命人生觀。」（自述研究革命哲學經過的階段 蔣總統言論彙編 第十卷 頁五十八）這種人生觀的價值觀是「以國家興亡爲己任，置個人死生於度外」。民國二十四年七月八日，先總統向成都的四川大學學生講中國青年之責任，曾標出五點：

1. 在宇宙中——宰制宇宙，征服自然，創造文化。（這是看重科學）
2. 在國家中——自覺自強，建立獨立自由的新國家。（這是看重對國家的責任）
3. 在社會中——爲社會勞動服務，爲人群謀利造福。（這是看重對社會福利的責任）

4. 在家庭中——發揮孝友睦婣任恤的美德，與從事家庭勞動服務。（這是看重傳統的道德）

5. 在學校團體中——親愛精誠，團結一致，服從領袖，嚴守規律。養成義勇決斷、冒險進取的精神。（這是看重個人的人格，看重責任感，看重團體道德。）（中國青年之責任 蔣總統言論彙編 第十二卷 頁一四二—一四四。）

先總統又提示青年說：「人的生活，除了物質以外，還有更重要更高尚的精神生活，這精神生活的本質就是生命的所在。」（解決共產主義思想與方法的根本問題 蔣總統嘉言錄（一） 頁五）

先總統 蔣公篤信基督，所以他說「信仰是不可抗衡的力量」（民國四十一年耶穌受難節證道詞 蔣總統言論彙編 第二十二卷 頁一二四。）。又曾懇切地說：「人生不可須與無宗教信仰。」（民國四十一年耶穌受難節證道詞 蔣總統言論彙編 第二十二卷 頁一二三）。

簡要地把 蔣公的人生價值觀提出來，就有下面幾點：

1. 精神生活重於物質生活；所以義重於利，道德重於享受；而且看重傳統道德。

2. 重責任感；看重個人對國家民族，對社會福利，對家庭的責任；而且面對國家興亡，敢於犧牲。

3. 重視自己的人格；嚴守規律，義勇決斷，冒險進取。

4. 看重科學；求發明，以征服自然，創造文化。

各位青年同學，你們各位一定抱有自己的人生觀，也有自己的價值觀。我上面所講的，不能都符合各位的看法。但是就今天青年同學一般心態而論，又就國家民族目前的要求而著想，青年同學的人生價值觀，應當合於先總統 蔣公的人生價值觀，這項價值觀是積極的，富於建設性的。未來的中國，未來的世界，將由你們去建造。中華民族的命運，將操在你們手裏。你們看清了人生的意義，你們選擇了生活的路途，懷著正確的人生觀，把握著正確的價值觀，將來的中國必定是強大而和諧的國家，將來的世界也必定是和平而各國互相尊重的世界。

民國七十年五月十一日講於逢甲大學

培植青年責任感

青年人有雄心，有勇氣，敢於負責。然而負責的勇氣，多係一時衝動，雄心也多係心頭的幻想，若能夠由負責教育的人，協助青年培植自動的責任感，使青年的雄心有目標，青年的勇氣持久不衰；則青年對於將來的事業，對於將來的前途，可以有信心，可以有把握。而且使整個民族和國家都能因著青年的責任感，復興的成功，一定可操勝算。

今天，我向你們天主教青年大專同學會會員們，簡單地講述培植責任感的步驟。

一、青年同學當前的責任

爲培植自己的責任感，自己先要認淸自己的責任。你們大專同學當前的責任，是大專學生的責任。大專學生是在大專求學的青年，求學是受教育，受教育是權利也是責任。青年人有權利去受大專教育，權利的行使受環境的限制。當前大專的環境，是聯考的環境。聯考造成大專學生的環境，是學非所好的環境。除少數大專同學考入了自己第一志願的學校和學系以外，其他都被分發到不是自己心裏喜歡的學校或學系。在這種環境裏，青年同學應有英雄造時勢的心理，自己接受被分發的學校和學系，立定志向要努力求學，使自己的學識不下於被分發到第一志願的學生。學生的成績，百分之三十在於教授，百分之七十在學生自己。我到輔大就職以後，實行校規所定的點名制度，一方面爲培植同學們的求學責任感，一方面爲使學校對學生家長負責。

在校受教育，不僅是聽課讀書，還有德育和群育。每一座大學或專校，都有數目相當多的社團。輔大有一百三十幾個社團、夜間部也有四十幾個。社團就是同學們接受群育的地方。每位團員對社團有責任，每位負責人更對團員負有責任。把作團員的責任盡好，不僅學習對事件負責，也學習作事的本領。

德育在當前的學校裏，是最弱的一育。因此輔仁大學提倡人格教育，加強人生哲學一課，協助同學們在人格上自己站立起來。同學們便有責任接受這種教育。普通，對於學生犯規，我常不喜歡責罰，可免就免，但是對於考試作弊，我則不輕易放過；因爲作弊，表示沒有人格，自己不負責。雖然學生以爲是小事，然而在教育上，則是大事。

在校受教育，還有對於家庭的責任。父母兄姐費盡心力，送自己的子弟入學，在心理上、在經濟上，擔負著很大的包袱，有時包袱成爲很大的壓力。子弟在校有責任體貼家長們的苦心，爲他們爭光。

你們是天主教的大專同學，你們是信仰天主耶穌的青年，信仰給你們許多天恩，也加強你們幾分責任。

我常怕教友學生因著參加宗教活動，耽誤自己的學業。但是今年輔大社會系所作的一項大學生性向測驗，有一項關於「宗教虔誠」的測驗，結果表示虔誠的學生參加宗教活動，學科成績多在八十分以上。可見宗教虔誠有助於學業。

但是「宗教測驗」的結果也表示每星期參加一次彌撒者，只有信教學生的百分之三十，其他多是偶而參加彌撒。所以對於教友學校的宗教責任感，應加強培植。

宗教責任感不僅只是參加彌撒，還有研究教義，研讀聖經，勸導不信仰天主耶穌的朋友，接受責任。我們天主教學校從來不強迫非基督徒學生信教，然而我們很歡迎他們研讀聖經，認識教會。

二、將來的責任

中國古人常講「命」，命，是貧富壽夭由上天而定，人自己不能改變；孔子和孟子也都相信天命。然而孔孟又都主張人的一生並不在於「貧富壽夭」而是在於人的人格，孔子所以講仁人和聖人，又特別講君子，爲聖人，爲君子，不由於天命，而在於人自己。

青年人所看的，所想的，是自己將來的事業。事業使自己在社會裏能夠站得起來，使自己身後可以留名，中國傳統的社會觀念說人有三不朽：立德、立功、立言。事業算是功勞，對社會對國家有功勞的人，社會和國家會紀念他，然而最大的不朽，還是立德立言。孔子以德行爲萬世師表，以言語教訓萬代的人。青年人對於自己要有自尊心，自己尊重自己。要有高尚的志向，建立自己的人格。人格是道德，學問是教人的言論，事業則是在工作上自己站得住。這三點是青年人對於自己的責任。

在求學時期，你們只有對於自己和家庭的責任；但是求學的目的則在於將來可以盡好責任，將來的責任是社會責任和國家責任。

一個社會由一個一個的人結合而成，社會的事由每個人去做。若要社會好，就要社會的人都好。目前，我們說臺灣的社會風氣一天一天的變敗。例如青年犯罪天天加多，以致於沒有一家人敢都出門不留人看家，沒有一個女人敢深夜單身走路或坐計程車。又例如駕車的人不守規矩，各人爭往前跑，以致於天天都發生許多車禍，死傷很多的青年。又例如一般人都奢侈，臺北幾千家餐廳每天晚晌常是客滿，酒吧和舞廳也都滿是來客。假使，每個人都體會自己對自己人格的責任，又體會自己對社會風氣的責任，每個人知道自己約束自己，社會不良的風氣就可以改善。青年人應該有這種志氣，去改善社會風氣。

國家更是國民大家的國家，國家的好壞，不僅在政府的好壞，更在於國民的好壞。若是國民對於國家負責，自認國家的事就是自己的事，這個國家一定會成爲一個好的國家。

中華民國四十年來，在生死存亡中奮鬥，目前已經看到勝利的曙光，但是前途還很艱難，而世界的局勢變幻莫測。輔仁大學社會系這次所作的學生性向測驗，有一個問題，即是若當國家危難時，你想不想遷居外國，或者是留在國內，和國家共患難，答覆留在國內的學生，有百分之八十五。這表示青年學生體會到對國家的責任，也是一個很好的現象。在國家十大建設成功以後，政府所作的統計，顯示參加工作的人大都來自私立大專院校，因爲公立大專院校的學生多有機會出國留學，便住在國外不再回國。我素來反對留學生不回國，不贊成一般人所說留學生在國外定居，從事學術研究，將來大陸光復後，他們可以回國參加建設工作。因爲目前政府在臺澎，急需提高學術研究，加強各種建設，需要極多的人才。政府每年花費近乎百億的金錢，爲培植公立大專院校的人才，人才卻流於國外！若是原因在於國內沒有研究的機構，適合這些人手，政府便應從事設立這種機構。

天主教的青年，對於國家的責任感常常很高，我希望你們培養這種責任感。

還有一種責任，本來不必說，因爲是一種天性自然的責任，即是你們將來家庭的責任，男女自然地必定結婚成家，我們神父或修女不結婚，乃是爲著一個高尙的目的而自我奉獻。家庭責任在以往不是問題，目前則問題很多。去年我在羅馬參加全球主教代表會議，討論家庭問題，我們竟不能找出完全有效的方法，來解決當前的家庭問題。男女的愛情，目的在於結婚，結婚在於養育子女。目前，有的男女相愛不爲結婚，而且不願結婚，只願同居。有的夫婦不願繼續夫婦關係，宣告離婚，還有一個更困擾的問題，是節育問題；爲節育施用不合倫理的方法，竟而主張墮胎合法化，又實行結紮。天主教的青年應對將來的婚姻生活，擔負起按照教會規律所有的責任，愛情是純潔的，婚姻是聖事，子女乃上主的恩賜。

三、信心

抬起頭來，挺起胸膛，背起自己的責任，一步一步往前走。說起來很容易，做起來卻真困難。

第一個困難，來自自己。自己的能力有限，自己的耐心有限，遭遇到挫折，不免灰心。

第二個困難，來自環境。目前自己所讀的學校和課目，是否引起興趣？自己的父母，是否能瞭解心理和志向，尤其是當前的社會可不可以給予自己適當的就業機會？臺灣情況的將來，是否能夠不遭共產政權的攻擊？這一切在你們青年人心中，都能產生可大可小的困擾。爲勝過這些困擾，你們應該懷有信心。對自己有信心，對國家政府有信心。

信心乃是成功的基礎。有信心，才可以立定志向，有信心，才可以往前走；有信心，跌倒了，才可以站起來。有信心，遇著困難不會灰心；有信心，才可以冒危險。

信心的培養不在於自誇自傲，也不在於完全靠自己的才能。信心在於看事看得清楚，認識自己，認識環境。

我們天主教人士特別是有信心的人！你們沒有看見大陸的天主教教胞嗎？他們三十多年遭受共產黨的迫害，他們保持了自己的信仰，堅定了自己得勝的信心，就是在現世不能看到得勝，身後的永生必定是得勝的效果。他們的信心，不是放在自己身上，而是放在天主的愛上，我們相信天主爲我們的天父，祂爲救我們脫離罪惡，派遣唯一聖子降生成人；聖人爲救我們，自願死在十字架上，聖父聖子既然這樣愛我們，而且天地萬物都在天父的掌握裏，我們還有什麼事不能相信天父呢？雖然天父常願意以困苦磨難我們，然祂必定不願意我們的喪亡，磨難只是向前跑的階梯，多一次磨難，就可向前多遠跳一步。古話說：「謀事在人，成事在天」。我們盡我們的力，認爲一切事由我們去做，不是靠別人代做；同時，又認爲自己一無所能，一切靠天主。有了這種心理，則「勝而不驕，敗而不餒」，手裏才有成功的秘訣了。

民國七十年七月三日在天主教大專同學會、青年會中講話

大學教育的普通原則

「綜合月刊」五月份登載了一位客籍教授批評中國大學教育的文字，許多教育界的人讀了以後都有很深的感想。我也覺得這位教授所指出大學教育的缺點真該發人深思。我深思之後，便想補充幾句。

1. 教育重於行政——管理教育行教的人注意之點在於行政，這是勢所必然，無可厚非。但是在注意行政事項中，若是忘了教育的內容，就會生弊病。例如一部私立學校法，整個地是一部行政法令，完全由行政方面去看私立學校。在行政方面，私立學校是由私人出錢和由私人管理的學校，私立學校法便專從這兩點去制定條文；至於私立學校辦學的目標是要在公立學校之外能有一點教育的特色，則絲毫不注意。私立學校的一切課目一律和公立學校一樣，沒有增刪的些微自由。例如大專聯考制度是一個純粹的行政制度，大家明明知道這種制度對於教育本身弊多於利；但爲教育行政的便利計，就年年保留。又如文憑的價值已經成了行政的價值，憑某種文憑可以應某種考試，憑某種文憑可以受某種等級的聘書；甚至教會信徒出國朝聖，都要具有初中畢業的文憑。這些呆板的行政制度若成爲教育的中心，教育便會成爲軀殼，沒有靈魂。

一、學生缺乏自動研究的精神

2. 培植大學生研究學術的精神——羅馬的天主教會大學算是很保守的學校，可是現在也革新了。我的母校傳信大學一星期只有五個上午授課，其他的時間則是教授和學生共同討論或學生自行研究。我們中國的大學的學分完全是聽教授講書。就是在研究所，甚至於在博士班，所有的功課都是教授講。我自己教博士班或研究所的學生和教大學系裏的學生沒有多大分別。我若給研究生指定研究的書和問題，要求他們作報告，以便在教室裏共同討論，他們就說沒有時間。因爲私立學校所給的研究費不足他們的生活費用，教育部又不津貼，他們就被迫找工作。但是公立學校的研究生也沒有建立起自動研究的精神來。研究生所研究的對象都集中在他們所寫的論文上。這又是讀書爲考試的象徵。從小學到大學，學生讀書的目標都專注在考試，誰還能夠建立自動研究的精神？教授們也忙於講書，只怕講書的鐘點太少，所得薪金不足養家。直到今年，公立大學纔因加薪而限制專任教授兼課，教授既因講書忙，不能作研究，又怎麼樣指導學生去作研究呢？在現今研究學術的風氣中，一座大學只是注重講書，實際上不配稱爲大學。教育部應該把講書的鐘點和課堂討論的鐘點看得同樣重要，並合理地減少學校考試的次數。

3. 訓練思想——我們的學校整個的注意力集中在考試，一星期有考，一月有考，期中有考，期末有考；考試要用記憶去預備。學生便死讀而不思索。孔子曾說：「學而不思則罔，思而不學則殆。」（論語 為政）周敦頤也說：「不思，則不能通微；不睿，則不能無不通。是則無不通，生於通微；通微，生於思。故思者，聖功之本而吉凶之機也。」（通書第九篇）思爲思考，思考所得爲思想。學生讀書徒知死背，便不思考，不能有思想。大學生本來不必注意考試，可以留心思考；但是因爲在中學時代沒有思考的訓練，在大學裏又沒有哲學思想的基礎，雖是留心思考，也少有人能夠通達。三民主義從初中就講授了，在大學繼續講解，並不能在學生的腦中建立一個思想的體系。因爲講三民主義的教師用講國文的方法教學，而不知道用講哲學的方法去教。在高中也有中國文化思想這一課，但是課本的講義注重考訂經學，而不注重講解思想。在教育部的方策中，三民主義和中國文化思想要成爲學生思想的基礎，用以建立人生哲學；實際上學生們腦中只有自己所讀的學科，而沒有中心思想足以貫通自己的學科智識。因此，大學各系應有哲學概論課，提高三民主義和中國文人思想的教學，使學生受有哲學思想的訓練。科學在精，哲學在通，精則分門別類，通則貫通相連。求學在於精，生活在於通。大學教育青年求學，也教育青年生活。

二、倫理教育要有具體的標準

4. 加強倫理教育——目前我國的教育最令人擔心的一點是缺乏倫理教育。雖然政府一再申令加強倫理教育，只是紙上空談，結果是問題青年越來越多。臺灣現在五十歲以上的人都受過儒家的教育，都有過家庭的陶養。雖是貪污欺詐的罪層出不窮；似乎多是因為生活所迫。生活寬裕以後，這些罪行可以減少。相反的現象，則生活愈富饒，問題少年愈多；這就顯示學校倫理教育的重要。現在學校的倫理教育一是牆壁上寫了幾個禮義廉恥的大字，一是每班有導師的空名。既不講道德的意義，又不指導道德的實行。我們教會學校在公民課講解倫理，有些督學還要批評是講授宗教。儘管全國上下都喊追隨　蔣總統的遺教：教育倫理、民主、科學，事實上則只在教育科學而已。以往中國的教育注重修身，修身的方法有《大學》的三綱領八條目，修身的規範則有五倫，五倫的行為則有禮。孔子所以特別注意禮教。這種倫理教育，要實行於現在的新時代，在方法和禮儀節目上應加刪改；然而不能沒有具體的標準，空口喊禮義廉恥！學生若問什麼是禮，沒有人可以答覆。教育部在這一點上應多費心血。否則，下一代的國民在國民道德上不知道要成為何等的人格？在中學內應設倫理教育課，在大學內要有人生哲學課。且不宜限制宗教教育；宗教教育可以作為倫理教育和人生哲學的基礎。

以上四點由我這個外行人寫出來，還要請教育內行人原諒。不過，我雖不專辦教育，卻也在教育範圍內生活，對於教育非常關心。這幾段話不是講技術，而是教育的普通原則。

民國六十四年七月「綜合月刊」

大學的人格教育

——爲慶祝逢甲大學創校三十週年

一、中國傳統的教育思想

中國現在的環境和五十年前的環境，完全不相同；中國現在國民的生活和五十年前國民的生活，也根本地變了；這都是擺在眼前的事實，誰也不能否認。環境既然變了，生活也變了，教育當然要變。現在臺澎金馬的教育，和共匪竊據大陸以前的中國教育，有很大的差異。現在的中華民國教育是培植人才的教育，是就業的教育，是配合當前國家需要的反共建國的教育。所以民族思想教育、機械科技教育，爲當前教育的重點。因而產生大學教育應否是通才教育或專才教育的問題。

但是人總是人，中國人總是中國人；人的生活無論怎樣變總是人的生活，而不是牛馬的生活；中國人的生活無論怎樣變總是中國人的生活，而不是美國人或法國人的生活。所謂民族思想教育，不僅是反共反分化的教育，而是中國人做中國人的教育。就這一點說，我想研究一下中國傳統的教育思想。

中國第一本講教育的書爲《大學》。《大學》普通分爲三綱目和八條目，三綱目講教育的目標，八條目講教育的步驟。教育的目標，在於修身。

二、當前的教育狀況

我們可以套用顧炎武的話：當前學生求學風氣的不正，開始於聯考；教師師道的喪亡，開始於教學以謀生計。再者，當前大學教育的偏，開始於謀就業。

當前小學初中學的教育目的和方法，都在於求能勝過考試。大學的教育目的，在於使學生能就業。這些現象都成於時勢所逼，一時既不能改正，而且還能變本加厲。

在小學和中學裏，不能或不願勝過考試的學生，便無心教讀，成幫或單獨爲非作惡，國中學生的犯罪率年年加高，影響整體國中學生的心理，大專學生在工商業發達的社會裏，「利」的價值最高，就業乃爲求學的目的。我們在當前的教育法裏，雖找不到人格教育的規定，但有相等的規定。在國民教育法第一條規定「應注重國民道德之培養及身心健康之訓練。」在國中法的第一條，說中學是「繼續小學之基礎訓練，以發展青年身心，培養健全國民。」在修正中學規矩第六章訓育，第三三條規定「陶融青年忠孝仁愛信義和平之國民道德，並養成勇毅之精神與規律之習性。」在大學法第一條則只有「以研究高深學術養成專門人才爲宗旨。」現在正在進行修改大學法，在第一條加入「培養健全人格」在大學教育的宗旨內。

大學的人格教育，不能單獨由大學去做，必須由小學開始，由中學繼續，在大學裏完成。最近幾年，常有人向教育部建議，在小學開始讀《論語》，在中國讀四書。但若考試制度沒有徹底改革以前，小學中學都以考試爲前題，倫理教育成爲口頭空話，而且沒有時間去執行。小學和中學生不辨是非，不知倫理道德，對於人格根本沒有印象。他們到了大學，既沒有倫理的基礎，大學從何開始教導他的培養人格？現在還有很多好青年學生，那是因爲許多家庭的父母，還保留傳統的道德觀念，在家庭裏予以教導。

大學的教育以專門人才爲目的，專門人才的目的在於就業，就業爲服務國家又爲個人謀生。在學生的心目中，就業以個人謀生爲第一，這就是一個「利」字。人格教育，便應教育青年學生「義利之分」和「義以爲尚」。義利的價值，應以義爲重。然而在今天整個社會謀利不謀義的風氣下，重義的修養確實不容易。前幾天報載三個大專畢業青年設立應召站，中間有一百多位大專學生充作應召女郎。這種荒唐的事，反映出來青年學生謀利的心理。

大學的人格教育，應是整體的教育，首先應以人生哲學給予學生正確的人生目的和價值觀。其次則應在各門科學予以職業道德的課目訓練。商業有商業道德，工業有工業道德，政治有政治道德，律師法官有本業的道德，大眾傳播人有大眾傳播的道德，體育有體育的道德。再次，應在生活輔導上，輔導學生有責任感，從小事到大事，學生應知道並實行負責；同時要糾正學生的輕浮失態的舉動。如男女關係的失態，如對上課的失態等。又次，應注意教師的品格，教師有失人格的舉動，宜予以辭退。再者，宗教教育為人格教育的最良途徑。宗教不是迷信，能予人以正確人生觀，給人道德修養的方法，並勉勵學生努力實踐。歐美青年道德的淪喪，就是生活和宗教信仰相脫離；然而歐美的學校和家庭都注重宗教教育，結果仍不能預防青年的失德，若是完全沒有宗教教育，青年不知道什麼是倫理道德，青年失德的現象將為通常現象。最後，民族思想教育，講明中華民族以倫理道德為傳統，激發青年愛國愛民族而恢復民族道德。

我不是來講教育法令和教育制度，我是講實際的教育。今天，提倡科技教育，謀求就業機會，我們若不提倡大學生的人格，將來專門人才在社會上雖能謀經濟的發展，財富的增加，享受的提高；但也能破壞整個民族的道德，我們將要和齊景公一樣嘆說：「信如君不君，臣不臣，父不父，子不子，雖有粟，吾得而食諸！」（論語 顏淵）我們希望政府能加強導師制，給予合理的待遇。又希望政府在提倡科技教育時也多說說「人格教育」、「全人教育」，使青年明瞭入學的目的；教育部另開小學中國教育會議時也討論倫理教育，研究倫理教育的方法。若從小學中學到大專，能有一套活的、實踐的、有系統的倫理人格教育，則我們的教育對於民族的貢獻將更遠大。

民國七十年十一月三日寫於天母牧廬

哲學與教育

哲學系在我們大專院校裏是一個冷門系，哲學在我們目前的社會裏滿受輕視。政府在國家建設裏盡力求科技的建設，從來不提哲學。雖然現在因爲共匪的統戰陰謀，有關當局很焦急地看到了思想教育的重要，然而也只是呼號改良　國父思想教育，還沒有覺察到思想教育應該是哲學教育，　國父思想的教育方法應該是哲學的教育方法。直到現在，教　國父思想的方法，是國文的教育法；教授中國思想史的方法，是考據學的教育法。結果把活活的生活思想教育，弄成了呆板的書本教育，學生聽來乏味，那還能引起他們的趣味與信心。

民國初期丁文江和張君勱有科學與玄學的論戰，當時參加的學人還不少，連當時在北大教哲學的胡適教授也替丁文江捧場，由這場論戰裏可以看到當時青年學人的心理，是相信祇有科學纔是真正的學術，玄學則是空談的煙霧。從民初開始直到現在，中國人都輕視哲學，而相信科學萬能；又相信西洋都以科學爲重，而以宗教爲迷信。結果造成現在的自由中國社會，既喪失了傳統的人生哲學，廢棄了傳統的禮儀，又沒有建造新的人生觀，也沒有養成適合新時代的禮儀，使幾千年素重「做人之道」、「出入有禮」的中國社會，成了既無禮規，更沒有人生理想，只講吃穿的社會；連在人生最重要的關頭，該穿什麼衣服都不知道，這樣的社會怎麼還能夠稱爲「禮義之邦」呢？

在西方的文明裏，「賽因斯」（Science）即是學術，即是有系統的研究，科學爲學術的一類，神學也是學術，哲學也是學術。以科學包括一切學術，乃是不正確的分類；把哲學排擠在學術以外，更是無知之舉。

哲學是追求事物最高理論的學術。在古代學術尚不發達的時候，只有哲學在研究宇宙萬物之理；因此希臘哲學和中國哲學包括了當時的一切學術：宇宙論、本體論、道德論，以至天文、音樂、政治、醫學都由哲學家去講。到了後代，學術進步，分門別戶，各有專攻，哲學便縮到自有的範圍內，去研究宇宙萬物的最高理論。但是其他學課，也自有本身的最高理論，於是便有科學哲學、政治哲學、法律哲學、歷史哲學、藝術哲學等等科目出現，因爲沒有一種學術可以不以理論爲基礎。

宗教信仰在西洋和中國所含的意義和範圍不同：在中國的文化傳統裏，宗教信仰指著對神靈的崇拜，而崇拜乃是崇拜的儀式，中國人因此能同時信仰上天，又信仰佛信仰道，能同時進關帝廟、佛寺、孔子廟行敬禮。在西洋的文化傳統裏，宗教信仰指著對人對神的關係，這種關係固然在崇拜儀式中表現出來，但更要在人生的思想言行裏表現出來。因此在西洋文化裏，宗教信仰貫通在人生的各方面，而且在宗教信仰興盛時，社會生活的各種表現都由宗教信仰去統制。因此西洋歷史和西洋文化史常按宗教信仰而分時代。研究西洋文化和西洋學術思想，而不研究西洋的天主教和基督教的信仰，根本不能了解西洋的文化和學術思想。我們中國留學生在西洋留學，祇學了一些學術知識，從來不願意、而且不屑研究西洋的宗教，結果他們對西洋文化所認識的都是外面的皮毛，而不認識文化的意義。就好比外國人研究中國學術而不研究儒家思想，他對中國學術思想和文化，可以了解什麼呢？西洋的宗教信仰對於西洋學術思想和文化的影響力，要比儒家對於中國學術思想和文化的影響力，有過之而無不及。

抱著以哲學不是「賽因斯」，以宗教為迷信的心理，中國一般學人和青年，乃輕視哲學，鄙視宗教。求學心和求知慾高一點的青年還能研究西洋哲學，但他們也看不起中國傳統哲學思想。

我們現在若要培養思想教育，我們就必要改變這種心理。人是有理性的動物，人的特點在於「心思」，人為做人要能事事講理。為能事事講理，則應有哲學教育的培養。

中國人總是中國人，中國人有中國人做人之道，這種做人之道，由古代聖賢的遺訓和社會遺傳所構成。在今日的中國環境裏，一定不能實行以往的一切傳統，今天的中國人和六十年前的中國人已經有許多不同的地方。那麼，我們就要研究今天我們做人之道是什麼。做人之道有原理、有原則、有方式。原理不變，原則可以變，方式應該變。從人之所以是人的性理，從中國傳統文化所遺留的人生原則，從社會環境和世界潮流所要求的生活方式，我們便可以構想出現在中國人之道的輪廓。再加以三民主義的思想，合以每人的宗教信仰，人生之道的輪廓就會成為活潑的人生觀，使中國青年的生命更加充實，更加活躍。

在歐美的學校裏，從高中就開始教授哲學智識，到了大學，則有神學院和哲學系的哲學研究，又在各種不同的學科中，教授本課學術的哲理。

我們的大專不設哲學課程，祇在四所大學裏設有哲學系。雖各校都有　國父思想和人生哲學的課，但既不是講思想，又不能和他系的課程相聯貫。

為建立我們的思想教育，應在各大學都設哲學系，在其他各院設立各科理論的哲學課；在歷史系設歷史哲學，在工學院設科學哲學，在政治系設政治哲學，在法律系設法律哲學，在藝術系設藝術哲學，在商學院設職業道德課程，各系的　國父思想課，要和這些哲學課互相聯貫，在各種哲學課裏都要灌輸　國父的思想，使　國父的思想成為各種哲學思想的重心。

更要從高中開始講中國傳統的思想和文化，而把傳統思想和文化和　國父思想相融會，在大專裏，應該系統地講四書，我們不要還存著民初以來所養成的偏見，以為這是復古。在西洋的大學裏，研究聖經，熟讀莎士比亞、但丁、歌德，不僅是研究文學，而是研究傳統思想。我們卻把民族文化的基本都拋棄了。

再不宜把宗教信仰排擠在學校的教育以外。共產黨以宗教爲毒物，盡力摧殘，因爲它知道宗教信仰是共產主義的勁敵，尤其是有組織的天主教。民國初年共產主義的思想瀰漫在當時的社會裏，造成一般人反對宗教或輕視宗教的心理。但若我們想要建立一種穩固的人生觀，想要建立反共的信心，必要假藉宗教信仰的精神力量。 國父和先總統 蔣公乃是最顯明的例證。在學校內不許有宗教信仰的講述，不許有宗教儀式，實在是已經過時代的偏激心理。宗教信仰當然該合於理，該有哲學的解釋，能成爲一種學術研究。因此比較宗教學在大學裏宜成爲訓練青年精神生活的課程。我們雖然不能勉強各大學設宗教學院，然而至少應當按日本、韓國的先例，承認教會大學所設的神學院。

在美國的大學裏，近年紛紛設立中國哲學課，研究中國哲學的風氣漸漸興起。我們自己的大學，卻不注意研究自己的傳統哲學，以致於現在的中國哲學教授，老宿凋零，繼起乏人，是一種使人寒心的現象。政府現在已經注意到精神建設，且有中國文化復興委員會，但若不從學校著手，教授中國的傳統哲學，使青年人認識而愛護自己祖先的文化產業，則復興中華文化衹是一句空話，衹是紙上談兵。

民國六十七年九月十七日中秋夜寫於天母牧廬

改進學校的倫理教育

政府的一切建設計劃的目的在增進國民的幸福。近十年來，臺灣的人民收入增加了，衣食住行的享受提高了，生活安定而豐裕，社會的一般外貌也有了進步國家的外形，這證明政府在近十年來的建設，已經有了高度的成效。

但是美中不足的則是社會的風氣趨於淫靡，青少年犯罪的現象日加嚴重。這種頹風和罪行使政府建設的成效，蒙上陰影；對國民的幸福且有腐蝕的危機。

國民的幸福在於有健全的生活；健全的生活在於物質生活和精神生活的平衡。精神生活更爲物質生活的基礎。

因此，我深切感到目前一輩青年人的教育有迫切改進的必要。

雖然政府在教育政策上提倡四育並進，事實上祇注意到科學教育。科學教育是目前必須推進的項目，但是若缺乏了德育，科學足以貽害民生。歐美的科學從第十八世紀時受到社會的重視後，造成了科學萬能的風氣。人們都以科學爲重，輕視了人文科學，更鄙視倫理教育。這種趨勢造成的結果是科學的研究愈精，學術的分類乃愈繁，人們對於學術尤其對於人生缺乏了整個的觀念。

一、嚴格查核校長和老師的品德

物極必反，物質生活的享受達到極度時，精神生活反覺空虛；於是有歐美青年放棄了正常的生活，追求原始的簡陋生活，或蓬頭垢面，或是效法印度教和佛教的清淨無爲。成年人則爲名利終日忙碌，實際享受人生樂趣者也很少。物質的觀念既盛，道德的觀念便薄，社會的倫理和公共秩序隨著沒落，大家的生活都感到不安。

假使本國的教育也隨著這種趨勢，祇重物質的科學，不重倫理的精神生活，將來自由中國的青少年犯罪率，將會超過歐美青少年的犯罪率；因爲歐美青少年還受過宗教教育，對於罪惡有所戒懼；本國的青年則對善惡不加防範，任性而行。因此，我主張加強倫理教育。

在今後的一年裏，政府在改革教育的方案中應特別改進倫理教育。我認爲應特別重視下述四點：

1. 提高師資，全盤考核校長和教師的人選。校長和教師的學識當然要嚴格審核，校長和教師的品德也要有嚴格查核。去年發生青年公司冒貸案中有許多校長牽涉在內，校長向教員勒索紅包，教師出入妨害風化之地也常有所聞，監察院已經提出改良教育風氣的提案。政府應下決心，使學校有可爲學生表率的校長和教師。

2. 在各級學校加強生活教育，在教學的科目中加設倫理教育課目，編訂倫理教育課本；同時增強對學生生活的指導，和學生家長多聯絡。現行的公民教育和三民主義課目不足以傳授倫理智識，而現行的輔導制更不足以指引精神生活的途徑。教育界人士不能認爲歐美學校現在沒有這種制度，本國也不必實行了。實際上，歐美學校常有宗教教育，宗教教育即是倫理教育。況且中國歷代的教育制度都重在人格的培養。

3. 禁止公立國民學校的無限制增班。要有效地辦好生活教育，學校的學生人數不能過多。否則校長將像是一個工廠的廠長，祇管如何推銷每年出產的畢業生，不重視學生在校的訓育。他和學生的接觸也祇限於在週會上訓話。政府宜力求學校的學生人數在適宜的飽和數目下，不許再多。一方面增設公立國民學校。若是政府財源有限，不能另增新校，則不妨准許增加私立學校。

4. 據青年就業輔導委員會的調查，青年人的困擾大半來自學校，而目前犯罪的青少年許多來自國民中學。這個問題的核心在於學校的考試壓力太重，使許多學生的心理不正常。考試壓力太重的原因則在於大家爭著考大學，大學及專科學校聯合招生考試每年要排擠三分之二的考生於大學的門外。政府若不解決爭升大學的問題，青年人的心理很難正常，這一點關係他們的品格修養非常大。我認爲政府宜多籌財源，創設優良的職業技術專科學校，使年輕人以有就業的能力爲榮。職業專科學校要求的設備不是私人財力所能負擔的，宜由政府創設。

二、學校教育應輔助家庭倫理教育

全國的青少年極大多數在學校受教育，他們的心理都傾向科學，又都醉心於歐美傳來的新思想。歐美的青年有早熟的現象，事事追求獨立。以自我爲尊，不重視權威的價值；因此許多的社會騷動，都由青年而起。臺灣的青年也有早熟的現象，一些性格強烈不願遵守紀律的青少年便鋌而走險，在法律以外尋求自我的滿足，造成各種罪行。

學校的教育，宜培養學生自動的心理，宜給予他們發展自我的機會，更要訓導學生發育自我的途徑，以道統的品格而自尊，則下一代的國民才可以保全中華民族傳統的優良品性，成爲守禮儀、愛家庭、愛民族、有廉恥、重然諾的國民。

倫理教育本以家庭教育爲基礎，由學校加以培育，再由社會教育加以維護。目前臺灣的家庭已趨於小家庭制，父母出外工作，兒女無人管教；又加以代溝被過甚渲染，使父母子女間失去聯繫；再加社會教育工具的誘惑；譬如電影傳來歐美的淫風，電視慣播武打滿場的劇情。一般青少年情緒常不穩定，三、五人相遇便聚而作非。在這種情形下，祇有學校可以培育青少年的人格，補家庭教育之不足，糾正社會教育之不正。

歐美的倫理教育多借重於宗教，或在教堂，或在學校，或在軍隊，都有教士督導青少年。中國傳統的宗教，素來不負教育的責任，沒有教育的經驗。天主教和基督教則繼承歐美的傳統，在臺灣設立各級學校，然因人力有限，尚不能盡量發揮倫理教育的效能。

面對青少年缺少倫理道德意識的現象，我不免望洋興嘆。但是問題關係國家民族的命運，不能束手無策。人文教育若不受重視，我們的社會必踏歐美社會的覆轍。政府在發展工業時能同時注重農業是一種最賢明的政策，免遭缺乏食糧的危險。同樣的，政府發揚科學教育的同時也發揚人文教育，以避免社會成爲一座大工廠的危機。否則，大家祇知求利，則如孟子所說：「上下交征利，其國危矣。」

民國六十五年一月號「綜合月刊」

宗教教育

本年四月二十六日下午，中央社工會宗教聯繫小組開會，由我作二十分鐘專題報告，報告宗教教育問題。報告的時間有限，我祇能作提要性的說明。我說自由中國的宗教教育問題，包括三個問題：一，普通一般性的宗教教育問題；二，大學設立宗教學院；三，獨立宗教學院。現在——我把這三個問題略爲詳細地加以說明。

一、一般性的宗教問題

私立學校規程第八條規定：

「私立學校不得以宗教課目為必修科目。宗教團體設立之學校內，如有宗教儀式，不得強迫學生參加，在小學內並不得舉行宗教儀式。」

這種規程由教育部於民國十八年八月二十九日公佈，其後迭次修改，最後一次是在民國四十三年九月四日。這種條文的目的，很顯然地是禁止宗教教育；而所禁止的是天主教和基督教的宗教教育。因爲在中國祇有這兩種宗教設立學校，別的宗教除近年有佛教團體設立學校外，都不從事教育工作。

中國禁止宗教教育的動機，在開始的時候，是政治的動機，後來則是思想的動機。

在清末的外交政治上，天主教和基督教曾有幾樁教案交涉，歐洲列強假藉保教的名詞，逼迫清朝政府賠款和租借港口。八國聯軍打擊義和團，也打擊了整個清朝，使中國瀕於瓜分。國人反外的情緒很強，不加分析，把宗教和列強的政治混在一起，因此，反對列強的帝國主義，也就反對天主教和基督教。五四運動的愛國情緒，更加重了對天主教和基督教的反感。

在民國初年，唯物思想已傳入中國，陳獨秀和金大釗宣傳共產主義。當時的智識份子都認爲宗教信仰不合於科學，妨礙中國社會的進化。又以爲信教既爲憲法所稱的自由，行使自由須在成年以後，因此，乃禁止在私立學校設立宗教科目，在小學不能舉行宗教儀式。又因有些宗教學校強迫學生參加宗教儀禮，便加以禁止。

這種禁令的動機雖來自唯物思想，但也和中國的傳統思想有關係。中國的傳統人生哲學思想，並不像歐美的傳統人生哲學，以宗教信仰爲基礎。中國儒家的人生倫理，在《易經》裏以天道爲根基，有天道而後有人道，天道爲自然界的自然法則，聖人按照自然法則設立人生的倫理規則。到了《中庸》和《大學》，則以人性爲倫理的根本，人祇說誠於自己的人性，「率性之謂道」（中庸第一章），便是聖人。歷代的儒家講人生哲學，都以人性爲主，沒有講到上天上帝。上天上帝的信仰，祇在於貧富壽夭的「命」，和善惡的賞罰。因此，中國人相信人生的倫理並不和宗教信仰相連，沒有宗教信仰仍舊可以是善人。這種傳統的思想再加上西洋的唯物思想，就把宗教排擠在教育以外了。

當然，教育部常答覆教會人士的責難，說政府並沒有禁止宗教教育，祇是不許以宗教教育爲必修課目。然而，一般熱衷於心的督學，祇要聽說在學校教宗教，不管是必修或選修，就指責爲違法。在前年教育部來函請輔仁大學在哲學系設立宗教選修科後，督學來校視察，竟在評論中指爲不合教育規定，眞是使人不知適從。

近年，經濟飛騰發達，社會道德一落千丈，青少年犯罪率驟然升高。有心人士看到昔日的家庭教育已經殘破無遺，小學和中學又沒有倫理教育，乃在國建會中大聲呼籲在學校准許宗教教育，以挽救社會道德的危機。最近，新加坡政府也因著同樣的危機，明令在學校設立宗教教育科目。教育部則在幾所宗教團體所設立的大學內，請試辦宗教科目。現在又積極修改私立學校規程的第八條，提送立法院審議。

宗教教育在目前的國際社會裏，乃是最有效的倫理教育。儒家的人性倫理論，若沒有更高的上天上帝的信仰以作根本，已經敵不過西洋的科學唯物的人性論。

二、大學宗教學院

中華民國的教育部，承認外國大學院校的各種學位，祇不承認神學學位。我們天主教的大學的神學院所定入學資格，要在哲學系畢業。我們的教育部承認哲學系的學位，卻不承認神學院的學位。理由是什麼呢？誰也不敢說。想來必定是以爲宗教相反科學，或更好說科學反對宗教，神學不是一種學術。

但是誰若研究歐洲的大學歷史，便知道歐洲的大學發源於神學院，不僅在中古時代神學被尊於學術之冠，就是在廿世紀的原子科學時代，神學在歐美的大學裏，仍舊被視爲人文科學的首腦。在著名的大學裏，都設有神學院。

不要說，這種教育狀況是歐美的文化傳統，歐美的文化是建立在宗教信仰上；我們祇要看歐美的文明史就可以看到。亞洲和非洲的政府，例如日本、韓國、印尼，不用說信天主教的菲律賓，都承認神學院的學位，也都准許在大學裏設立神學院。

現在正在立法院審議的修改大學法，在初稿裏明明列出大學可以設立文學、理學、工學、醫學、法學、商學、宗教學等等各學院，後來修改小組認爲這種列舉學院法不能列舉一切學院，只是舉例而言，列舉三四學院而後用等等字樣，包括一切可以合法設立的學院，便沒有再列出「宗教學院」的字樣。但是教育部這次明明說「宗教學院」將來是一種合法的學院。同時，教育部也就要承認神學院的學位，因爲我們的宗教學院，就等之於別的國家的神學院。

在這種大學修改法經過立法院通過後，我們的學術研究又向新的途徑邁進，爲研究歐美的人文科學，例如文明或文化、哲學思想、社會政治思想、法律哲學，都應研究歐美的宗教信仰和歷史，否則不能了解這些學術的根本。直到現在，我們還沒有一部研究歐美文化或哲學的著作，原因之一，就在於我們的學者不研究歐美的宗教。

在另一方面，宗教學院以科學方法研究宗教，便可以洗除迷信，更可以使中國的傳統宗教能有系統的說明。佛教道教爲中國民間的宗教，對於中華民族的文化，影響很深；然而至今我們還沒有一部以科學方法講明佛教和道教的書。（所謂科學方法即是有系統的邏輯方法，而不是自然科學的實驗方法。我們中國把科學和自然科學相混為一。）

三、獨立宗教學院或專科學校

在教育制度上，大學所有的學院，都能作爲獨立學院而設立，或設爲專科學校。例如文理學院、工學院、醫學院、農學院等等。但是設立獨立宗教學院則有幾項困難。

目前在中華民國類似獨立宗教學院的有天主教的修院，即臺北聖多瑪斯神哲學院和臺南碧岳神哲學院，有基督教的十幾座神學院，還有佛教的佛學院。關於這些學院改爲大學程度的獨立學院，教育部和內政部都很棘手。

第一，程度的問題。天主教的聖多瑪斯神哲學院的學生在輔仁大學哲學系和附設神學院聽課，程度很好。臺南的碧岳神哲學院和基督教的臺北神學院、臺南神學院，都有很好的神學程度。其他的神學院和佛學院，則程度不齊。第二，課程問題。神學程度很好的天主教和基督教神學院，以及佛學院，都以神學方面的專門課程爲主，副課有國文、音樂、藝術等課。但是有些神學院卻以大學的普通課程爲主，招收大學院校聯考落第的學生，授以大學課程，給予大學畢業文憑。我國教育部當然不承認這種文憑，可是在美國有些基督教大學則予以承認；這些畢業生可以到美國留學，在中華民國教育界造成了混亂。前幾年，教育部要求內政部加以取締，情形漸漸好轉。然而這類神學院絕對不能成爲獨立的宗教學院。第三，目問題。天主教的神學院專為培植獻身教會工作的神父和修女，人數很少。他們不必須有教育部承認的文憑，因為他們終生在教會內工作。基督教神學為主的神學院也是為培養教士，然而基督教的教士院牧師外，其他的人都不是專門，也不是終身為教會服務，所以他們希望取得教育部所承認的文憑。按大學教育制度的規定，獨立學院是開放的，凡是有志就讀而通過入學考試的，就可入學、這樣便要給宗教學院造成很大的困擾，一則是進來一些本來不要的學生。二則是一些學生以宗教學院為跳板，以轉入其他的學院。第四，還有一個很大的問題，在現在的教育政策下，政府不願增設新的獨立學院，若這些神學院都申請改成大學程度的獨立學院或專科學校，而且其他宗教將來又就會申請設立，則一下就可增設二十幾座獨立學院，或專科學校，政府絕對不會接受這種設校的申請。因此，獨立宗教學院的設立不大可能實現。即使教育部接受申請，則必須制定很嚴格的條件。

四、結語

對於宗教教育問題，教育部的政策已經漸漸轉變為發展宗教教育，在中小學方面，使宗教信仰有助於青少年的倫理教育；在大學方面，使宗教信仰的現象成為學術性的研究，也能培育大學生的人格。所以我們希望私立學校法第八條修改或刪除，大學法修改後准許大學設立宗教學院。至於獨立的宗教學院，則希望教育部制定嚴格的條件，使合於條件者能夠設立，不合條件者，則絕對不准。中華民國的教育在人文科學方面將能有一種新的途徑。

民國七十一年八月「益世雜誌」

天主教學校的目標和應有的特色

第二屆梵蒂岡大公會議曾宣佈了一篇「教會教育宣言」，簡單明瞭的說了天主教對於教育所有的基本觀念和原則，我作這次演講，便以這篇宣言爲根據，另外我也參考了教廷教育部在一九七二年公佈的「多元社會中的天主教學校」這篇文件。

一、天主教學校的目的

大公會議的教育宣言說：

「眞正教育的目的，乃為培植人格，以追求人生的最後目的，同時，並追求社會的公益，因為人為社會之一員，及其成長也應分盡社會的職責。」（第七節）

「在一切教育工具中，學校有其獨特的重要性，因為學校的使命為悉心培養學生的智能，發展正確的判斷能力，傳授上代所得的文化遺產，激勵價值意識，準備職業生活，在不同性格、不同環境的學生中促進友善相處，培養互信互諒的氣氛」（第二十節）

「所謂天主教教育，不僅如上述之培養完善的人格，其主要者乃為使領受聖洗的教友青年，逐漸認識救世的奧蹟……，能按照具有眞實的正義與聖德之新人的方式度私人生活。」（第九節）

上面所引的三段文字，第一段是說明教育的目的，第二段說明學校教育的目的，第三段則是說明天主教教育的目的。

1. 培育人格

教育的普遍目的在培育青年人的人格。人格是什麼呢？它是一個自主自立的表現型態。

人格的意識乃是現代文明的一種特徵，代表文明前進的一個主要階梯。現代的青年人都看重自己，也要求別人看重他；現代的青年人又要求自主和自立，做事由自己作主張。教育的目的就特別注重培育學生的人格，這就是所謂人格教育。

人格的基礎當然是天生的。天生的基礎即是各人所稟受於天的才能：理智力、意志力、情感、性格、脾氣。每個人要在這種天生的基礎上，建造自己的人格。天生的基礎，好比是一塊一塊的石頭，用石頭建築房屋，必定要把石頭加以琢磨，學校教育的目的就是在於教導學生琢磨自己的天生質料，以建造高尙的人格。

爲培育人格，應先給青年們一個高尙人格的模範。孔子爲教門生培育人格，指示學生以「君子」作模範。我們天主教的人格模範乃是「基督」。

爲培育人格，應鍛鍊青年人的意志，給他們相當的自由，同時教導他們知道克制自己，自動地接受考驗。

爲培植人格，應培養青年人的判斷力、思想教育、倫理教育、及適當的兩性教育，這些都是培植人格的重要項目。

在以往的社會裏，對青年人的教育以教他們服從爲原則。《論語》第一篇說：「有子曰其爲人也孝悌……而好作亂者未之有也。」（學而）教育女子則以三從（在家從父，出嫁從夫，夫死從子）爲要。以爲青年人知道服從就知道了做人之道。這種想法在現在的社會已不合適了。而要以教其自立自主爲原則。但是自立、自主若不知在適當的範圍內表現，便要造成害己害人的大禍。天主教學校教育的目的，便在於培育青年人知道自立、自主，知道自立自主的範圍，習慣在適當的範圍內去活動。

2. 生活的意義

人格不是一個空洞的名詞，而是一個人在具體的生活裏的定型，人格就是生活的表現，爲培育青年人的人格，要緊的是給青年人生活的意義指示。

學校的教育當然是爲給青年人各種謀生的智識和技術。但是目前學校的教育偏重於智識和技術，且因分門別類之愈來愈精，越分越細，而對於人生的整體意義，對於各門學術和人生的關係，以及各門學術間在人生上的聯繫，都棄而不顧。於是青年人只知道了一些學術知識，而無人生的觀念，可以成爲某一科的專家，但對於人生，對於事件卻無通盤的智識，甚至連人生的常識都沒有。社會因此失去協調，失去中庸的和諧。大公會議的宣言說：「教育的真正目的，乃爲培植人格，以追求人生的最後目的。」

人生的目的，當然是宗教的信仰；然而，不談宗教信仰也可以講人生目的。孔子、孟子常以自己負有建設倫理，以立己立人的天命。知道自己負有一種使命，就是生活的目的。人生的目的，乃是一盞明燈。可以照見各種學識和各種技術的意義。人生的目的又是一根繩索，能把學術和生活聯繫起來。給人一個生活的意義。

生活的意義不僅祇在倫理方面去培植，而且也要在具體上去培育。大公會議的宣言指出，具體的工作即是智能的培植，文化遺產的認識，職業生活的準備以及友誼的建立。

青年人的生活是生活在一個具體的環境內。學校教育應能培植青年人在這種環境內去發展自己的生活。

中國教育的原則，標出德育、智育、體育、群育。此四者若能均衡發展，學生們就能有生活的技能和適應環境的動力。然而，最重要的，是應有人生的最高目的，以聯合這四育，並給予四育應有的地位和價值。

3. 爲基督作見證

每一所天主教學校都具有一共同的特別目的——要把救恩帶給青年學生。宣傳福音爲教會的天責，教會常把這種責任和天主教學校的教育密切聯繫，此目的並非把學校變爲宣傳宗教的機構，更不把學校變成一座教堂。大公會議的教育宣言是對天主教國家的教會學校而說的。教廷教育部所公佈的文件則是說明天主教學校爲多元性的學校，教育天主教的學生，也教育非天主教的學生。這種學校的宗教教育目標則是多元性的。

天主教學校對於天主教學生，應該培育信仰的知識和實踐施以宗教教育，使學生「逐漸認識救世的奧蹟，能日益領悟信德的恩寵，能以心神以真理崇拜天父。」

對於非天主教的學生，應給他們良好的機會可以「認識救世的奧蹟」，而且更要在不信基督的社會裏，以事實作福音的見證。教廷教育部所公佈的文告「多元社會中的天主教學校」第三十三節內講，教會學校應該是教會和基督的標誌和見證：教會學校見證基督的愛，象徵教會的合作，整個學校的教育是愛的教育，是合作的教育，使教外青年和家長能因此進而佩服基督福音的高尚精神。「天主教學校確保教會在教外社會的存在，且爲教會在知識份子中活動的媒介。」

二、天主教學校的特色

從上面所言之大公會議的教育宣言和教廷教育部公佈的文件，我們可以指出天主教學校的幾點特色：

1. 開放性

「為了使天主教學校對於社會提供一種非常重要的服務，便應養成一種開放的態度。」（多元社會中的天主教學校　第卅三節）

在學生的招收方面，天主教學校是開放的，在教師的聘請方面也是開放的，在思想方面更是開放的，接收當代的思想，保存民族的傳統，對於學生的錄取不分宗教信仰，絕不強迫學生參加天主教儀典。祇是在學生的心理上，給予走向福音的啓示。

2. 富有福音精神的仁愛與自由

大公會議的教育宣言說：「公教學校的特有任務，乃在學校團體中造成富有福音精神的自由與仁愛氣氛。」一（第八節）天主教學校素來以實行愛的教育爲特色。校長和老師對學生常以愛爲原則，尤其對於有問題的學生，常以愛去輔導。雖然懲罰在青年的教育上，有其重要性：然而，要使學生在懲罰時，知道懲罰是出自愛心。

福音的自由，是人格的自由，是天主義子的自由，在學校的校規和教育的法令內，應容許學生有相當的自由，以培植學生之自動自發精神，這種自由應當是健全人格的表現。目前我們的教育因著考試的壓力，學生常是被動地接受教育，缺乏思考的習慣，缺乏正確的判斷力。我們天主教學校要在精神方面鼓勵學生自動自發。雖然國家當前處在共匪禍國的非常時期，爲著保全國家的生存和國民的利益，對於私人的行動稍有限制。學校教育應教導青年養成強烈的民族意識，明辨是非，接受時代的考驗，在求學和做人方面有自立自主的精神。

3. 教師的身教

大公會議的教育宣言特別強調教師的身教。宣言中說：

「然而為教師者應記取：為使天主教學校能實現其目標和計劃，其主要者端賴於教師。故教師應悉心善為預備，務使備有合格的學識和宗教意識，具有合乎現代新與學術的教育方法，常參加在職訓練，對於個人教學的原理和實行作批評和檢討。教師彼此之間及與學生之間，常和愛相處，並具有犧牲精神以身教和言教作唯一師表——基督的現身說法。」（第八節）

我們要求教會的學校是培育人格的學校，我們必須要求學校的教師，人格高尚，品行端重，在目前師道衰頹的時代，我們的學校要尊師重道。爲提倡這種風氣，最重要的一點，是老師能自重。行爲輕浮，不求仁義祇求利，思想不純潔的人都不可以在我們的學校任教。

4. 尊重民族傳統文化

天主教是一個世界性的普遍宗教，所有信仰的思想及儀式，雖然因原來在歐洲養成而又由歐洲向外傳播，帶有歐洲文化的型態；然而，天主教在每一個民族裏，是該民族的宗教，在思想和儀式上應接受該民族的傳統文化。中國的天主教是中國人的天主教，在中國人主管的教會，中國信友裏有了神哲學專家時，便要使神學和教儀中國化，因此天主教學校應特別看重中國的傳統文化，教育學生實行固有的善良倫理，實踐三民主義，培養民族意識，愛護國家和民族。

我認爲在這一點上，天主教學校可以作成自己的特點。目前三民主義思想和國父思想的教學法，多不合乎教育方法，而民族意識和固有倫理意識的教育也很低落，我們天主教學校在這方面便要努力，徹底改革一般學校在這方面的弊病。

三、結論

在天氣這麼炎熱的夏天，任主管的主任們坐在學生席上聽講，使我很佩服各位肯犧牲的精神。我們作主教的，在教區爲主管，有時也坐在學生座位上聽神父、修女、教友說教；因爲在職的訓練對每位忠於職守的人都是重要的。

今天，我很簡單地根據教會的正式文獻，說明了教會學校的目標和特色。我很高興，今後我將同各位在同一教育崗位上，本著教會學校的目標，以求實現教會學校的特色。

民國七十年四月「益世雜誌」

科學與人生

今天我第一次主持理學院週會，首先問候各位同學，祝福各位同學身體好，精神愉快。第一次主持你們週會，我願意向你們講一講對你們的希望。我對你們的希望，當然是希望你們在科學的研究上都有成就，爲國家的建設有貢獻；但是更希望你們成爲品格高尙的人，過著幸福的生活。

生活的幸福，一定是你們每個人所想望的，也一定是你們所追求的。你們現在努力學業，不是就爲著將來有一個幸福的生活嗎？

你們現在所學的是自然科學，自然科學在目前大學裏爲熱門學科，因爲所學的學識可以致用，且對於人類生活可以有很多的貢獻，以增加生活的幸福。

因此我就給你們講科學對於人生的好處，使你們在研究科學時，對於自己生活的幸福，漸漸的去建設。

一、科學擴張生活的範圍

在古代農業時代，生死不出鄉園，和自己的家人、自己的鄰居，一起工作，一起休息，一切都很樸素簡單。他們的生活很安定，很快樂。因爲他們的慾望很少，心靈容易滿足。科學發達了以後，把生活的範圍擴大了，迅速的交通工具，使全國各城鎮，使世界大城市，互相連結，使各省的人和各國的人，互相往來。神速的傳播工具，將每一地所發生的事，傳到世界各地。使每一個人坐在家裏能夠知道全世界的新聞。另外是科學的各種儀器，深深進入宇宙的奧妙，引導人的理智升到高天，深入地裏，又進入物體的最微的分子，探索自然界的秘密，擴張人類的智識。現代的人，絕對不能是一個單獨的人，也不能是一個閉門不出的人：現代的人乃是和全國的人以及全世界的人共同生活。你們研究科學的人，特別體驗到這種境況，也知道這種境況乃是科學所產生的結果。

在這種境況下，你們生活的幸福，不能是一種幸福的自私生活，而是爲人服務有好的人際關係的生活。

普通來說，研究科學的人喜歡在研究室裏，集中精神在自己的學科上，性情冷酷，少有言笑。自己在研究上有了新的成就，心裏就快樂，生活就幸福。但是現在的科學研究所或研究室，都不是供一個人研究，同一門科學研究的工作，也不是一個人在研究，常是有多數的研究者共同研究工作，所有科學發明也都藉多數人的精力而完成。至於交換科學智識，互相討論問題，現代在科學界已是常見的事。惟有我們中國的傳統醫生，保全秘方，不肯傳授，以至於中國醫學幾千年來沒有進步。

你們是研究科學的同學，你們要受科學的薰陶，開放你們的胸襟。我們中國的古人已經有大同的思想，並且有博愛的精神。孔子說「立己立人，達己達人。」張載的〈西銘篇〉說「民吾同胞，物吾與也」，孟子也說「仁民而愛物」。

你們在一座天主教的大學裏讀書，天主教信仰天主，泛愛萬物，又信仰基督爲救人犧牲性命，天主教學校的教育是愛的教育。你們各位同學要因著科學的薰陶，中國傳統大同精神和基督仁愛美德的培育，你們要養成博愛的德性。不要自私，不要冷酷，不要關閉自己。

二、科學加強生活的意義

總統蔣公曾說：「生活的目的在增進人類全體之生活，生命的意義在創造宇宙繼起之生命。」（自述研究革命哲學經過階段）

生活的意義在於爲人類服務，增進人類的幸福；科學加強了這種生活的意義。胡適之曾說中國的文明是人力車的文明，西方的文明是汽車的文明。人力車是人的勞力，汽車是機器的動作。人的勞力所得的功效很有限，機器因著汽車的發明乃有大量的能力。我們祇要看原子能的能力，較比人的勞力，所有功效要多幾萬萬倍。科學加增了人類工作的功效，促成了人類各種建設，給人類帶來了許多享受。

人類的求知慾，因著科學可以得到許多的滿足；各種科學的智識，引導人類的理智，領導宇宙的奧妙。人類的日常生活藉著科學所發明的機器，得到種種的舒服和益處。今天的人類在生活上，較比以往的人，更能體驗，也更能表現生活的意義。今天的人藉著科學的發明，更能爲人類服務，又更能滿足生活的需要。

這種情況似乎包含一種矛盾，一方面用科學去爲人服務，一方面用科學以增加自己的享受。但是在實際上，這兩方面是互相聯繫的，人要爲人類服務，纔能增加自己生活的享受，因爲今天的人，絕對不能是一個單獨生活的人，而是在人群裏生活。

基本的人群，是家庭的團體；再大的基本人群爲國家民族。科學給我們帶來無量的工作能力，我們便要科學爲家庭、爲國家、爲人類服務。

各位同學，我們的國家民族現在正需要你們。今天我們的國家民族處於生死的關頭，爲生存而奮鬥。國家民族的奮鬥，乃是你們每個人生存、自由、工作的奮鬥，也是你們的子孫的自由和工作的奮鬥。你們的父兄們努力奮鬥，保全了臺灣的自由，建設了臺灣的繁榮，你們因此能夠安定地自由地在大學裏求學。這種奮鬥必定要繼續下去，一直到摧毀了國家民族的敵人共匪，收復了大陸河山。這種繼續的奮鬥便要輪到你們的肩頭上，你們要藉用科學的能力，繼續臺灣的各項建設，又要藉用科學的能力，摧毀共匪的暴力。

各位同學，科學就是爲人類服務的，學科學的人，也是爲人類服務。人類中和我們更親更近的，是我們的國家民族。你們便要養成爲國家民族服務的志向，也要以能爲國家民族服務爲光榮，在這種服務裏，你們的生活將更有意義。

三、科學啓示生命的奧妙

研究自然科學，在天文、地理、物理、化學、生物的各種範圍裏，邁進宇宙的奧妙。天上的星辰、地中的化石、物體的原子、化學的結晶、生物的結構，沒有一件不啓示其中的奧妙。尤其是研究生物的人，對著生命的現象，心中充滿好奇和羨慕的心情，讚賞生物的稀奇奧妙。宇宙各界的奧妙，生命的奇能，不是科學所能解釋的。科學祇能說明這些現象是怎樣，但不能說明爲什麼是這樣。對著宇宙的奧妙，科學家體驗到科學的無能，而要向宗教信仰伸手。

科學不反對宗教信仰，科學要求宗教信仰，以便互相合作，以便更進入宇宙的奧妙，更懂得奧妙的奇特。

各位同學，你們在一座天主教的大學求學。天主教大學尊重你們的自由，尊重你們的人格，決不強迫你們，並不要求你們都接受宗教信仰，然而我們的大學願意供給你們研究信仰的機會。

你們研究科學的人，是頭腦冷靜的人，是腳踏實地的人；你們更適於研究宗教。研究科學的人知道科學所能解釋的事物，非常有限，不會自傲自大，也不會排斥宗教。研究哲學而以自己的學說爲唯一真理的人，則能拒宗教信仰於門外。

各位同學，你們可以研究宗教信仰，以增加你們的學識，因爲宗教也是一門大學術。特別爲堅強你們服務的決心，爲支持你們肯爲國家民族犧牲的勇氣，爲充實你們的生活，使你們從科學的研究和應用裡，得到生活的幸福。

科學使生活的範圍擴大，使生活的意義加高，使生命的奧妙顯露，你們研究科學，我祝福你們有廣大的胸襟，有爲國家民族服務的精神，有生活的高尙目的。

民國六十七年十一月八日輔仁大學理學院週會講話

自由與守法

一、法律的意義

各位同學：

中國古人不大看重法律，以禮爲重。他們所說的法律，實際乃是現代所稱的刑法。刑法強迫人避惡，孔子認爲是「民免而無恥」（論語）在最初的時候，「法」字是模型的意思。古代法字和型字意義相通、互相代替。型字的字形，由井字刀字和土字結成，意義是用刀削木，做成造土磚的模型。法字便是指人們生活的模型。國家規定法律，作爲國民生活的規範，法律就是國民生活的模型，人民要按照法律而生活。

古羅馬人最重法律，羅馬法乃成爲歐美法律的根源。羅馬法學家以法律爲「公共的規律（Papinianus L. D. I. Z.）」，分法律爲公法和私法。公法爲關於羅馬帝國的法律。私法爲關於私人權利的法律。舉凡國家和國民，在一切行動上都有法律作規範。

我們中國的法律以《書經》中所說的爲最早，從漢朝以後，都留下了律書，漢朝有九章律，唐朝的唐律爲中國律書的模範，以後的明律清律都仿效唐律加以擴充。民國初年的民法則仿效日本律，日本律又依效歐洲日爾曼律。

法律的意義，除規定國民行爲的規則外，又規定國民的權利和義務。

每一個人在社會裏，一舉一動都和旁人發生關係，這些關係或者對於人，或者對於物，都是雙方面的關係。在社會組織簡單的時候，這些雙方關係所影響的範圍不大。可以由私人自己處理。在社會組織複雜了以後，私人間彼此的關係、私人和團體的關係，便應有一定的規則，否則社會就要紛亂，大家的生活不安。處理這些關係的規則，就是法律。法律規定了私人間的關係，規定了私人和團體的關係，保障雙方所有的權利，強迫執行雙方的義務。權利和義務的根本，在於正義。法律的精神也就在於正義。

二、法律和自由

法律既根之於正義，又爲保障正義，則和自由不會起衝突；爲什麼普通人們總覺得法律限制自由，守法就不自由了呢?當然，在極權的政治制度之下，政府統制一切，例如在共產暴政下的人民，法律剝奪人民一切的權利，祇加給人民種種的義務，人民必定失去自由，但是共產暴政的法律，已經違背法律的意義，專制極權所訂的法律，不是爲維持正義，而是爲維持暴政。在通常的情形之下，法律以正義爲根本，規定權利義務，不是限制自由，而是保障自由。通常每個人都追求自身的利益和自己的享受，然而一個人所追求的，很可能妨害另一人的利益和享受，於是便該按照法律的規則，限制自己的行動。這種限制，不是限制自由，而是限制自私。

自由是什麼？自由是自己作主。一個人對於自己的言行，不受外力的強迫，而由自己作主，他便是自由，自由的行使，必定在對於他人的關係，若是一個單獨的人，在一個無人的孤島上，他沒有自由的問題。自由是對於旁人的關係，由自己作主。既然是對於旁人的關係，則根本上不能由我一方隨便行動，而也要看雙方的反應。這就是孔子所講的名分。每一個人有自己的身份，也要求別人尊重他的身份。尊重身份就是正義；自由便要守正義。那麼，法律和自由不但不相衝突，而且互相融會，互相完成；因爲兩者都在保障正義。

自由既是自主，乃是人格的基本要素，現代人主張尊重人格，即是尊重人的自主。青年人向社會、向長輩爭取人格，也是爭取自主。人格的名詞，來自羅馬法，羅馬法以人格或人稱，爲權利的主體，權利的對象則是物。在羅馬法裏只有羅馬公民是有人格，作權利的主人翁，奴隸則祇是「物」，爲主人的所有物。羅馬公民則是自由人自己作主，奴隸沒有自由，聽主人的指使，因此，人格或人稱以自主爲基本要素。

自主爲自由的要素，自主便也要遵守正義。一個人要求人家尊重他的人格，他便不能侵犯他人的權利和身份，也就是自主時，要在正義的範圍內。在正義的範圍以內，便就是在法律的範圍以內。不在法律以內的自由，不是自由，祇是放肆，祇是強暴。放肆和強暴的人，沒有人格，不會引起人家的尊重。

在第二次大戰後的最初二十年，歐美有些青年，感覺物質享受不能滿足心靈的空虛，乃想打破一切制度和規律，回到歷史上文明初期的野蠻生活，不理髮鬚，不整衣冠，不沐浴身體。不要房屋而穴居野處。然而經過十年以後，這輩青年體會到那種無法無理的生活不能給他們所要求的幸福，重新又回到社會裏，渡著平常的生活。可見，幸福，不在沒有法律的拘束，而在心靈不受物質情慾的拘束。

三、守法以建人格

各位同學，你們在法學院讀書，研究有關法學的科目。你們一定能夠明瞭法律的意義，也能夠懂得守法對社會生活的重要。我們中國人，祖傳下來心理就是不守法，輕看法律，事事講人情，處處找法律漏洞。在現在的國際潮流裏，我們中國人也要養成守法的精神。臺北市的交通非常壞，街道也不整潔；因爲大家隨隨便便，不守交通和衛生規則。每次報紙上登載要加強交通規則，加強防污染的管理，頭一兩天似乎發生效果，過後事事照常。但是在新加坡則是交通有秩序，街道非常整潔。新加坡市是中國人的城市，那邊的中國人能夠守法，是因爲經過英國人守法精神的鍛鍊。今天，我們自由中國的國民，要想建立守法的精神，要經過守法的教育。

各位同學，你們在學校裏求學，爲建立自己的人格，爲能知道自主，以求自由，你們便要建立守法的習慣。知道法律是合理的，知道法律應該守，便自動自主地去守。學校有學校的章程和生活規則，你們便自己誠心遵守。中國古人最主張慎獨。《大學》和《中庸》都教人慎獨。慎獨是自己管制自己，自己約束自己，單獨一個人而沒有人看的時候，也謹慎小心。這就是自己尊重自己，自己學習自主，而不是因著外面有人看著，纔勉強不亂動。

自己約束自己，自己守法，自己保守自己的身份，自己乃能建立自己的人格。有人格的人，做事常有尺度，常知道反省。

各位同學，我祈求上天的天父，降福你們，賞賜你們身體強健，學業進步，建立高尙的人格。

民國六十七年十一月廿九日在輔仁大學法學院週會講話

義利之分

一、義利之分

各位同學：

第一次參加商學院週會，有許多鼓勵你們的話，但是我不願意說的太長，我衹向你們講：當研究商學的課程時，在人格修養方面所應該最注意的一點：就是「義利之分」。

商學院的課程，雖不是都和經商有直接關係，各位同學也不是將來都去經商營利；然而商學院既稱爲「商學」，則和經商多少有些關係。

經商是爲謀利，從古以來就有這種思想。中國古代社會制度分成士農工商，把經商的人放在最後，而且有些時代還禁止商人子弟參加考試。現在的社會乃是商人的天下，工人農人雖視爲社會的中堅份子，爲社會生產，但是農產物和工業產品都靠商人去銷售，社會財富則都在商人手裏，商人成了社會的命脈，商人的活動影響整個社會的活動。

經商者的目標，在於謀利；就是因爲謀利，所以中國古人輕看商人，稱他們的子弟爲紈絝之子。究其實，利字應該好好解釋。中國古人所說的利，乃是私利，即是自己一個人的利益，而所謂利益又是金錢。經商的人祇求賺錢，不擇手段，便是普通所說「唯利是圖」。孔子最輕看這種「唯利是圖」的人，稱他們爲小人。君子的人則以求義爲目標，把利放在義以下；小人卻把利看得最重。

義是什麼呢？義是劃分個人的名分，每人守自己的名分，該歸我的歸我，該歸人的歸人。義字是由兩字合起來的，上面是每個養字，下面是個我字；義便是養我，養我是養育自己的人格，養育自己的精神，也養育自己的身體。怎樣養育自己呢？按照法律和倫理的規律去養育。義是守禮守法。孔子曾經說：

「子曰：富與貴，是人之所欲也；不以其道得之，不處也。貧與賤，是人之所惡也，不以其道去之，不去也。」（論語　里仁）

「子曰：飯疏食，飲水，曲肱而枕之，樂亦在其中矣。不義而富且貴，於我如浮雲。」（論語　述而）

一個在社會上受尊敬的人，不是有錢的人，乃是君子之人。人生的快樂，也不在於錢，而是在於心中清白而自足的人。這種人都能把義利分別清楚，常以義爲重。

二、現代的商業

在現代的社會裏，經商已成一種重要的職業，不僅是自己賺錢，而是爲國家圖富強，爲國民生活求提高。農業固然爲基本的職業，使國民的基本生活能夠安定。工業也非常重要。使國民生活的必需品能夠取得，更使生活的享受可以增高。然而農業和工業的產品都由商人送到消費者手中。另外是農業和工業的產品，應輸出國外，送到國際市場，以增加國民的收入，充裕國家的經濟，現代的商業已經成爲國家經濟的命脈。祇要看國家的商務和國際商務的伸縮，就可以知道一個國家和國際的經濟或盛或衰。

在這種情況之下，經商的人確實操有國家命脈。經商的人所有道德素養，關係一國國民的生活也很大。

現在經商的人對於義利之分，尤其要很嚴格。經商者所謀的利，第一應該是國家的利益，第二應該是大家的公益，第三應該是養育人心的利益。這些利益已經不是孔子所說的利，而是孔子所說的義了。

一個商人或一家公司，以假冒的商品運給國外的雇主，以求自己的私利，那不是要危害國家的信譽，封閉國際市場嗎？一個商人販賣牛肉或豬肉，在肉內灌水，以求私利，那不是要危害公共衛生嗎？一個電影或電視製造商，專以淫亂或暴力的影片謀利，那不是要危害社會道德嗎？

經商的人便該提高商業的道德，那些違背正義的行爲，絕對不可做。然而若是經商的人沒有一點道德的修養，他不會順從職業道德的勸諭。那時，則只有嚴刑峻法來懲罰他們。

三、經商人的人格

怕刑罰而不作惡，那不是有人格的人。有人格的人是自尊的人，是自己分別善惡，自己不願去作非法的事。經商的人要有自己的人格。

中國古代經商的人最重視人格，以信實爲重，絕對不欺人。清朝時外國人和中國商人打交道，他們相信中國商人的話，不必寫文書。現代我們中國商人也該建立自己的人格。

爲建立人格，不是一天的工作，而是從少到老的工作。你們同學在學校裏，就是學習建立人格。

第一要分別是非。爲分別是非，首先要使自己的心光明清潔。心理有貪慾，有偏見，必定弄到是非不明，再要研究倫理學，不能單憑自己的良心。王陽明雖說「心外無理」，實則事理並不在心裏，我們應研究倫理原則，以別是非。

第二要鍛鍊心志，使自己能善用自由，自己成爲自己的主人。許多青年人明明知道該做的事，都不做；不該做的事，卻做。這是自己意志不堅強，自己不能管束自己。

第三要看重精神，使心不爲金錢所牽制。愛錢的人必定不想義利之分，愛錢的人必定迷於物慾。青年人志向要高，以救世救國爲目的。但又應腳踏實地，在小事上去實行。你們在學校時，就常常在日常生活上去分別義利，去重義輕利，養成講信用的習慣，將來你們在商業的社會裏，必定能保持人格，成爲社會上的君子。

民國六十七年十二月六日在輔仁大學商學院週會向同學們講話

輔大五十年

一、

當戊戌政變時，梁啓超邀請天主教江南教區倪主教派馬相伯主理籌設於北京的譯學館，旋因慈禧太后又再臨朝，譯學館遂作罷。光緒二十九年，馬相伯在上海創辦震旦學院，民國元年教育部准予立案，後改爲震旦大學。

當時北京英斂之，也圖在京創設天主教大學，於民國元年，和馬相伯聯合上書教宗聖碧岳十世，請爲中國興學，書中說：

「……側聞聖座令在日本創一東京大學，說者謂時機已遲，而在我華則時機方熟，善迎之，大足以養成教內外通國之子弟，聯絡教內外通國之父兄，其為益勝于和約之保障十百千倍。……以故誠得至聖父師大發慈憫，多遣教 中明達熱切諸博士，于通都大邑如北京者，創一大學，廣

收教內外之學生，以樹通國中之模範……」（上教宗為中國興學書　方豪編　馬相伯先生文集續編　頁二一三　文海出版社）

惜因第一次歐戰於後兩年爆發，聖碧岳十世崩逝，繼任教宗本篤十五世又於民國十一年崩逝，碧岳十一世繼位，雄才大略，意志堅決。於民國十三年派代表駐中國，取消法國保教權。民國十四年諭令美國賓夕法尼亞州的本篤會士，來北京創設大學。時英歛之於民國二年已在北京香山靜宜園設立輔仁社，招收教中子弟，研究國學。遂和本篤會來華的代表奧圖爾合作，將輔仁社改在舊濤貝勒府，定名輔仁學社，為輔仁大學預科班。民國十四年十月十日開課，收學生二十三人，專攻國學。次年一月十日，英歛之逝世，陳垣曾跋他的遺作《蹇齋賸墨集》說：

「曾於香山靜宜園創輔仁社，四方來遊者眾。猶以為日尚淺，成效未大覩，乃復著『勸學』，名曰『罪言』。卒之誠動教廷，聲聞鄰國，於是有公教大學之設。公教大學者，以闡發文明，保存舊學為標幟，造端弘大，未能即成。今甫成國學一部，而先生已齎志以沒矣，悲夫。」（失華傳　方豪著　中國天主教史人物傳　第三冊）

所謂公教大學，即是天主教大學。英斂之去世後，陳垣繼長輔仁學社，於民國十六年，得教育部允准試辦文學院，改名輔仁大學。民國十八年，增設理學院和教育學院，分設中文、外文、歷史、社經、數學、物理、化學、生物、教育、心理、哲學、美術等系，成立董事會，聘陳垣為校長，申請立案，教育部正式批准，到今年正是五十年。

民十九年，濤貝勒府南院大學部新校舍落成，舊校舍改為附設南中。民二十一年，在西城太平倉開辦附設女中。

民二十二年，美國經濟萎縮，賓夕法尼亞本篤會不能獨擔大學經費，教宗碧岳十一世改派德國聖言會接辦輔仁大學。聖言會為新起的德國傳教修會，為國際性組織，於清朝末年來中國山東兗州傳教，會士多為青年，富進取精神。接辦輔仁後，力求擴充。民二十四年，購買校區東側的恭王府舊址，創設「司鐸書院」，供天主教神父就讀輔大的宿舍，設立國文和歷史兩研究所，又附設預防斑疹傷寒血清研究中心。

中國當代女作家張秀亞女士和公孫嬿先生，都是輔大舊生，在他們的作品中，常有懷念母校的文章。我手頭現有公孫嬿先生的「憶北平輔仁的四季」，裏面有一段說：

「定埠大街的右方是整片校區，包括了教室、實驗室、行政大樓與神父宿舍。那是佔了半條街的淺灰色洋灰建築，外面圍以鐵欄杆短牆。校區的大樓設計為中西合璧，木格窗，屋頂是古老飛簷式，敷以綠色琉璃瓦。鑲花高大的鐵門，白天敞著，踏上不高的白石階，則是兩扇漆作原色的大門。看起來雖無巍峨之感，但有一種超脫紅塵的靜謐，整日裏進進出出；是無數斯文的男女學生，或者是穿了黑袍戴了白硬領的神父，另組合成一股莊嚴氣氛，令人難忘。……」（輔仁生活 六十八年十一月十日）

可惜，好景不常！民二十六年，七七事變，北平淪陷。輔大因由德國神父辦理，當時日本和德國爲軸心盟國，輔大乃能維持原狀。民二十七年，增收文學院和教育學院和數學組一年級女生，民二十八年，理學院各系也增收女生，也創設家政系。

北平當時的大學，都已紛紛南遷，輔仁大學乃特別訓育民族思想，秘書長英千里且兼北平國民黨書記。民三十一年英千里和訓導長伏開鵬神父被捕，教職員中也有被捕下獄者，後因證據不足獲釋。再過兩年，英千里又和另十三名教職員以抗日罪名，被判刑十五年。民三十四年，抗戰勝利，中央明令嘉獎，教育部特准輔大學生學籍，不經甄試，即予承認。

民三十五年，增設農學院。民三十八年共匪竊據北平，拘捕教授和教務長，關閉大學。輔仁大學遂停辦。

校友林辰先生最近有一篇「談我所領悟到的輔仁精神」，文章裏說：

「我進輔仁讀書，已是四十年前的事了，當時正值抗日戰爭的初期，華北已淪陷了兩年，平津兩地大學，在淪陷地關閉了不少。一般高中畢業生，凡是不甘心投考所謂國立的北大、師大，受奴化教育的，都擠向教會大學和私立大學。教會大學中，北平僅有基督教的燕京大學，和天主教的輔仁大學，天津僅有天主教的工商學院等三校，私立大學僅有北平中國大學一校。由於學校少，考生多，於是也形成入大學考試的窄門，尤其是燕京和輔仁，因爲院系多於『工商』，環境設備優於『中國』，經費來源也比較寬裕的種種關係，更是考生競相投考的理想學校。……又因『輔仁』座落在城裏，『燕京』則遠在北平西部，所以住在北平城裏，準備『通學』的學生，多願進『輔仁』，而不去『燕京』，這也是造成輔大考生衆多的原因之一。……

在抗戰八年期間，輔仁沒有一件事和敵僞妥協過。我在校四年之間，幾乎每年都有師生被捕。……在民國三十四年勝利前夕，平津兩地的日憲兵隊，仍關著輔仁師生最少有六十幾人。其中半數以上是被判十五年以上監禁的，像英千里老師，就是勝利時才被釋放出獄的所謂重刑犯之一。

在輔仁這樣一個環境的薰陶中，使同學們於刻苦用功之餘，也培育了堅忍、剛毅、正直、明恥的性格。以這種性格從事於學術的探討，或服務於國家社會，所表現出來的精神，在輔仁師生來說，就是輔仁精神。」（輔仁生活 六十八年十一月十日）

二、

大陸淪陷後，大陸天主教神父修女被共匪放逐，大部份都來到臺灣，重新開展佈道工作。教友逐年激增，中等學校也逐漸設立，於是有人提倡在臺北恢復輔仁大學。

民國四十五年，臺灣輔仁大學前教務長荷蘭籍胡魯士神父來臺訪問舊友，輔仁大學校友會向他建議發動復校運動，十月十五日，上書教廷，申請復校。民國四十六年二月三日，外交部長正式訪問教廷，面請教宗允許田耕莘樞機來臺視察教務，又面呈輔大校友請求復校的意願。二月五日教廷傳信部函覆校友會，表示贊成復校，即將進行研究。九月十三日，田樞機來臺，察看在臺復校有否適當條件。次年，聖言會新會長舒德神父就職，田樞機吩咐我答覆校友會，說明舒會長有決心恢復輔仁大學。十一月廿六日舒會長來臺視察會務。民國四十八年，二月廿四日，教廷傳信部署理部長雅靜安樞機來臺視察，接見校友會代表。民國四十八年教宗碧岳十二世崩逝，新教宗若望二十三世繼位，雅靜安樞機接任傳信部長。次年，田樞機回國任臺北署理總主教，積極籌備復校，美國波斯頓總主教庫辛樞機捐美金一百萬元，呈獻教宗，作輔仁大學復校的經費，羅馬傳信部次長西奇思孟總主教屢邀聖言會與耶穌會代表磋商，于斌總主教於四月往羅馬，表示復校意見。抗日勝利後，天主教在大陸有三座大學：北平輔仁、天津津沽、上海震旦。輔仁爲聖言會所辦，後兩座爲耶穌會所辦，爲在臺灣恢復天主教大學，不能恢復三座，因此，教廷決定聯合聖言會耶穌會和中國聖職員的力量，合辦一所大學，大學的名稱，稱爲輔仁，表示輔仁復校，然其中也包含震旦和津沽的重建。傳信部次長在當年秋天，復校事宜商妥後，代表中國聖職員和聖言會、耶穌會簽約。十月三日，任命于斌總主教爲輔仁大學校長。民國四十九年一月九日，于校長自美返國，著手籌劃組織董事會，推田樞機爲董事長，邀英千里任副校長。民國五十年九月廿日，輔大哲學研究所開課，先總統　蔣公曾吩咐于校長先恢復研究所，當時教育部長黃季陸先生也極力贊成。哲學研究所設在吉林路輔大辦公處。民國五十二年二月，購妥新莊鎮營盤里三十多甲土地爲校舍，三月動工興建文學院、外語系、法學院、家政系教室。十月廿一日，在新莊校舍開課，共十系組。于校長以「聖美真善」爲校訓。民國五十三年增加三系兩組，蔣夫人接受任名譽董事長，增設歷史、中文兩研究所。七月二十四日，田董事長逝世，蔣夫人被推爲董事長。學校繼續發展，擴建校舍，增加系組和研究所。現有二十七系，八研究所，日間部和夜間部共有學生一萬一千兩百餘名，民國六十七年七月十五日，于斌樞機辭校長職，董事會聘羅光總主教任校長，羅馬教廷公報於八月五日公佈于樞機任監督，羅總主教任校長。羅校長於八月二日到校。八月六日——教宗保祿六世崩逝，于斌樞機於八月九日動身赴羅馬，八月十六日在羅馬逝世，歸葬輔大校園。

董事長蔣夫人十一月四日致函羅校長，悼念于校長，函中說：

「輔仁在臺復校的工作，披荊斬棘，歷盡艱辛。持守天主教學校的精神、方向和宏揚福音的熱誠，而且把深刻的愛國精神，灌輸給受教育的青年學子。這些偉大而可貴的成就，大多要歸功於于樞機。」

教宗保祿六世，屢次囑咐于樞機，以輔仁大學的方向，在於造成中國天主教的本地文化，把天主教的教義和中國的傳統文化，互相融合。我以往曾多次晉謁保祿六世，也曾聽到教宗的這種訓示。今後，我將奉著這種目標，腳踏實地去做。在國家民族多難的時期，也將遵從董事長的告誡，培養學生辨別是非，守正不阿，以國家民族為重，敢於犧牲，將來肩起復興民族的責任。

每天我走在學校的校園內，看著夾著書籍往來的莘莘青年，襯著紅色藍色灰色的校舍，映著碧綠的青草和樹木，心中洋溢著青春的朝氣。在北平的輔大，古典雅麗，在臺北的輔大，新鮮莊偉；兩處學校的精神則常是一貫，以仁愛的心情，認真堅強地共同擔負國民的職責。

民國六十七年十一月廿九日在輔仁大學法學院週會講話

民國六十八年十二月八日「中央日報」

哲學與修養

儒家與生活修養

一、儒家特點與現代生活

大家都有一個問題：這個問題就是問，在目前中華民國所處的環境裏，儒家對於中國人的生活有關係嗎？

由於在國際政治舞臺，大家都以勢利爲重，重勢力，重利益，沒有徹底主張正義的勇氣，我們還能夠抱殘守闕，以孔子的「政者，正也。」（論語 顏淵）的倫理政治作爲政治原則嗎？

在社會的事業裏，大家都互相競爭，工廠和工廠競爭，商業公司和公司競爭，雖然這種競爭乃是和平競爭，但是否還可以固守孔子所講的「君子喻於義，小人喻於利」（論語 里仁）的原則呢？

在民間的生活裏，每人都想多有享受，在家裏有各種電器工程所予的舒適方便，在社會裏有各種娛樂場所的享樂，在這種的情況中，怎樣還可以遵守孔子所講的價值原則，「飯疏食，飲水，曲肱而枕之，樂亦在其中矣。不義而富且貴，於我如浮雲。」（論語 述而）呢？

在私人的生活上，各人都看重自己的人格，都求自作主張，那還是不是可用孔子所說：「弟子，入則孝，出則弟，謹而信，汎愛眾而親仁。」（論語 學而）呢？

當清朝末葉，屢次被列強打敗，於是一些有識之士便主張學習西洋的機器，所謂「中學為體，西學為用。」從民國八年五四運動以後，一些有識之士，認為中國的社會思想，過於腐敗，他們主張廢除一切傳統思想和習慣，統統採用西洋的思想和習慣。從政府遷臺以後，各方面都看齊美國，社會思想和習慣都成了美國化，中年人和青年人都看不起傳統的儒家。政府雖然提倡恢復祖傳文化，但一般人根本不把這事放在心上。連大學裏講哲學和研究哲學的人，大都傾向西洋哲學；他們的心中總以為中國哲學乃是古代的糟糠，不值得研究。

因此！大家仍有這一個問題：在當前的社會裏，儒家的思想還有價值嗎？還能和我們的生活發生關係嗎？

我現在不給這個問題，理論方面的答覆，祇就在人生修養方面，說明儒家在目前還是我們修養之道。

1. 負責的精神

儒家的生活是一種積極的生活，儒家的精神是一種負責的精神。

「葉公問孔子於子路，子路不對。子曰：女奚不曰，其爲人也，發憤忘食，樂以忘憂，不知老之將至云爾。」（論語 述而）這是怎樣的一種樂觀的積極精神。

孔子自信有繼承文武之道去治國平天下的使命，所以他能夠不怕危險，「天生德於予，桓魋其如予何？」（論語 述而）「文王既沒，文不在茲乎！天之將喪斯文也，後死者不得與於斯文也，天之未喪斯文也，匡人其如予何？」（論語 子罕）孔子周遊列國，微生畝譏刺他說：「丘何爲是栖栖者與，無乃爲佞乎！」（論語 憲問）楚狂接輿、長沮桀溺也都譏諷孔子：「鳳兮鳳兮，何德之衰也！」「滔滔者天下皆是也，而誰以易之！」（論語 微子）孔子則說假使天下有道，他也像那輩隱者一樣過田野的清靜生活，但是當天下無道的時候，便要挺身而出，爲天下人民求福利。「吾非斯人之徒與而誰與！天下有道，丘不與易也。」（論語 微子）宋朝程頤註釋這一段話，說「聖人不敢有忘天下之心。」石門的看門者評論孔子說：「是知其不可爲而爲之者與。」（論語 憲問）

孟子也是以治天下爲自己的使命，在戰國大亂的時代，周遊列國說仁義之道，以治天下。「五百年必有王者興，其間必有名世者，由周而來，七百餘歲矣，以其數則過矣，以其時考之則可矣。夫天未欲平治天下也，如欲平治天下，當今之世，舍我其誰哉！」（公孫丑下）

儒家的精神在於爲人民求福利，爲國家求太平，在中國的歷史上，歷代都有充滿儒家精神的學者在朝廷上任職，積極負責；又每當國家危難的時候，常有忠臣義士，挺身而出。清末曾國藩就是以儒者救國。

當前，我們國家處在生死存亡的關頭，我們作國民的人應當怎麼樣呢？我們便應該以孔孟爲國負責的精神來修養自己，要如先總統　蔣公所說：「以天下興亡爲己任，置個人死生於度外」。這種精神不是一天就能造成的，乃是每天每天在堅苦中去磨練自己，如基督所說每天背著自己的十字架跟著祂走。孟子也曾說：「天將降大任於斯人也，必先苦其心志，勞其筋骨，餓其體膚，空乏其身……然後知生於憂患，而死於安樂也。」（告子下）

2. 堅定信心，以正義爲重

在春秋戰國天下大亂的時代，一般人都失去了仁義道德思想，孔子孟子堅定自己的信心，以仁義道德爲重。「公都子曰：外人皆稱夫子好辯，敢問何也？孟子曰：予豈好辯哉！予不得已也！……我亦欲正人心，息邪說，距詖行，放淫辭，以承三聖者，予豈好辯哉，予不得已也！」（滕文公下）

當孔孟的時代，列國諸侯對外謀求併吞鄰國，對內殘暴百姓，孔子孟子乃以堯、舜之道告誡諸侯。孟子說：「我非堯舜之道，不敢以陳於王前。」（公孫丑下）儒家繼承孔、孟的精神，歷代設有諫官，歷代諫官中多有直言之士，敢於「殺身成仁，捨生取義。」（論語衛靈公）目前國際政壇，都以勢利爲重，沒有抗護正義的的勇。歐美的人民多顧自己的享受，不敢爲維護正義而犧牲。美國人民曾爲維護正義而戰，在韓國在越南，犧牲了幾萬人的生命。但是因著這種經驗，現在都怕了，不敢再冒危險，寧可受強橫共黨政權的欺侮，而不敢爲正義而奮鬥。我們在這種時代裏，不能爲這種潮流所淹沒，不然，我們的國家和民族都要喪亡。我們更要以孔孟的精神，修養自己；在一切事上以正義爲重。

中國古代多有俠客，在社會上打不平，乃是一些勇士。孔子曾說明他對「勇」的主張。「子路問強，子曰：『南方之強與？北方之強與？抑而強與？寬柔以教，不報無道，南方之強也，君子居之，袵金革，死而不厭，北方之強也，而強者居之。故君子和而不流，強哉矯！中立而不倚，居哉矯！國有道，不變塞焉，強哉矯！國無道，至死不變，強哉矯！』」（中庸第十章）孔子所說的勇，乃是正義的精神，守著正義，不偏不倚，無論環境如何，不改變自己的操守。

3. 建立人格，自知自重

第二十世紀的社會趨勢，在於自我的意識。人類歷史的演進，從絕對的服從，續漸進入要求自我的自由，又進而要求對於自我的尊重。第二十世紀的文明，已經表現這種尊重自我的要求，中國現代的青年，都懷著這種要求。儒家的傳統精神，乃是一種孝弟的服從精神；因此現代中國青年對於儒家傳統便起反感。但是我們知道孔子和孟子所處的時代和後來儒家所處的時代，那是君子專制時代，社會生活處在大家庭制度之下，孔子孟子當然以那時代的倫理教訓青年人；但是孔子孟子的思想並不是不尊重自己的人格。

孔子說：「君子不重則不威。」（論語 學而）一個君子要莊重而有威嚴，以取得人的敬重。孔子重禮，禮，規定每人的名份和地位，守禮節即是尊重人也尊重自己。孔子以仁人爲最高的模範，仁人則是「己欲立而立人，己欲達而達人。」（論語 雍也）立是建立人格，先建立自己的人格，也建立別人的人格。達則是人格高尚，「子曰：夫達也者，質直而好義，察言而觀色，慮以下人，在邦必達，在家必達。」（論語 顏淵）有高尚人格的人，必定使人尊敬而見重於人。有志氣的人，不以粗衣惡食為恥。「子曰：衣敝緼袍，與衣狐貉者立，而不恥者，其由也！」（論語 子罕）這是自重的人格。

孟子曾說：「我四十不動心」（公孫丑上）心不為名利所動，「我善養吾浩然之氣。」（公孫丑上）他常看重自己的人格，不在君王的勢力前屈腰求富貴，他說：「天下有達尊三，爵一、齒一、德一。朝廷莫如爵，鄉黨莫如齒，輔世長民莫如德。惡得有其一，以慢其二哉。」（公孫丑下）他便不願意自己去見齊王，要求齊王來見他。他周遊列國時，諸侯送他的錢，合於禮則收，不合於禮則不收。孔子曾說：「不義而富且貴，於我如浮雲。」（論語 述而）這種自重的精神是何等的高尚！

孔孟的這種精神，便是我們現在所需要的精神。我們要效法孟子的「善養吾浩然之氣」，不怕犧牲，不怕危險；要看的，是每人的職務和責任，心中常有正氣感，常有維護正義的勇氣。養氣就是修養自重的精神。

二、修養

在上面我單就目前國家的處境，和國家該有的修養，說明儒家的精神乃是我們修養的原則和模範，以答覆大家所問，儒家的傳統和我們當前的生活，還有沒有關係。不僅是有關係，而且關係很密切。

若從理論方面來講，話說來很長，我僅就歷史哲學方面說幾句。

一個民族的生活，是生活在具體的環境內。環境有空間的環境和時間的環境。民族的聖人和哲人，創造一些適合環境又戰勝環境的生活方式，形成民族文化，進而結成民族文明。當民族生活環境改變了，民族中應有豪傑出來創造新的生活方式，否則民族會遭環境的淘汰。民族豪傑在創造新的生活方式時，決不能憑空揑造。他們要就民族的固有文化遺產，民族的心理，當前環境的要求，和外來的文化，綜合各種要素，而創造新的文化。當前我們中華民族所處的環境，是一種正在大變動中的環境，要求新的心理和新的精神。但是在變動中有不變動的，則是中華民族。中華民族無論怎樣變總是中華民族，好比我這個人無論怎樣變，總是我這種人，我總不變，我若變了就不是我了。中華民族若變爲不是中華民族，中華民族就滅亡了。中華民族是中華民族不僅是因爲血統的關係，而是因著文化的關係；中華民族的文化乃是儒家的文化。這並不是說儒家文化總不會變，或者總不會絕；祇是說中華民族的文化常會保留有儒家文化的特質，這些特質也是中華民族的特質。我們爲保全中華民族，爲復興中華民族，我們便要保全並復興儒家文化的特質。

上面我所舉出的這點儒家的修養特點，便是儒家的特質，也是中華民族的特質。便應當在目前的環境裏加以發揚。

目前，是物質生活很盛的時代，在國家民族生活動搖的時期，大家都忙著在經濟、國防、外交方面救國，誰也不想到自己生活的修養。然而，若是個人沒有好的修養，自己沒有高尚的人格，一切救國的工作都不能作，就是作也作不好。《大學》所講的人生工作的層次，以修身爲第一步，修身然後齊家，齊家然後治國，治國然後平天下。先總統　蔣公所指示的自強不息，不僅指示作救國工作應自強不息，特別是在各人生活修養方面應自強不息。我們便要根據祖傳的優良精神，修養自己，以戰勝當前的危險時勢。儒家自孔子孟子以來，常力求人格的修養，「曾子曰：吾日三省吾身，爲人謀而不忠乎，與朋友交而不信乎，傳不習乎。」（論語　學而）孔子自己說：「吾十有五而志於學，三十而立，四十而不惑，五十而知天命，六十而耳順，七十而從心所欲不踰矩。」（論語　為政）孔子稱讚顏回好學，特別因爲顏回聽了夫子的教訓，他能去實行修養。「子曰：回也，其心三月不違仁。」（論語　雍也）

孟子主張人心有善端，需要好好培養，他說：「故苟得其養，無物不長；苟失其養，無物不消。」（孟子　告子上）爲養心應管制私慾，「養心莫善於寡慾」（孟子　盡心下）。

宋明理學家特別注重修養，以主敬守靜，爲修養的重要方法。他們雖然是受了佛家的影響，但他們卻以《中庸》《大學》的慎獨、正心和誠意，作為他們修養的根本思想。朱熹的弟子後來過重形式，王陽明的弟子過重疏放，乃為後代人所詬病，然而他們的修養精神，亦足以為我們的模範。

佛教的僧尼，常加修養，戒律森嚴。天主教的修士修女和聖職人員都受過修養的陶冶，終生不懈。

我們現在學校和家庭教育，則疏忽了學生子弟的修養，不能建立他們的人格。雖說是德智體群四育並重，實際上因著考試的壓力，學校都注重智育。為建立我們國難時期的教育，則應加強學生的修養，以培養自強負責的人格，這種培養人格的教育，應以我們民族文化的特點作為基礎，以儒家的精神作為模範。

民國六十八年五月「東方雜誌」

孔子的修養

孔子號稱「至聖先師」，爲服務教育人員的師表，但是孔子對於國家從政的公務員，也是生活的模範。孔子做過公務員，年少的時候做過「委吏」，管出納糧食，做過「乘田」，主管飼養牛羊。（孟子　萬章）五十一歲時，被魯定公任爲「中都宰」，後兩年，升爲魯國的司空，掌理經濟。五十四歲時，升爲大司寇，掌管司法，五十五歲，以大司寇攝行相事。後來因齊國餽送女樂，魯定公淫樂不理國事，孔子乃辭官，周遊列國，尋找一個行政的職位，在外面走了十四年，沒有達到目的，乃回鄉，專心教學。

若是用現代人的眼光去看，孔子四處求官做，卻常是失敗，但在孔子的心目中，他所追求的，不是官職，而是行道的機會，他的理想，在於繼承堯、舜、文武之道，治理國家，孟子後來也懷著這種理想，後代儒家學者都是「學以致仕」。

孔子的政治理想爲德政、爲教民。德政是以道德教育國民，使民成爲好人。道德教育先從做官的人開始，政府各級官吏都要修身正心。孔子說：「政者，正也，子帥以正，孰敢不正。」（論語　顏淵）「子曰：苟正其身矣，於從政乎何有，不能正其身，如正人何？」（

論語 子路）《大學》以治國平天下的基礎，在於正心誠意。

孔子對於自己的修養，曾經說明。他說：

「吾十有五而志於學，三十而立，四十而不惑，五十而知天命，六十而耳順，七十而從心所欲，不踰矩。」（論語 爲政）

弟子們對於孔子所修養的人格，子貢曰：「仲尼日月也，無得而踰焉！」（論語 子路）「夫子之不可及也，猶夫天之不可階而升也。」（同上）

然而實際上孔子的人格是怎樣？他是溫良恭儉讓（論語 學而），「溫而厲，威而不猛，恭而安。」（論語 述而）孔子自己描寫自己的人格說：「其爲人也，發憤忘食，樂以忘憂，不知老之將至云而。」（論語 述而）他自己又說：「恭聖與仁，則吾豈敢！抑爲之不厭，誨人不倦，則可謂云爾已矣！」（論語 述而）

這上面的一段話，孔子說明他努力修養自己的品德，以期達到聖人和仁人的境界，也以修養教導弟子。現在，我便指出孔子對於修養所有的原則。

一、以仁為目標

孔子在論語裏講論「仁」的次數非常多，每次所說的都不同。他以「仁」包括一切的美德，以仁爲品德的最高點。他修養的目標，常爲求仁。他說：

「君子去仁，惡乎成名。無終食之間違仁，造次必於是，顚沛必於是。」（論語　里仁）

一次，他和弟子們談話，詢問弟子們所抱的志向，弟子們說了自己的志向後，就問孔子說：「願聞子之志。子曰：老者安之，朋友信之，少者懷之。」（論語　公孫丑）

仁，是愛之理，也是人的心。爲什麼人生來就有愛心呢？因爲人生來就愛自己的生命，就愛自己，也就愛自己的父母。宋朝理學家以生爲仁，桃仁杏仁代表桃杏生命的所在。手足痲木不仁，手足沒有生命。《易經》說：

「天地之大德曰生，聖人之大寶曰位。何以守位？曰：仁。」（繫辭下 第一章）

「一陰一陽之謂道，繼之者善也，成之者性也。」（繫辭上 第五章）

陰陽變化而成物，繼續不停，萬物乃能化生，天地變化的目的在於生生。《易經》說：

「生生之謂易。」（繫辭上 第五章）

天地的變化表現在一年四季裏，四季的變化使寒暑得宜，風調雨順，五穀乃能豐收。孔子說：

「天何言哉！四時行焉，百物生焉。天何言哉！」（論語 陽貨）

孔子以天地的大德，使萬物化生。人便應當對一切人物都懷愛心，使自己的生命能夠發揚，使別人的生命也能發揚。孔子說：

「夫仁者，己欲立而立人，己欲達而達人。」（論語　雍也）

《中庸》講至誠的人，發揮自己天性的美德，以至於能夠贊天地的化育。（中庸　第二十二章）

孔子一生，自己修養自己的品德，又以修養教人；而且願意使天下的人都能歸於仁。後代儒家的賢人，都抱著這種精神。范仲淹說：「先天下之憂而憂，後天下之樂而樂。」先總統　蔣公說：「以國家存亡爲己任，置個人死生於度外。」又說：「生活的目的在增進人類全體之生活，生命的意義在創造宇宙繼起之生命。」這就是孔子以仁爲修養的目標，因爲上天愛萬物使它們化生，人也應當「仁民而愛物」。

二、以義為標準

仁是人心的感情，是人心的體驗；怎樣使感情發而皆中節呢？孔子說在於義。

「君子之於天下也，無適焉，無莫焉，義與之比。」（論語 里仁）

「君子義以為上。」（論語 陽貨）

「君子以義為質。」（論語 衛靈公）

君子對於每一樁事，或適（要）或莫（不要），以義爲比（標準）。義是什麼呢？義是養我，即是修養自己。怎麼修養呢？在於做自己應該做的事，不做不應該做的事。

孔子最重名分，所以他講正名。「君君，臣臣，父父，子子。」（論語 顏淵）誰在什麼地位，就做這地位的事。誰有什麼職務，就盡好自己的職務，這就是義。

孔子講義時，常和利相對待。他說：「君子喻於義，小人喻於利。」（論語　里仁）他並不是不愛金錢，然而他以道德在金錢以上；因此他說：「見得思義。」（論語　季氏）面對一種職位，面對一椿錢財，祇要我要，就可以拿。孔子說先要看一看我拿是不是合乎義，是不是我可以拿。合乎義纔拿，否則，不拿。孔子說：

「富而可求也，雖執鞭之木，吾亦為之，如不可求，從吾所好。」（論語　述而）

孔子不以勞力爲可恥，只要合於義，他給人家駕車，他也做。若是一種職位不合於義，他就聲明不要，保全自己所愛的義。因爲他的主張是：

「君子憂道不憂貧。」（論語　衛靈公）

「飯疏食，飲水，曲肱而枕之，樂亦在其中矣。不義而富且貴，於我如浮雲。」（論語　述而）

孔子因此十四年在列國奔跑，沒有找到一個職位，不是沒有職位，他是要求職務要合於義。

在現今物質享受慾最盛的時代，大家都認爲孔子的這種態度不合時勢。但是，若一個人能夠按孔子的態度去做，別的人一定會要對他起崇拜的心。

三、以中庸為精神

孔子曾經聲明對於四樁事他絕對不做：

「子絕四：毋意，毋必，毋固，毋我。」（論語 子罕）

不要常自作主張，不要常有成見，不要常固執，不要常想自己；爲的是避免走極端。做人處事常要恰得其當，合於中道。孟子稱讚孔子是「聖之時者」，一生常能做事合於時合於位。孔子自己說：「君子之中庸也，君子而時中。」

《易經》的卦注重時和位，陰陽的爻位應當各得其位，位又代表時。《易經》占卜時最好的卦，是卦爻居在中正位置的卦。中正爻位表示陰爻陽爻各當其位。《易經》的中正思想，在《論語》和《中庸》裏，就是中庸。《中庸》由第一章的話來說，乃是「中節」，乃是中和。人的感情動於心而表於行時，能夠恰得其當。天地的變化，有自己的和諧；這種和諧就是中和，「致中和，天地位焉，萬物育焉。」（中庸 第一章）人的行動也應有自己的中和，事事適得當，人的精神生命，得以發育。孔子說：「中庸其至矣乎！民鮮能久矣。」（中庸 第三章）

為能有中庸，孔子主張守禮。禮為聖王按照天地之道，所制定的規矩，作為國民生活的規範。禮規定行動的秩序，制訂行動的範圍，使社會生活不亂。孔子所以說為能有「仁」，應當「非禮勿視，非禮勿聽，非禮勿言，非禮勿動。」（論語 顏淵）孔子平生最重守禮，《論語》的〈鄉黨篇〉描寫孔子守禮，一舉一動，都有禮規。

禮為分，樂則合。社會生活靠著禮規制立秩序，每人有自己的地位。在祭祀和其他典禮時，禮把人分成各種等級，把事列成先後的次序。樂歌則把人的聲音和感情，結成一曲，彼此體驗到同一的生活。

以禮樂而培養的人格，有中庸的精神，孔子是「溫而厲，威而不猛，恭而安。」（論語 述而）

四、以快樂為生活

孔子一生樂觀，「其為人也，發憤忘食，樂以忘憂，不知老之將至。」（論語 述而）孔子生活的快樂，第一、因為自己對得起自己，良心上沒有慚愧。

「司馬牛問君子，子曰：君子不憂不懼。曰：不憂不懼，斯之謂君子矣乎？子曰：內省不疚，夫何憂何懼。」（論語 顏淵）

第二、因為孔子知天命，他自己說自己「五十而知天命」。在陳蔡絕糧，在匡地遇難，在桓魋謀害時，他常是安定不亂，保持信心。「天之未喪斯文也，匡人其如予何？」（論語 子罕）

第三、因為孔子常知足，在《中庸》裏說：「君子素其位而行，不願乎其外也。素富貴，行乎富貴；素貧賤，行乎貧賤；素夷狄，行乎夷狄；素患難，行乎患難；君子無入而不自得也。」（中庸 第十四章）

孔子「無入而不自得」，他說「飯疏食，飲水，曲肱而枕之，樂亦在其中矣。」在陳蔡絕糧時，也弦歌不輟，門生看了都有些生氣。孔子這種樂觀的精神，使他的生活，「子之燕居，申申如也，夭夭如也。」（論語　述而）

各位女士先生，孔子的生活修養，使成爲萬世師表。在我們現代人看來，他修養的原則，還是適合我們的時代，我們所要養成的是愛心，不是恨；是合作，不是鬥爭。我們所要遵守的，是正義，是廉潔，是盡責。我們所要保守的，是中和，是禮貌，是秩序。我們所要涵養的，是快樂，是積極，是自強。這幾點，就是孔子修養原則給與我們的教訓。我們要同顏回一樣答應孔子說：「回雖不敏，請事斯語矣。」（論語　顏淵）

民國六十八年六月廿九日在臺北市政府動員週會講

孟子的人格教育

我們現代辦教育的人，以「人格教育」爲我們的目標。教育是教青年學生好好做人，自小學到大學，指導他們建立自己的人格。人格是我的品格，是我成爲我自己，我自己認識我自己，我因而尊重我自己，別人也認識我，因而也尊重我。凡是人，都有理智，理智不足以構成我的人格。我和別人不同，在於我的情感，在於我的嗜好，在於我的才能；這些要素合成我的個性。個性也還不足構成人格，人格是個性受過陶冶，表現高尚倫理的類型。因此，人格教育，便是陶冶個性的教育。爲陶冶個性，必定有陶冶的方法。

孟子是一位教育家，他雖不像孔子有三千弟子，也有許多跟他受教育的弟子。《論語》是一本教育弟子的書，孟子書的後半部也是教育弟子的書。而且，教育不僅是言教，尤其注重身教，孟子書的前半部記述孟子周遊列國和國君諸侯的言論，也是教育弟子的書。從孟子的言論裏，我們可以認識孟子的人格，這種活的人格，便是人格教育的模範。

一、認識自己的使命

生命，由「天地好生之德」（易經 繫辭下 第一章）而來，即是來自造物主的愛心。生命便不能不有目標，目標也不能沒有價值，先總統 蔣公很肯定地說：生活的意義在於改進全人類的生活，生命的意義在於創造宇宙繼起的生命。人類的生命彼此相聯結，宇宙間整個的生命構成一個整體，王陽明稱爲一體之仁（大學問）。

孔子曾說他自己「五十而知天命」（論語 為政），天命是什麼呢？孔子自己說：「文王既沒，文不在茲乎！天之將喪斯文也，後死者不得與於斯文也！天之未喪斯文也，匡人其如予乎！」（子罕）孔子自己知道上天給了他一種使命，去傳述堯舜之道。當春秋的時代，古代聖賢之道已經被一般人所忘記了，尤其被一般執政的諸侯所拋棄。孔子的使命，在於宣講和實踐古代聖賢之道。他努力滿全了自己的使命，被尊爲萬代的先師。

孟子生於戰國時代，社會的紊亂，道德的墮落，較比孔子的時代還要更壞，他認識自己負有上天給他一種使命。孟子周遊列國，不能得到國君的信任，離開齊國的時代，心中很有感傷，弟子們看出來，就問孟子爲什麼緣故。孟子答說：

「五百年必有王者興，其間必有名世者。由周而來，七百有餘歲矣，以其數則過矣，以其時考之，則可矣。夫天未欲平治天下也？如欲平治天下，當今之世，舍我其誰哉！吾何為不豫哉！」（孟子　公孫丑下）

孟子不是自負，不是自傲，而是認識自己有上天賦予的使命，爲以堯舜之道，平治天下。他周遊列國向諸侯所陳說的都是「王道」。當時有人批評說孟子好辯，孟子答說：

「予豈好辯哉，予不得已也。……聖王不作，諸侯放恣，處士橫議，楊朱墨翟之言盈天下。……昔者禹抑洪水而平天下；周公兼夷狄，驅猛獸，而百姓寧；孔子成春秋，而亂臣賊子懼。……我亦欲正人心，息邪說，距詖行，放淫辭，以承三聖者，豈好辯哉，予不得已也。」（滕文公下）

繼承禹王周公孔子，以聖人之道不治天下，孟子懷著這種使命，努力不懈。然因時勢不好，沒有能夠完成。但是他能安心立命。在魯國時，魯平公要來拜會他，嬖人臧倉阻止了魯平公來訪。孟子說：

「行或使之，止或尼之；行止，非人所能也。吾之不遇魯侯，天也。臧氏之子，焉能使予不遇哉。」（梁惠王下）

使命爲上天所定，成就與否也是上天所定，孟子稱之爲命。他教人安身立命。

「孟子曰：莫非命也，順受其正。」（盡心章上）

朱熹的章句說：「故君子脩身以俟之，所以順受乎此也。」孟子知有上天賦予的使命，勉力以賦，然又安身順命。

二、生活有原則

爲建立人格，先要知道生命的目標；第一按著目標，要自己規定生活的原則。每一個人無論自己地位的高下，無論工作範圍的大小，都有自己生命的使命，都是對社會對國家有應做的事。既然每個人都有對社會對國家的使命，他的生活便要按倫理而定原則。孔子所定的原則，是個義字。

「君子之於天下也，無適也，無莫也，義與之比。」（里仁）

「君子義以為上。」（陽貨）

「君子以義為質。」（衛靈公）

君子和小人的分別，就是生活原則不同。「君子喻於義，小人喻於利。」（里仁）孔子一生不把利放在心中，心中所有的只是義。他曾決定地說：「不義而富且貴，於我如浮雲。」（述而篇）孟子具有孔子的精神，常以義爲生活的原則。孔子以禮爲義的標準，合於禮的事就是義，孟子心中也常有禮的規律，該做就做，不該做不做。

一個名叫景春的人，向孟子稱讚公孫衍和張儀能夠支配天下的人，可算是大丈夫。孟子答說：

「是焉得為大丈夫乎！子未學禮乎？丈夫之冠也，父命之，女子之嫁也，母命之，往送之門，戒之曰：往之女家，必敬必戒。無違夫子，以順為正者，妾婦之道也。居天下之廣居，立天下之正位，行天下之大道，得志與民由之，不得志獨行其道，富貴不能淫，貧賤不能移，威武不能屈，此之謂大丈夫。」（滕文公下）

公孫衍和張儀，貪求名利，阿諛諸侯，不足稱大丈夫。大丈夫有志氣，有禮義的原則，富貴和貧賤，都不能使他改變原則，孟子往見列國諸侯，決不阿諛，他說：

「我非堯舜之道，不敢陳於王前。」（公孫丑下）

對於金錢，更是臨財不苟取。

「陳臻問曰：前日於齊，王餽兼金一百而不受；於宋，餽七十鎰而受，於薛，餽五十鎰而受，前日之不受為是，則今日之受非也。今日之受是，則前日之不受非也。夫子必居一於此。

孟子曰：皆是也。當在宋也，予將有遠行，行者以贐，辭曰餽贐，予何為不受！當在薛也，予有戒心。辭曰聞戒，故為兵餽之，予何為不受。若於齊，則未有處也，無處而餽之，是貨之也，焉有君子而可以貨取乎？」（公孫丑下）

對於國君所送的金錢，孟子受或不受，都按禮所定，可取則取，不可取則不取。孟子自己尊重自己的原則，也尊重自己的人格，他不以不合原則的方法去求人君的看重和信任，以得官職。

「孟子曰：有天爵者，有人爵者。仁義忠信，樂善不倦，此天爵也。公卿大夫，此人爵也。古之人修其天爵，而人爵從之。今之人修其天爵，以

要人爵，既得人爵而棄其天爵，則惑之甚者也。終亦必亡而已矣。」（告子上）

孟子修仁義忠信的天爵，不求人爵，更不以人爵而忘天爵。常自視和人君平等，要求人君來拜訪他。一次，孟子本來想去朝見齊王，齊王不知道他要來，派人去告訴孟子說齊王想來，不幸感冒了，不能來，希望孟子明天去朝見。孟子立刻說自己也有感冒，明天不能去。齊王第二天便派御醫來看病，恰好孟子出門弔喪。家中人答覆御醫說昨天有病，今天稍好，已經往王宮朝王去了。家中人又打發人趕快在半路上告訴孟子，馬上去見齊王。孟子不去，也不回家，卻到一個朋友家裏過夜，這個朋友知道了內情，便責備孟子不守禮，孟子答說：

「天下有達尊三：爵一、齒一、德一，朝廷莫如爵，鄉黨莫如齒，輔世長民莫如德。惡得有其一，以慢其二哉。故將大有為之君，必有所不召之臣，欲有謀焉則就之，其尊德樂道不如是不足與有為也。」（公孫丑下）

這是有原則，有自尊心，決不為求名求爵位而去阿諛奉承。寧願沒有爵位，寧願沒有富貴，但是守義而心悅：

「孟子曰：君子有三樂，而王天下不與存焉。父母俱存，兄弟無故，一樂也。仰不愧於天，俯不怍於人，二樂也。得天下英才而教育之，三樂也。君子有三樂，而王天下不與存焉。」（盡心章上）

這樣有志氣的人；有抱負的人，有倫理原則的人，具有高尚的人格，心常滿足，精神常快樂。

三、有勇氣

爲有人格，應有勇氣去保持生活的原則，實踐自己的使命。在孔子和孟子的眼中，一個稱爲士的讀書人，乃一個有勇氣的人。

孟子教訓弟子們，往見朝廷和社會裏的大人，應該有勇氣不怕他們。

「孟子曰：說大人，則藐之，勿視其巍巍然。堂高數仞，榱題數尺，我得志弗為也。食前方丈，侍妾數百人，我得志弗為也。般樂飲酒，驅騁田獵，後車千乘，我得志弗為也。在彼者皆我所不為也，在我者皆古之制也，吾何畏彼哉！」（盡心下）

教訓弟子們看重自己的品德，不以人君以大臣的外面財富勢力而怕他們，要以品德放在財富勢力以上。

「孟子曰：生亦我所欲也，義亦我所欲，二者不可得兼，舍生而取義者也，生亦我所欲，所欲有甚於生者，故不為苟得也，死亦我所惡，所惡有甚於死者，故患有所不辟也。」（告子上）

以仁義的價值，高出生死以上，在生死和仁義兩者之間，必須有一選擇時，則擇仁義而不顧生死，先總統 蔣公所以說「以國家興亡爲己任，置個人死生於度外。」這是真正的

勇。《中庸》有孔子論勇：「君子和而不流，中立不倚。國有道，不變其塞焉，國無道，至死不變。」（中庸 第十章）

孟子說：「天下有道，以道殉身；天下無道，以身殉道，未聞以道殉人也。」（盡心上）

爲養成這等高度的勇氣，先從小事下手。在平日的生活裏，有勇氣克制自己的情慾，以伸張自心的天理，孟子說：

「養心莫善於寡欲；其為人也寡欲，雖有不存焉者寡矣；其為人也多欲，雖有存焉者寡矣。」（盡心下）

寡欲則可以存心養性，性是天理，天理發於心，乃有仁義禮智四端，若不克制情慾，則仁義禮智四端不能發育而遭摧殘，人便成爲禽獸，絕對沒有人格可言。

爲有克制情慾的勇氣，在於知恥，知恥纔不會放蕩，知恥纔不會做不義的事。

「孟子曰：人不可以無恥！無恥之恥，無恥矣。」（盡心上）

「孟子曰：恥之於人大矣！……不恥不若人，何若人有！」（盡心上）

知恥則不爲惡，知恥則能改過。不知恥的人，怎麼能有人格？但所恥的事，必須得守仁義的原則，若以官位不若人爲恥，財富不若人爲恥，勢力不若人爲恥，則將趨人以機巧爲得計，日趨爲惡，應把事物的價值依倫理而定，然後以自不若人爲恥。

恥，是養心修德的基本，人的修養達到高峰，胸襟已超越社會的名利以上，他的心便不會拘束在名譽和身聲裏，孟子乃說自己四十不動心，善養有浩然之氣。

「其為氣也，至大至剛，以直養無害，則塞于天地之間。氣也，配義與道，無是餒也，是集義所生也。」（公孫丑）

孟子以浩然之氣爲大勇，既不害怕危險，也不受人物的牽連。浩然之氣，至大至剛，是由於心常合於義而動，漸漸養成的；養成了以後，可以充塞天地，把一切事物都不看在眼中，卻又把宇宙萬物都包含在心中，孟子說：

「萬物皆備於我，反身而誠，樂莫大焉。」（盡心上）

這是人格教育的最高點，這也就是孔子所稱的仁人和聖人，乃是理想的模範人格。

孟子沒有做過大官，沒有萬貫的家財，他私淑孔子的德表，以一個沒有被國家重用，而以平民辦教育的人，達到了聖賢的人格，受千萬代中國人的景仰，我們追念孟子，便仿效他的人格，在國家民族處在憂患的時代，擔負自己的責任，追求不朽的仁義天爵。

民國六十九年五月十五日孟子祭典中演講

蔣總統的學術思想

一位偉大的政治家，必定是一位偉大的思想家，而且也是富於學術思想。偉大的政治家，理智力高，觀察力精，以系統的觀念結合自己的思想，在變亂的政局裏，發展一貫的計劃。

蔣總統爲世界的一位偉大政治家，又是一位好學力行的思想家，一生手不釋卷，博覽中外書籍。唐振楚先生曾寫過一篇：總裁的治學（見 蔣總統的生活與修養一書），述說了蔣公治學的範圍、方法和目的。吳經熊先生曾寫了一篇 蔣公的思想是個偉大的綜合（見綜合月刊六四年五月號）。讀了這兩篇文章，可以知道 蔣總統研究學術的範圍非常廣泛，但是思想的系統則中外古今互相綜合。

一、人生哲學

中國儒家的思想，以仁爲中心，仁是代表生命。整個的宇宙因著上天好生之心，使生命流轉萬物之中，一切物體都具有生生之理，由無生命的礦物而到低級生命的植物，然後由有感覺的動物而到有靈性的人，生命之理在礦物裏被濁氣包圍而不顯露，到了有生命的植物漸漸露出光芒，在人的靈性裏則圓滿無缺。宇宙萬物在生生之理中，互相關連；生生之理在宇宙千萬年流轉不絕；宇宙乃是生命的大江，也是生命的洪爐，千百萬種物體生化綿綿。

蔣總統非常看重我們的生命，因爲我們的生命不在於軀殼而在於精神；不在於個人的短促微小的生命，而在於民族千萬年的生命；並我們的生命不隨軀殼而毀滅，乃留在永生而長存。蔣公說：

「我們個人的生命，雖然微不足道，但卻是整個民族生命的大流中之一涓一滴，是從黃帝到今四千餘年，整個民族生命所遺傳的一分子，所以我們一個人的生命，窮本溯流，是整個民族生命延續中之一分；同時，推演下去，又是整個民族開演的一點。」—（軍人應確立革命的人生觀 蔣總統言論中國儒家素來以個人的生命，在家族的生命中繼續長流；祭祖的典禮，代表這種信念。中國古人最怕絕後，沒有繼承祭祀的人，這不但絕了自己的生命，也絕了祖宗的生命，便應該設立嗣子，以承祭祀。蔣總統把家族的生命，擴展到民族的生命。家族的生命有時可以滅，民族的生命不能絕。

一個人的生命，有軀體的生命，有精神的生命。儒家雖不講身後的永生，但信天地的長存。精神的生命超過個人的軀體，而與天地相結合，抱日月而長終。蔣公說：

「生命是繼續不斷的，是永生的，只要宇宙存在一天，人類生命的光輝，就可以永不熄滅。因此當我們存在一天，就一天要創造，要發明，要貢獻，使生命價值垂諸永久。」（軍事哲學對於一般將領的重要性　蔣總統嘉言錄一　頁五）

中國古人都相信天地常駐，佛教雖講成住毀滅，然也信週而復始；但是西方人的思想則以天地有窮盡的一天，而且耶穌基督的教義明明說到這一點。基督的教義卻又堅信人的生命是永久的生命，永久的生命在於身後的來世。對於永生的信仰，就是蔣總統的信仰。永生爲精神生活，在現世開始，在來世完成。現世開始的永生，活在我們的軀殼以內，超越現世的事物以上，以上帝天主爲皈依，常與神同在，蔣總統以自己的現世生命爲民族生命的延續，又以自己的永生，作生命的最高意義。因此，爲解釋中國儒家的天人合一，蔣總統以自己的宗教信仰，結合儒家的思想。儒家的天人合一，在於人心之仁結合天心之仁；基督教義的信仰以人參入天主上帝的生命。蔣公說：

「我們中國『天人合一』的哲學思想，乃是承認了『天的存在』，亦即承認了『神』的存在。……不過中國哲學思想的尊天事神，決不是如後來世俗迷信之徒，所認爲『活靈活現』的菩薩，而是爲了我們確立人的精神價值，亦就是使吾心中常有主宰。因此『天人合一』的觀念，實在就是儘量提高人的價值。」

又說：

「惟有『天人合一』的尊神論者，纔能樂道順天，不憂不懼，安心立命，生命不二。」（蔣經國　寒天飮冰水點滴在心頭）

蔣總統相信自己的精神生命和神的存在相結合，自己的生命乃有一種很高尚的意義。這種意義表現在自己的生命行動裏，乃是為繼續民族的生存，開創來日的新生命，為人類的生存創造更好的幸福。蔣公說：

「生活的目的在增進人類全體之生活；生命的意義在創造宇宙繼起之生命，可以說是我的革命人生觀。」（自述研究革命哲學經過的階段　蔣總統言論彙編　第十卷）

又說：

「我們不僅要求個人的幸福，而且最重要的是求人類全體的幸福。」（一切制度應以建國大綱為基礎　蔣總統言論彙編　第九卷）

儒家的人生觀，以《中庸》所講「天命之謂性」為起點，發而為誠於人性之「率性之為道」，進而到《大學》所講的修身齊家治國平天下，止於「參天地之化育」。蔣總統的人生哲學以信仰造生萬物的上天尊神作為生活的基礎，以人性為依據，以造福人類為目標，以天人合一爲止境。

在中國的古書裏，蔣總統最看重《大學》和《中庸》，不僅看作修身的大道，也看作政治哲學和革命哲學的根基。

二、政治哲學和革命哲學

在民國二十八年三月二十一日，蔣總統有一篇演講，題目是政治的道理（蔣總統言論彙編 第十四卷），在這篇演講裏，發揮了所懷抱的政治理想。

蔣公的政治理想，以《大學》、《中庸》和〈禮運〉爲中國政治哲學的寶典，而《中庸》的哀公問政一章尤爲政治的原理。蔣公政治哲學，以人爲本，人有人性，政治按照人性的要求，發揚人性以建立國民的人格，人性的要求在乎仁，仁是愛護自己的生命，也愛護個人的生命，這種愛護稱爲博愛。儒家的博愛，在實行上有所限制；因爲儒家很注重時和位：得其時則進，不得其時則退；在其位則言，不在其位則不言。基督的博愛則實行犧牲一己以利人類，不計較時和位的順逆。蔣總統在多次的基督受難節的廣播詞裏，特別指出基督犧牲一己的德表，激勵國人。

以《中庸》的「率性之謂道，修道之謂教」，由一「誠」字作總結，也作頂點。蔣總統以《中庸》講誠「是說明一切政治的原動力在乎『誠』，而完成『誠』之德性，要靠力學與篤行，這是總結全文，揭示一切政治人員修養的基本。」（政治的道理）因此，中國的政治哲學和倫理哲學相合。蔣總統說：

「政治以倫理為基礎，本來所謂倫理，照中國文字的本義說：『倫』就是類，『理』是紋理，引伸為一切有條貫，有脈絡可尋的條理，是說明人對人的關係：……專就倫理來說，仍不能不承認中國政治哲學將一個人由內發展到外，將一個人對於外在的關係，一步步的推廣開去，是層次分明，而步驟最確實的。照我個人的見解，政治的條件雖然包含著軍事經濟文化的種種，但政治的基礎，實在是建築在倫理上面，這樣纔是最有根柢而最為完善了。」（政治的道理）

懷著這種理想，蔣總統乃作民生主義育樂兩篇補述，充分表現這種以人性爲基礎的政治，民生主義的目的在「把中國變成一個安樂國家」。政府的政策，使由農業進入工業的社會，有安定的繁榮。社會的安定條件第一在於育。育分生育、養育、和教育。對於生育，蔣公說：

「民族生命的延續與新陳代謝，人口數量的多少，都繫於國民生育問題。……其實，馬爾薩斯學說是與歷史的事實不符的。……所以把人口問題當作純粹生物學的問題和簡單的經濟問題來研究，得不到正確的結論。」（第二章　育的問題）

人口問題要從貧富平均和人口均衡分佈去求答案，更須從教育方面，「使青年男女覺悟其對於婚姻和家庭及子女教養應負的責任，要使其覺悟家庭組織不單以個人的感情爲基礎，還要負起他們對社會對國家的責任。」（同上）

養育素爲中國社會所重視，歷代家族制度所有的貢獻便是養育。現在社會已進入工業時代，家族制度已經瓦解，養育問題應由政府負責。「兒童和老年人要受人保養，疾病殘廢要受人扶持。如果沒有人保養和扶持，他們便要流離失所。所以我們要建設中國社會爲民生主義社會，對這些問題，就不能不考察其癥結所在，提出其解決方法。」（同上）

教育爲　蔣總統政治哲學的重心，不單促使實行九年國民教育的政策，尤能看清當前教育的缺點，指明正確的途徑。當前教育的缺點有三：第一是升學主義，第二是形式主義，第三是孤立主義。「升學主義，這是小學和中學的根本缺點」。「大學也有缺點，就是形式主義，……所以今日的大學，不應該只是講讀一些圖書，賦予畢業生一種資格，具備一種形式，作爲一種裝飾，就算了事。大學一定要指導和幫助學生適應這變動的社會，不僅有求生的能力，並且成爲建設新社會的骨幹。」（同上）孤立主義則是學校是學校，社會是社會，學校的教育和社會生活連繫不起來。「所以我們不能否認科學教育從社會生活孤立起來，是今日學校的一個缺點。」（同上） 蔣總統乃提出他的四育主張：智育、德育、體育和群育。「一個人要做獨立自由的現代國家的國民，一定要完全受到這四育，這四育合起來纔是健全的教育。」（同上）

青年受了健全的教育，走進社會，若是社會不健全，青年人仍舊不能成爲健全的國民，康樂的意義便在培養健全的社會，健全的社會應使一般國民的身心保持平衡，再使一般國民的情感與理智能夠保持和諧。

中國古代常重禮樂，禮爲節制情感，樂爲調和情感。「從前中國號稱禮樂之邦，到了現在，一般人不探討禮樂的本義，只是把禮樂當作陳舊的東西，一筆勾銷。」（同上）

民生主義的最高理想爲禮運的大同社會。《春秋》《公羊》有三世之說，〈禮運篇〉也有三世之說。先削平亂世的變亂，然後進於小康，最後進於大同。

為削平亂世，乃有革命；然而革命不僅為除亂，更是為建設。蔣總統乃有革命哲學，曾有兩篇最重要的演講，第一篇為民國二十一年五月十六日在南京中央軍官學校所講自述研究革命哲學經過的階段，第二篇為同年同月二十三日在同一學校所講的革命哲學的重要。（蔣總統言論彙編 第十卷）革命哲學以兩種思想為主幹，一是王陽明的「知行合一」，一是《大學》的「明明德」和「親民」。革命首先在於「行」，不「行」就不能革命， 總理乃倡「知難行易」的學說。「知難行易」和王陽明的「知行合一」，兩者相輔而成。革命的行動目的，則在於「明明德」和「親民」。蔣總統說：

「我在從前，將我實驗所得，作成一對聯語，請教過 總理。那聯語就是『窮理於事物始生之處，研幾於心億初動之時』兩句話。 總理當時稱許的話，我可以不必多說，但他就親筆寫了這對聯語送給我，表示他獎勵後進之意。我可以對各位說，這即可以作為我的革命哲學。」（自述研究革命哲學經過的階段）

這對聯語，乃是從《易經》一直到宋朝理學家和明末王船山所注意的「幾」字，《易經》以「幾」為神妙莫測，知「幾」者為聖人。偉大的政治家所有的先見之明，便是知「幾」。

蔣總統一生很推崇王陽明，王陽明的思想雖以致良知為中心，然而他的基礎在於《大學》，所以他的〈大學問〉是他思想的代表。蔣總統在講革命哲學的演講裏，詳細地發揮了《大學》的思想，又特別作了兩篇演講專講大學之道（蔣總統言論彙編 第十二卷）蔣公說：

「我今天特將大學的道理親口講授給你們，如果我們從此能徹底覺醒，照這些道理，切己體察，力行勿懈，就可創造新生命，……更推而至於全國國民，即可以創造整個國家民族的新生民，恢復過去最強盛最光榮的地位。」（大學之道 上）

革命不是毀壞而是創造，所創造的是國家民族的生命。蔣總統說：「生活的目的在增進人類全體之生活；生命意義在創造宇宙繼起之生命。可以說是我的革命人生觀。」（自述研究革命哲學經過的階段）

三、行的哲學

總理曾提倡「知難行易」的哲學，蔣總統創立「行」的哲學，兩種思想的目的，同爲激勵全國國民實行革新的生活。然而蔣總統的「行的哲學」，導源於王陽明的知行合一，在人生哲學的意義非常高深。

中國古語常說「知易行難」，在一般人的經驗上也有這種感覺，於是便養成一種惰性，畏難不敢向前。

「總理發明『知難行易』的原理，完全是要我們注意『行』字。因為總理生在滿清末年，與王陽明生在明季一樣，同是看著中國人中了幾千年來『知易行難』學說的毒，一般士大夫，不是學漢儒解經，就是學宋儒講性。結果只是空疏迂闊，無補實用。所以王陽明便用『知行合一』的學說，來醫治當時中國的民族性，而我們總理更進一步用『知難行易』的學說，要來啓發中國的民族精神，並用來實行他的革命主義。」（自述研究革命哲學經過的階段）

人的生命就是行，沒有行，生命就停止了。生命之行發自本性，因爲生命的本性就是行。行常按性而行，爲求生命的發展和完成，所以行常是善。所謂惡，乃經過人的自由不合理之動。《中庸》以「喜怒哀樂之未發謂之中，發而皆中節謂之和。」情感之發爲動，動不中節乃有惡。蔣總統說：

「照我個人從實際經驗中所得，我以為我們第一步要分清楚『行』和『動』的區別。……『動』並不是『行』，而『行』則可包括某種的『動』在內。行是經常的，動是臨時的；行是必然的，動是偶然的；行是自發的，動則多半是他發的；行是順乎天理應乎人情的，動是激於外力偶然突發的。所以就本體言『行』較之於『動』更自然，更平易。就其結果和價值來說：動有善惡，而行則無不善。……我們所說的『行』和一般『動起來』的動是斷斷乎不可混淆的。上面已經說過，所謂行，祇是天地間自然之理，是人生本然的天性，也就是我所說的『實行良知』。」（行的道理—行的哲學　蔣總統言論彙編　第十四卷）

所謂力行，就是實行良知，也就是王陽明的「知行合一」。蔣總統曾解釋「知行合一」之知，不是一般智識之知，而是天生對於分辨善惡之知。

「總理所謂『知難行易』的知，與王陽明所謂『知行合一』的知，二者的本體是完全不同的。陽明所謂『知』，偏重於人性的良知，即不待學而後能，不待教而後知，是與生俱來的天賦之知。例如愛國家，愛民族……，都是人類天然的良知。而　總理所謂『知難行易』之知，乃是著重於科學上的知識之知，要由學問思辨工夫纔能得來。」（總理知難行易學說與王陽明知行合一哲學之綜合研究　蔣總統言論彙編第 十九卷）

知既是本能分辨善惡之知，不是學術智識之知，行便也是人的天然之行。人知道善惡以後，人心本然的傾向是按照良知而行。例如一些物體的行都是按照本性而行，草木的發育，鳥獸的生長；何獨人的靈性之心而不按性而行呢？率性而行，即是《中庸》和《孟子》所講的盡性和養性，也即是中庸之誠。不幸，人心有情慾，情慾能蒙蔽人心，《中庸》乃講「誠之，人之道也。」孟子提倡節慾，王陽明主張格除物慾以致良知。蔣總統的「行的哲學」之行，即是實踐良知之行，「行」因情慾而不能貫徹，蔣總統乃主張「力行」，實踐《易經》所說「天行健，君子以自強不息。」

「我們要認識，『行』的眞諦，最好從易經上『天行健君子以自強不息』一句話上去體驗。……吾人取法於天體的運行，就自然奮發興起，黽勉不輟，明白了人生在宇宙間的地位和價值，而行乎其所不得不行，這樣就必然做到至誠專一，態度極自然，而步驟極堅定的地步。一天天的向前進取，這是中庸所說的『至誠無息，不息則久』，宇宙人類所以能永遠生存，能不斷進步，全賴有此。」（行的道理）

這種至誠不息，在個人的生活上，是人格日日向上，是精神日新又新；在對國家社會的責任上，就是革命。行就是生命，生命是仁，力行便是行仁，行仁乃是革命的真正意義。

「人之生也，是為行而生，那麼，我們的行，也應當為生而行。……須知革命的動機是救人，就是利他，而不是利己。革命的本務，是『行仁』，是愛人，而不是害人。」（行的道理）

「行的哲學」爲革命哲學的根基，「行」的本義就是生命，發揚生命乃是革命的政治。

四、歷史哲學

我在所作的《歷史哲學》一書中（臺灣商務印書館出版），有一節講述 蔣總統的歷史哲學思想， 蔣公的歷史哲學思想和他的人生哲學以及行的哲學相連貫。

歷史是什麼呢？

「人類求生存的行程，從橫面看，是社會；從縱面看，是歷史。人是社會的動物，又是歷史的動物。」（反共抗俄基本論）

歷史乃是人類求生存的歷程，歷史的中心便是人，人的生存即是民生， 蔣總統以民生爲歷史的中心。

「人之為人，主要就由於人由合群互助去擴大自己的生活，同時由繼往開

來，去延長自己的生命。」（同上）

繼往開來的生命，即是歷史。總理在民生主義裏說明「從前的社會主義，錯認物質是歷史的中心，所以有種種紛亂。……我們現在要改除社會問題中的紛亂，便要改正這種錯誤，再不可說物質問題是歷史的中心，要把歷史上的政治、社會、經濟種種中心，都歸之於民生問題，以民生爲社會歷史的中心。」

歷史由人的理智和意志力所創造，創造歷史的責任爲每個國民的責任。

「人以其短促的生命，而竟能建立事功，發展文化，就是由於他繼承前代的事業，啓示後世的努力，用個人的生命，創造民族的歷史。藉民族的歷史，延長個人的生命。」（同上）

人的生活不僅建築在物質上，更是建築在精神上。民族的生命，在物質方面的延續祇是一種外形，在精神的文化之繼續發揚，纔是真正的繼續存在。個人固然要自強不息，整個民族也要自強不息。人生所追求的，在於享受；真正完全的享受，在於充實真善美的生活，人類歷史的演進應趨向這個高尙的目標。對於追求這個目標，中華民族對於人類的歷史，能有很大的貢獻。

「歷史發展的軌轍，證明了二十世紀世界局勢的重心在亞洲，而中國則是亞洲民主潮流的主流，只有我們中華民族的文化及其傳統的天下為公的精神，才敢對人類歷史的責任當仁不讓。」（黨的基本工作和發展方向 蔣總統嘉言錄下冊 六七頁）

蔣總統的學術思想互相連貫，結成一個系統。這個系統以儒家的思想爲經，以西方的思想爲緯，結果遂成東西思想的大綜合。吳德生資政說：「總統 蔣公的人格與思想構成了一個極其偉大而具有活力的結合。他是一位標準儒者，同時又是一位基督教模範教友。……他吸收了中華文化的精神，並以孔子擇善而從的態度採納了西洋的科學方法和耶穌基督的教義，在 蔣公的身上，各式各樣的因素融爲一爐，而成爲一個生氣蓬勃，森羅萬象的哲學體系。」（蔣總統的思想是個偉大的綜合）

歷史以民生爲中心，民生爲人的生活，生活以人的力行而有進展，進展乃成歷史。

五、宗教哲學

為結束這篇講述　蔣總統學術思想的文章，不能略過他的宗教信仰而不講；因為　蔣公的學術思想不是紙上空談，而是實際的生活，一切學術以生命為根基，以力行而實踐，在　蔣公的實踐生活裏，宗教信仰為一基本的因素；而且　蔣公的宗教信仰不是盲從，不是迷信，乃是有學術思想的根據。因此，　蔣公對於宗教信仰，有自己的宗教哲學。蔣經國院長曾說：「家父信仰基督教，決不是迷信，而是有其高深的哲學基礎。」（寒天飲冰水點滴在心頭）

中國四書五經充滿著上天的信仰，天造萬物，予以法則，而天理在人心，人按照天理之性而生活。《詩經・大雅》說：「無聲無臭，昭事上帝。上帝臨鑒，無貳爾心。」孔子也說：「獲罪於天，無所禱也」，又說，君子畏天命。中國傳統的上天信仰，即為基督信徒所信的天主上帝。

《中庸》以修身之道，在於慎獨存誠。　蔣公以慎獨為對天主上帝，為對自己之良知。

「我們人類的天性受自上帝的靈性，這個靈性，就是仁愛的精神，這個仁

愛就是宇宙眞理的所在，也就是我們人類生命意義之所在。」（民國四十七年耶穌受難節證道詞）

《中庸》以人格的頂點爲至誠之人，至誠之人盡人性物性以參天地之育， 蔣總統信仰基督，誠心以發育己心之仁，從事革命大業。

宗教的虔誠，誠心以對上帝，上帝天主在人心之內，在事物之內 蔣公每天早晚虔誠默禱，在自己心中，在一天的事物中，靜對天主上帝。他靜對神靈，以求自己生活的力行；力行仁道以完成革命，完成革命以創造中華民族的新生命，創造民族新生命以延續中華民族的歷史。 蔣總統的一生，綜合各種思想，以虔誠的信仰使思想能有實踐。 蔣公的學術爲生命的學術，他的思想爲一種活潑的力行生活，「知行合一」在 蔣總統的生活中有了更廣更深的意義。

民國六十四年八月「中央月刊」

蔣總統真誠信主

一、

有人傳說，孫科院長當年閱讀吳德生資政所作《孫總理的傳記和思想》一書（英文本），稍有微詞，責備吳氏太著重　總理的宗教信仰。去年德生資政又以他所著的《蔣總統的精神生活》一書的手稿，出示幾位天主教神父，他們也認為手稿過於抬高　蔣總統的宗教信仰。但是在　蔣總統歸天百日忌辰時重閱吳氏的著作，則吳氏所抬高之點，實在較諸實情還低，百日內各方所有關於　蔣公生活的記敘，顯示　蔣公的宗教信仰，非常精誠，貫徹全部生活。

普通人們都把宗教信仰作為人的一項特別情感，或至多以宗教信仰作為生活的一部份。社會上有許多信奉基督的人，在公事房裏，經過許多年，也沒有被同事發覺。有些被發覺為基督信徒的人，有時聽到同事責詢說：「你信教，貪污的事你不該做罷？」

孔子常被人稱為沒有宗教信仰的人，或至少被認為他的倫理思想和宗教信仰沒有關係。

因爲孔子說過：「敬鬼神而遠之。」（論語 雍也）

但是，我們深入地研究，我們就知道宗教信仰不是生活的一部份，而是一個人的整個生活。宗教信仰給人說明生命的由來和生命的目的，宗教信仰又給人規定生活的規律，而且特別給人的一切活動加上超越現生的意義。一位誠心信仰基督的人，必使自己的信仰貫徹到自己生活的各方面，而他的宗教信仰乃成爲他生活裏的「一貫之道」，沒有任何跟信仰不相連的思想，可以代替他的宗教信仰，他若聽到有人說「美術代宗教」，或「宗教勸人爲善」，都會嘆惜這些人沒有透徹地懂得宗教信仰的意義。

孔子曾說：「吾道一以貫之。」（論語 里仁 衛靈公）。我常以孔子的「一貫之道」爲仁，仁爲人心之仁，人心之仁來自天心，天心有好生之德，人心之仁就是好生之德。天心不僅是天地之心，天心之仁不僅是天地好生之德，在孔子的思想裏，天心和天地之德都是代表上天好生之心。孔子的上天信仰通過好生之仁，貫徹了全部的思想和生活。在宗教祭禮上，「祭如在，祭神如神在。」（論語 八佾）「其在宗廟朝廷，便便言，唯謹爾。」（論語 鄉黨）思想中最重要的幾點，如中庸，如誠，如守禮，如仁政，都以上天的信仰爲基礎。在生活方面，孔子把一切事，都歸到上天的信仰。他自信有上天所賦的傳道重任「天生德於予，桓魋其如予何！」（論語 述而）在行事上常恐「獲罪於天，無所禱也。」（論語 八佾）痛哭愛徒的死亡時則說「天喪予！天喪予！」（論語 先進），一生快樂常在於「內省不疚，何憂何懼！」（論語 顏淵）而且他做人的基本思想，乃是「修身以道，修道以仁。仁者，人也。」（中庸 第二十章）

二、

蔣總統的宗教信仰，繼承孔子的生活之道，以宗教信仰貫徹全部的生活。基督曾訓示說：「凡崇拜上主聖父者，當以精誠出之。」（若望福音 第四章第二十二節） 蔣總統的宗教信仰，乃是精誠的信仰。經國院長說：「家父是一個革命者，以救苦救難的革命事業，來充實基督徒的生命。家父是一個基督徒，以背十字架的基督精神，更堅定了革命的意志。」（負重致遠 第一章）蔣夫人說：「很多人都頌揚 總統之豐功偉業，這固然是 總統應得的讚仰。可是我認爲是 總統最大的成就，還是 總統追慕基督耶穌大仁大慈的修養。」（告輔仁大學民六四年應屆畢業同學書）

蔣總統的人生觀，爲革命軍人的人生觀。 總統曾經親自說明這種人生觀的意義：

「人生的意義就是生活與生命，所以我們要知道人生的意義，就要知道生活的目的是什麼？生命的意義又是什麼？為研究這個問題，我曾將所得的結論，撰了一付對聯，就是說：『生活的目的，在增進全體人類之生活；生命的意義，在創造宇宙繼起之生命。』這就是我對於人生問題的一個結論，亦就是我們革命軍人整個的人生觀。」（軍人應確立革命的人生觀）

這種人生觀就是儒家的仁，仁是生生之德，是參天地之化育，是以上天的愛心而仁民愛物，是發育人類和萬物的生命。

蔣總統又說：「我們人類的天性受自上帝的靈性，這個靈性，就是仁愛的精神，這個仁愛就是宇宙真理的所在，也就是我們人類生命意義的所在。」（民國四十七年耶穌受難節證道詞）

生命的意義在於仁愛，生活的目的在於造福人類，整個的一生由這個信仰貫徹到底。蔣總統的生活常優遊在天父的慈愛裏，生活的一切遭遇也常從基督的精神裏得到體驗。蔣公曾把日常默讀並加有批註的《荒漠甘泉》交給經國院長抄寫。在〈論忍耐〉的一章，書上說：「可是我知道一件事，要更大的忍耐，就是在襲擊之下，繼續工作，心中負著重壓，仍不停止前奔，心靈裏深感痛苦，仍然勉力盡職，這纔是基督的忍耐。」蔣公批註說：「此篇爲我一生革命工作之寫照。」第二篇論信心，書上說：「神試驗我們的時候，把我們的信心當作中心的目標，……讓我們遭遇一些恐懼危急的經歷，要看我們的信心，在試煉中受不到損傷，真實的信心絲毫受不到損傷。……」蔣公批註說：「本篇無異爲我十年來經歷所寫也。」第四篇論靜力，書上說：「沒有一件東西可以動搖我。許多時候，靜比動更費力，靜是力的最高效能。對於那一些無根據的最惡毒的控告，主始終『甚麼都不回答，……連一句話也不說。』……」蔣公批註說：「這是二十四年來我的處境，而以近四年爲尤然。靜是力最高效能，含冤不伸，任人侮辱譏刺，與最惡最毒無根據的控告，都不答辯，始終鎮靜如常，這是何等大力。」（負重致遠 第八章）

蔣公把自己的生活，常和基督的精神相對照，在基督的精神中，找到自己生活的高深意義。因此，在日記裏，對於日常所遇的大事小事，都能在聖經裡找到一段適合情景的啓示。民國三十四年八月十日，日本投降的日子，蔣總統在日記上寫著：

「惟有虔誠感謝上帝賜給我的偉大恩典和智慧。特別是聖經詩篇第九篇的一字一句，都得到了不可思議的驗證。每一念到上帝降臨給我的偉大祝

福，更當奮勉戒懼。作為神的使徒，不能善盡職責。……」（蔣總統秘錄第一冊）

聖經詩篇的第九篇，主題是上主除暴安民，詩篇中說：「吾敵已潰退，紛紛仆主前。公義已見伸，睿斷洵無愆。……敵人掘穽自陷身，敵人佈網自絆足，上主靈隲實昭著，陰謀詭計徒自辱。……寧容人類勝真宰，願主興起鞫頑民，務使世間傲慢者，自知僅屬血氣倫。」

當天，全國狂歡之際，　總統能靜心致謝上主，以宗教信仰來體會世界政治上的一樁大事。這表示　蔣總統習慣以宗教信仰來觀察世務，也見證　蔣公浸溶於聖經的詩篇，每每能藉詩篇的詞句以表達自己心境。

大家都知道　蔣總統在生時，每天早晚常讀聖經，沉思靜默，一方面是修鍊，一方面是享受。對著聖經的訓示，反省日常的生活，以求在日常生活中貫徹聖經訓示的精神，這是修鍊自己的身心。但在沉思聖經的訓示時，全心沉浸在神的偉大光明中，忘懷塵世，心神超拔，浩然分享神的寧靜安樂。

孔子曾以天心之仁而仁民愛物，不計名利，能夠「樂而忘憂，不知老之將至。」（論

語）

蔣總統以宗教信仰貫徹自己的生活，乃能在憂患中，屹立不搖，平靜不憂。

六十四年七月十四日「中央日報」

利瑪竇

一、入居中國

利瑪竇，義大利人，原名（Matteo Ricci）於一五五二年十月六日，生於義大利中東部瑪柴拉達城Macerata。他的家世素爲聖族，利瑪竇幼年的進入耶穌會的學校，在校六年，中學畢業，乃往羅瑪進羅瑪大學法學院。一五七一年，十九歲進入耶穌會。耶穌會爲當時新興的修會，以辦教育和傳教爲宗旨。十六世紀時，會士已經到印度和日本傳教。利瑪竇讀完了哲學和神學，於一五七七年被派往印度臥亞，同行中有羅明堅神父（Michele Ruggieri）。

次年，抵臥亞，在學校教書，兩年後晉職司鐸（神父）。耶穌會士當時策劃進入中國佈道，聖方濟沙勿略在利瑪竇出生的那年，死於上川島，沒有進入中國，范禮安便籌備在澳門設立一個中國傳教會館，派羅明堅神父主持，羅氏於一五七九年抵澳門，立即函召利瑪竇前來協助。利氏於一五八二年到達。次年羅、利兩氏取得肇慶知府王泮准許，能在肇慶居住。

這是在元朝以後，天主教教士第一次定居中國國內。

在肇慶住了六年，羅明堅刻印祖傳天主十誡和西天竺國天主實錄，利瑪竇刻印了山海輿地圖。這幅地圖爲中國的第一幅世界地圖，當時傳爲奇事，明史也有記載，說是「荒渺莫考，然其中國人充斥中土，則其地固有之，不可誣也。」當時中國民氣未開，肇慶人士厭惡所謂番僧，常常藉故騷擾。兩廣總督劉節齋令他們回澳門或往韶州。

羅明堅在一五五八年返回澳門，利瑪竇於一五八九年離開了肇慶，轉往韶州，在韶州定居六年，結識了瞿太素，改著中國儒家的袍冠。韶州人士也不喜歡西洋人，多方爲難，所幸知府和都察御史加以保護。一五九五年，因兵部侍郎石星（？）邀請同赴南京，船到贛州時，過灘出險，沉入河底，利瑪竇幾沉幾浮，幸而得救。抵南京後，不能留住，折回南昌，在南昌結識了巡撫陸萬陔，又得建安王和樂安王禮遇，乃著《交友論》一書，繪一幅世界輿地圖，又造時表和地球儀，分送二王和巡撫。次年又應陸巡撫的邀請，著《記法小冊》。陸巡撫曾親試利氏閱讀詩章，一遍以後，便能倒順背誦。乃請他作記法一書，以教他的兒子，利氏又因瞿太素的介紹，和白鹿洞書院院長章本清結成朋友，一時南昌的文人學士，多和他交遊。

二、謀入北京

一五九八年禮部尚書王忠銘由海南動身進京，王尚書和利氏爲故交，乃答應攜帶利瑪竇進京，向萬曆帝呈貢西洋物品，作萬壽節禮品。當年六月二十五日離開南昌，七月五日抵南京。由南京沿運河北上，利氏帶有同伴郭居靜神父（Lazzaro Cattaneo）。九月七日進入北京。但在皇上萬壽節後，王忠銘回南京任禮部尚書，利氏也不能在北京久留，又返回南京。

在南京利氏開始講學。瞿太素、張養默、李心齋等人向他學天文地理算學，刑部主事吳左海刻印世界輿地圖。南京學者焦竑、李卓吾等也與利氏遊。大理寺卿李汝禎好佛，認識了利氏，便邀他和三淮和尚作辯。

利瑪竇的心志常想定居北京，向京師學者介紹西洋科學，藉教授科學的名義，能在京師定居，乃以進貢的名義，由南京禮部發給路票。一六〇〇年五月十八日，偕龐迪我神父由南京動身，船到臨清，稅監馬堂加以挾持，置在天津衛一古廟裏，等候皇上聖旨，到了一六〇一年正月八日，聖旨到達，二十四日晉京，時爲萬曆二十八年十二月二十一日，貢物由太監呈獻，禮部大不以爲然，務必驅逐利瑪竇出境。但因貢物中有琴，有自鳴鐘。皇帝命太監學習彈琴，修理時鐘。禮部奏議都得不到回批，後又因朋友勸說，禮部乃題奏，遷入禮賓館，後因病，遷出，自行賃屋。禮部尙書馮琦准利氏留住北京，皇上諭令每年四季進宮修理自鳴鐘，利氏教太監習彈西琴，作《西琴曲意》八章。

三、講授西洋科學

利氏在京講學授道，和沈一貫閣老，葉向高相國，吏部尙書李戴，禮部侍郎郭明龍、楊荊嚴等友善，時相過從，講論天主教義，又有文人學士奉他爲師，講求西洋學術，徐光啓、李之藻、馮應京三人受教求學，交情篤厚。

上海進士徐光啓在南京的，曾和利氏有一面之緣。到北京後，徐光啓點了翰林，授翰林院檢修。光啓那時已受洗入教，乃向利氏學習算數和哲學，兩人合譯《幾何原本》，爲西洋科學的第一冊中文譯本，又習測量法和勾股學。

李之藻也信奉天主，向利瑪竇學習天文，筆述利氏的講義，成《乾坤體義》、《渾憲通憲圖說》、《圜容精義》、《同文算指》等書。利氏是第一位介紹西洋天文學的學者。

利氏到中國後，在澳門開始學習中文，在肇慶努力讀中國書，在韶州已熟讀四書和《書經》、《詩經》，在南京時已經能寫中國文章。他的第一冊中文書爲《交友論》，寫於南昌，馮應京曾作序。到北京後，刻印《天主實義》、《二十五言》小冊，《畸人十篇》。《天主實義》有馮應岡和李之藻的序文，《二十五言》有徐光啓的跋言，《畸人十篇》有李之藻的序。

利瑪竇在北京祇住了十年，和文人學士交遊，介紹西洋學術，他長於天文，算學和地理。從他受教最久的爲李之藻。之藻後來協助徐光啓修正曆法，著述豐富，那時中國學術的風氣未開，士大夫多鄙視西洋學術，不願相信。但是世界地圖和自鳴鐘以及天文儀器，則是實際的科學，有事實作證，文人中有多人欽佩。利氏的世界地圖在各省多有重刻，流傳很廣。

利氏爲一傳教士，遠涉重洋，來到中國，他的目的是宣傳天主教。明朝皇帝沒有明令許他傳教，然而也沒有正式禁止。利氏在肇慶韶州南昌南京北京都已有信徒，也派有耶穌會的神父，住在韶州、南昌、南京管理教務。天主教曾在六朝時傳入中國，在北京和泉州建有聖堂，設有主教。元朝亡後，天主教便中斷了。明朝萬曆年間，利瑪竇到中國，重開傳教事業，乃能歷清代到民國，繼續不絕。

利瑪竇身居北京，心則不忘自己的本國，向羅瑪耶穌會總會常有書信，報告中國的生活情況。他用義大利文翻譯了四書，又寫了一本《中國傳教史》，記述他在中國的事蹟。他便是第一位向西方學術界公佈中國的哲學思想，開啓中西文化的交流。

利瑪竇的最大貢獻，則是在中國開研究西洋哲學和科學的先聲，他和徐光啓和李之藻翻譯了西洋科學書，而且引進了一批精通科學的耶穌會士，後來徐光啓主管欽天監，修改曆法。到了清朝，順治和康熙皇帝任命湯若望，為欽天監正，主持天文測驗。又介紹了西洋音樂和繪畫，清乾隆時義大利人耶穌會士郎世寧以繪畫供職宮中，創中西合璧的畫品。可惜研究科學的風氣，在雍正朝完全遭封閉，否則中國的科學智識，決不會落在西洋以後。

四、人格高雅

利瑪竇為人文雅可親，中國文人學士乃喜樂和他交遊。同反對他的僧人對辯，也常有禮。但他心中所有的毅力則非常人所可及。他以第一個外國人，進入閉關時代的中國定居，在肇慶、韶州，遇到當地鄉民的敵視，幾次遭受風波。在南昌南京又遇到信佛的大官學人，群起攻擊，到北京時，受太監們的監視，遭禮部的誤解，他卻抱定志向，必要達到定居北京的目的。定居了以後，在猜疑仇視的環境下，很慎重地在達官學者間週旋，使人景仰他的品德，十年未受到排擠。然而他的精力已消耗殆盡，萬曆三十八年（公元一六一〇年）五月十一日因病去世，享年五十八歲，皇帝欽賜墓地，埋葬北京。

徐光啓跋二十五言小冊曾評利瑪竇說：

「蓋其學無所不闚，而其大者，以歸誠眞宰，乾乾昭事為宗。朝夕瞬息，亡一念不在此。諸凡情感誘慕，即無論不涉及躬，不挂其口，亦絕不萌諸其心。務期掃除淨潔，以求所謂體受歸全者。間嘗反覆送難，以至雜語燕譚，百千萬言中，求一語不合忠孝大旨，求一語無益於人心世道者，竟不可得。」

當南京禮部尚書沈漼奏請驅逐教士信，徐光啓上疏抗辯，疏中說：「臣累年以來，因講究考求，知此諸陪臣最真最確，不止蹤跡心事，一無可疑，實皆聖賢之徒也。且其道甚正，其守甚嚴，其學甚博，其識甚精，其心甚真，其見甚定。」（辯學章疏 增訂徐文定公文集）

李之藻在〈天主義實重刻序〉說：「嘗讀其書，往往不類近儒，而與上古素問周髀考工漆園諸編，默相勘印，顧粹然不詭於正。至其檢身事心，嚴翼匪懈，則世所謂皋比而儒者，

末之或先。」（增訂徐文定公文集附錄）

徐光啓稱利子爲聖賢之徒，李之藻以他不在純儒以後。他以一個視爲化外的番人，能取得中國士大夫的尊敬，不僅因他的學識廣博，也是因爲他的人格高雅，乃爲儒者所重。

五、開創中國天主教會

唐朝時，曾有景教傳入中國，景教爲從天主教分出的一支派。元朝時，天主教傳入中國，然隨元朝而忘。中國的天主教會由明末開始，開創中國教會的傳教士，乃是利瑪竇。利瑪竇爲天主教教士定居中國的第一人，他定居中國的方法，是願向化中國，學習中國學術，然而他的實際方法，則是教授西洋哲學。科學爲實驗的學術，事事求證；他既講授實證的科學，則所傳的宗教，定非虛言，可以引人相信，利子定居北京以後他被耶穌會會長任命爲中國區耶穌會的區長。他便指派耶穌會士在韶州、南昌、南京、上海、北京各城負責教務，他在萬曆三十六年（一六〇八年）上書耶穌會會長報告中國傳教狀況：「我們於今在中國有聖堂四處，本會會士二十人，其中十三人爲神父，其餘爲修士。雖然去年蘇如聖神父和黃明沙修士去世，今年我們卻收了四個中國修士。他們不是中國內地人，而是出生在澳門，他們的父母都是教友，從小受了宗教教育。這一點和日本的修士不同，日本修士是出生在外教家庭，這些中國修士因此更堅定、更可靠。……我們在四處聖堂，付洗兩千人。我們在各處的聲望，日益增高分別在北京和南京，聲譽更好。在廣東韶州的聖堂，教務頗稱順利。但近年因了澳門的關係，屢次發生事件，我曾上函報告。那邊的情形，現在很冷落，沒有希望可以多收效果。因此我們想把聖堂移到別一省內，傳教更爲容易。南昌堂的教務，未頗發達；然當傳教心火正高，願意另購一座較大的住所時，天允許外人頓生嫉妒，造作謠言，誣告神父，地方官吏乃禁止傳教購屋，於是傳教情形都變冷落了。……在南北兩京，我們較爲安定。在北京堂內我們今年收教友一百三十四人，其中有幾位又熱心又有文名，他們幾位較比一大群平民，給聖教更能增加希望。」（見羅光著 利瑪竇傳 一八三頁）

利瑪竇的傳教方策，以精通科學的耶穌會士位在北京，和文人們交往又在皇宮供職；以其他耶穌會士在四所教堂傳教，不宜過於舖張以建西式教堂，又宜仿效儒家習俗教人忠孝倫理，利瑪竇主張用經書的詞句稱天主爲天、爲帝、爲上帝，又准允教友敬天敬祖。因此，徐光啓常說天主教可以補儒家的不足。清初傳教士卻反背利子的傳教方策，不許祭天祭祖，不許用天或帝的稱呼。遂在康熙朝發生了禮儀的爭端，以康熙皇帝大怒，下令不許在中國傳教。雍正皇帝多嚴刑峻法，殺害教士。

利瑪竇在北京居了六年，還不敢購買房屋。到了萬曆三十三年（一六〇〇年）他纔在順承門外購一座寬大房屋，作為耶穌會會院。建造這座院落的人，因房屋鬧鬼，不敢居住。利子乘便賤價購買。

初到中國，宣傳西洋的天主教，一定遇到困難，利子卻常樂觀。他盡力設法減少中國人忌視天主教為洋教的心理，他身著儒者的服裝，常讀中國聖賢的書，以天主教所信的天主，即是中國經書的上天上帝。他雖排斥佛教，但從不輕視儒學，他重視儒家的倫理和修身之道，不排斥祭天祭祖為迷信。因此，徐光啓稱他為聖賢之徒。

天主教在明末由利瑪竇傳入中國後，雖然因著清朝皇帝的忌視，然因有耶穌會士在宮廷供職，教士乃能存留在中國。到了雍正道光朝代，皇帝禁止傳教，驅逐教士，格殺教徒時，天主教已傳遍中國內地各省，教士教民殉道的精神，使傳教者信仰彌篤。但可惜的，是後代教士離背了利瑪竇融會中國儒家思想於天主教教理的方策，招致中國忌視天主教的心理，又因列強假保教之名，欺侮中國政府和人民，使忌視天主教為洋教的心理加深。乃到最近五十年間，天主教宗和中國主教盡力擺脫列強的保教權，致力接收中國的傳統思想，回復到利瑪竇的傳教方策，天主教在中國政府和民間乃受重視。

民國六十七年

參考書目：

㈠ P. & Elia S. J. Fonti Ricciane, V. 3. 1942-1949, Roma.

㈡ 天學初函　臺北　學生書局。

㈢ 利瑪竇傳　羅光著　光啓出版社　民六十一年版。

㈣ 增訂徐光啓文集　上海　土山灣書局。

利瑪竇年譜

一五五二年十月六日　生於義大利馬車拉達城

一五六一年　九歲　入耶穌會學校

一五六八年　十六歲　往羅瑪入大學

一五七一年　十九歲　在羅瑪入耶穌會

一五七七年　二五歲　被派往印度臥亞

一五七八年九月二六歲　抵臥亞

一五八〇年　二八歲　晉職司鐸（神父）

一五八二年　三〇歲　抵澳門

一五八三年　三一歲　抵肇慶定居

一五八四年　三二歲　刻山海輿地圖

一五八九年　三七歲　往韶州定居

一五九五年　四三歲　往南京，轉往南昌，在南昌著《交友論》、「記法」。

一五九八年　四六歲　隨王尙銘往北京

一五九九年　四七歲　再回南京

郭居靜神父到南京，一同開教，教授天文算學。

一六〇〇年　四八歲　偕龐利我神父往北京

一六〇一年　四九歲　正月廿四日到達北京，時在萬曆二十八年十二月二十一日，定居京師。

一六〇二年　五十歲　與李之藻重刻山海輿地圖

一六〇三年　五一歲　刻天主實義

一六〇四年　五二歲　在京與徐光啓成好友，翻譯《幾何原本》前六卷，刻《二十五言》。

一六〇七年　五五歲　刻印《幾何原本》六卷

教李之藻習天文、數學、水利、測量。

一六〇八年　五六歲　刻《畸人十篇》

一六〇九年　五七歲　上書耶穌會總長報告中國教務

一六一〇年　五八歲　寫完義大利文《中華傳教史》，五月十一日在北京病逝。

徐光啓

一、赴試

徐光啓，字子先，號玄扈，謚文定，後人奉爲徐文定公。光啓生於明嘉靖四十一年三月二十一日（一五六二年四月二十四日），江蘇上海人。父諱思誠。祖孫三代，都是獨子相承，因遭倭禍，家道中落。

徐光啓幼年入私塾，年二十，考中金山衛秀才同年與同鄉吳小溪處士的女兒結婚，次年生一子名驥。光啓不喜歡科舉的文章，卻喜愛實用的科學，長於寫說理的文。不作文士之文。因此，屢次赴試，都不能中。乃遠走廣西潯州，設館教學，路過韶州時，得識郭居靜神父。萬曆二十五年（一五九七年）歲逢丁酉，第五次，赴京應試，得考試焦竑的賞識，擢爲第一解元。次年赴禮部試，竟又落第，再過六年（萬曆三十二年），纔中上進士，名列八十八。殿試，名列五十二；欽點翰林，點上第四名。光啓後來作〈焦師澹園續集序〉說：「如世俗之言。弗敢知也。以先生之文，絜之陽明，若同若異。如世俗之言文也，余小子弗敢知也。所知者，兩先生之文兼備。讀其文，而能有益于德利於仁，濟于事，則一而已。」光啓對於文章的抱負，從這篇序文裏可以看出。

徐光啓青年時，喜歡研究實用科學，當時的實用科學祇有農學，光啓後來著有《農政全書》，在書裏說：

「余生財富之地，感慨人窮，且少小遊學，行經萬里，隨事諮詢，頗有本末。」（農政全書　卷三十八）

他研究科學的興趣，使他和當時初到中國的西洋傳教士相接觸。當他在萬曆二十八年赴禮部試時，路過南京，走訪利瑪竇，相見如故交。禮部試落第，回上海，再過南京訪利氏，利氏已經首途北上，祇遇到羅如望神父（Joannes di Roccia）。後三年，又到南京訪羅如望，留住八天，學習天主教教義，受洗入教，終身爲一虔誠的天主教信徒。

光啓點了翰林，以庶吉士銜在院習業，旦夕能和利瑪竇相過從，談論教義，學習修身。他承認以往所學都不足稱爲學問：「余向所嘆服者，是乃糟粕煨燼，又是乃糟粕煨燼中萬分之一耳。」（跋二十五言）

二、研究科學

光啓和利瑪竇同住北京三年，從萬曆三十二年到三十五年（一六〇四——一六〇七），在這三年中，他和利氏「論道之隙，時時及於理數。」（同文算指序）光啓對於數學早已專心研究，在考中進士的前一年（一六〇三年），曾給上海知縣劉一爌寫了一篇〈量算河工及測量地勢法〉。和利氏研究數學則是西洋幾何學，共同翻譯《幾何原本》，譯完前六卷。

《幾何原本》爲希臘數學家歐幾里得的著作，註解則爲利氏業師丁氏的課本（Cristoforo Clavio），原文爲拉丁文。利氏向光啓口譯，光啓作筆記，然後三讀三改，纔成定本，爲西洋科學的第一種翻譯。四庫全書總目提要評論這冊書說：「光啓反覆推闡，文句顯明，以是弁冕西術，不爲過矣。」

光啓向利氏請教天文曆數之學，學習自作儀器，製造圖表，又和利氏合譯《測量法義》一書。

萬曆三十五年（一六〇七年），光啓授翰林院檢討，忽遭父喪，辭官歸里，守服三年，在家居喪，勉力省察修身，曾赴澳門，親向耶穌會士問道。又邀請郭仰鳳神父到上海開教。家居稍閒，專心研究農業，實驗接木。不幸遭遇大水，人民鬧饑荒。乃親嘗草木，辨別可食和不可食的種類，後來列舉在《農政全書》裡。又研究改良養蠶的方法。

喪服期滿，光啓進京，復官翰林院檢修。時利氏已因病去世，遺命不運葬澳門，禮部奏請賜地安葬。光啓入京，主持利氏殯禮，給萬曆三十八年十一月一日，安葬二里溝。光啓向在京的龐迪我（Didacus Pantoja）和熊三拔（Sebastianus de Ursis）兩位神父，繼續研究科學，作有《泰西水法》、《勾股義》兩書。開始西洋科學又介紹西洋科學，光啓算是中國的第一人。當時中國的社會，閉關的思想很盛，朝廷的官員裡排外的心理也很重，光啓卻終生勤奮努力研究西學，晚年主持曆政，修改曆法，邀請耶穌會神父，一同翻譯曆書，也研究西學的精神，在當時造成了一種風氣。李之藻、方從智爲這時代研究西學的傑出者。

三、練兵

明末的政治局勢，腐敗凶險，宦官專橫，小人用事。萬曆四十一年，光啓充同考官，試畢，疏請因病南歸，息影津門。在津門住了五年，祇在萬曆四十五年奉命往西北冊封慶王。光啓素有到西北墾荒的志願，不能成行，乃在天津開墾荒田，講求佳種，引水灌溉，種藥種葡萄，研究撲殺蝗蟲，積成《農政全書》的貴重經驗。

萬曆四十六年（一六一八年）滿州兵陷撫順，楊鎬出關，率兵抗禦，竟於第二年，四路大敗。萬曆帝急罷楊鎬，任熊廷弼持節出爲遼東經略使。光啓在這一年奉旨復職，立即上疏請練新軍，同年又上第二疏，陳述練兵應行選練。萬曆帝下旨「徐光啓曉暢兵事，就著訓練新兵，防禦都城，吏部便擬應陞職銜，來說，欽此。」吏部擬了官銜，皇上降旨「是日徐光啓陞詹事府少詹事，兼河南道監察御史，管理練兵事宜，欽此。」

徐光啓在通州設營，選練新兵。當時因京師緊急，各省的府吏招募援軍，遣送京師。這些援軍都不識戰術；多爲烏合之眾。徐光啓擬定計劃，從烏合之眾裏，選擇有資格的少年，到通州營裏，嚴加訓練。但是援軍的軍餉沒有辦法可籌，遣散費也沒著落，就是通州營的糧餉，也不能領到。援軍不得糧餉，便在京師譁變，自相殘殺，光啓向朋友官僚中勸捐，皇上頒賜賞銀，自己又墊發餉銀四百兩，纔能遣散援軍。然而從這批烏合之眾裏，無法可選受訓的新兵，光啓勉強訓練三營，戶部不發餉銀，光啓乃於熹宗天啓元年，因病辭職，退居上海。

天啓元年三月，清兵破瀋陽，殺總兵賀世雄和陳策，又陷遼陽，經略史袁應泰自殺，熹宗詔赴熊廷弼再度出任遼東經略史，徐光啓上疏請購用西洋大砲，防守京城。並籌資遣張燾赴澳門，運火砲到江西廣信，因朝臣阻撓，洋兵砲手遷回。熹宗於天啓三年，詔升光啓禮部右侍郎，充纂修神宗實錄副總裁，光啓辭官不赴任。當時正是太監魏忠賢專權。崇禎元年，光啓入京朝賀，詔復職。十二月，加太子賓客，充纂修熹宗實錄副總裁。

在退居上海時，光啓編輯了《農政全書》。全書六十卷，研究屯墾、水利、荒政三項主題，結合數十年各地採訪，自作試驗的資料，援引古書以供借鏡。

但是國家的局勢，日見靡亂，熊廷弼於天熹五年被殺，繼任經略史孫承宗也被罷免，朝廷以袁崇煥統率關內外軍。然以魏忠賢的忌刻，袁崇煥辭職還鄉。崇禎元年，起用崇煥爲兵部尚書，督師薊遼。次年，清兵大舉入關，盡陷京東各州縣。光啓時拜禮部左侍郎，奏請購用西炮守城。皇上准奏。光啓乃一面著李之藻在京師監制，一面遣教士赴澳門，運炮到涿州。但是經費不足，各部又多方掣肘。光啓不能實現所擬計劃。清太宗則因受火炮的攻擊，乃轉而用重利招徠製炮工人。光啓上疏說「恐以十餘年報國之苦心，翻成誤國之大罪。」他便放棄了製炮大計。

四、修曆

崇禎二年（一六二九）二月，日食，欽天監按大統曆和回回曆推算，所算時刻不符，光啓以西洋曆法推算，時刻準確。皇上下諭嚴責禮部，禮部乃上書疏請飭令徐光啓修改曆法，皇上批覆：「這修改曆法四款，俱依議。徐光啓現在本部，著一切督領。李之藻速與起補，蚤來用事。該部知道。」

徐光啓時年已六十九歲，開始修改曆法，每天親往觀象臺測驗，西士龍華民（Nicolam Longobardi）、湯若望（Adam Shall von Bell）相助。在觀象臺不幸失足，墜落臺下，致傷腰膝，不能行動，兩次上疏請辭，皇上御批無客辭職，著多選人協助。光啓乃著手編譯曆書。

崇禎五年，光啓奉旨以禮部尚書，拜東閣大學士。當時周延儒位居武英殿大學士，溫體仁位居中極殿大學士，溫周兩位奸婪機警，共攬大權。光啓入閣爲相，不能參預朝政，仍繼續編譯曆書，修改曆法。崇禎四年正月，第一次向皇上奏呈曆書，計有《曆書總目》、《曆學法原》三種（日躔曆數 測天約說 大測）、《曆表》、《曆法法數》四種（日躔表 制圜八線表 黃道升度表 黃寺距度表）、《曆學會通》。崇禎四年八月，第二次奏呈曆書，有《測量全義》十卷、《恒星曆數》三卷、《恒星曆表》四卷、《恒星總圖》一摺、《恒星星圖像》一卷、《揆日解訂訛》一卷、《比例規解》一卷。

崇禎六年，光啓抱病不起，上疏奏請以山東參政李天經繼管曆時。十月初七日，病逝，享壽七十二，時在公元一六三三年十一月八日。崇禎帝聞耗，輟朝一日，追贈少保，謚文定。光啓一生，爲官清廉，自奉菲薄。張溥《農政全書》序說：「登政府日，惟一老班役，衣短後衣，應門出入傳話，古來執政大臣，廉仁博雅，鮮公之比。」

五、十國天主教會的基石

徐光啓於萬曆三十一年受洗入教，次年晉京，和利瑪竇相好，深刻地研究教義，他作「正道題綱」說：「正道寬宏，智德難窮，堪深悠遠，萬物其宗。……傳教士捨西顧東，九萬里過海飄蓬，不辭披星戴月，何憚宿露餐風。惟願人人各正性命，惟願人人體道歸宗。」（徐文定公文集 卷一）

萬曆三十五年遭父喪，父親懷西公曾在京受洗。光啓在京舉行喪禮，一切遵行教會禮儀。護柩歸家，在上海開弔，邀請郭仰鳳神父來滬主持喪禮。喪禮在中國社會爲一樁大事，習俗禮規，沿用千年，光啓第一次以翰林身份公開以天主教教禮舉行殯葬儀禮，頗能引動物議。

居喪時，親往澳門，在耶穌會會館，學習退省方法，四十天逃避人事，靜默省察，以正自心。

居喪在家，乃邀郭仰鳳神父來上海開教。光啓集合親族親戚，靜聽郭神父講道，自己親轉彌撒聖祭。一年內，有五十餘人接受洗禮。次年（萬曆三十七年），上海教友已經有兩百人。光啓在自己住宅附近蓋一座小型教堂，中國天主教歷史，以光啓爲上海天主教教會的開創人。

萬曆四十四年，光啓由津門奉旨復職，同年，南京禮部侍郎沈潅上疏，請減天主教。疏入，不報，沈潅又連上兩疏。光啓在邸報見到了沈潅的奏疏，立即上疏辯護。自己指出沈潅所指士大夫有信教者爲他自己。他又說明「累年以來，因與講究考求，知此陪臣最真最確。不止蹤跡心事，一無可疑，實皆聖賢之徒也。且其道甚正，其守甚嚴，其學甚博，其識甚精，其心甚真，其見甚定。（辯學章疏　徐文定公文集　卷五）沈潅誣天主教爲白蓮教餘黨，請查辦西洋教士，皇上下諭照辦。光啓乃請在南京上海的教士暫時躲避在他家裏，又馳函當地友好救護西士。萬曆四十五年，沈潅去官，一場風波，乃告平息。

光啓晚年身爲閣老，信教更誠。在司鐸前，卑躬自持，自稱晚輩。參加彌撒時，常替神父輔祭，進退儀節，絲毫不苟，在聖堂內不願坐在爲他預備的特位，坐在一班教友當中，每天公疏雖忙，從不疏忽神功，清早行默想，參加彌撒，晚晌，行自省，誦玫瑰經，教會的大小齋期，常遵守不差。又常克己苦身，以除惡習。

蔣夫人宋美齡女士，曾爲徐文定公家書墨蹟書一序文，序文中頌揚文定研究科學，前無古人，「然其所最足師法者，一爲對宗教之信仰，雖在大地夢夢，眾口囂囂之中，而起信起敬，身體力行，始終不懈。一為對治學之方法，其未之能行，唯恐有聞，與早作夜思。」

徐光啟年譜

一六六二年四月二十四日——明嘉靖四十一年三月二十一日，生於上海。

一五九七年——萬曆二十五年，舉鄉試第一。

一六〇三年——萬曆三十一年，在南京受洗。

一六〇四年——萬曆三十二年，成進士，翰林院庶吉士從利瑪竇習天算科學。

一六〇七年——萬曆三十五年，印刻《幾何原本》父喪。

一六一〇年——萬曆三十八年，除服復原職，利瑪竇逝世。

一六一一年——萬曆三十九年，教書內書堂。

一六一三年——萬曆四十一年，充同考官，以疾請假息影津門。

一六一七年——萬曆四十五年，升左春坊右贊善，奉命冊封慶王，再請假，退隱津門。

一六一八年——萬曆四十六年，清兵破撫順，奉旨復職，奏請練兵。

一六一九年——萬曆四十七年，升詹事府少詹事，兼河南道監察御史，在通昌練兵。

一六二一年——天熹元年，辭官，退隱津門。

一六二五年——天熹五年，遭智鋌論劾，奉旨帶冠閒住。

一六二八年——崇禎元年，原官起用，充熹宗實錄副總裁。

一六二九年——崇禎二年，升禮部左侍郎，奉旨修正曆法，協理防城火炮。

一六三〇年——崇禎三年，升禮部尚書；兼翰林院學士。

一六三二年——崇禎五年，以禮部尚書兼東閣大學士，入閣參預機務，知制誥，，充纂修熹宗實錄總裁。

一六三三年——崇禎六年，升太子太保禮部尚書，兼文淵閣大學士。十月初七逝世，享壽七十二歲。

保祿六世的精神

《論語・憲問篇》記載說：「子路宿於石門，晨門曰，奚自？子路曰：自孔氏。曰：是知其不可而爲之者與！」孔子在春秋亂世，有志實行堯舜文武之道，使天下和平，人民幸福。但在當時乃是不可能做到的事，而孔子周遊列國，宣講仁道，晨門乃佩服他爲一位自強不息的偉人。

教宗保祿六世，真是一位「知其不可爲而爲之者」的偉人。

第二次大戰以後，共黨在全球播散仇恨發動內戰，使千萬人民流離失所，更有萬萬人民淪爲共黨奴隸。先有中國大陸赤禍，次有韓國，繼有越南，然後有非洲。教宗保祿連年呼號和平，運用精神力量以息戰爭，又建立世界和平日，啓示全球人民正義仁義和平的基礎。他曾到聯合國勸告各國政府以合作代替戰鬥，以正義消弭不平的抗議。他的呼號在仇恨爭奪的黑暗國際社會裏，爲一盞照明的燈，雖不曾平息各種戰爭，然而給全球人類的心靈，一種祥和的安慰，他曾飛到六大洲，向各洲人民傳佈正義仁愛的和平。

第二屆梵蒂岡大公會議以後，教會內部各種革新運動和建議，如似雨後春筍，各處叢生。保祿六世的心靈非常開朗，接受革新的要求。他提倡天主教和基督教以及回教佛教的交談，以進於合作。爲追求天主教和基督教的合一，他坦承天主教的錯誤。他改變了教廷集權的政策，使各國主教參加決策的意見，他批准了成千的司鐸還俗結婚，他修改教會法典。但是在教會的基本教義和原則上，他屹立不搖。十年前他公佈了對於節育的文告，反對人工節育，允許自然節育，引起了各國教內外人的抗議和批評；他卻不爲所動。許多神學者倡言司鐸可以結婚，倡言女子可以晉司鐸，保祿六世堅決拒斷。有的神學者更倡言教會爲聖神靈感的教會，信友各人自由和天主相接，不必經過教會的治理。保祿六世責斥他們妄解聖經，因聖統制乃基督所立。

共匪竊據大陸，我們的政府遷臺，歐美竟有教會人士，主張教廷與我國政府絕交，以求共匪的親善。又主張教廷應派人和共匪接觸，以求保護中國大陸的信友。保祿六世很關心我們大陸的教胞，很同情我們同胞處於苦海的遭遇，但是他堅持在臺北的教廷大使館決不撤退，也決不和中華民國政府斷絕國交。

保祿六世生時非常溫和，彬彬有禮，有中國儒家學者志風。他爲人處世，從不願傷害別人。法國一位總主教，反抗教會的革新，組織了復古的學校，非法選任司鐸，教宗以各種方法勸導，不能使這位老主教改過。別人都認爲應按法嚴辦，保祿六世仍容忍不加以傷害。「是知其不可而爲之者」！保祿六世外柔內剛，有基督的仁愛，也有基督的勇氣。聖保祿曾說他作事不是爲求得喜歡，而祇是爲追隨基督，保祿六世心目中所有的是基督，一生的言行，常是一貫，有原則，有綱領，他雖一生在外交界工作，他雖長於政治，然而他是一位忠於基督的聖者，他懷有基督的心情。

民國六十七年八月十七日「教友生活」

恭悼教宗若望保祿一世

《中庸》第十二章說：「子曰：君子依乎中庸，遯世不見知而不悔，唯聖者能之。」教宗若望保祿一世，在被選爲教宗以前，不見知於世，當時全世界猜測教宗的被選人，都沒有他的名字。當他就職爲教宗以後，大家都等著從他的言行裏，漸漸認識他；他卻在三十三天以後崩逝了，人們祇看見他的微笑，稱他爲微笑的教宗：他仍舊是不見知於世。

他不以不見知於世而有悔。當他以威尼斯的宗主教身份被選爲教宗，他以爲很突然，出乎意外之事，心中緊張，左右的兩位樞機用話鼓勵他。他決不以突然爲天下的人所知而高興，心中所體驗的情緒乃是焦急。三十三天後當他在睡眠，突然因心臟病而逝世，他卻不表示緊張的情緒，面上乃是微笑；他真是不爲人所知而不悔，確是一位聖者。

他是一位聖者，因爲他一生依乎中庸。全世界的報章雜誌都說若望保祿一世的當選，理由在於他是一位中庸的長者。他不偏於右，過於保守，又不偏於左，過於激烈。孔子曾說：「過猶不及」（論語 先進篇），若望保祿是一位依乎中庸的長者。

在威尼斯宗主教任內，他生活淡樸，愛護窮人，不惜變賣教會的貴重物品，以濟窮困人的急難；但是他堅決反對共黨主義，聲明一個天主教信友不能是一個馬克思信徒。他推行第二屆梵蒂岡大公會議所定的教會革新工作，但是他堅定否決司鐸結婚和人工墮胎。

在登基爲教宗時，他簡化了登基典禮，不用加冕，不用肩輿，祇加披象徵教宗職權的胸帶，但是在公共接見時，爲使來見的人視線更好，他又用傳統的肩輿；在接見政府要員和外交使節時，也保留傳統的禮節。

他的這種中庸精神，取得樞機們的重視。乃能在教宗選舉會中，以最短的時間當選。我們當時都認爲是一種奇蹟，奇蹟的來源是當選者的品德。也就是《中庸》上所說的「唯聖者能之」，祇有聖人纔能做到。

聖人品德常照耀人世，不是如同一顆彗星的光，一閃即逝。教宗若望保祿一世，不是一顆彗星，他的品德所代表的精神，將長留在我們教會內。

基督曾說：一粒麥子，若不埋在地下而腐化，常是一粒麥子；若是在地下腐化了，則發芽而後能結百倍的麥粒（若望福音 第十二章第二十四節）。若望保祿一世突然崩逝，大家都很惋惜，但是我們相信，他的精神將會導引許多人走上他的路，仿效他的中庸美德，取法他的誠實、平淡、愛人的芳表。

孟子曾說：「君子所性，雖大行不加焉，雖窮居不損焉。」（盡心上）若望保祿的品德不以升了教宗而加多，也不以任教宗時間很短而減少。

當然，我們惋惜他走的太早，若天主再給他一些歲月，他必定可以做出許多大事。不過，在天主眼中，不是大事有價值，而是好心有價值。他接受了教宗的職位。他誠心願意滿全教宗的責任。據報導說，醫生曾經在教宗去世的前幾天，極力勸他減少勞累，教宗答說他沒有辦法。天主看重他這片切實負責的誠心，認為他已經做了他所當做的事，就召他歸天。

他已經在天上安息了，不再為這個紛亂的世界和教會裡擔憂焦慮，但是我們很需要他這樣的聖人。我們目前的紛亂的世界，所看見的是為金錢，為地位，為出鋒頭，為享受，互相鬥爭。若望保祿一世的謙虛、誠實、樸素、負責的精神，纔是這個世界的救藥，纔能給這個時代的人帶來心中的安慰，給這個社會帶來和平。

聖者的精神是長留人世，我祝望教宗若望保祿一世的精神，長留在我的心裏，長留在你們大家的心裏，長留在我們整個天主教會內。

六十七年十月十二日「教友生活」

我所認識的保祿六世

一九三七年秋天，我在羅馬教廷法學院攻讀第二年教律。在選修科目中，我選了教廷外交史。教授教廷外交史的教授，是教廷國務院一位年輕的高級職員，名叫孟第尼蒙席。那年選這科的學生，大約共有七人。孟蒙席每週來授課一次，講授德國和教廷的一段外交史，印有油印的講義。孟第尼教授身材清秀，濃眉，隼鼻，天藍眼，前額稍禿。說話聲音不高，講書很清晰。在授課前後誦經時，合掌端頌，態度很虔誠。但是過了幾個月升了國務院常務副國務卿，停止授課。

過了六年，中國駐教廷第一位公使謝壽康先生抵梵蒂岡。謝公使呈請我國政府聘我在使館幫忙；我國外交部准予聘請，謝公使乃通知教廷國務院。常務副卿孟第尼蒙席召我入見。笑對我說：「吩咐秘書引你到辦公室來，因為在客廳那邊，候見的人很多，你要等得太久。」隨即說明關於我在中國使館任職的事，傳信部有一個條件，國務院也有一個條件。傳信部要求隨時可以調動我任他種職務，國務院要求在大戰期間不列我的名字於外交團名冊中。我答應兩項條件為我沒有困難，都可以接受。少談，辭出，副國務卿預祝我諸事順利。

他身著蒙席的禮服，態度文雅，談吐很有次序，不匆忙，又不閒談。他本來可以把這事告訴謝公使，或者用一紙公文通知使館；但是他願意當面向我說明：傳信部的條件是看重我，國務院的條件是顧慮我出入羅馬的自由。（大戰時義大利政府不許交戰國駐教廷人員出入羅馬城）

第二次大戰時，教廷國務院甚忙，教宗自兼國務卿，非常事務和通常事務兩副國務卿，分理國務院院務；但是常務副國務卿的職務最煩，院內又增設戰時俘虜通訊處和難民救濟處，協助戰時各國俘虜與故鄉親友通消息，救濟各國戰時的難民。不必說這些國際大事，當時消耗常務副國務卿的心血，就是連梵蒂岡小小一個市政府，也常使孟副國務卿煞費苦心。當時掌握梵蒂岡市政的是加納里樞機，集權獨斷。市內住有由羅馬城搬來的大批外交官，他們都是和義大利交戰國的駐教廷使節人員，一時城中不但人滿，而且處處都能遇見大使公使和他們的夫人。梵蒂岡城本來是一清靜花園，供教宗午後散步。於是外交官四處亂跑，加納里樞機看不順眼，便想加設層層限制。於是市政府和國務院的交涉頻繁了。孟副國務卿常是態度從容，爲外交團辯護，外交官乃能在幾方哩的城內幽居了三年，也覺得生活安適。當美英法聯軍在義大利南部登陸後，德國人擒捉了許多聯軍俘虜。有些俘虜因著義大利人民的掩護，竟能逃出了集中營，有幾個英國人和波蘭人竟又跑進了羅馬，他們便設法混進梵蒂岡城。開始的兩三個混進去了，馬上請求保護，英國大使和波蘭大使立時往見孟副國務卿，副國務卿轉商市政府，妥爲安置。然而德國士兵常站在聖伯多祿廣場前面巡哨，加納里樞機很不喜歡招惹德國人的麻煩，便在梵蒂岡的城門加置巡警，凡出入城門的人都要出示身份證。一次，一個波蘭俘虜進了城門，巡警按照市政府的訓令，把俘虜拉出了城外。波蘭大使馳赴孟副國務卿處抗議。然而俘虜已經出去了，已到別處隱藏，事件不談而消。後不久，又一個波蘭俘虜衝進城門，巡警拉他，他對抗不走，波蘭大使（住處，距城門很近）聞聲趕來，阻止巡警採取行動，立時又登樓往國務院，請見孟副國務卿。副卿的秘書因大使未有約會突然請見，在候客室內擋駕，答云孟副國務卿因公外出，不在院內，波蘭大使怒罵秘書，聲明本人有見副卿之權。忽見客廳門啓開，孟卿含笑而出，邀大使入內。這次市政府終於留下了波蘭俘虜，又妥爲安置。

謝公使去職後，吳經熊先生繼任駐教廷大使。孟副國務卿聽說吳公使有十三個子女，全家都誠心信主，心中很爲器重，呈遞國書後，吳公使率全家親見教宗庇護第十二世，我也陪見，入見前，孟副卿稟請教宗准予合攝一影，教宗允諾，吳公使全家與教宗合攝的影，開教宗與一私人家庭攝影之先例，當時登遍世界的各家大雜誌。

每年七月一日耶穌寶血節，吳公使率領全家往孟副國務卿寓所小堂，恭與彌撒，領聖體。彌撒後，孟卿延入寓內，同進早餐。桌上特備有糖果、糕點，爲吳公使兒女之用。一九五九年七月一日，吳公使全家最後一次在孟卿小堂望彌撒，早餐後，孟卿約我登樓入國務院面交教宗敕封吳公使爲袍劍待衛和敕封我爲教官神長的兩封敕書。孟副卿事事細心，想得週到，他願意在吳公使全家向他告別時，以教宗敕封的敕書，贈予吳公使。

吳公使在任時，常派我到國務院代他謁見副國務卿，孟副卿每週有一天接見駐教廷外交使節。接見時，大使在先，公使在後，其餘人員更在後。我往見時，幾乎常是在最後，時間已近午後兩點，副卿開門請入，輕輕關了門，第一句話常是：「啊！中國來了！」然後笑問起居，接著乃談來見的事。吳公使離任後已故朱英先生任代辦，也常同我往見副國務卿。在七年以內，除了暑假，平均每月往見副國務卿兩次。孟副卿常是一樣的微笑，一樣的文雅。每遇一事，他必答應盡力辦；如不能辦，必婉轉說明。他說話不多也不少，沒有閒談，也不冷落。有時他真乏了，閉眼靜聽，似乎打盹，但到該答話時，馬上答覆。他看事很開明，尤其常講情理。當時我們中國的國勢日衰，他始終對中國表同情。當謝壽康公使第二次回任時，教廷考慮頗久。一九五四年初，一次在聖伯多祿殿參與大典後，孟代理國務卿（一九五三年初，升代理國務卿）向我說：「一切都好了，謝公使可以回任。」後來，我國政府忽加了考慮，謝公使於當年秋天始能再度抵梵蒂岡任公使，爲遞國書，教宗庇護十二世下令國務院命儀式從簡，我方當然希望儀式隆重，孟代理國務卿三次召我到國務院商議，議定呈遞國書儀式，不簡也不繁。那次是最後一次，我同孟第尼蒙席討論使館的事務，當年十一月一日，教宗庇護十二世任命孟代理國務卿為米蘭總主教。

我所認識的孟第尼蒙席，是一位性情溫和、態度文雅、律己嚴刻、待人寬大的人，他處理事務，謹慎週到，有條不紊。性喜讀書，學識很有根基，精閱現代社會問題，演講時，少有空言虛辭，多尚理論證據。在當時教廷的外交圈裏，沒有人不敬重孟副國務卿的人格學識。

在米蘭，我只見了孟第尼總主教一次。當我受聖為主教後，往瑞士德國勸募善捐，路經米蘭。乃往主教公署拜謁孟第尼樞機。承邀留署午餐，談論臺灣傳教情形。孟樞機仍舊是以往的溫和文雅、誠懇寬大。餐畢，又蒙贈一精美聖爵，囑咐我在聖爵的下端加刻贈爵的題字。

民國六十七年八月十七日「教友生活」

追思于樞機

今天追思彌撒所讀的福音爲六端真福。基督六端真福大道中，宣佈了祂的人生觀，釐定了人生的價值。中國古人在《書經》的〈洪範〉裏也說明了人生的價值，以五福六極爲標準。《書經》所說的五福爲：壽、福　康寧、修好德、考終命；所說的六極爲：凶短折、疾、憂、貧、惡、弱。這種人生價值，爲人類天性的要求。凡是人都喜歡富貴，厭惡貧賤；喜歡受人尊敬，害怕被人輕視。基督的六端真福，卻把普通一般人所有的人生價值倒過來了。祂以安貧樂道，心地潔白，愛慕正義的人爲有福的人，這種人生價值，在孔子、孟子的思想裏也有同樣的觀念，孔子稱讚顏回安貧樂道；孟子主張捨生取義；《中庸》教人正心誠意；《書經》的五福六極。是物質精神方面的人生價值，基督和孔、孟所講的人生價值，爲精神方面的人生價值。精神超於物質，精神方面的人生價值也高於物質方面的人生價值。

故校長于樞機爲一位精神生活很高的偉人，他一生所追求的是精神方面的價值。

他一生安貧樂道，獻身於教會。雖位居南京總主教，輔仁大學校長，天主教的樞機，他沒有自己的住所，他的寓所裏沒有廚師，他的衣服常是破舊。他去世後沒有留下餘錢和財產，他安於自己的清淡生活，而且隨遇而安，他是「神貧的人是有福的」。

于樞機最喜歡周濟別人的苦難，尤其是青年人。凡是青年學生或是他送到國外的留學生，遇到困難時，他都慷慨地接濟。當年他剛從羅馬傳信大學畢業，留在學校教書，又在義大利政治學院教書時，一個由上海步行到羅馬的青年，身無分文，請他幫忙。于斌神父手上也沒有錢，他就把在傳信大學所領到很薄的薪金，交給那個青年，吩咐他每天買菜做飯，他們兩個人一起吃飯，那個青年不知道做飯，煮出來的菜簡直不能吃，于斌神父卻說好好吃。他晚年在臺灣所領的國大代表月薪，都給了自己的三叔和親戚，作爲生活津貼。他一生最大的缺點，也是他最大的強處，就是不會管錢，只要人家有急難，或者說有一個爲社會有益的計劃，他有多少錢就給多少錢。當他辭去輔大校長職務後，原想在美國久住幾個月，一面爲做國民外交，一面爲康寧醫院建築費籌募。因此他去世時的憾事，就是沒有完成康寧醫院，以救濟貧患的人，所以他是「憐憫人的人是有福的」。

于樞機體格偉大、高岸、威嚴。可稱爲一位健美的男子。他一生交接的人很多，上自政府要人，下至平民小販，但他交接最多的是青年，送幾千位學生到國外留學。在輔大任教長，當然不少的女青年和他相接觸，然而他一生冰清玉潔，嚴守男女之別，度教士的獨身生活，他真是「心裏潔淨的人是有福的」。

于樞機一生最大的優點，也是使人最欽佩的，是他一生主張正義，爲正義而奔走。他出身黑龍江，青年時東北陷入日本人手裏，他在羅馬就開始救國，呼求正義，反抗日本人的霸道。七七事變以後，他剛到南京任主教，馬上出國，周遊歐洲、美洲。向各國政要和天主教人士，宣講日本違背正義，侵略中國，爭取各國的政府同情，以支持我們的抗戰。勝利以後，返回首都任制憲委員會和國民代表，在大會中，每當爭執時，常出來主持會議，伸張正義。共匪叛國以後于樞機更是一心一意要消滅共匪，返回大陸，全球的人都知道他是反共的鬥士，因此他是「饑渴慕義的人是有福的」。

因主張正義，他追求正義的和平，每年元旦國際和平日教宗保祿發表和平文告，于樞機常寫一篇解釋的文章，在中央日報刊登。又因主張正義，遭受迫害，共匪指他爲首要反對份子，各人士責他爲「政客」，他也是「締造和平的人是有福的，爲義而受迫害的人是有福的」。

于樞機是一位有福的人，他高爵到爲樞機，他死後哀榮空前。然而他的幸福乃是永生不朽，他的名字長留在中國歷史和教會歷史上，他的精神將久存在中國人心中，尤其他的靈魂長生於天堂的真福中，永遠欣賞絕對的真、美、聖、善的天主。

民國六十七年十月四日于樞機逝世七七冥日輔仁大學追思彌撒禮中講道

民國六十七年十月十二日「教友生活」

于斌樞機逝世週年

一年之中，幾乎每天都從于斌樞機墓園走過，每次對著他的純黑色大理石的墓，常常有很深的感觸。雖然以前我沒有看見他在校園裏漫步，現在對著他的墓，我彷彿看見他站在那裏，他那高大雄偉的身軀，慢步向我走來。這個校園裏，不是充滿他的目光，充滿他的聲音，充滿他的關懷嗎？這一棟一棟的校舍，不都是因著他的操心而建設起來的嗎？他的遺體現在留在輔大，他的心現在也仍舊留在這裏。

去年八月二日，他舉行了輔仁大學校長交接禮後，我們大家送他上汽車，他抬頭向周圍看了一看，神情很悽然地上了汽車，車子慢慢載他離開他手創、並管理了十七年的輔大。我那時請他在十二月八號回校，慶祝升神父的金慶；但千萬沒有想到八月二十八日他回來了，回來的乃是他的遺體！他因教宗保祿六世在八月六日逝世，於八月九日赴羅馬，八月十六日在羅馬去世。

于樞機一生的功績很多，足跡遍天下；他到死仍是南京總主教，但是他在南京總共不過住了四年。他一生住得最久而管理最久的，乃是輔仁大學。

輔仁在臺復校的計劃，由教宗若望二十三世，教廷宣道部長雅靜安樞機，中國田耕莘樞機，三位所構想，于斌總主教爲這個計劃的執行人。復校計劃以三個單位負責進行；聖言會、耶穌會、中國本籍聖職員，三個單位，負責實際建築校舍，開辦院系。于斌校長策劃全校進展的理想，督責各單位按部就班，向上發展。學校在民國五十二年開學時，祇有哲學研究所一班，學生十個人，在臺北市吉林路輔大辦事處上課。去年他辭卸輔大校長職時，輔大已有五院，三十二系，八個研究所，日夜間部學生一萬一千四百多人，新莊的輔大校園，可算全國大學裏的最美麗的校園。

于斌校長對輔大的理想很大，當初他設想十個學院，在新莊開辦了理、法、商、文、外語五院。並開始籌備在高雄澄清湖辦海洋學院，在臺南縣辦農學院，在內湖辦藝術學院，後來都因各種困難沒有實現。但他最大的理想，則是在內湖康寧社區，建造醫院，開辦輔大醫學院。雖然迭經波折，未能成功，但他到死沒有放棄這個理想，辭去校長職以後，盡全力爲建造醫院而奔走。可惜壯志未酬！現在他在天上或者可能引起繼承的人，以完成他的大願。另外一個願望，他已能看到有完成之日。先總統　蔣公常鼓勵于校長辦工學院，他乃能在去世前一年，使聖言會在理學院設電子工程系，作爲辦工學院的第一步。

教宗保祿六世，屢次對于斌樞機說：輔仁大學應該是研究中國傳統文化思想的中心，使天主教思想，和中國傳統思想相融會。于樞機常記著這種使命，他以身作則，宣揚孔孟思想，講述天人合一的人生哲學，發揮知己知人知天的三知論，又提倡實行祭祖。他平素的服裝，常是長袍馬褂，爲一位真正的儒者。

但他所留給輔大學生的，是他的愛國、愛正義的精神，一生爲國家，一生爲民族，一生爲教會，他把這三種服務，聯合在一起，爲教會作事就是爲國家作事，爲國家作事就是爲教會作事，在教會和國家之間，有中華民族。民族的意識，引導了他一生的工作。

在輔大校園內，他的墓亭，形同教堂，岸然有三層樓高，四週彩色玻璃圍繞。將來松柏長青，綠蔭重重，青草茸茸，花色參差。瞻仰墓園的學生，在靜穆中長能與他的精神相接。

民國六十八年八月十六日

民國六十八年八月十七日「中央日報」

雷鳴遠誕辰百週年

一位外國人，入中國籍成爲中國人，讀中國書，寫中國字，作中文文章，全心愛中國，爲中國的命運而奮鬥；據我淺見所知道的，只有雷鳴遠一人。

明朝末年的利瑪竇，在北京京師和文士達官交遊，讀中國聖賢的書，寫中文文章，向朝廷大員介紹西方天文學、數學和哲學。在中國學術史上留有名字；但是他沒有歸化成爲中國人。

雷鳴遠出生在比國剛城，距今正是一百年。他在光緒二十七年（一九〇一年）來華，爲天主教的神父，被派到天津傳教。

當時正當拳匪亂後，列強企圖瓜分中國。外籍人士在中國氣燄囂張，漢口的租界竟掛著牌子寫上不許狗和中國人進入的字樣。在雷鳴遠來到中國後十一年，即民國元年，羅馬教廷的第一位駐華代表剛恆毅總主教（義大利人），在漢口租界由秘書翻譯知道了牌上所寫的字句，氣憤填胸，用手杖敲著木牌，連連搖首。

雷鳴遠在天津事事表現替中國人抱不平。民國五年，天津法國領事陰謀擴張法租界。租界外有一片荒地，名叫老西開。天津當時的杜主教，向中國政府買了這塊地建造主教公署，法國領事藉保教名義，把老西開作爲租界內地。雷鳴遠神父極力反對。法國領事向杜主教（法國人）提抗議，杜主教禁止雷神父公開說話。雷神父上書法國駐北京的公使，公使又向杜主教抗議，雷神父被調往正定，後來到了浙江嘉興，由浙江回到歐洲。在巴黎那時勤工儉讀的學生正遇著許多困難，雷鳴遠神父便跑遍比國法國，勸募獎學金，他安插了兩百多位同學，還有六十幾位同學的生活費由他負擔，在精神方面他更支持他們，輔導他們。在受他津貼的學生中，包括當時留法的周恩來。

民國十六年，雷鳴遠再度來中國，在河北安國傳教。同年八月八日歸化成中國人，加入中國國籍，他也脫離法國的聖文化傳教會，自己創立了中國的若翰小兄弟會。

他第一次在天津傳教時，特別注意社會運動，在宣統二年，他鼓吹紅十字會，領頭獻捐，又在新的法政學堂教授社會學。民國元年和創辦天津大公報的吳歛之出刊廣益錄週刊。爲著這個週刊，他受了京師林主教（法國人）的責斥。民國四年，雷神父在天津召開救國大會，同年十一月一日，他創刊了天津益世報。

益世報的第一份報在民國五年十月十日國慶日出版。益世日報的出版典禮非常隆重，十月十日早晨天津杜主教爲出刊事業舉行彌撒聖祭，巴黎聖文生傳教會總教也來信致賀，天津的各界更表示熱烈的興奮，全中國的天主教會都相率贈送捐款，資助報業。

益世日報後來成了中國最大日報之一，大家似乎都不理會是一份教會日報，因爲所有的教會色彩不濃，只有每星期一次的宗教副刊。然因立論公正，立場光明，益世日報乃爲大眾所重視。可惜，後來因七七事變，平津被陷，益世報內部又因經理李渡三和閻錫山想購買報社股票，益世報便停刊了。

中日戰爭在九一八事變以後，在長城隘口激烈爆發，民國二十二年，雷鳴遠神父在安國組織了救護隊，隨軍救護傷兵。救護隊隊員有二百四十人，都是天主教教友，由二十位若翰小兄弟會會士負責管理，由雷神父親自率領。到了長城隘口，戰事卻因塘沽協定而停止，救護隊分成四隊，分別在喜峰口、古北口和冷口一帶擔任修路工作。二十九軍軍長宋哲元將軍請雷神父合設殘廢軍人教養院，教養院設在若翰小兄弟會在北平的基地，收容傷殘軍人一百七十多名。

綏遠戰事爆發，雷神父向傅作義申請到最前線擔任擔架救護工作，用小兄弟的會士，組成敢死隊。

蘆溝橋事變，中日戰爭全面興起，雷神父往定縣見唐浩源師長，商量組織救護隊，軍醫處正因救護隊人員逃逸沒法組織時，聽了雷神父的建議，馬上接受，就立刻有了三百人。救護隊在河北方面，隨著國軍的進退，救護傷兵傷民。然後退到山西陝西。

國軍退駐中條山，救護隊隨軍行動。蔣委員長特頒贈雷神父陸海空甲種獎章，電召到漢口晉謁。三次會談，決定組織軍事委員會華北戰地督導民眾服務團。在民國二十八年開進中條山。在當年的十月十六日，奉中央命令，率領一部份團員赴河北河南。沿途遇著共黨軍隊，但尚能達到安國。但當時河北主席鹿鐘麟已被共黨軍隊所攻擊，雷神父往投孫殿武將軍。孫將軍所轄爲新五軍，雷神父在新五軍參謀長室，被逼往劉伯誠處，便成了俘虜。這時是民國二十九年三月，共匪在精神方面，給雷神父重大的痛苦，雷神父病倒了。四月十三日，經中央多次交涉，劉伯誠釋放雷神父。他由小兄弟會會士護送往河南，受龐勳將軍接待，然後往洛陽。六月十一日，因病勢沉重，中央派專機接往重慶。六月二十四日逝世。蔣委員長賜贈輓聯，國民政府頒褒揚令。

天主教會的教義，爲一種超越文化派系的信仰；天主教會的組織是一種超越國界的團體。然而教義信仰的生活方式應融會當地的文化，教會的組織應由當地人士負責。在教會初傳入中國時，教義書籍都由外文譯成中文，教會負責者都是外籍傳教士。但是教會該走的合理途徑，乃是教會的中國化。尤其當列強對於中國壓迫很凶，外籍人士在中國自視很高的時候，教會更要表現尊重中國人的精神，及時提高中國人在教會的地位，同時，教會還要培養信友自尊心和愛國心，在各種困難的情況中，爲民族國家爭光。這種思想便是雷鳴遠神父一生的志願；他終生抱定這種志願，堅決奮鬥，絕不氣餒，終至犧牲性命。

他在教會內工作目標，以中國人負傳教的責任。雷神父分三期進行。第一期，在天津組織公教進行會，號召並組織天主教信友負責傳教。民國六年，在天津召開全國公教進行會大會。後十幾年教宗庇護第十一世創立了義大利公教進行會，在民國二十二年派于斌司鐸由羅馬回北平，任中國公教進行會總監督。第二期進行以中國人負責傳教的步驟，在於向羅馬教廷進言，擢升中國主教。民國五年，雷神父爲這樁大事上書教廷。當時在亞洲和非洲的主教都是外籍傳教士，還沒有一位本籍主教。教宗本篤第十五世在民國八年頒佈通牒釐訂傳教新方策，提出了本籍人士負責教務的原則。民國九年雷神父在羅馬拜訪教廷宣道部部長樞機，陳言擢升中國人爲主教事。又晉謁教宗力言這事的重要。民國十三年教宗發表首任中國主教的命令，民國十五年十月廿八日，教宗庇護十一世在羅馬聖伯多祿（比得）大殿親自給六位中國主教行授職禮。雷神父在羅馬參禮，喜極而泣。第三期工作，加強中國人負責傳教的精神，雷鳴遠創立了兩個團體，一個男性團體，名若翰小兄弟會，一個女性團體，名叫德蘭姊妹會。以中國勤儉樸素的傳統，作這兩個團體的精神。他自己成了若翰小兄弟會的成員，粗衣糲食，胼手胝足，親自操作。出門常乘單車，在河北、宣化和山西的路上奔波。

雷鳴遠神父卻有大聖大賢的愚忠，對於教會上峰的命令，全心服從，雖把他從工作地調走，雖不准他向羅馬教廷建言，他忍受了，而且快樂地忍受了。後來教廷宣道部長纔對他說因著他忍受一切不怨天不尤人，證明他的主張不是想出鋒頭，而是爲教會國家的利益，教廷接受他的建議。他作先知先覺而作緘默的愚人，我很佩服雷神父這種人格，很受他的感召。蔣總統曾輓他說：「博愛之謂仁救世精神無愧基督，威武不能屈畢生事業盡瘁中華。」他一生的座右銘是三句話：真愛人、全犧牲、常快樂。這是孔子的安貧樂道、自強不息、立己立人的精神，更是基督犧牲一己的性命以救天下蒼生的精神。

民國六十六年八月十九日

雷鳴遠的精神

一、紀念館

臺北景美的鳴遠紀念館於本月廿四日開幕。走北新公路的人經過景美橋時，抬頭可以看到橋旁一座高樓牆壁上鳴遠紀念館的大字。橋旁高樓是新建的，鳴遠紀念館則是改建。民國五十三年在原址的兩層樓房裏，先總統　蔣公令設鳴遠紀念館。去年原址的舊樓拆毀了，建造了七層高樓，鳴遠館乃遷設在新樓的第四樓。

這樓新落成的鳴遠館保存很少的雷鳴遠神父的紀念品，僅有他的一尊塑像，像的兩側有先總統　蔣公的輓聯：

博愛之謂仁，救世精神無愧基督

威武不能屈，畢生事業盡瘁中華

還有國民政府的褒揚令：

「雷鳴遠原籍比國，早歲呈准歸化，歷年在平津等處創辦慈善事業，並設立報社，久為社會所推重。此次抗戰軍興，組織救護團隊，在各地竭力救護，收效頗宏。為國宣勞，始終不懈。遽聞溘逝，悼惜良深。應明令褒揚，以彰勞勛。此令。」

輓聯和褒揚令，闡揚了雷鳴遠神父的精神。這種精神現在保留在鳴遠紀念館裏。雷神父的精神是三句話：

「眞愛人、全犧牲、常喜樂。」

二、眞愛人

雷神父於一八七七年八月十九日出生於比國，一九〇一年（光緒二十七年）來中國傳教。到中國傳教的志願，是一八九五年進入聖文生傳教會時就決定了；但當他在法國攻讀哲學神學時，中國發生了拳匪的大亂，殺害了許多傳教士，似乎沒有希望實現他的志願了。拳匪大亂的次年，北京樊主教到法國探親，藉機招召有志傳教的青年，雷鳴遠接受了招召，便隨樊主教到了北京。他來中國的志願爲傳基督的道，基督的道在愛人，他便立志實現基督的愛，真心愛中國人。一九〇二年，他初次在京東大口屯傳教，親身體歷鄉間人的勤僕，便在心裏養育了愛窮苦人的心情。後來他被派到天津，看到當時外國人在租界間輕視中國人，他的正義感更加強了愛中國人的心，處處替中國打抱不平。雷神父於一九〇六年（光緒三十二年）到天津，不久，發生法國領事擴展租界的事，雷神父立刻向天津杜主教上書，又向法國公使上書，極力抗爭不容侵害中國主權。杜主教爲法國人，因著法國公使的壓力同聖文生會會長把雷神父調往正定，後又調赴浙江嘉興。

當他在天津時，發起愛國運動，後來在嘉興，他給寧波趙主教寫了一封備忘錄，在備忘錄裏他肯定中國教友有權利也有義務愛自己的國家，如同歐洲教友愛自己的國家一樣。

第一次世界大戰以後，中國留學生湧向法國，雷神父向當時在中國的教廷視察員光主教建議關心中國留學生。雷神父便被召回歐洲，一九二〇年四月同光主教一齊到巴黎，法國外交部通知光主教雷神父不許留住法國，光主教抗辯，法國外交部作罷，雷神父在法比兩國組織自由中國友善會，特別協助勤工儉學的中國學生。當時在巴黎有中國學生的「中法協會」，係左派組織，以打倒宗教爲基本目的。又有「勵學社」，是一個超派系的組織。勤工儉學的中國留學生都列名在中法協會，因法國經濟不景氣，勤工的學生被迫離開工廠，失業，掙扎求學，苦不堪言。雷神父的經濟也很拮据，在比國和羅馬四處張羅，救濟這些流離的苦命學生。

沒有錢也可以作事，乃是雷神父的原則。他在天津曾創辦益世日報，他手無分文，向各方募捐，益世日報於民國五年十月十日出版。三個月後，成爲北方的一份大報。

雷神父愛中國人，也愛中國的天主教教士，極力提倡中國教會由中國主教領導。他到了比國，便請求比國京城的總主教墨西愛樞機介紹他往羅馬晉見教宗和國務卿。墨西愛樞機一九二〇年十二月往羅馬，電召雷神父趕往，雷神父於十二月二十日抵達，次日晉見傳信部長王老松樞機，二十七日晉見國務卿嘉斯巴里樞機，二十八日覲見教宗本篤十五世。他向教宗和樞機所陳明的，都是選升中國主教。教宗本篤十五世在一九二二年崩逝，庇護十一世登基，立刻斷絕歐洲各國政府的保教權，派遣代表駐華。一九二六年十月廿八日在羅馬聖彼得大殿舉行了第一任六位中國主教的大典。雷神父在大殿參禮，熱淚盈眶。典禮後，他隨六位主教中的安國孫主教回中國，在安國孫教區工作，創立耀漢會。

九一八事變後，長城戰役，雷鳴遠神父成立便衣救護隊到戰場救護傷兵。雷神父自己領隊，在冷天雪地裏，冒死到前線，抬架傷亡兵士。長城戰役後，宋哲元將軍商請雷神父設立殘廢軍人教養院。民二十六年，七七事變，全面抗戰。雷神父重組救護隊，隊員三百名，隨著第十二師輾轉戰場，後來輾轉到中條山中。民國二十八年九月雷神父奉召到漢口，十二日抵達，當天，馮玉祥來見，次日，晉謁委員長　蔣公，九月二十二日，　蔣公設宴招待，談組織全國性救護計劃。後又第三次接見，談組織精神總動員，在後方宣傳抗戰的責任，打練主張談和的風氣。雷神父從漢口往重慶，由重慶往中條山，懷著滿腔愛中國人的心。

三、全犧牲

愛是要求犧牲的，沒有犧牲便沒有真誠的愛。雷鳴遠因愛基督，在二十四歲時，離開了父母，遠來中國傳教。那時正當拳匪亂後的次年，歐洲人都不敢相信將來中國不會再發生同樣的排外運動。雷神父和他的家人，因著愛基督的愛，情願接受任何犧牲。他到了中國以後，誠心愛中國，愛中國人。爲中國爭主權，反對法國在天津擴展租界，他忍受了革職、調職的處分，由天津到正定，由正定到嘉興，由嘉興到比國。犧牲了傳教的事業，犧牲了安居工作的生活。

後來他在安國，從民國十六年到民國二十二年，可說是安居工作了；然而他創立了耀漢會，長齋素食，一襲灰衣，著單車在安國北平，安國正定的路上跑。

長城戰役，率領救護隊在喜峰口、古北口、冷口的一帶前線，和軍士們同艱苦。蘆溝橋事變後，他的救護隊隨著第十二師，退入中條山。小米長了霉，米中生蟲。雷神父首先裝飯，把飯桶上面的蟲裝在自己碗裏，開口就吃，而且很幽默地說自己開了會規，吃了肉。

民國二十八年十月十六日雷神父離開中條山，走向河北，想回安國探看故鄉情形。走到了河南新五軍孫殿英的駐區，共產軍一一五師劉伯誠的部隊也開到，劉氏要請雷神父會面，商談要事。新軍參謀長力勸勿去，雷神父想自己常以誠心待人，對共產黨又沒有宿怨，便應了劉伯誠的邀請。一到了共軍指揮部，立刻被共軍拘禁，關在一間小屋裏，不許見人，飲食不濟。雷神父病倒了。

中央、第一戰區長官、第五集團司令部，都得了消息，報告雷鳴遠神父被俘虜了，而且病重。委員長 蔣公電諭朱德釋放雷神父，民國二十九年四月八日，劉伯誠接見雷神父，轉交朱德一函，函中說姑念雷神父是好人，祇被人利用，這回饒他一次。四月十三日，劉伯誠設宴餞行。雷神父決定回中條山，然病勢已重，乃轉往洛陽就醫。六月十一日，病勢轉劇，生命危殆。洛陽當局向重慶中樞拍發急電，請派軍用專機接往重慶。十三日早晨起飛，上午十一點抵達渝府，住進仁愛醫院。醫師束手無策。又搬進歌樂山中央醫院，張溥泉、馮玉祥等來院探望，于斌總主教由桂林飛來重慶看顧病情。中央醫院診斷爲黃疸病，西藥枉效。雷神父遷居已故馬壽徵的家裏，戴雨農介紹了一位中醫診視，寫了藥方，喝了藥，病有起色。然而氣力已經奄奄了。六月廿四日，晚，九點三十分，安然逝世。

逝世前幾天，徒弟立珊替他擦洗，看他腳上滿是雞眼，問他爲什麼緣故，他笑說：「是爲中國呵！」

四、常喜樂

有了愛心，有犧牲，也快樂。雷鳴遠神父常樂觀，常有笑容。他少年出家，到法國進入聖文生會，住在一座古修院裏，他給弟弟伯達寫信說：

「十字架萬歲！犧牲萬歲！人們再也找不到比吾主天主的安排更好了。」

當他因阻擋天津法國租界擴展，被革職調到正定的鄉下時，給自己最親信的朋友湯高達神父寫信說：

「雖然有這些（傳教）的歡樂，但在我的內心深處，我仍然感到充軍的痛苦。我想你，想我的好鬥士們，想我親愛的教友或非教友；然而，我應該拋棄這些聲音而接受天主安置。無論如何，我也當喜樂。我向你保證，我不看重現世之物。」

不看重現世之物，心能不爲物後，在一切的境遇裏，常看著上主天父的手，祂的安排一定都是慈愛的表現，心裏便有孝敬之愛，心中安定而快樂。雷鳴遠就充滿這種孝心的快樂。他教訓耀漢會的門生，常常要喜樂，有喜樂越有工作的興趣，喜樂的因素是在於捨財捨色捨自主的三項許諾。因著這三項許諾，離棄了現世可貪想的事物。

擔抬傷兵救護架，在鎗林砲雨中，救護員也有心怯的，雷神父用他的笑容，一句鼓勵的話，增加了他們無限的勇氣。當他黃疸病已危急時，他還幽默地向侍候的人說：「這回真真成功了。我雖入了中國籍，人家還看我是西洋人，現在全身都黃了，不是完全成了中國人嗎？」

雷神父真真成了一位完全的中國人！他的心是愛中國人的心，他的外貌是一位中國老頭子的相貌，他講演引用中國四書，他提筆，寫出一筆剛勁的中國字。

鳴遠紀念館開幕，館中保留他的精神：

眞愛人，全犧牲，常喜樂。

民國七十一年六月二十五日「中央日報」

雷震遠神父七十壽

耶穌在福音上說：「追求正義，如飢如渴的人，乃是幸福的人。」孔子說：「君子喻於義。」孟子說：「義，人路也。」正義感，乃是我們人格的代表，也是我們培養人格的基礎。

義，有人與人之義，有國與國之義，有人與天主之義。君子人，注重人與人之義，克守自分的身分，決不傷害別人的名分，對於錢財和名位，如同孔子所說：「如不可求，富貴於我如浮雲。」

忠臣烈士，愛國愛民，對於人民的權利和國家的主權，寸土必爭，赴湯蹈火，甘心為國捐軀。

聖人，感念天主的洪恩，無可奉報，獻身於基督，一呼一吸，一思一念，都為報天主之愛。

君子，忠臣，聖人，同心追求正義。為人，為國，為天主，捐棄一己私利，滿全正義的責任。責任發自正義，責任感乃正義感的實現。

正義感若培養充實，則超越責任以上。中國古人所歌頌的慷慨俠義之士，追求社會正義，以天下爲一家，以世界爲一人，一遇不義的事，頓打抱不平。

現在社會上不義的事，多得令人不驚奇，有人竟不以爲不義了。強暴者橫行鄉閭，受欺者敢怒而不敢言。鐵幕政權以暴力專政，魚肉人民，剝奪基本人權，竟號稱解放人民。國際政客，以眼前實力爲重，趨炎附勢，蔑棄公理。在這不義的世界裏，追求正義的人真寥如晨星了。

當中華民國成立初年，軍閥橫行，列強主張瓜分中國。有雷鳴遠神父，挺身而出，爲正義吶喊。他在華北創益世報，爲窮人奮鬥，爲工人呼冤。第一次歐戰後，他奔走歐洲，替中國人爭生存權，替中華文明爭敬仰。抗日戰爭爆發，他組織救護隊，援救中國傷兵。共匪八路軍禍國殃民，他痛責共黨爲魔鬼，卒至受共匪毒害，爲正義而捐軀。

雷鳴遠既死，他的精神繼承人雷震遠神父，步武後塵，爲正義而奮鬥。他洞悉共黨違背正義的毒心，也明瞭共黨僞裝仁義的伎倆，更深知國際政客的自私。他在華北、他在越南、他在美國，代表正義的呼聲。他出生在比國，因爲熱愛中國，故以中國爲第二故鄉；他奉召爲司鐸，爲傳教而獻身。

傳教的目的，爲宣講基督福音，引人成爲天主的子民，建立本地教會。基督的福音，以正義爲基礎，以仁愛爲堂宇。基督身爲天主聖子，降生成人，所有的使命，在於塡補人類在正義上對於天主的虧缺，又給人類以天主子民的身份眞正平等。塡補了人類在正義上的虧缺，基督引人進入天主的堂奧，呼天主爲父，以人人爲手足，愛情的熱忱，乃能純潔而聖化。

雷震遠神父繼承雷鳴遠神父的傳教精神，作正義的呼聲，作福音的宗徒。中華人民所受不義的待遇太多太苦，從軍閥官僚來的，從共黨暴力來的，從國際政客來的；凡是不義的行動，都違背基督福音，必先掃除種種不義以爲福音鋪地。

當孟子向國君爲人民呼求正義時，時人罵他好辯，孟子說：「予豈好辯哉！予不得已也。……公明儀曰：庖有肥肉，廄有肥馬，民有飢色，野有餓莩，此率獸而食人也。楊墨之道不息，孔子之道不著，是邪說誣民。充塞仁義也。仁義充塞，則率獸食人，人將相食，吾爲此懼。閑先聖之道，距楊墨，放淫辭，邪說者不得作。……聖人復起，不易吾言矣。」

雷震遠神父爲正義的呼喊，闢共產邪說，放國際政客的淫辭。他也可以說：「予豈好辯哉！予不得已也。……聖人復起，不易吾言矣。」

古經的先知們，奉天主的命，爲正義而呼喊，葉肋彌亞，依撒意亞，厄則基亞，都以正義爲光明，呼人傾向；最後爲正義的太陽——耶穌基督作嚮導的洗者若翰，自稱爲曠野的呼聲，向黑落德王抗議說：「按理你不能佔你的弟婦。」他竟因這種抗議而招殺身之禍。雷震遠神父近十年，走遍了美國，在廣播電臺，在電視臺，在大學講壇，大聲疾呼：按理共黨不能竊據中國大陸。多次美國青年敲打坐椅，大聲呼嘯，阻止演講，雷神父以靜默鎮壓了青年的囂張，一氣講完自己的正義演詞，使這些美國青年瞠目結舌，欲辯無言。

今年他年滿七十了，身體剛由病中復原，又將步上征途，爲正義作戰。記得我在臺南主教任所時，他過六十壽，神父們親熱地爲他向天主求福。他以六十歲的身體，剃光了頭，在太陽下可以步行幾小時。今年他七十歲，我在臺北任所，集合他的朋友們，爲這一位熱心追求正義的神父，虔求天主保佑他的健康，繼續作正義的呼聲。

民國六十三年九月十日
民國六十三年九月十五日中央日報

現在的讀書人

一、孔子所說的士

「子路問成人，子曰……今之成人者何必然？見利思義，見危授命，久要不忘平生之言，亦可以為成人矣。」（論語　憲問）朱熹註說：「成人猶言全人。」

孔子答覆子路對於成人的話，和子張論「士」的話很相似。「子張曰：士見危致命，見得思義，祭思敬，喪思哀，其可已矣。」（論語　子張）

在孔子的理想裏，成全的人可以分成三等：第一等是聖人，第二等是君子，第三等是「士」。朱熹曾說：「古之學者，始乎爲士，終乎爲聖人。」（朱子文集　卷七十四　策問）荀子說：「其義則始乎爲士，終乎聖人。」（荀子　勸學）

孔子在當時已經嘆說：「聖人吾不得而見之矣，得見君子者可矣。」（論語 述而）他在〈憲問篇〉答覆子路問成人時，本來說具有智仁勇，而又加上有文藝和禮樂的人，也可以算是成全的人。這等人是君子。但他又說：「今之成人者」，即現在可以稱爲成全的人，即是「士」。《論語》裏講「士」的人格，有好幾處：

「子貢問曰：何如斯可謂之士矣？子曰：行己有恥，使於四方，不辱君命，可謂士矣！」（論語 子路）

「子曰：士志於道而恥惡衣惡食者，未足與議也。」（論語 里仁）

「曾子曰：士不可以不弘毅，任重而道遠。仁以為己任，不亦重乎！死而後已，不亦遠乎！」（論語 述而）

士，是一個讀書人；但不僅是一個讀書人，而是在國家負有責任的人，也可以說是讀書而做官的人。古來的讀書人本來就是爲治國平天下，都有做官的志向；只是做官不是爲名利，而是爲行道。因此，古來所謂求學，意義很高，在於求知修身之道和治國之道。大學書裏把修身、齊家、治國、平天下，作爲「大學之道」。孔子所說「吾十有五而志於學」（論語為政），便是立志求這種「學」。朱熹註說：「此所謂學，即大學之道。」士，孔子稱爲「今之成人者。」士的人格，在於有志氣，以仁爲己任、守義、盡責、知恥、有勇氣、不怕犧牲。

仁，不僅是仁義，而是做人之道。一個讀書人應該知道做人之道，又「擇善固執」以實踐這種做人之道。「士志於道」，乃是「士」的要點。

做人之道，第一在於守自己的名份，做自己名份該做的事，不做不該做的事。孔子所以主張正名，又主張「見得思義」。「子曰：富與貴，是人之所欲也，不以其道得之，不處也。貧與賤，是人之所惡也，不以其道得之，不去也。」（論語里仁）見得若不思義，則以爲恥。士是「行己有恥」的人。但若以粗衣惡食爲恥，則不足稱爲士。「子曰：衣敝縕袍，與衣狐貉者立，而不恥者，其由也歟。」（論語子罕）孔子稱讚子路爲勇者。

勇氣的表現，另外是在守義而遭遇危難的時候，更要表現出來。志向要堅定，「王子墊問曰：士何事？孟子曰：尙志。曰：何謂尙志？曰：仁義而已矣。……居仁由義，士人之事備矣。」（孟子盡心上）「故士窮不失義，達不離道。」（同上）

士，勇於負責。孔子、孟子都說志士殺身成仁，捨生取義。這種勇氣是合於禮義的勇氣，不是盲目的衝動。孟子曰：「可以取，可以無取，取傷廉。可以與，可以無與，與傷

惠。可以死，可以不死，死傷勇。」（孟子 離婁下）

二、今之讀書人

古代的士，爲社會上的少數受教育的人，經過考試，任國家的官職，領導社會，受鄉黨的稱譽尊敬。孔子教導他們應有「成人」的人格。君子的人格爲社會上一切人的範圍人格，凡是士農工商都應勉勵成君子，而不流於小人。士的人格則是讀書人應有的人格。

現在，國家實行義務教育，一切人都是讀書人了。但是在社會一般人的心目中，還是有一輩人是讀書人，這就是所謂智識份子，就是教書的人、做官的人、現在所稱的公教人員。還有大學學生，也被看爲讀書人。

現在國家社會的命脈，握在工商業的大亨手裏。日本田中和美國卡特背信毀約，承認中共，據說都是受了這些大亨的逼迫。但是在中國現在的社會裏，具有影響力的還是思想，思想則是由讀書發動。所有的讀書人還是對於社會生活，站在發起人和帶頭人的地位。

讀書人自己要有思想，是一個讀書明理的人。民族的文化，民族的歷史，國際的情形，應該正確的認識。這次競選時，一小撮競選人，扭曲民族文化和歷史，實在沒有讀書人的人格。

讀書的士人，最重志氣和骨骾，《論語》所說：「見得思義」、「行己有恥」、「不恥惡衣惡食」，在現代讀書人的人格裏更要見得分明。現代我們的社會追求享受，任意揮霍，只講勢利，沒有維護正義的勇氣，而且官場的紅包，甚而流入了教育界。我們讀書人要能一身清白，以國家興亡爲己任。在古時「窮則獨善其身，達則兼善天下」。現在不做官也可以爲社會國家服務，民間有許多爲民眾福利的私人事業。現在的讀書人無論窮達，都要有兼善天下之志。另外，當國家民族在爭生存的時勢中，讀書人更該有爲國家民族而工作的志向，求學是爲報國。

孔子曾說：「篤信好學，死守善道，危邦不入，亂邦不居。天下有道則見，無道則隱。邦有道，貧且賤焉，恥也。邦無道，富且貴焉，恥也。」（論語 泰伯）

臺灣雖在危險的地區，美國政府廢除協防條約以後，臺灣更加危險；然而我們的國防軍事還能夠保衛我們的安全，何況臺灣是我們政府所在地，是我們的國家，內部非常安定，我們讀書求學，在國外求了學，便回國服務，在國內服務的人就安心站在自己的崗位上。天下有道，固然很好；天下無道，我們要使天下有道。現在我們讀書人的使命，在於復興國家，復興民族文化。

「見危授命，久要不忘平生之言」，我們讀書人要有勇氣，心目中常擁著爲國爲民族服務的方向，爲達到這種志向，要不怕犧牲。基督教訓自己的信徒，背著自己的十字架跟隨他，他自己背著十字架在前面走。先總統 蔣公常以基督爲模範，在生命危險的時機，常能鎮定不搖。讀書人看來文弱，但是內部的精神，剛強不屈。現在不是文弱的時代，乃是剛勇強毅的時代。

爲現在的大學生，可以用孔子這四句話：「子曰：志於道，據於德，依於仁，游於藝。」（論語 述而）確立自己的爲國爲民服務的人生觀，堅守倫理道德，有立己立人的志向，盡心追求藝術的超物質精神。漸漸養成「士」的人格，有救國的志氣，不負國家寄托，有負責的精神，確守正義，不怕犧牲；則可以成爲現今的成全人。

民國六十八年一月三日「中央日報」

七十自述

一、求學

在祥和的燈光下，對著桌上的十字架和仁慈聖母像，追憶七十年來的經歷，心裏充滿了向上主的感激之情。七十年來，世界經過了兩次大戰的洗劫。中國則由辛亥革命，陷入軍閥的割據，然後由北伐而成功統一，卻遭受日本人的侵略，共產黨乘機竊據大陸，國民政府遷駐臺北，中國的天主教會，在民初有雷鳴遠神父開創傳教新途徑，剛恒毅總主教來華任第一位宗座代表，創立中國的天主教會新紀元，選任中國籍主教，創設輔仁大學，革新修院教育，遣派修士出國留學，不幸後來遭受共匪的迫害，大陸教會備受摧殘。整個天主教會，七十年代產生了前所未有的革新運動，若望二十三世開了端，第二屆梵蒂岡大公會議集了大成，禮儀改革、經文改革、體制改革、思想改革，形成了一種深而大的騷擾，保祿六世用盡智慧和耐心，引導改革趨向正道。在這種震盪不安的七十年中，我度過了各種不同的生活，竟能安安靜靜地有驚無險，明顯地感有天主的恩佑。

七十年前，在衡陽南鄉，一個不窮而勞苦的佃農家中出生，家中人四季勤勞。祖父早年去世，大伯父持家，家父經商，三叔和四叔耕田，四戶同居，祖母在堂。農田和水塘的氣味充滿了肺腑。我愛青青稻苗，我也愛車水時的農歌。夏天稻場曬穀，在月夜裏和弟弟、堂姐妹閒聊守穀。農家四壁所有，樸素誠實，刻苦耐勞，塑刻了幼童的天性。祖母信教虔誠，家中有幾代天主教信仰的傳統，小孩在家在教堂浸融在經詠歌聲中。小學和初中的課程很輕鬆，出了學校，我天天在田埂上水塘邊弄草弄魚，皮膚焦黑。長大以後，到了老年雖每天坐在辦公室和汽車裏，頭頂不見太陽，皮膚仍舊是黯黃，這種顏色乃是農家子的本色。

高小三年級，鄉間小學停辦了，乃被送到衡陽市讀書，後來又被送到聖心修院，讀了七年。在十九歲時，被送入羅馬傳信大學。考了哲學博士，繼修神學。神學畢了業，到羅馬拉德朗大學讀法律。考取法學博士後，整裝回國，卻因義大利參加第二次世界大戰，航運不便留在羅馬傳信大學任教，繼攻神學博士。

二十幾年的讀書生活，養成了每天有讀書的時間，也有寫稿時間的習慣。第二次大戰期間，中國和教廷建立外交關係，設立駐教廷使館，我受聘為使館的教務顧問，每天到館辦公。出了使館，就坐在寓所房中，天天不離書本和稿紙。現在屢屢有人一面驚訝，一面懷疑我任總主教，任校長，那裏還能寫報稿、寫書籍？這其中唯一秘密在有日課表，而且守日課表。讀書寫稿不是工作，而是生活；別人放假，我就在家寫稿；別人和朋友散心，自己則坐在書桌看書，從來沒有放假休閒一天，出外旅行也帶著書和稿紙，只是眼睛有時抗議，提出休息的要求。

民國五十年，我受任爲臺南主教，輔仁大學那時正在復校，首先成立哲學研究所，于斌總主教校長要我教授形上學，我兩週來臺北一次，授課四小時。教了兩年，因忙於參加羅馬第二屆梵蒂岡大公會議，不能繼續教課。民國五十五年，我調任臺北總主教，于總主教和張曉峰先生又邀我到輔大和文化學院的哲學研究所教書，一直教到現今。合計起來，已經在大學教了四十多年。教書就是讀書，每次上課以前，必要改寫講義。學問是漸漸積起來的，也是辛苦地賺來的。求學還不能太濫，祇能照自己的嗜好，自己的才智，自己的時間，選定研究目標，天天去做研究，總可以有成。

二、學術

自己天性喜歡文學，也愛好美術。雖是農家出身，對於建築，對於室中陳設，則講究美觀。在臺南，在臺北，在輔仁大學，都表現這種嗜好。在臺南造了一座宮殿式的主教座堂和書院式的碧岳神哲院，教會人士個個稱好。在臺北我建造了外中內西的總主教公署。一時物議沸騰，批評廳堂太大，大理石過奢。自己平時喜歡種花養鳥，喜愛小狗，一天消遣就是牽著小狗散步，晚間看半小時電視。

在羅馬讀哲學神學時，沒有一天放棄中國古文古詩，攻讀的時間不多，每天只一刻鐘，但是每天必讀。在衡陽市讀高小三年級那一年，住在姑丈家裏，姑丈藏有幾十種古本小說，便每一本都讀了；有《水滸傳》、《三國演義》、《封神榜》、《西遊記》、《今古奇觀》、《彭公案》、《施公案》、《薛仁貴征東》、《聊齋誌異》、《儒林外史》、《五虎平南》、《列國誌》，似乎還有別的幾冊，忘了書名。《金瓶梅》和《紅樓夢》兩書則沒有。一生看過的中文小說，除在家中看了父親的粉裝樓，七俠五義外都是那一年所看的。高小第三年課程雖已在鄉下讀過，然而把數學和英文還是耽誤了。暑假時考高中入學考試，便吃了虧。

因為愛文學，在羅馬教書時，所看的外國文學書籍很多。拉丁文的散文和詩，英文的詩集，法文的小說，義大利文的小品文和新詩，德文詩選，讀了幾十種，莎士比亞、但丁、歌德的詩集都讀過。義大利當代文豪巴比尼（Giovanni Panini）的散文集，戲劇家畢朗德洛德（Luigi Pinandelli）的劇本，女詩人耐里（Adda Negri）的詩集也看了。另外喜歡讀法國學院院士莫洛雅（Andre Maurois ）的傳記，和義大利新派的聖人傳。讀多了，自己也就寫，第一本書《陸徵祥傳》出版後，讀者多說好，我就陸續寫了《聖庇護第十傳》、《徐光啓傳》、《利瑪竇傳》、《耶穌傳》、《聖母傳》，又寫了些新詩，《羅馬晨鐘》、《海濱夕唱》；散文集，最早則有《生活的體味》，到臺灣後有《羅馬四記》、《臺南五年》、《臺北七年》。在羅馬時，看謝壽康大使畫竹，又承謝大使鼓勵，自己開始習畫習字。沒有老師，祇看畫集，但定下每星期四和星期日下午作畫，信筆塗鴨，三十年來，畫馬畫竹似乎有幾幅使自己滿意。臺南馬健飛畫家看到我的畫對我說：「筆力很強，膽子也很大！」沒有學過畫而作畫，膽子當然不小。當《陸徵祥傳》出版後，陳滄波委員曾在新聞天地評說：沒有研究中國現代史而寫陸徵祥的傳，實在不相稱。自己也知道不是寫歷史傳記的人，而是從文學方面來寫傳記。

愛好文藝的心情，在研究學術的努力中，漸漸消逝。當進入拉德朗大學研究法律時，對羅馬法發生興趣，買了一些羅馬法的書籍，自己想將來回國教授羅馬法。又買了幾種中國法律思想史和法制史，作羅馬法和中國法的比較研究。但是這種研究的興趣，留下的遺跡祇是分析事情的頭腦，法學的書籍早已束之高閣了；雖然民國五十七年受教廷任命為教會法典修改委員會委員，有十年時間參加修改法典的工作，但我研究的興趣已經不在法學了。

代替研究法學興趣的另一種學術研究興趣，則是研究中國哲學。遠從民國二十五年夏天剛從神學院畢業，即被任命在傳信大學教授中文。教的課目，有為全校中國學生的中國哲學思想，有為傳教學院的中國宗教思想史和中文，有為法律學院的中國民法。給外國學生講中國思想要明瞭，要簡單，要有系統。便用義大利文出版了兩冊講儒家思想和道家思想的書。給中國學生講中國哲學，五年級的同學合班上課，每週兩小時。我教了二十五年，寫了兩冊《中國哲學大綱》。

自己本是研究西洋哲學的士林哲學，受過聖多瑪斯哲學思想的陶冶，知道研究哲學的方法。胡適之的《中國哲學史大綱上冊》，馮友蘭的《中國哲學史》都讀過好幾遍。我贊成胡先生用西洋哲學研究法研究中國哲學，但對於他和馮友蘭兩書的思想，則認為還沒有深入中國哲學的中心。

為介紹士林哲學，寫了一部《理論哲學》，一部《實踐哲學》。這兩部書稱不上是著作，祇是用系統的方法，作士林哲學的介紹。在解釋士林哲學的每一部份時，加入中國的哲學思想。當時，我還在羅馬，對於中國哲學祇有普遍的認識，不能把中國哲學和士林哲學作比較研究。民國四十五年主編新鐸聲月刊，月刊在新加坡出版，每期一百頁。在羅馬編輯後郵寄新加坡付印。每期篇幅既多，來稿常不足，自己便需多寫。那幾年陸續寫中國哲學的研究文章，後來集成《儒家形上學》一書。這本書去年由輔仁大學出版社再版，增加了許多篇章。一種哲學一定要有自己的形上思想作基礎，這一點是士林哲學教給我的。大家都說儒家沒有形上學，甚至於說中國哲學沒有形上學，祇有倫理學，最多是老子的「道」有些形上的色彩。誰能相信儒家沒有形上學呢？乃由宋明理學家的理學抽出幾個形上的觀念，以士林哲學的方法，予以系統化，不就是儒家形上思想嗎？但是寫這本書的時候，我還沒有研究《易經》。

到了臺北，在輔仁大學和文化大學教中西哲學比較研究，所講的是中西形上學的比較，同在輔大開易經哲學課，深入《易經》的中心思想，把握了《易經》的「生生之謂易」，西洋形上學研究「有」，「有」爲實際的「存有」，「存有」可以從本性方面去分析研究，說明「有」的意義。然而「存有」也可以從實際存在的方面去研究，「有」在實際存在上究竟怎樣？「有」的實際存在爲一常在變易的「存有」，常在變易的「存有」即是《易經》的「生生」，《易經》的「生生」觀念乃是儒家形上學的中心觀念，也就是研究的主題。這個生生的觀念在漢易，宋明理學，以及清初王船山的思想裏，成爲一貫之道，把中國儒家思想建成一個系統。

後來，讀唐君毅先生晚年的著作，又讀方東美先生的著作，體會到他們兩位對於中國哲學有深刻的認識，而他們兩位也歸結到《易經》的「生生」。尤其是方東美先生常以「生生」爲中心思想，發揮宇宙的和諧藝術美。近來，我讀熊十力的著作，驚訝他從佛教思想回到《易經》的「生生」，來破佛教的空。我近年也研究佛教思想，佛教思想當然不是易經生氣洋溢的宇宙觀，然而在虛空裏追求常樂我靜的自我，似乎摧毀輪迴的生生，實際上仍是在禪觀裏發揚無量無限的超越性生命。

宇宙爲一氣，一氣運行分陰陽，陰陽結合成萬物。氣運行不停，萬物生生不息。天地萬物無心，自然變易，人受清氣以生，有靈明的心，人心乃是天地之心。人心體驗天地萬物的生生而有「仁」，「仁」爲生命的精神化，人心的生命乃是精神的生命，精神的生命爲仁義禮智的生命，儒家倫理思想的中心在於「仁」，「仁」的根底在於「生」。《易經》的「生生」觀念，便是儒家倫理學的形上基礎。

在六十歲時，看到方豪神父的《方豪六十自定稿》，他說他是仿效王船山，王船山有《船山五十、六十的自定稿》。我便心想在十年內要完成一種著作，即是《中國哲學思想史》，今年我已經七十歲了，這部著作一共七冊，已將完成，從歷代的中國哲學思想裏，我更看到「生生」觀念在中國哲學思想的地位；而且在未來中國哲學的發展，這種觀念還是一個很好的基礎。

雖是年來常在研究中國哲學思想，但並沒有忘記聖多瑪斯的哲學。每年講授東西哲學比較，就士林哲學的形上學和中國《易經》及理學的思想作比較研究，常憧憬到中國哲學的新發展。哲學思想是我們人的思想，是人用自己的理智去探索宇宙萬物的奧秘。人的理智活動乃人的生活之一部份。因此哲學要放在人的生活以內去研究。科學雖也是人的理智活動，然而科學的方法以宇宙萬物客觀的情況爲主，人的理智對客觀情況所知道不多，也可能所知道的是錯誤，但總憑客觀情況而轉移。哲學乃是人的思維，亞里斯多德和聖多瑪斯極力主張哲學思維要以感覺的客觀智識爲基礎，以人的常情爲通則，不能憑空幻想。以客觀感覺智識爲基礎，直起升出感覺以上，對於宇宙、萬物、人心、歷史，追索最高的理由。所能追索到的，常限在理智的範圍以內，儒家和士林哲學具有這種特性，以哲學由人的認識能力而開始，進到物的本體。物的本體在最高理由上最單純，祇是一個存有。存有的所以有，所以，存在理由不能在自身，而要上升到一絕對的實有，士林哲學乃透入信仰神學，儒家則默而不論，但不反對《書經》和《詩經》的宗教信仰。存有之所以能有，神秘不能知，超出哲學範圍；存有的實際有，則是實際的存在。實際存在爲生活的存在，爲動的現象。整個宇宙爲一個宇宙，萬物在存在上相連。存在的根本原動力來自宇宙萬物所以存有的絕對實體，絕對實體爲一，爲精神，爲真善美。宇宙萬物的實際存在，表現真善美的活動。這種真善美的活動在人心而達到最高峰，人心靈明不昧，人心尤其分享有絕對實體的真善美，而成倫理人。儒家以人爲萬物之秀而爲天地之心，人心爲仁，仁則涵有義禮智，心的本體爲性，性爲真善美的天德。天德來自絕對實有體。整體宇宙爲天德的大化，和諧美麗。人以靈明之心，應參預天德大化。可惜人的心滿有私慾，私慾障蔽天德，人的生活便在私慾和天德中搏鬥，沉淪不起。使人存有的絕對實體，以最高的愛賜予人奮鬥的超越能力，以明明德，顯明真善美，天人合一，達到至善的高邁境界。

這是我希望從士林哲學和儒家思想中，將來能開拓中國新儒學的展望。

三、工作

感謝天主在研究學術的路上，漸漸引我走上中國思想的大道，看到大道的目標。又感謝天主在我獻身於教會的生活中，能夠得了各種不同的生活經驗，在複雜的環境裏爲教會和國家服務。

一個獻身於基督的男士，他是神父，神父抱守獨身貞操，照顧教友的宗教生活。於民國二十五年我在羅馬受任爲神父，繼續讀法律，開始教書，沒有直接照顧教友的職務。但每逢星期日，必到羅馬一本堂區的教堂服務，參與照顧教友生活的工作。民國三十四年，每早清晨五點半出發，搭乘公路局電車往聖心婢女修女院舉行彌撒聖祭，給女學生主持懺悔告解禮，直到民國五十年離開羅馬來臺灣。十八年的時間在春夏秋冬的季節裏，清晨常到這座修女院，從未覺到勞累，唯一的倦態，則是下電車上山走五分鐘的路時，迎面有冬天的冷風，吹到眼睛，使我患了流淚的小症，心中所有的安慰則是修女們在臨別時說：「十八年，從未有一天晚到。」

在羅馬留學時期的經驗，有一種強烈的國際感和民族意識。傳信大學爲一座天主教國際大學，大學的舍監照修院制，二十幾國的同學共住一起，規則很緊，紀律很嚴。同住的同學國籍不同，生活則彼此不相離。每一國的學生都想表示自己是自己國家的人，掛國旗，參加本國同學會；卻又天天看到別國同學的舉止行動，大家都求適合同一的規律，彼此互相有點同化。

教書的經驗很長，所教的學校則祇有兩座：一座是傳信大學，一座是輔仁大學。中國文化大學的研究生則是到我的家裏來上課。因在開始教課的第一個學期，即是在十五年前的秋天到中國文化大學哲學研究所授課，常常找不到教室，在第二學期便改在家裏授課。沒有教過五十人一班的經驗，祇有一年在輔大哲學系教形上學，一班是五十人，素常研究所的學生不多；學生面貌很熟姓名卻生疏。傳信大學的中國學生在抗戰前後，人數在三十人左右，教書似向家中弟弟們講書的心情。每堂課以十分鐘述說一週來國內的新聞，這是由于斌神父在教書時所留下來的習慣。于斌神父曾在傳大教了四年，民國二十二年冬天離開羅馬，到北平就任中國公教進行會總監督，張潤波神父繼任教授，張神父則祇講四書，不講國家大事。民國二十五年他們兩位教授同時被任命為主教。從那一年起，自己在傳大教書二十五年。在傳大沒有考學生的經驗，中國學生一年祇作四篇文章，別的學生每年祇十分鐘的口試。在輔大和文化大學，期中期末，學生要交研究報告。我講書時衡陽鄉音很重，學生不好懂。想起第一年在羅馬聽于斌講書，開始幾個月，也聽不懂他的國語。自己不是專任教授，主要工作是管理教務，教書只是自己喜歡教書。每次辦出國手續或在飛機上填入境卡，填職業一項從來沒有填寫教授，祇填寫天主教主教或校長，實際上主教和校長都不是職業，祇是一種職務。但我並不以教書為職業，而以教書為一種讀書的方式，便不覺得苦。不過當學校放假時，自己卻也覺得輕鬆。

民國五十年，受任為臺南主教。自己從未在臺灣住過，祇來觀光過一次；沒有直接管理教會事務的經驗，更不知道臺南的情形。任命既是來自教宗，代表天父的聖意，我平靜地接受了任命，從若望廿三世接受了祝聖主教禮，束裝東歸。離開居住了三十年的羅馬，心中卻一時不能平靜了；看到替我管了十年家的老女工；對著家中各色的黃鶯；摸一摸房中的傢具，和丟下來的書，心中悽悽地好幾天。在羅馬已經安居了，有一定的工作，安安靜靜地教書辦公，家中有人管理，外面有相好的朋友。於今雖然是回國，實則是到一個陌生的臺南到完全不相識的人中去工作。可好，當我在羅馬接受授職典禮時，那時因著共匪竊據大陸不能回國而留在歐洲各國的中國神父，差不多都是自己的學生，他們到羅馬參禮，我邀請他們往臺南服務，他們都愉快地答應了。我到臺南是第一任主教，沒有住處，租了一座房子作主教公署，便開始作事。一面催請被邀的神父回來，一面向國外募捐，興造各項建築。在臺南住了四年又九個月，海外被邀到臺南教區服務的中國神父約三十人，都年輕力強，富有學識。臺南市原有美國神父，臺南縣新營區原有的德國神父都誠懇地接受一位中國主教的指導。到臺南的第二年，第二屆梵蒂岡大公會議開幕，每年要到羅馬開會，會後，到瑞士和西德募款，四年內，臺南的主教公署、主教座堂、碧岳神哲學院、大專學生中心，和幾座本堂區聖堂，先後落成，外形有中國式建築的美觀。邀請男女修會創立黎明、慈幼、聖功、德光四所男女中學，一所寶仁小學。接辦新加坡的新鐸聲月刊。定名鐸聲。接辦臺北的現代學人雜誌，定名現代學苑，後來改爲哲學與文化月刊。年輕神父都是同學，又有師生關係，精誠合作，有理想，有幹勁。一個剛成立的教區表現充沛的活力，興起多種建業，大家嘆爲奇蹟。當離開臺南到臺北時，教廷大使高理耀說：你留給繼任人的是一個建設完美，神父精神很高尚的教區。

民國五十五年，五月十五日，到臺北，就任臺北總主教職。教區的週刊，竟在報上跟總主教的衡陽鄉音打趣了一段。臺北是已經成立十多年的教區，從大陸各省來的神父在本堂區工作，教區的人事和成員都已經有了定型。到任以後，繼續用在臺南的作風，便感到行不通，又當大公會議後，教會改革風氣也吹到了臺灣；臺灣的社會又從農業進入工業階段，傳教的工作很難推動；已經受洗的教友，受到經濟建設的鼓舞，一心趨向物質建設，所有的宗教熱忱驟然低落，這一切的現象大大地影響了神父們的工作情緒。爲充實傳教的工作力量，便在修女和教友的培養上著力。在臺北市青田街耶穌孝女會組織了修女講習班，長期授課，繼續了三、四年，後來在中山北路中央大樓成立牧靈中心，開設兩年期的教友修女牧靈學班。最後，輔仁大學附設的神學院敞開大門，招收修女入學。民國六十年更成立全國和臺北天主教教友傳教協進會，從訓練和工作兩方面，引導教友參加教會的工作。又加強天主教大專學生的功能，創立青年同工協會，陶冶青年教友的宗教信仰和工作信心。在建築方面，力排眾議，建築了中國式的總主教公署，落成了規模壯麗的耕莘醫院。當年，對於公署的建築頗多物議，責難其過於富麗堂皇，今天卻看到臺北市的高樓大廈鱗次櫛比，使公署似乎成了一座平庸的樓房。昔日物議者，今日面對公署，頷首稱善。當耕莘醫院落成後，大家又認爲醫院收入過低，債負太重，應轉讓給修會，可是前任總主教田耕莘樞機開始了建造醫院的計劃，繼任者如不能使計劃完成，未免太對不起田樞機和德國捐助興建醫院的機構。自己痛下決心決不轉讓醫院，但營造商屢次來索債，逼著出賣在天母的住屋時，不意清查賬目，營造商已經超支，於是更換醫院負責人，派狄副主教任院長。吉朝芳神父和郭潔麟神父任業務和總務主任，醫院既然不再有虧欠，業務逐漸步入正軌，遂進行第二步計劃，建立耕莘高級護理學校，民國六十六年狄剛院長升任嘉義主教，袁君秀神父繼任院長，在醫院十週年時，又完成了第三步計劃，落成東病房。耕莘醫院目前已成爲規模宏大的私人醫療機構，造福新店區的居民。

對於臺北教區的中國神父，自愧未曾細心關照他們，沒有爲他們造福利。眼見他們年歲日長，多半半百，中間又有年屆七十，身體多病的人，於是賣了在天母的別墅住屋。把賣屋所得，加上向羅馬宣道部和德國慈善機構所請的津貼，在耕莘醫院隔街的對面，興建爲老年的神父安養的靜居樓。當時的計劃是每位在靜居樓的神父，有一座迷你型的公寓居室。有客廳、書房、寢室、廚房和工友的房間。每位神父可以自己在房裏開火煮飯，也可到靜居樓的公共餐廳用餐。耕莘醫院派護士醫師照料，並負責靜居樓全部新的傢具設備費及常年經費。靜居本堂區主任神父統籌服侍靜居神父的工作。可惜建造靜居樓的營造商沒有按時完成建築，未能在離開臺北教區以前，主持靜居樓落成典禮。

任主教的經驗，甜酸苦辣的滋味都有。在臺南時，因是赤手空拳，乃對天主和聖母瑪利亞具有無限的信心，每天早晚祈禱很久，一件事業完成，又求作另一件的辦法。祈求以後，就一身投在工作裏，一次在瑞士的冰天雪地裏渡新年，一次在德國的白雪中過聖誕節，一次在瑞士一家一家地收捐款。也不知道錢怎麼來？一手接來，另一手交給營造商，所有建築都是天主和聖母的建築。那時的心情是興奮的，是創業的心情。又得到神父的同情和同勞，每天聚集在主教公署，一齊用飯，真是家人同樂的愉快。

在臺北的經驗，是奮鬥的經驗，是不斷振作的經驗。對於各方面環境的困難，努力不被壓倒，且奮志向前，即使不能跑，不能走，就是爬也要往前。一個湖南鄉下出生的人，該當知道生活工作的困苦，該當能夠在天災人禍的危難中，可以耕種一塊地就耕種一塊地，決不會像城市裏失意的人，喝酒潦倒，不能自振，這種奮鬥的經驗，平靜了躁急的脾氣，緩和了求事功的性情；且尤加深了對世事的認識，深深體會到聖保祿宗徒所說：「我已經學會了在所處的環境中常自知足。」（斐里伯書 第四章第十三節）和《中庸》所講君子素位之道：「君子素其位而行，不願乎其外。素富貴，行乎富貴；素貧賤，行乎貧賤；素夷狄，行乎夷狄；素患難，行乎患難，君子無入而不自得焉。……上不怨天，下不尤人，故君子居易以俟命，小人行險以徼幸。」（中庸 第十四章）

在臺北沒有在臺南時的工作信心，但是承受衝擊的信心則很強，有盼望的支持。如同聖保祿說：「因著支持我者，我一切都能。」（斐里伯書 第四章第十一節）而且全心相信，天主是愛我的天父，遂安心聽祂的處置。

四、外交

通常普通一位神父沒有外交界的服務經驗，當民國二十八年教宗庇護十一世崩逝後，陸徵祥院長向政府建議派新教宗加冕特使。顧維鈞先生被派爲特使時，秘書則是我這位神父。民國三十一年，正在抗戰的艱苦時期，我們政府和教廷建立了外交關係，派謝壽康教授爲駐教廷的第一任公使。謝公使在次年正月間抵羅馬，設館於梵蒂岡城內。義大利和中國是交戰國不許使節出梵蒂岡城。當天我在羅馬火車站迎接了謝公使後，幫他在梵城內佈置使館，替他和教廷國務院聯絡。在各國駐教廷的使館裏，有時有一位神父任教務顧問。謝公使不信天主教，中國駐教廷使館爲第一次開館，館中人員對於天主教會和羅馬教廷都茫然不知。謝公使便請我任使館顧問，待遇則是雇員。當時，教廷國務院常務副國卿是孟棣尼蒙席，即是後來的教宗保祿六世，他曾在法學院教了我一年教廷外交史，爲人文質彬彬。孟副卿見到謝公使聘我爲顧問的通知書，便叫我去看他。他說：若是把名字列在外交團名單上，就不能出梵蒂岡城。既然須到傳信大學授課，傳大處在梵城以外，最好的辦法是暫時不在使團名單上列名，這是我對他以後近乎百次拜會的第一次。在八年以前，我曾拜會他一次，那時他還不是副卿。那一年我國的財政部長孔祥熙先生以特使身份赴英，路過羅馬，我到教廷國務院詢問是否要覲見教宗。

謝壽康公使為一位學者，法文的修養最高，受比國皇家學院選聘為院士。住在梵蒂岡城不能出城門，梵蒂岡城為步行一小時可以周繞城牆的小城，城內沒有娛樂場所，連義大利各城星羅棋佈的咖啡館都沒有。謝公使卻有兩種娛樂，一種是逛梵城圖書館和博物院，一種是在梵城花園練打高爾夫球。

我從傳信大學宿舍搬進梵城的德多義書院，書院為古代德國人來羅馬朝聖的宿舍，後來成了德國神父來羅馬研究學術的住所。那時住在書院的德國神父一律反希特勒，有一位猶太的著名的歷史學家遭納粹除掉大學教授名義，險被送入死刑的集中營，乃逃到羅馬，住在這座書院裏。傳大中國學生的課，在星期四上午，外國學生的課在星期一、二下午，傳大很近就建在對街的小山上。星期內的其他幾天上午，到使館辦公。使館那時有參事汪孝熙先生，秘書張嘉瑩先生，還有祇掛名不上班的秘書朱英先生。中午，大家同在使館用飯，謝公使有時自己下廚房煮菜。廚師則是法國儉工留學未成的山東老賀。

在使館用中飯時，能聽到許多有關政府和外交的新聞和事故，汪參事是位才子，出身名門，父親是汪榮寶，他的兩位哥哥都是外交官，可以說是出自外交官世家。謝公使不是職業外交官，對於外交慣例和外交事務，都聽汪參事處理。我那時還算年輕，在汪參事的眼中似乎祇是不足輕重的神父。

那時自己住在梵蒂岡，常往教廷國務院，和國務院的人員漸漸熟識。他們都是神父，大家可以說是同行；彼此用義大利語可以有話就說。這就是一位教務顧問的好處，普通一個使館館員往國務院辦交涉，國務院人士以外交官身份接待，以外交詞令答覆。我們見面則都是神父，都是熟人，可以談家常話，教會問題是我們自身的問題，討論時沒有一層政治的隔閡。當共匪竊據大陸，政府遷都臺北以後，外交部訓令駐教廷使館與教廷交涉，催促教廷公使黎百里總主教遷館來臺灣。政務副國務卿，達爾蒂尼蒙對向他交涉的教務顧問說：「你是神父應當懂得教廷的立場，教廷的使節不單是聯絡教廷和駐在國政府的關係，也是聯絡教廷和駐在國主教的關係。中國大陸的教會處在極困難的一刻，中國主教們需要教宗的支持，教宗的公使怎麼可以離開大陸呢？」

抗戰期間，使館困在梵城內，不能有宴會。抗戰勝利了，使館遷入羅馬城，謝公使住在大旅館。馬上展開活動。當時教廷保留有教廷貴族，貴族在教廷負有名譽的職務，和樞機們往來很頻繁。謝公使以他的流利高雅的法語，學者的禮貌，週旋於教廷貴族間，成爲教宗庇護十二世姪兒姪女的好友。教務顧問幾乎每天在辦公室拿著電話替謝公使和這些貴族，接洽約會，爲各種宴會排定席次。當我國要爭取第一位樞機時，這些貴族真幫了忙。貴族人士和外交人士注意禮貌，看重坐位。宴會席上誰坐上誰坐下，常是天下的大事。自己便養成了注重坐位席次的習慣，到現今還改不掉，徒添自己的苦惱。

謝公使在民國三十五年被調回國，吳經熊教授繼任駐教廷公使。次年正月二十一日吳使抵羅馬。一家人住進一家旅館，佔了一長排的房間，吳公使夫婦帶著最小兒子住一間，七個男孩和吳使朋友的一個兒子八個人住四間，四個女孩和一個準嫂子，五個人居三間，一共十間房的用費，真嫌太浩大。吳使吩咐馬上搬進使館，大家臨時擠著睡。立刻又尋找合適的使館房子，一週後就租到了一座昔日曾經任過義大利外交部長的貴族留下來的別墅，戰時空無人住。別墅廳堂大，住房多，花園廣闊，樹木叢茂。祇是房屋顯得老舊，租金不高，稍加修葺，便成爲一座雅緻的使館。宴會和酒會都在館內舉行，不假座大旅館。吳公使爲一著名學者，信奉天主教很虔誠，內心修養也很高。教廷非常看重這位學者公使，庇護第十二世破例和吳使全家攝一影。孟副卿每年一次，請吳使全家人到他家參加彌撒祭典，同用早餐。吳使平居研讀聖經，常手不釋卷。當時法國駐教廷大使馬里且爲當代哲學大師，他的夫人也擅長哲學和吳使交往很密。吳使攜來他奉先總統 蔣公囑託翻譯，且經 蔣公親手訂正的新經譯本與我一同作最後的修正，並常向聖經學者請問高見。孟卿通常每星期六接見外交團，吳大使常派教務顧問往見。照例公使讓大使，代辦讓公使，有些中南美的大使，故意到的晚，在家裏吃了午飯纔來，我還是要讓他先見，當孟卿開門送走見畢的最後一位公使時，輪到我往見，他便握我的手說：「啊，這是中國，連累你等了那麼久！」他臉上常是微笑，坐著細心聽，有時他真累了，閉上眼睛，當要答覆時，或要多加說明時，就睜開眼。他的答話常是明瞭清楚的，可以辦的，就答應辦。若他沒有答覆就說到另一事，便知道那樁事不能辦。他從來不敷衍，或含糊，或模稜兩可，而且常彬彬有禮。吳使離羅馬以後，朱英先生任代辦，每星期仍由教務顧問前往拜會副卿。孟卿後來升任米蘭總主教樞機，我離羅馬到臺南就職時，路經米蘭去拜會他，他表示很親切，邀請用飯，贈聖爵一尊。他當選教宗後取名保祿六世，由國務院常務副卿德雅瓜總主教以新教宗任內第三號函答覆我曾祝賀他當選的信。保祿六世在位十五年，每年我赴羅馬開會，每年晉見，每次都談中梵邦交。一次，保祿六世肯定地說：「你放心，有你這一位，我們的老朋友在臺北，我們決不會放棄臺灣。」這句話份量真太重，我聽後感激得流淚。當教廷要調駐華大使葛錫迪主教往駐孟加拉，不另派駐華大使時，我適在羅馬，兩次晉見保祿六世，又呈上一書，建議以葛大使爲兼使，最後，保祿六世很慎重地說：「好罷！大使給你們保留。」又值教宗決定往訪香港時，力爭來訪臺灣，保祿六世堅持到香港向中國人講話，遂祇好請教宗不只向大陸中國人說話，而是向亞洲區所有中國人發表廣播詞。

當時的教廷政務副國卿達爾蒂尼，口直心爽，不拘小節；前往拜會的次數不多，達孟兩副卿後來升代理國務卿。繼任的常務副卿德雅瓜總主教，政務次卿撒慕肋總主教，和我年齡差不多，談起話來更自由。這兩位副卿樞機後，繼任的副卿彭能里總主教和加撒洛里總主教也是舊日相識的。保祿六世的最後常務副卿高理耀總主教，曾任駐華大使，交情很深。

十八年的時間，在駐教廷的大使館服務，熟識了教廷國務院的人員和外交慣例，也認識教廷的外交原則。對於教宗宮廷的禮規和習慣，也熟識不少。只是到現在又過了二十年，許多人事和禮規都改了，所有老友已經不多。

在駐教廷使館時所接觸的另一教廷機構，乃是宣傳信仰部，簡稱傳信部或宣道部；我既是傳信大學的學生和教授，傳信大學就是傳信部所辦，當時傳信部次長剛恒毅總主教兼任傳信大學校長。剛總主教曾任教宗駐華代表十一年，開啓了中國天主教會的新時代。他對中國教會主張兩個原則：第一，任用中國教士爲主教；第二，尊重中國文化。我那時往傳信部就像到自己家裏，上下的人都熟識。到羅馬留學，是剛總主教在北平時所派的；任傳大教授，是剛總主教在傳信部時所任命的。剛公就像父親對兒子般的愛護我。當神學院畢業，衡陽主教命我回教區，剛公說：「你留下讀法律，我給你的主教寫信。」有一次他打電話叫往見，輕聲說：「有人控告你，我相信你，你小心點就是了。」當我政府遷到臺灣，首先幾個月使館領不到經費，剛總主教自動向孟棣義副卿推薦我到國務院任職。後來他告訴我這件推薦的事說，孟卿答覆以國務院的人事照例由最低級按年級往上升，當時我的年齡已在三十以上，不能從最低級職員開始。我當然很感激剛公的一片好心。

剛總主教升樞機時，年已七十八歲。他平生最不喜歡被公開稱揚，也不愛慶祝會。升樞機後，我請他接受在羅馬中國人的慶祝會，他說：「別的慶祝會和頌詞，都不免逢場作戲，你們的慶祝會是出自一片誠心，我來接受你們的慶祝。」五年後，他因心臟病去世。

五、教育與文化

民國五十年，若望二十三世籌備召開第二屆梵蒂岡大公會議，這是天主教會一樁莫大的事件，已經一百年沒有召開了。若望二十三世的行動，常似一種靈感性的，不經過一層一層的教廷各機構的研究，突然就宣佈了這樣重大的事務。但他肥胖的步履，強健而腳踏實地，不慌不忙組織了籌備委員會。籌備會竟有我這一位平常的神父。

一年後，若望二十三世召開了大公會議，聚集了全天主教會的兩千多位主教到梵蒂岡開會，我剛受任爲主教，正式被任命爲大公會議傳教委員會委員，又被選爲副主任委員。年剛五十，衝勁頗大，又因十八年習慣用拉丁文教書，在委員會裏隨便發言，和幾位年輕的主教批評傳信部缺乏主動精神，因而開罪當時傳信部長兼傳教委員會主任委員雅靜安樞機。全中國參加大公會議的主教共六十多位，住在一座旅館裏，我則住在自己原有的住屋，中間距離很遠，我很少到中國主教的旅館。田耕莘樞機被中國主教推爲團長，于總主教爲副團長，我爲秘書長。田樞機第一年來參加大公會議，住在城外的聖言會院，第二年也來了，參加會議的次數不多，第三第四年就因病沒有到。爲主教團的事，因著路遠，我不常到中國主教旅館跟大家商量，因而就招惹主教們的不滿。最後第四年閉會之前，旅館中的主教主張組織一常久性中國主教團，全體主教作團員，也擬定了章程。中國的主教那時都被共匪驅出大陸，分散在歐美各國，祇有臺灣的主教，固定的爲中國教會工作。傳信部和教廷大使高理耀總主教不願意成立這種主教團，怕將來在臺灣的主教因著教務要開會時，常不能有這個主教團的法定人數。自己也便表示不贊成。主教代表約我去拜會傳信部次長西奇斯孟棣總主教，我祇站在門外，他們談話後出來，面色嚴肅，不言不語。便知道他們沒有說服傳信部次長；他們竟遷怒於我，怪我獨立獨行。後來事實證明他們的想法不合實際。

大公會議每年秋冬有兩月的開會期，委員會則春夏時開會。因委員會多，問題複雜，大會主席團決定除討論教會性質，主教任務，禮儀，教會在現代的責任外，其他各委員的問題都須從簡，所有提議案縮爲簡單的提案。傳教委員會按著指示寫成了提議案，由副主任委員在大會提出，六百多位的傳教主教先後發言，以傳教爲教會首要責任，提議案若是簡單，不能接受。雅靜安樞機遂決定委員會自動收回議案，不付表決，等到重擬一新議案後，再提交大會討論。

大公會議後，保祿六世立即成立了四種新機構：教會法典修改委員會；爲基督信友合一委員會；爲非基督信仰者委員會；爲無信仰者委員會。臺北總主教竟被任爲三個委員會的委員參加法典修改，爲非基督信仰者，爲無信仰者的三個委員會。法典修改委員會的工作，艱巨而長久，每年去羅馬開會，開了十年，工作始告竣工。會後送交各主教團審查，詢問意見。

大公會議所留下的經驗是唯一的。同全體的主教共處一堂，討論全教會的大事，都用一種語言，都有同一的目標，在不同的意見中，結出同一的結論；雖也有舌戰的情況，大家仍保持兄弟的情懷。去年代表中國主教在羅馬參加全球主教代表會議，會議的範圍雖小，然而十五年後又重溫全球主教共聚一堂的經驗。

又過了四年，今年若望保祿二世可能公佈這部新法典。委員會的任期以五年爲期，最長可任十年。法典修改委員會的職務，則到法典公佈時纔完。

在大公會議後，亞洲主教們提議組織亞洲主教團協會。開始時，我不贊成這種理想，因亞洲各國的天主教會所處的境遇不同，不能有具體的合作計劃。乃向一國際新聞社表示意見，香港徐承斌主教任這新組織的秘書長立刻要求我澄清立場，怕加重傳信部的反感。我答以祇是私人意見，大多數主教若贊成，自己必定贊成。後來自己不但贊成，一開始就加入工作隊，任常務委員會委員，兼宗教連繫委員會主任委員。在徐主教去世後，任代理秘書長。民國六十三年，在臺北召開第一屆全體代表大會，使亞洲的樞機和主教團代表都來認識臺灣。自己又到東京，漢城參加區域性會議。民國六十七年，亞洲主教團協會第一次全體代表大會在印度加爾各答開會，自己任召集人。常務會職務任期滿後，仍任宗教連繫委員會主任委員一職，自己不喜歡旅行，出國開會也非所好，前年三次出國，到泰國，馬來西亞主持會議，又到馬尼拉開會，自覺身體精神交瘁；但這種爲全亞洲天主教的服務，使自己認識亞洲各國天主教情形和心理，收穫良多。

已經快三年了，自己繼于斌樞機出掌輔仁大學，在中國社會上接受多方面的文化工作。承蒙各界以愛慕于樞機的心情相待，邀請參加文化組織，範圍大的有文化復興委員會、大陸救災委員會、反共聯盟、行政院的青年輔導諮詢委員會、教育部的學術評議會、大專聯考委員會、孔孟學會；範圍小的，有新聞局的電視評議會、新聞界的新聞評議會、國父紀念館管理委員會、中山文化基金理事會、中國哲學會、船山學會、中國易經學會。去年還加上臺北市選舉委員會。各種組織開會的次數雖不多，加在一起次數就不少了。然而自己不敢推辭，而且有人邀請演講或寫文章，常勉力爲之。最苦痛的，則是教育部和文復會邀請審查學術著作，學生請指導博士論文。自己從不敢想有多大學識，而是別人邀請服務，一個獻身於基督的人，怎好辭卸不接呢？能有機會和學者們及社會工作專家們交換意見，聽承他們的見解，也是人生一種樂事，教會人士常說于樞機和我倆人的看法和作風跟別的主教神父不同，或許是因爲我們倆人跟社會人士較比跟教會人士接觸的更多，不知覺地染上了社會人士的風氣。

輔仁大學現在是自己正式的工作園地，孟子曾說聚天下英才而教之，爲君子三大樂事之一，不願和做皇帝的人互換。我喜愛青年學生，和他們多接近，參加他們的集會，邀約班代表和社團總幹事聚餐，聽取助教們和研究生的苦衷。自己又教書，又兼文學院院長，願意明瞭學校各方面的實際情況。在訓導上主張嚴，在學術上主張加緊催促上進。自己的心則是希望學生養成獨立的人格，知道肩負責任。自己雖是校長，仍舊還是主教，主教乃獻身基督的人，基督把學校託付給我，我便獻身於學校。

對於工作常有兩個原則：一個是堅守正名，一個是思不出位。孔子曾教弟子正名，有什麼名份，就盡這名份的責任；而且要實現名份的內容。按照這個原則，做神父就做神父，令人看出來是神父，衣著方面也有神父的衣著，在任何地方也不改裝。做主教就做主教，態度和言談，令人知道是主教，並不要打架子。建主教公署，就是主教公署，建主教座堂，就是主教座堂，從不苟且敷衍。建築的計劃，應顧到五十年後，因爲建築物不僅爲目前，還要爲將來用。在就任臺北總主教的教友歡祝會上，方豪神父曾致詞說：「羅主教是個實事求是的人，做主教就是做主教，畫馬就是畫馬。」思不出位，也是孔子的教訓。已故傳信部部長畢翁諦樞機雖不是多才多學的人，然而具有豐富的做人經驗，曾教訓傳信大學的學生說：「你們將來一生，離開一個職務，不要再想那個職務；離開一個本堂的主任職，不要再回那個本堂去；離開一個教區的主教職務，不要再回那個教區去；讓你們繼任的人，自由地管理本堂或教區，不常有你們的陰影。」這種教訓就是思不出位。離開了臺南教區，便不回臺南；雖然那邊有些好朋友。離開了臺北教區，就不回臺北教區；雖然仍舊住在臺北。自己六九望七和七十壽辰，教友要聚餐，也特別囑咐莫邀請神父。都是爲避免兩教區的神父，來談論教區的事，引起自己發表意見，而使人不安。自己曾多次有過這種聽人傳話經驗，雖不去計較但總覺多一番困擾。

在工作方面的缺點很多，產生一些誤解，有人說是獨裁有人說是好大喜功，自己在工作只看事不看人，不講人際關係。最近閱讀一冊《教廷已故達爾蒂尼樞機傳》，達氏批評已故國務卿嘉思巴里樞機說是一位偉大的工作者，有魄力，有見識，對於屬下的工作，要求很嚴，當屬下做完所吩咐或所託付的事，從不說一句感謝的話，認爲做事爲理所當然。讀這評語時，心想是不是這些話會貼到自己身上。

六、結語

小的時候就背熟了光陰如白駒過隙，大了以後又體會到歲月如江水東流不復返。現在老了，更覺生命的可愛。可愛的生命，不是白駒過隙的歲月，而是永遠常有的精神。基督曾說祂是生命，又曾說祂來爲給世人新的生命。基督的生命，乃是永久常存，無量無限，愛永久的精神生命，則對於如同白駒過隙或江水東流的世物，不爲所拘。中國古人說役物而不役於物，爲名所役，爲位所役，爲利所役，都不能固定於永恒的生命。

我七十歲的箴言：

「七十歲認為生命重新的開始，自己七十歲的新生，是和基督共同生活的生命。

新生的第一種體驗，是天父的父愛。

新生的第二種體驗，是對世事不動心。

新生的第三種體驗，是一切為孝敬天父。

新生的第四種體驗，是以基督之愛愛人。

新生的第五種體驗，是同基督救世而肩負十字架。

朱熹曾說：「古之學者，始乎爲士，終乎爲聖人。」

民國七十年二月十九日農曆元宵節